中国古村镇遗产旅游经营的
道路选择

吴文智 著

科学出版社

北京

内 容 简 介

古村镇遗产旅游经营是古村镇遗产保护与旅游开发中的核心问题，是当前旅游开发、规划与管理实践面临的棘手问题。本书立足于中国农村的制度情境，结合各地古村镇旅游开发经营案例，以企业经营为核心，深入剖析了古村镇遗产旅游经营的模式选择，特别是旅游经营相关主体的行为选择倾向，由此构建了古村镇遗产旅游经营的基本框架与道路选择的基本逻辑，提出了权利回归、生活回归与"三权分置"、市场经营机制创新的总体设想。

本书可供旅游管理、人文地理等领域的研究者、研究生与大学生教学科研参考，也可以作为各地政府部门、旅游企业经营人员的管理实践参考用书。

图书在版编目（CIP）数据

中国古村镇遗产旅游经营的道路选择 / 吴文智著. —北京：科学出版社，2023.1
ISBN 978-7-03-074242-1

Ⅰ. ①中… Ⅱ. ①吴… Ⅲ. ①乡镇－文化遗产－旅游业－经济管理－研究－中国 Ⅳ. ①F592.7

中国版本图书馆 CIP 数据核字（2022）第 237906 号

责任编辑：郝　悦　/　责任校对：贾娜娜
责任印制：张　伟　/　封面设计：有道设计

科学出版社 出版
北京东黄城根北街 16 号
邮政编码：100717
http://www.sciencep.com

北京中科印刷有限公司 印刷
科学出版社发行　各地新华书店经销

*

2023 年 1 月第 一 版　开本：720×1000　1/16
2023 年 1 月第一次印刷　印张：20
字数：400 000

定价：**256.00 元**
（如有印装质量问题，我社负责调换）

作者简介

吴文智，男，安徽歙县人。2008年毕业于上海财经大学获博士学位，现为华东师范大学工商管理学院旅游与会展系主任，兼任华东师范大学旅游规划与发展研究中心常务副主任、上海长三角旅游发展研究中心副主任，担任中国社会科学院旅游研究中心特约研究员、上海旅游标准化技术委员会委员等，是加拿大阿尔伯塔大学访问学者。

主要从事古村镇遗产旅游、乡村旅游与民宿经济、旅游规划与景区管理、旅游产业政策研究。曾在 Tourism Management、《旅游学刊》《经济管理》《经济地理》《农村经济》《旅游科学》《农业经济问题》等期刊上发表论文三十余篇，主持国家社会科学基金项目1项、教育部人文社会科学项目2项、上海市人民政府决策咨询课题3项，参与完成其他国家级、省部级课题6项。近年来，协助负责完成国家旅游局、上海市人民政府等省部级部门招标课题近十项，主要负责完成地方旅游发展规划、专项旅游规划、旅游景区规划和文化旅游项目五十余项。分别在安徽省滁州市原旅游局（局长助理，2006～2008年）、苏州市吴中区（金庭镇党委副书记兼区旅游局原副局长，2011～2013年）挂职工作。

廿年磨一剑

——《中国古村镇遗产旅游经营的道路选择》序

壬寅新春，吴文智博士寄来《中国古村镇遗产旅游经营的道路选择》书稿，嘱我作序。想来题目是我熟悉且喜欢的，作者又是多年老友且曾共同研究此题，遂欣然应之。春节期间，断断续续花了一个多月时间阅读书稿，常常忆及当年我们一道在安徽和江苏等地进行古村镇旅游调研时的情景。读罢此书，感触良多。

其一，旅游研究需要关注和回应发展实践。波普尔曾说：科学只能从问题开始。科学发现从问题出发，科学理论的创新源自提出新的问题……所以，应当把科学设想为从问题到问题的不断进步，从问题到愈来愈深刻的问题。社会科学的核心任务，就是研究、阐释各种社会现象及其发展规律。社会科学研究者不仅要应对其所从事的学术领域有原创性知识贡献，还应从研究实践中提炼更合适的研究方法。从一定程度上看，社会科学更需要广泛地嵌入现实的社会公共空间，并在现实生活之中直面"真问题"。旅游作为一门应用学科，自然需要密切关注社会发展实践，并对其所提出的问题做出回应。我国蓬勃发展的旅游实践为旅游研究者提供了最为鲜活的研究素材，也提出了最为直接的研究任务。对包括古村镇旅游在内的旅游实践问题进行深入探究，予以抽象化、理论化和体系化，并找寻现实问题的解决之策，应是研究者的学术自觉。

其二，古村镇旅游是个值得持续探究的领域。不管是日常生活中所说的古村镇，还是学术著作中讨论的传统聚落，甚或是政府文件中提及的历史文化名镇（村），不管是皖南粉墙黛瓦的徽州村落，还是江浙小桥流水的江南古镇，又或者是陕西黄土高原上雄浑古朴的关中村寨，这些富有悠久历史文脉、鲜明文化特色、独特民俗风情和丰富艺术价值的古村、古镇、古堡、古寨和土楼等，犹如散落在广袤土地上的遗珠，闪烁着历史沉淀所留下的光芒，也吸引着越来越多旅游人的目光。自20世纪80年代古村镇旅游在我国悄然兴起以来，如何平衡古村镇文化和社会遗产的保护与旅游开发及经营之间的关系，如何处理纷繁复杂的利益相关者之间的关系就成为重要议题。围绕这一命题已有不少学者进行了探索。值得注意的是，随着实践的发展，古村镇所处的时代背景和社会环境已经发生变化，所面临的问题也日益多元，需要一代又一代旅游学人倾注时间、精力和智慧，在实地调查的基础上，通过学术分析和专业研究，分析新的问题，找到新的答案。在这方面，吴文智博士历时二十余年进行探索，其坚守值得敬佩，其成果堪称丰硕。

其三，古村镇旅游发展纷繁复杂，研究需聚焦核心问题。作为不可复制、不可再生的文化遗产，古村镇体现了传统社会的生产方式、生活方式、文化习俗和社会结构，具有极高的保护价值；作为不可替代、日益稀缺的旅游资源，古村镇吸引着现代社会的旅游者、当地或外来企业、大小商户与经营者，形成复杂的经营关系。作为兼具生活空间、生产空间和旅游空间之功能的古村镇，其旅游发展涉及很多方面，其中混杂着世俗人情、乡土文化、经济利益、现代制度，在幽深静谧或者古拙质朴的景观背后，不乏各种摩擦、纠葛乃至冲突。对于古村镇旅游的研究，涉及景观建筑、地缘文化、历史脉络、产品开发、市场营销等各个方面。其中最为关键的，无疑是其旅游经营问题。吴文智博士准确地把握了古村镇遗产旅游发展中这一关键问题，围绕经营权、经营模式，对外来企业、商户、社区、村镇集体、政府等关键性主体以及外部资本介入以及与之相关的景区经营模式、景区门票收费模式、企业盈利方式、企业公共责任与代理行为等关键性问题进行了系统分析。

其四，古村镇旅游经营问题需要从多元视角进行理性分析。该书围绕古村镇经营这一核心问题，从多元目标（中华优秀传统文化传承、保护与发展、乡村振兴战略、满足人民美好生活需要）出发，将横向研究（不同类型、不同模式）和纵向研究（不同时期、不同阶段）相结合，分析多元主体（外来企业、商户、社区、村镇集体、政府）之间的关系。在此基础上，探究如何通过科学、合理、有效的"经营"让古村镇遗产旅游发展从"生意"转向"生活"，从"舞台"走向"真实"，从"景区"走向"目的地"。这种多元、立体的分析视角和分析方法，体现了理性的科学精神。

其五，好的社会科学研究成果乃理性分析与人文情怀的结合。在使用规范研究方法、遵循严谨研究过程的基础上，社会科学研究从选题到成文，往往渗透或闪烁着研究者的人文情怀。对于古村镇旅游这一研究命题，生长于徽州古村的作者，自然要比一般研究者有着更为紧密的情感连接和更加深沉的情感寄托。吴文智博士从他所生长的安徽黄山古村出发，走遍全国上百个古村、古镇，俯身调研，挂职锻炼，潜心研究。整部书不管是前言后记，还是主体内容，乃至提出的"持续创造一种在古村古镇中的美好生活，长久营造一种美好生活中的古村古镇，才是新老居民们安居乐业的幸福村镇，也是广大游客们乐于体验的历史村镇，更是来往商户们愿意在此营生的旅游村镇"等观点，无不体现着作者对古村镇的深厚情感。正是这份浓浓的人文情怀，使得这一著作不仅增益智慧，而且打动人心。

廿年磨一剑。读罢此书，相信您也会开卷有益。

中国社会科学院旅游研究中心主任
财经战略研究院研究员
宋瑞
2022 年 3 月 1 日

乡关何处？

——《中国古村镇遗产旅游经营的道路选择》序

正在迎接壬寅虎年，传来一个好消息，在"知行合一"的多年历练中，文智博士的新著《中国古村镇遗产旅游经营的道路选择》改定脱稿。在出版之前，我被嘱为之写序。历经大半个月仔细阅读，正式动笔写序，时值新年正月十五元宵节。前一阵子，"元宇宙"概念闹得天下沸沸扬扬，这打头的"元"字却触发我的深思。咬文嚼字，这"元"含有肇始、为首、基本、宏大等极为深邃的意义。以一"元"（yuan）伊始为基，同声相应，生发出了诸如缘、源、垣、园和愿等字样，就此生发开去，拉开了我这篇序文的序幕。

1. 缘：二十余年来层叠累创的专业因缘

作者与我相逢是缘。2002年文智从安徽大学毕业，考上华东师范大学旅游专业研究生。在双向选择中，彼此结为师徒。缘由在于安徽大学臧维熙教授是我们共同的老师。早在20世纪70年代，我入学安徽劳动大学中文系，臧先生就是我的老师。之后我留校任教，继续接受臧老师的古典文学熏陶。80年代初又随臧老师调赴安徽大学任教，后来在他任会长的中国山水旅游文学研究会里兼任秘书长工作。此外，我从臧老师主编的《中国山水的艺术精神》《中国游记鉴赏辞典》和选注的《徐霞客游记选》等著述中，由表及里，感悟并理解宝贵的华夏山水审美文化意识。而这些专业教育和文化涵养，也是文智在安徽大学读书期间所同样得到了的。此外，文智本科指导老师章尚正教授，是我同事，曾任安徽大学旅游系主任，也是一位卓有成就的山水文学与徽文化研究专家，文智直接受教于尚正师，完成本科毕业论文《徽州古民居旅游资源保护和开发》。臧维熙教授的特别引荐，使得我与文智有缘结识，并且一见如故，即如通常人们所说，我们彼此特别投缘。

之所以投"缘"，从"因"上追究，或许与我们曾经生活在一片共同的土地有关。文智出生于古徽州府治所在地歙县，在古老的村落里长大，于是天造地设成就自身的"土地感"。而我是从上海下放安徽的所谓"知识青年",有机会到安徽各地(尤其是乡野村镇)转悠,深受在地文化熏陶,对地处皖南的徽州情有独钟。耳濡目染,自然而然,超越了原本生在上海的逼仄空间感,渐次生成了宏阔渺远的乡野情结。古诗云:"心有灵犀一点通。"安徽,皖南,古徽州,正是这一片土地促成该书作者与自己那种不无"初心"意味的不解之因缘,而且,就此成"因"而结"缘",二十多年如一日,在同一领域共同奋斗。

硕士毕业后文智考入上海财经大学,拜何建民教授为师,攻读管理学博士学位。其博士学位论文后来以《中国公共景区政府规制研究》为题成书公开出版,得到积极的专业反响。在读博期间,文智有机会参加中国社会科学院宋瑞博士主持的国家社会科学基金项目"古村镇旅游开发与利益相关者互动机制研究",跟随考察了周庄、同里、宏村和西递等古村镇,由此开启了把规制研究落实到古村镇旅游的反刍性思考。

2. 源:有关古村镇著述题材选择之源的价值确认

古村镇,顾名思义,为古村落与古镇的合称。尽管作为一个公众与媒体约定俗成的名称,内涵复杂,外延模糊,我们仍然可以从语境分析中,界定其研究的价值和意义。作为定语的一个"古"字,从时间上体现对其空间形态存在价值的确认。在文明世界,但凡历史比较悠久、历史文化等价值比较突出、保存较为完整的村庄与集镇,都具有遗产价值,需要予以特别呵护。

"古"字当头,主体是古村落和古镇。从语词搭配上看,古村落与"乡村振兴"有关,古镇与现代化浪潮下的"城镇化"有关。余下需要探寻的是,如何在我国的"乡村振兴"和"新型城镇化"战略态势下,科学有效地促进我国古村镇遗产的可持续保护、利用和开发。在该书作者看来,我国保留下来的古村镇大多处于区位条件差、交通不便、经济落后的偏远地区;区位劣势的双面刃效用表现为,一方面因为建设性破坏少而得以保全原汁原味的历史风貌和文化特色,另一方面也因为其不具备发展非农产业的条件,落后的经济社会面貌仍在延续,人口流失与空心化现象比较严重。因此催生一种负责任的选择,即顺应国民文化旅游需求,以古村镇遗产作为旅游吸引物,通过以服务性产品价值生产为核心的高绩效经营管理,激活地方经济潜能,带动社会发展,从而促进古村镇"人文山水"环境的有效保护。

该部著作以诸如安徽宏村、江苏周庄、浙江乌镇、上海朱家角等为案例,通过发展时序的梳理,生成性地导引出"在开发中保护"的古村镇科学发展逻辑。不同于唯利是图的商业开发,也不同于对传统物质和非物质遗产进行静态化管控和封存式保护,选择"旅游"是一种善待"遗产"的方式。

作者的用意很明确,古村镇要善于"经营"才能更好地"生存",活出自己的价值，也让居民与游客拥有更美好的生活体验。立足于从经营切入的管理学研究，如此著述初衷无疑是值得高度肯定的。关键是，吴博士这本主题定位于旅游经营道路选择的著作，题材本源于前现代文化的乡野村镇，通篇贯穿与"遗产"休戚相关的一个"古"字，中心思想是乞援于凸显现代性的经营管理，让具有遗产价值的村镇以兼顾诸多相关者利益诉求的与时俱进方式，承载着悠悠古韵，生机勃勃地走向美好生活的未来。

3. 垣：在上下求索中圈定古村镇研究的范围

我以为，一本好的研究著作，应当具备理论和实际相结合的品格，表现在谋篇布局的结构和阐释内容的推衍上，则会大体呈现类似于"垣"的范式，在"仰望星空"的形上思辨和"脚踏实地"的形下求证间的盘亘中，确定相应研究的对象与范围。

中国古村镇经营道路选择之"垣"，是这样一种三级层叠并协调的结构内容框架：一是上垣，即理论内核（在充分占有存量资讯基础之上的逻辑抽象和阐释演绎）；二是中垣，是基于利益相关者群体关系的旅游经营系统框架（古村镇遗产旅游经营道路选择的外部解构）；三是下垣，在古村镇遗产旅游经营道路选择中，针对各个利益相关者群体所给出的落到实处的操作范例和建议（走向未来的可持续发展战略）。

作者采用历史和逻辑相统一的方法，构成具于上垣高位的全书论述框架内核。这里所说的历史，主要指的是近二十余年来我国学界有关古村镇遗产旅游经营研究的学术成果。作者对近 200 篇学术文献观点进行梳理、提炼和归纳，进而提出古村镇遗产旅游经营的基础问题（资源产权与利用）、关键问题（经营主体与机制设计）和关联性问题（利益相关主体行为）。然后给出基于古村镇遗产旅游经营实践的一般认知框架，该框架包括古村镇遗产旅游经营的中国情境、市场化经营过程、经营过程影响下的主体行为选择与互动过程，以及古村镇遗产旅游经营的机制，由此而构成体现于第 3 章开始的内在阐释逻辑。

在我看来，起着中枢作用的是占据该书大部分篇幅（第 3 章开始到结尾的第 13 章）的旅游经营系统框架解剖。该框架基于利益相关者群体关系细分，具体到投资经营方与外来商户、社区居民、村镇集体和当地政府。这一部分写得相当精彩，每一章均有作为依傍的政策援引和解说，有以管理学为引领的多学科交叉之理论阐释，有影响力较大的典型案例解析和佐证，殿后则有引人深省的建言提议和富有启发性的拓展思考。最让我感到有意思的是，恢宏的古村落遗产旅游经营叙事，在条分缕析中，显得既有思想高度，又相当接地气，贴合中国国情、区域特点和在地习俗，让比较了解古村镇遗产旅游的读者看来，不会感到突兀和隔膜。

这或许与如前所介绍的作者各方面阅历比较丰富有关系。

最能显示论著鲜活气息和勃勃生机的是书中的案例研究，所起的作用，一是足以激发理论探索活力的实践创新图景显现，二是作为相关理论真理性的实际佐证。前者旨在基于实际事例抽象出相应概念、判断和推理，后者侧重作为预设筹划和理念的印证。这方面，第6章尤其给人以特别深刻的印象：在论述古村镇旅游景区经营模式时，通过宏村的景区服务模式、袁家村的物业经营模式、朱家角的商业开发模式以及乌镇西栅复合经营模式等案例分析，在归纳中，演绎出更进一层的古村镇旅游景区经营模式的优化路径。在平铺直叙中进行照应性比对，进而于碰撞和交融中促成经营路径选择的优选方案。

吴博士的这部著作所显现的以"垣"作类比的范式建构，实际上所体现的，是理论与实践的双向互动。"仰望星空"的理论框架与"脚踏大地"的实践经验彼此交互生成，经由作为中介环节的利益相关者群体解析，就此拉开古村镇遗产经营道路选择剧作的舞台大幕。从这个角度来看，吴著的结构是完整的，内容是充实的，给人的启迪也是丰富的。

4. 园：与文明人类终极追求不无关联的古村镇

这本约四十万字的《中国古村镇遗产旅游经营的道路选择》，虽然关键词落在管理学领域的"经营"上，却超越通常管理学范畴的"经营"，有着文化学意义上的"意匠"内涵，在一定程度上，达到"经营意匠"之境界。学术界周知，作为学科的管理学源于经济学，而经济，在中国汉语传统当中，本意是"经世济民"，人本意味相当浓厚。在"经营意匠"层面研究事关古村镇的管理学，人文关怀便自然成为题内之义。

与作者出生于徽州古村镇集聚区、深受遗产文化浸润和濡染有关，也与教育背景中有着浓郁的华夏"人文山水"色彩有关，更与其学术研究的起步阶段即在《旅游学刊》发表两篇有关古村镇的重要论文有关，作者即便从"经营"切入做古村镇遗产旅游的管理研究，如前所述的那条人文关怀的暗线始终在起作用。吴著在该书"前言"中满怀深情地叙述自己研究和撰述初衷：通过科学、合理、有效的"经营"让古村镇遗产旅游发展从"生意"转向"生活"，从"舞台"走向"真实"，从"景区"走向"目的地"，持续创造一种在古村古镇中的美好生活，长久营造一种美好生活中的古村古镇，才是新老居民们安居乐业的幸福村镇，也是广大游客们乐于体验的历史村镇，更是来往商户们愿意在此营生的旅游村镇。这字里行间所体现的人文情愫实际上是一种与"家园感"相联系的终极关怀。那首人们耳熟能详的歌里所唱的"常回家看看"，其表露的正是文明人类对于作为"本体象征"的美好"家园"的向往。古村镇作为"中华民族根性家园"，将在文明世界走向未来的过程中，成为人们"寻根"以确认身份从而获得归属感的目的地，其表象的旅游目的地，却包容着人生意义追寻目的之"涅槃"属性。在市场经济的滚滚浪潮中，意欲挑战做个弄潮儿的作者，却持有如此"初心"，相当恳切甚至虔诚，实在难能可贵。

作为宽泛意义上的"家园"之古村镇，曾经是在地土著本源的生活，如今在现代化进程中逐渐变成"远逝的地平线"，成为"遗产"范畴的边缘化事物。于是出现了很受学界关注的文化生态保护问题。"蓦然回首，那人却在，灯火阑珊处"。铆足劲儿往现代化的道上走的人们，哪一天，忽然发现，离家日久而生"当归"之心，于是，方寸间"乡愁"骤起，那边厢的"青山绿水"于是萦绕于胸。吴著不时提及的"青山绿水"与"乡愁"，在人类文化学层面，其实是个合题：作为自然（nature）地理元素的"青山绿水"和作为文化（culture）历史元素的"乡愁"，两者有着交融和汇聚的必然统一性，有的学者将这样的融聚形态称作"人文山水"，我曾撰文说这犹如一枚"生态"硬币的两面（自然生态和社会生态）。有报道介绍说，西方旅游界将"3N"旅游（nature/自然、nostalgia/怀乡、nirvana/涅槃）确定为 21 世纪旅游发展趋势，在 2005 年举行的首届中国生态旅游产品创新与旅游目的地规划专家研讨会上，杨乃济指出，3N 模式将成为中国旅游的新趋向。对于这些信息，该书作者有着感同身受的深刻领悟，由此构成全书在进行古村镇遗产旅游经营道路选择分析的重要人文基础。

值得特别关注的是，我国生态学家早就提出"自然（山水）－经济（产业）－社会（文化）"三者融合的"复合生态系统"理论。显然，把经营管理夹在自然－文化二者交融的"人文山水"中予以考量，将会极大促进我们做出古村镇遗产旅游经营道路的睿智选择。问题在于，我国古村镇遗产所面临的是"悖论"条件下的复合生态系统：有着悠久历史传统积淀的古村镇之时空商业化与"人文山水"化之间，存有深刻的内在矛盾。吴著的价值在于，以古村镇遗产是文明人类文化追求的终极家园为导向，论述和叙事旨在消弭上述悖论所构成的冲突和对立，目标指向于中国古村镇在保护、利用和开发中，取得价值理性和实践理性间的统一。

诚然，全书落笔重点在"旅游经营"（作者的"后记"明确表示该书研究"以经营为中心"），作者在该书中将古村镇遗产旅游经营界定为，"古村镇遗产旅游经营主体在获取古村镇遗产旅游经营权限下，整合与利用内外部资源，对古村镇进行投资与保护性开发，在满足游客的需求与消费过程中实现盈利与价值增长的过程"，但作者在具体阐述当中，已经超越"圆形时代"（以经济为圆心）的单向度思维，紧扣社会生态和谐的文化主题，呼应以"经济与文化"为圆心所构成的"椭圆的时代"。这样的辩证思维研究思路值得推崇。当然，如要更为明确地凸显如前所述的经世济民之"意匠"内涵，文化经济时代的"经营"之内涵和外延，在概念的科学界定上似乎有待于做更为理性的优化调整。

此外，大凡经营涉及人事，有必要进一步强化社会（文化）生态系统之协调观念。该部著作的殿后三章，重点分析古村镇遗产旅游经营过程中社区居民的行为选择和集体组织的选择以及政府对古村镇遗产旅游经营的管制，设若能更多站在复合生态系统协调视角（即命运共同体）做分析，也许内容上会显得更加扎实丰富些。

5. 愿：对作者后续研究的建议

对于该书作者后续研究所提的建议是，如何采取"掘井"和"铺轨"相结合的方式，在深度开掘和广度铺陈上，把中国古村镇遗产旅游（经营）研究进行到底。就前者而言，我们非常值得学习费孝通先生的《江村经济》研究经验，对研究所涉及案例做跟踪研究，坚持数年，必有好处。记得，文智在读硕士生期间便有关于徽州古村镇的研究论文在《旅游学刊》上发表，应当说，这样的学生不多见，学术研究的起点相当高。当时，作为导师，我对其的建议是，持之以恒地选取诸如宏村（或西递）做案例研究，利用其为家乡的熟门熟路之便，每年前往做调研，精心设计相对固定的问卷，持续做跟踪探究，便于若干年之后做回归分析，辅之以相应未来学视野，渐次深入抽象成为理论架构。可惜，因为彼时彼地的文智，等待他的是身不由己的硕博学业以及在高校任职的工作压力，已经开启的古村遗产旅游定点（典型）研究没有持续进行。其实，这项工作还可以继续去做。

此外，有关古村镇遗产旅游（经营）研究以"实践理性"为指归，方向是正确的；更进一层，在"纯粹理性"意义上，有关元理论的构建工作也很值得去做。这是事关由形而下的生活大地（旅游）走向形而上的理论苍穹的超越性研究。如此学术研究的"铺轨"拓展，目的是探索古村镇遗产旅游（经营）的本质属性，寻求与"nirvana"（涅槃）相通的东西，并就此树立作为人类文化家园的那杆"杏黄旗"，因而寻找古村镇遗产旅游（经营）非此莫属的根本理由。

《诗经·大雅·旱麓》曰：鸢飞戾天，鱼跃于渊。愿我们能伴随无尽时空（诗化哲学层面的"元宇宙"）本原之探寻，助推历史古村镇于薪火相传中承应理想感召而走向未来，渐次抵近象征层面的"知性名媛"那样具有低调奢华品级之文化境界。

华东师范大学旅游学系教授、原系主任

2022 年 3 月 28 日

前　言

历史是厚重的！以中国历史文化名镇名村、中国传统村落为代表的古村镇作为一种独特的人居文化空间，不仅保存了大量的民间文物、乡土遗址和古建筑群，而且保留着民族民俗文化活动、传统技艺等非物质文化遗产，是保护、传承和发展中国传统（乡土）文化的重要领地。在很多文化学、社会学、地理学等研究中，都很好地阐述了古村镇的历史文化价值，围绕"原真性"（authenticity）这一文化遗产保护原则，给出了文化遗产保护与持续发展的诸多真知灼见。大多数学者都认识到了旅游业成为古村镇谋求现代发展的重要选择，成为古村镇实现了传统文化保护、村镇更新与再造的重要途径。

但历史也是沉重的！流传至当代的古村古镇，正在经历冰火两重天的考验。一方面，边远落后地区的古村镇门可罗雀，普遍面临着自然衰败、人口老龄化、生活空心化、文化断裂等问题。另一方面，市场区位较好、资源较高的古村镇借助旅游开发，弄得高朋满座，却产生过度开发、过度商业化、建设性破坏、文化失真与冲突、价值观失落等诸多问题。这也是众多学者与实践家们所关心的问题，为什么会如此？也许有很多的原因值得思考，也让我们进一步探索，我们要如何让古村镇"活"下去。

因为被需要才有价值，因为有价值才有生命力。能够被今天乃至未来人们需要的古村镇应该是有生命力的古村镇。但如果不能正确认识到古村镇的"生存"意义，只流于表面陷入世俗观念，那么古村镇也会衰落下去。古村镇因为旅游而"生存"下来，但不能因为旅游而没了生活，旅游加生活才是古村镇的"生存"之道。每个古村镇都历经了几百年的时间，在世代人们的居住、社会经济与文化交往中不断地彰显生存的价值所在，虽然历经战乱、自然灾害，但能够保留下来的古村镇都是因为它是宜居的，也是宜业的所在，是人们追求的美好生活之所。旅游从审美、愉悦到学习、教育，再到让生活更美好地体验，已经成为当前人们美好生活的重要体验方式。所以古村镇不仅是满足广大人民群众休闲旅游度假的重要目的地，也是延续乡村美好生活、促进城乡社会交往、保护人类社会"精神家园"的生命地。

为此，古村镇要善于"经营"才能更好地"生存"，才能活出自己的价值，也让居民与游客拥有更美好的生活体验。过去因为先人善治、善于营造、善于经世立业，才能生财建宅，筹资建村，聚族而居，在人地和谐相处之中创造了独特的中国乡土聚落，有了而今让人赞叹的古民居古建筑文化遗产；而今我们守住了这些文化遗产，如果不能善于经营、善于治理，同样会被文化遗产困住，而不知所向。之所以说历史是沉重的，是因为我们总容易被历史困住，让我们在历史中缺乏经营的自信，没有再创造的勇气，那么未来在哪里？

当然，古村镇遗产旅游经营并不是一帆风顺的，而是伴随整个社会经济文化发展，包括受到城市化的冲击而不断前行的。自改革开放以来，特别是在20世纪90年代国内旅游兴起之后，地域文化比较独特、保存比较完好、区位相对较好的古村镇都受到旅游者的青睐，但是由于当时经济基础较差、旅游经营经验与能力不足，政府与社区都无力投入遗产保护、旅游设施建设与营销推广，在这样的现实"窘迫"下，政府只好求助于社会力量，期望引入有实力、有能力的民营资本承担古村镇遗产保护与旅游开发工作，由此掀起了古村镇旅游开发的热潮，形成了古村镇遗产旅游经营的中国特色。特别是在中国特殊的农村制度情境下，带来了中国特色的旅游经营权问题，由此在旅游景区化经营中引发了一系列复杂的利益关系，导致了一种旅游经营陷入进退两难的"迷思"中，即离不开资本，又不能太依赖资本。

自20世纪90年代开始，大量民营资本的介入，一方面有力推动了古村镇遗产保护与旅游开发经营，提高了社会对古村镇的重视度，发挥了古村镇的当代价值；另一方面导致古村镇向景区化、商业化方向发展，引发了众多的次生问题。特别是在经济利益的一味追求中，资本"圈占"资源严重，企业投机行为过多，社会责任行为选择动力不足，产生了很多的道德风险问题，影响了古村镇旅游的可持续发展。与此同时，受中国特色的农村制度情境约束，复杂的土地房屋权属关系造成古村镇遗产资源的产权界定模糊，所有权虚置、管理权与经营权界定不清更是让古村镇遗产旅游经营企业陷入一种被动选择中，不确定性与公共领域加剧了企业的"经济人"行为，然后陷入一种更为复杂的利益分配关系之中，这也会加重企业在介入古村镇旅游经营过程中与当地居民、外来商户等主体的矛盾关系，进而影响着外来商户在地行为的选择与居民生产生活行为的选择，导致了更深层次的经济社会变迁问题。

针对上述中国特色问题，本书从古村镇所处的中国农村及其制度情境出发，分析了外部资本介入古村镇旅游经营的现实性与主要历程、特点，梳理了古村镇遗产资源的权属关系，拓展了对古村镇旅游经营权的认识，并且从古村镇旅游经营主体的多元性及相关利益主体关系的复杂性与冲突角度，分别阐述了古村镇遗产旅游经营中外部企业选择、外来商户选择、社区居民选择、村镇集体选择的逻辑特点和趋势，同时从政府管制的角度提出了相应的思路对策，以期形成具有中国特色的古村镇遗产旅游经营的道路选择。

首先,企业经营选择是古村镇遗产旅游经营的核心与决定力量。①外部资本介入旅游经营过程中主要选择景区经营、旅游房地产开发与旅游商业性经营三个领域,以实现其投资成本与收益的最优化结果;企业在投资经营时主要受到可利用资源(资源占用)和自身经营能力(企业能力)两个方面的约束,由此解释了企业在古村镇遗产旅游经营中是如何进行阶进式选择的,从而产生了"门票经济"之困局与景区服务边界的"破围"倾向。②企业在景区经营模式选择上,仍然受到资源占用和经营能力两大因素的矩阵式影响,导致企业在经营领域与方式选择中存在着景区服务、物业经营、商业开发和复合经营模式等倾向,产生了景区服务价值、商业价值、土地价值、资产价值优化提升的路径可能,也呈现出未来景区服务专业化与服务外包、景区商业品牌化趋势。③企业在古村镇旅游景区门票收费上的选择最终是各个利益相关主体在不同环境条件下权利与利益的平衡结果,主要受到资源品级、区位条件、客源市场、产品取向、商业价值、居民参与、盈利模式等潜在因素的影响,企业在旅游景区门票收费上存在全封闭式、半封闭式、半开放式、全开放式四种倾向,但从长远来看,古村镇旅游景区要转变收费依据与方式,更加体现社会公益性和转向商户收费的必要性。④在企业的盈利模式选择上,不同性质的企业在古村镇遗产旅游经营上的使命不同,导致盈利诉求程度不同;同时企业在遗产资源、物业资源方面的掌控条件不同,自身资金实力与经营能力不同,导致了"高收费、低商业化""低收费、高商业化""高收费、高商业化"三种盈利行为倾向,但是从未来多方利益主体共生关系来看,企业应该选择一种整合资源、多方参与、协同创新的价值共创方式,一起"做大蛋糕",形成企业盈利的新空间、新平台、新生态系统。⑤企业在遗产旅游经营中承担着一系列契约性与非契约性的公共责任,在这些责任的代理行为中,企业存在着道德风险与行为偏差,需要设计一套激励约束机制来倒逼企业做出更好的负责任行为,其中要强化公共领域的保护(投入)与企业价值创造之间的关联性,而以企业重组为主的内部化策略和以服务外包为主的外部化策略可能是解决当前企业公共责任代理风险的重要途径。

其次,外来商户是古村镇遗产旅游经营的重要力量。外来商户作为非本村镇集体成员或非当地户籍的商业经营者,在不同的介入阶段呈现出不同的商业经营特点,同时也与古村镇旅游经营企业与当地居民产生了各种各样的经济关系,并在旅游经营与居住过程中产生了更深层次的社会文化互动,进而对乡村经济社会文化发展产生了深刻的影响。因此要破解政策瓶颈推动商户准入制度创新,促进知识转移与在地商户共生,规范物业交易机制以保障外来商户权益,加强旅游规划控制以保障外来商户预期,从而强化外来商户持续经营行为,推动外来商户社会融合与居民化进程。

再次，社区居民是古村镇遗产旅游经营的出发点与落脚点。遗产旅游经营活动的开展，势必影响到当地居民的生产经营与就业选择，进而又影响到居住与生活方式的选择，特别是随着遗产旅游经营的阶段演进居民生产生活行为也经历了初次分化、二次分化与再次分化，不同类型的社区居民在不同初始资源条件会做出最有利的生产经营方式选择与多次优化，在生产方式叠加影响下，居民会做出留守与生活搬离等行为选择，有可能导致环境责任下降、过度利用与破坏性建设、空心化等问题。因此，需要进一步正视当地居民生产与生活行为的选择倾向，规划引导古村镇旅游新老社区功能重组与融合一体化发展，引导构建古村镇旅游社会生产与生活新关系，推动旅游社区命运共同体建设。

最后，村镇集体是古村镇遗产旅游经营的牵制主体。集体组织在古村镇遗产旅游经营的过程中，根据集体可利用的资源及集体经济组织的能力建设不同，存在股权合作、集体企业经营和经营权外包等参与方式的选择。但随着集体产权意识的觉醒和集体经济组织的壮大，集体组织对古村镇遗产旅游的所有者权益要求会越来越强烈。因此，古村镇遗产要体现所有权回归，遗产旅游要体现社区回归，遗产旅游经营更要体现集体权利回归，要加强遗产旅游资源集体收储与集体所有化，避免企业私属化；要构建集体所有化下的"三权分置"机制，让市场优化选择，清晰投入产出关系；要推动资产化经营，壮大集体经济。

针对上述遗产旅游经营相关利益主体的行为选择，政府要加强管制。围绕社会总体利益的提升与可持续发展目标，政府要加强古村镇遗产旅游管理体制改革，在规范政府直接管理行为的基础上，更加鼓励政府间接管制行为，创新古村镇遗产旅游经营机制，通过规划管理、招商或退出政策设计推动古村镇旅游供给侧结构性调整，优化资源配置，鼓励引导外部资本、外来商户与本地居民、村集体组织更好地参与到古村镇遗产旅游经营的不同领域与环节中，全面提高古村镇旅游景区服务水平、商业经营质量与旅游目的地综合开发价值。

总之，古村镇遗产旅游经营的中国道路是在不断认识、不断调整、不断优化中探索出来的，要经得起实践的检验，要经得起历史的考验。通过科学、合理、有效的经营让古村镇遗产旅游发展从"生意"转向"生活"，从"舞台"走向"真实"，从"景区"走向"目的地"，持续创造一种在古村古镇中的美好生活，长久营造一种美好生活中的古村古镇，这才是新老居民们安居乐业的幸福村镇，也是广大游客乐于体验的历史村镇，更是来往商户们愿意在此营生的旅游村镇。让我们一起翘首以待！

吴文智

2022 年 12 月

目 录

第1章 古村镇遗产旅游：阶段演进与时代要求 … 1
1.1 中国古村镇的概念与概况 … 1
1.2 古村镇遗产保护与遗产旅游 … 13
1.3 中国古村镇遗产旅游发展与实践 … 17
1.4 古村镇遗产旅游的新时代要求 … 21

第2章 古村镇遗产旅游经营：一个绕不开的话题 … 28
2.1 研究缘起 … 28
2.2 研究回顾 … 39
2.3 古村镇遗产旅游经营的形式与目标 … 53

第3章 外部资本介入古村镇遗产旅游经营的中国情景 … 61
3.1 外部资本介入遗产旅游经营的现实性 … 61
3.2 外部资本介入遗产旅游经营的主要历程 … 63
3.3 外部资本介入遗产旅游经营的困局表现 … 71

第4章 外部资本介入古村镇遗产旅游经营的资源约束 … 74
4.1 古村镇遗产资源的构成与功能价值 … 74
4.2 古村镇遗产资源的权属关系 … 83
4.3 古村镇遗产资源旅游经营性利用约束 … 90

第5章 外部资本介入古村镇遗产旅游经营的阶进式选择——基于宏村的案例研究 … 94
5.1 宏村案例地介绍 … 94
5.2 宏村旅游发展与外部资本介入的过程分析 … 96
5.3 外部资本介入的主要领域与阶进式选择原因 … 102
5.4 外部资本介入宏村旅游经营的选择机制 … 105

第6章 古村镇遗产旅游景区经营的模式选择与优化 … 109
6.1 古村镇遗产旅游景区经营的目标与主要领域 … 109
6.2 古村镇遗产旅游景区经营模式的选择机理 … 116
6.3 古村镇遗产旅游景区经营模式的划分与实证比较 … 121

  6.4 古村镇遗产旅游景区经营模式的优化路径 …………………………… 132

第 7 章 古村镇遗产旅游景区门票收费模式的选择 ……………………… 135
  7.1 对景区产品及门票收费的基础探讨 ………………………………… 135
  7.2 门票收费模式的选择与比较 ………………………………………… 141
  7.3 门票收费模式选择的影响因素 ……………………………………… 146
  7.4 对景区门票收费模式的展望 ………………………………………… 150

第 8 章 古村镇遗产旅游经营企业盈利方式与行为选择 ………………… 154
  8.1 旅游经营企业的组建及其盈利诉求 ………………………………… 154
  8.2 旅游经营企业的盈利方式探究 ……………………………………… 159
  8.3 旅游经营企业盈利选择倾向与行为引导 …………………………… 164
  8.4 对企业盈利行为选择的进一步探讨 ………………………………… 171

第 9 章 古村镇遗产旅游经营企业的公共责任与代理行为选择 ………… 173
  9.1 古村镇遗产旅游经营的公共领域与企业责任 ……………………… 173
  9.2 企业在公共责任上的代理行为倾向 ………………………………… 176
  9.3 企业公共责任的代理优化与激励约束策略 ………………………… 180
  9.4 对企业社会责任承担的进一步思考 ………………………………… 186

第 10 章 古村镇遗产旅游经营过程中外来商户的行为选择 …………… 189
  10.1 外来商户进入古村镇商业经营探讨 ……………………………… 189
  10.2 外来商户投资动机与经营决策影响分析 ………………………… 195
  10.3 外来商户在地持续经营研究 ……………………………………… 204
  10.4 外来商户在地社会行为倾向研究 ………………………………… 207

第 11 章 古村镇遗产旅游经营过程中社区居民的行为选择 …………… 213
  11.1 古村镇社区居民的特征与类型划分 ……………………………… 213
  11.2 古村镇遗产旅游经营过程中社区居民行为的分化演变 ………… 219
  11.3 古村镇社区居民生产与生活行为的选择 ………………………… 222
  11.4 关于古村镇未来社区生产生活的进一步探讨 …………………… 228

第 12 章 古村镇遗产旅游经营中集体组织的选择 ……………………… 230
  12.1 古村镇所处的农村制度情境：集体组织的探讨 ………………… 230
  12.2 集体组织参与旅游经营的过程与权责利界定 …………………… 236
  12.3 集体组织参与古村镇遗产旅游经营的方式选择 ………………… 242
  12.4 关于古村镇遗产旅游经营集体作用的进一步探讨 ……………… 246

第 13 章 政府对古村镇遗产旅游经营的管制研究 ……………………… 249
  13.1 政府对古村镇遗产旅游经营的管制过程 ………………………… 249

  13.2 政府管制的目标凝聚与能力演进 ………………………………… 253
  13.3 当前政府管制的重点领域与方式选择 …………………………… 258
  13.4 关于古村镇遗产旅游经营政府干预的进一步探讨 ……………… 264
附录一 **我国古村镇旅游景区情况汇总** ………………………………………… 268
附录二 **我国古村镇相关法律法规制度汇总** …………………………………… 287
附录三 **宏村历史文化与旅游发展考证** ………………………………………… 291
后记 ……………………………………………………………………………………… 296

第1章　古村镇遗产旅游：阶段演进与时代要求

1.1　中国古村镇的概念与概况

古老的历史文化村镇是中国特色乡土社会、乡土文化的突出代表，是中华优秀传统文化的重要载体，是未来广大人民群众"记得住乡愁""找到乡愁"的精神家园，构成了我国城乡遗产保护体系的重要组成部分。古村镇的保护价值于1986年国务院公布第二批国家级历史文化名城时得到了首次明确[1]，随后以周庄、同里、乌镇、南浔为代表的江南古镇率先进行保护实践，掀起了乡村遗产保护与旅游开发的热潮。古村镇作为一个公众与媒体约定俗成的名称，大量专家从美学、建筑学、历史学、社会学等多个角度对其进行了阐述，但囿于古村镇内涵的复杂性与外延的模糊性，截至目前，对其概念界定仍众说纷纭、莫衷一是。与之相似的概念包括：传统聚落、传统村落、古村落、古镇、历史文化名镇（村）、特色景观旅游名镇名村及历史村镇等，其中旅游业发展中较常使用且游客认可度较高的为古村落、古镇概念。一般来讲，古村镇主要指那些历史比较悠久、历史文化等价值比较突出、保存较为完整的村庄与集镇的总称，包括古村落与古镇两种形态[2]。

1.1.1　古村落与传统村落

1. 关于古村落的概念辨析

目前，古村落的称呼广泛用在学术研究和社会活动中，且得到了普遍认同。

---

[1] 1986年国务院公布第二批国家级历史文化名城时提出：对文物古迹比较集中，或能较完整地体现出某一历史时期传统风貌和民族地方特色的街区、建筑群、小镇、村落等也予以保护，可根据它们的历史、科学、艺术价值，核定公布为地方各级"历史文化保护区"。

[2] 苍铭. 2014. 古村镇研究[M]. 北京：中央民族大学出版社：3.

一般情况下，人们通常把历史遗留下来的古老村庄聚落称作古村落。古村落不仅始建年代久远，而且在历朝历代更迭兴替中积淀了丰富的历史文化遗产资源，具有一定的历史、文化、科学、艺术、经济和社会价值，是我国传统文化遗产的重要载体，应该予以保护。关于古村落的概念，国内学者并没有一定的标准来界定，主要从古村落的物质及非物质文化属性视角对其进行概念界定（表1.1）。已有概念虽从不同视角阐明了古村落的基本内涵和特征，但是对古村落的分类体系、演变特征及其在新时代背景下迎合国家战略的具体保护与利用的路径研究并不深入。

表1.1　国内学者对古村落的概念辨析表

作者	年份	古村落概念
刘沛林[①]	1997	古村落是人类聚集、生产、生活和繁衍的最初形式，一直处于演进发展之中。古村落是宋元明清时期遗留下来的、村落选址未有大的变动、景观建筑和历史文脉等均保存较好的古代村落
张安蒙[②]（笔名纯瑶）	2003	古村落不仅仅指有明清建筑遗存的村庄，还包括那些至今已有五六百年历史的村寨、部落，它们大多由一个庞大的家族组成，村寨里面有创业始祖的传说、记载以及古老的遗训族规
冯淑华[③]	2005	古村落是一种具有特殊景观形态和文化内涵的乡村人文景观，较完整地保留了某一时代或几个时期的历史风貌，具有极高的历史文化价值
冯骥才[④]	2006	古村落是农业文明发展进步的载体，受自然、历史、民族文化差异的影响具有鲜明的地域性，同时也兼具物质与非物质文化遗产两重属性，且保持了完整、系统的原有建筑格局及其风貌
田密蜜等[⑤]	2010	古村落是指存在于中级尺度地理空间的，由自然环境、古民居建筑群、人类活动遗迹、特有的文化内涵及地域风格艺术的外在表现所组成的综合性景观体

2. 关于传统村落的界定与保护概况

古村落文化内涵主要体现在建筑风貌、村落选址与格局、非遗传承三个方面，在国家层面出台保护古村落的政策和措施十分必要。2012年9月，经传统村落保护和发展专家委员会决议，将古村落更名为传统村落，并明确为村落形成较早、拥有较丰富的传统资源，具有历史、文化、科学、艺术、社会、经济价值，应予

---

① 刘沛林. 1997. 古村落：和谐的人聚空间[M]. 上海：上海三联书店：1.
② 纯瑶. 2003. 沉重的使命[J]. 今日国土，（22）：38-40.
③ 冯淑华. 2005. 古村落旅游解说系统探讨[J]. 商业研究，（8）：164-166，176.
④ 冯骥才. 2006-06-15. 文化遗产日的意义[N]. 光明日报，6-7.
⑤ 田密蜜，陈炜，沈丹. 2010. 新农村建设中古村落景观的保护与发展——以浙江地区古村落为例[J]. 浙江工业大学学报，38（4）：463-467.

以保护的村落[①]。2012年12月17日，住房和城乡建设部、国家文物局、财政部等联合公布了第一批中国传统村落名录（646个），这是我国首次全面地对乡土文化财富的盘点，同时建立了传统村落名录，颁布了《传统村落保护发展规划编制基本要求（试行）》，自此，传统村落保护上升为国家战略层面。2012年12月31日，《中共中央 国务院关于加快发展现代农业进一步增强农村发展活力的若干意见》中强调："制定专门规划，启动专项工程，加大力度保护有历史文化价值和民族、地域元素的传统村落和民居。"这是传统村落概念第一次出现在党和国家的重要文件中。截止到2019年底，我国住房和城乡建设部等部门已经公示出五批6819个中国传统村落名录，录入传统村落数量分别为646个、915个、994个、1598个和2666个，覆盖了全国31个省区市。各省区市入选中国传统古村落名录的数量如表1.2所示。

表1.2　各省区市入选中国传统古村落名录的数量（单位：个）

第一批 （2012年）		第二批 （2013年）		第三批 （2014年）		第四批 （2016年）		第五批 （2019年）	
北京	9	北京	4	北京	3	北京	5	北京	1
天津	1	天津	—	天津	—	天津	2	天津	1
河北	32	河北	7	河北	18	河北	88	河北	61
山西	48	山西	22	山西	59	山西	150	山西	271
内蒙古	3	内蒙古	5	内蒙古	16	内蒙古	20	内蒙古	2
辽宁	—	辽宁	—	辽宁	8	辽宁	9	辽宁	13
吉林	—	吉林	2	吉林	4	吉林	3	吉林	2
黑龙江	2	黑龙江	1	黑龙江	2	黑龙江	1	黑龙江	8
上海	5	上海	—	上海	—	上海	—	上海	—
江苏	3	江苏	13	江苏	10	江苏	2	江苏	5
浙江	43	浙江	47	浙江	86	浙江	225	浙江	235
安徽	25	安徽	40	安徽	46	安徽	52	安徽	237
福建	48	福建	25	福建	52	福建	104	福建	265
江西	33	江西	56	江西	36	江西	50	江西	168
山东	10	山东	6	山东	21	山东	38	山东	50
河南	16	河南	46	河南	37	河南	25	河南	81

---

① 住房城乡建设部　文化部　国家文物局　财政部关于开展传统村落调查的通知，https://www.mohurd.gov.cn/gongkai/fdzdgknr/tzgg/201204/20120423_209619.html[2012-04-16]。

续表

第一批 （2012年）		第二批 （2013年）		第三批 （2014年）		第四批 （2016年）		第五批 （2019年）	
湖北	28	湖北	15	湖北	46	湖北	29	湖北	88
湖南	30	湖南	42	湖南	19	湖南	166	湖南	401
广东	40	广东	51	广东	35	广东	34	广东	103
广西	39	广西	30	广西	20	广西	72	广西	119
海南	7	海南	—	海南	12	海南	28	海南	17
重庆	14	重庆	2	重庆	47	重庆	11	重庆	36
四川	20	四川	42	四川	22	四川	141	四川	108
贵州	90	贵州	202	贵州	134	贵州	119	贵州	179
云南	62	云南	232	云南	208	云南	113	云南	93
西藏	5	西藏	1	西藏	5	西藏	8	西藏	16
陕西	5	陕西	8	陕西	17	陕西	41	陕西	42
甘肃	7	甘肃	6	甘肃	2	甘肃	21	甘肃	18
青海	13	青海	7	青海	21	青海	38	青海	44
宁夏	4	宁夏	—	宁夏	—	宁夏	1	宁夏	1
新疆	4	新疆	3	新疆	8	新疆	2	新疆	1

资料来源：传统村落保护与发展研究中心.传统村落网-国家名录, http://www.chuantongcunluo.com/index.php/home/gjml/gjml/id/24.html[2022-04-16]

从1982年历史文化村镇保护开始，到2012年"传统村落"新概念的正式提出和界定使用，我国先后出台颁布了《中华人民共和国文物保护法》（2017年修正本）、《历史文化名城名镇名村保护条例》、《传统村落评价认定指标体系（试行）》和《关于加强传统村落保护发展工作的指导意见》等法规条例（表1.3），并构建了一个自上而下的双轨政策体系，以指导传统村落保护。经过多年的实践，国内在传统村落保护利用上，形成了建筑与景观保护视角、社区视角及旅游开发视角的保护利用模式。此外，中国地方政府制定关于传统村落保护法律的工作始于20世纪90年代。据初步统计，截止到2021年12月31日，全国已经出台相关地方性法律法规（含草稿及征集意见稿）覆盖了我国26个省级行政区域，对传统村落的保护，从国家到地方，形成了有效互动[①]。

---

① 胡彬彬，李向军，王晓波，等.2017.中国传统村落蓝皮书：中国传统村落保护调查报告（2017）[EB/OL]. https://www.jianpincn.com/skwx_jp/BookDetail.aspx?ID=1394[2021-09-21].

表1.3 关于传统村落保护的国家相关法律法规

序号	条例名称	时间	相关内容
1	《中华人民共和国文物保护法》（2017年修正本）	2017年11月28日	保存文物特别丰富并且具有重大历史价值或者革命纪念意义的城镇、街道、村庄，由省、自治区、直辖市人民政府核定公布为历史文化街区、村镇，并报国务院备案
2	《历史文化名城名镇名村保护条例》	2008年4月22日	中国第一部专门针对包括传统村落在内的保护法规。具备下列条件的城市、镇、村庄，可以申报历史文化名城、名镇、名村： （一）保存文物特别丰富； （二）历史建筑集中成片； （三）保留着传统格局和历史风貌； （四）历史上曾经作为政治、经济、文化、交通中心或者军事要地，或者发生过重要历史事件，或者其传统产业、历史上建设的重大工程对本地区的发展产生过重要影响，或者能够集中反映本地区建筑的文化特色、民族特色
3	《传统村落评价认定指标体系（试行）》	2012年8月22日	建立了村落传统建筑评价指标体系、村落选址和格局评价指标体系、村落承载的非物质文化遗产评价指标体系
4	《关于加强传统村落保护发展工作的指导意见》	2012年12月12日	传统村落是指拥有物质形态和非物质形态文化遗产，具有较高的历史、文化、科学、艺术、社会、经济价值的村落

资料来源：根据相关资料整理

1.1.2 古镇与历史文化名镇

古镇是介于古城和古村落之间的一种传统聚居形态，一般是指拥有较大规模且保存完好的民居建筑、街市形态，具有一定商业功能的古老集镇。关于古镇的概念，目前并未达成统一认识，不同学者有着不同的描述（表1.4），但他们对其认知存在着以下共同点："年代久远、有丰富的历史文化遗存、基本保留原来的村落选址与建筑体系、具有鲜明的地方特色。"[①]

---

① 张熹. 2021. 乡村振兴视野下国内"新古镇"营造研究——以云南楚雄彝人古镇为例[J]. 贵州民族研究，42（3）：116-123.

表 1.4　国内学者对古镇的概念辨析表

作者	年份	古镇概念
曹国新[①]	2003	古镇一般是区域内生产、商业、交通的中心，有时还是政治和军事中心。古镇反映在交通图上一般为交通网络的支撑点
赵勇[②]	2004	古镇介于城市与乡村之间，是在千百年历史发展进程中逐渐形成的人类聚居地
苍铭[③]	2006	古镇是保留古老建筑风貌、历史传统、社会习俗特征的村镇，它们虽然历史悠久，但基础设施却依然能够服务于现代村镇居民
《中国古镇游》[④]	2006	古镇是指仍保有比较完整的古建筑、传统习俗和生活方式的古城、古村镇
阮仪三和袁菲[⑤]	2008	古镇应该较为完整地保存了传统的生活习俗和生活方式，无论是物质文化还是精神文化都具有一定程度的历史积淀，并且曾经主要是区域性的经济或政治、文化中心

　　对照我国文化遗产保护的制度体系以及相关国际性历史文化遗产保护框架，严格来说古镇不是一个被遗产学体系所收纳的概念，进入我国法规范畴的是各级历史文化名镇[⑥]。历史文化名镇作为一个法定名词，2017 年我国再次修订的《中华人民共和国文物保护法》中指出"历史文化街区、村镇"是"保护文物特别丰富并且具有重大历史价值或者革命纪念意义的城镇、街道、村庄"。为了更好地保护、继承和发展我国优秀建筑历史文化遗产，住房和城乡建设部（原建设部）和国家文物局于 2003 年、2005 年、2007 年、2008 年、2010 年、2014 年和 2019 年先后向社会公布了七批中国历史文化名镇（村）（表 1.5），并在《中国历史文化名镇（村）评选办法》中明确了历史文化名镇（村）评选的具体条件：如"能体现我国传统的选址和规划布局经典理论，或反映经典营造法式和精湛的建造技艺；或能集中反映某一地区特色和风情，民族特色传统建造技术；能较完整地反映某一历史时期的传统风貌、地方特色和民族风情，具有较高的历史、文化、艺术和科学价值"等。

---

① 曹国新. 2003. 文化古村落：一类重要而特殊的旅游资源[J]. 江西社会科学，（9）：202-205.
② 赵勇. 2004. 建立历史文化村镇保护制度的思考[J]. 城乡建设，（7）：43-45.
③ 苍铭. 2006. 黄姚古镇形成与存留原因探析[J]. 中央民族大学学报，（4）：92-96.
④ 《中国古镇游》编辑部. 2006. 中国古镇游[M]. 西安：陕西师范大学出版社：8.
⑤ 阮仪三，袁菲. 2008. 江南水乡古镇的保护与合理发展[J]. 城市规划学刊，（5）：52-59.
⑥ 陈艳. 2013. 古镇遗产研究：回顾与反思——兼论中国"名城名镇名村"保护与研究[J]. 东南文化，（5）：26-33.

表 1.5 各省区市获得国家级历史文化名镇名村（1～7 批）的数量（单位：个）

国家级历史文化名镇		国家级历史文化名村	
省区市	数量	省区市	数量
北京	1	北京	5
天津	1	天津	1
山西	15	山西	96
河北	8	河北	32
内蒙古	5	内蒙古	2
辽宁	4	辽宁	1
吉林	2	吉林	1
黑龙江	2	上海	2
上海	11	江苏	12
江苏	31	山东	11
山东	4	安徽	24
安徽	11	江西	37
江西	13	浙江	44
浙江	27	福建	57
福建	19	广东	25
广东	15	广西	29
广西	9	海南	3
海南	4	云南	11
云南	11	河南	9
河南	10	湖北	15
湖北	13	湖南	25
湖南	10	陕西	3
陕西	7	甘肃	5
甘肃	8	新疆	4
新疆	3	青海	5
青海	1	宁夏	1
四川	31	四川	6
重庆	23	重庆	1
贵州	8	贵州	16
西藏	5	西藏	4

资料来源：根据住房和城乡建设部网站公布数据整理

当然，从形成路径来看古镇与历史文化名镇并无本质区别，名镇是从众多古镇中遴选出来的。很显然，历史文化名镇不过是文物行政部门对某些历史文化遗产保存情况较好的古镇的一种褒奖，是国家层面的一种示范性保护手段。20 世纪 80 年代以来，我国积极进行古镇遗产保护，并出台了一系列相关政策措施（表 1.6）。

表 1.6 我国历年出台的古镇相关政策措施

年份	相关内容	备注
1982	《关于保护我国历史文化名城的请示的通知》	历史文化名城保护相关的法规
1983	《关于加强历史文化名城规划工作的通知》	历史文化名城保护相关的法规
1985	成为《保护世界文化与自然遗产公约》缔约国，逐步形成以历史文化名城、文化古街为主的遗产保护体系	1972 年，联合国教育、科学及文化组织出台
1986	提出对文化古迹小镇进行保护	公布第二批历史文化名城时提出
1996	安徽屯溪老街被列为国家级历史名街	建设部试点
2003	开展历史名街申报工作	国家文物局、建设部负责
2005	颁布《历史文化名城保护规划规范》	指出村（镇）可参照此执行
2005	通过《中国古村镇保护与发展碛口宣言》	山西临县碛口古镇
2008	《历史文化名城名镇名村保护条例》	满足相关条件，即可申报国家级历史文化名镇

资料来源：根据相关资料整理

1.1.3 古村镇的概念、类型与价值特征

1. 古村镇的概念

与历史文化名镇（村）相比，通常所说的古村镇，其内涵比前者更为含糊和宽泛；就外延层面，与国家及省级政府公布的历史文化名镇（村）有所重叠，但不尽相同（一方面并不是所有古村镇都列入其中，另一方面部分列入的也可能因知名度较低等未得到公众的认知）[①][②]。结合各方对于古村落、古镇等相关概念的理解，其差异多在于地理空间尺度、行政区划大小以及研究侧重点不同，但其内涵基本相同。本书试图浅析古村镇的内涵及外延，将古村镇内涵理解为：泛指那些具有悠久的历史文脉、显著的文化特色、独特的民俗风情和丰富的艺术价值的古村落、古镇、古堡、大院、土楼、古寨、少数民族聚落等，其鲜明的特征是保留了较为完整的以古民居、古建筑、古遗址为代表的有形遗产，以及以传统的民

---

① 张广瑞，刘德谦. 2008. 2008 年中国旅游发展分析与预测[M]. 北京：社会科学文献出版社：333.
② 宋瑞. 2013. 利益相关者视角下的古村镇旅游发展[M]. 北京：中国社会科学出版社：38.

风民俗、生产生活、节庆礼仪、民间技艺、民间艺术、民间故事等为代表的无形遗产。就外延而言,应该包括以下几点:①历史悠久,有一定的历史人文记忆;②传统建筑风貌完整,历史建筑、乡土建筑、文物古迹建筑集中连片分布或总量超过村镇建筑总量的三分之一;③村镇选址与格局保持传统特色,自然环境整体保存较好;④非物质文化遗产活态传承,原住民生产与生活文化特色鲜明;⑤整体格局保存较好的村庄或集镇空间。

2. 古村镇的地域分布

截至2021年12月31日,我国历史上形成了许多富有地域文化特色的古村镇,星罗棋布、散落于全国各地。其中具有一定规模和影响力的古村镇代表包括江南水乡古镇古村群、皖南古民居、福建土楼、开平碉楼、山西大院、川西古镇以及云桂湘黔藏等少数民族集聚地区的民族文化村寨,它们主要集中在安徽、浙江、江苏、江西、广东、福建、云南、广西、湖南、四川、贵州、山西等。具体的古村镇分布范围及地域类型如表1.7所示。

表1.7 我国现有古村镇的地域分布类型

类型	分布区域	主要特色	代表古村镇
江南水乡古镇古村群	浙江、江苏、上海	精致灵气	乌镇、周庄、西塘、南浔、同里、甪直、木渎、朱家角、沙溪、新市、安昌、塘栖、诸葛村、西滩村等
徽州古镇古村群	安徽、江西	大家风范	西递、宏村、南屏、关麓、呈坎、雄村、唐模、棠樾、查济、卢村、塔川、三河、岩寺、万安、昌溪、理坑、钓源村、流坑村、许村、竹桥村、石坑村等
山西古镇古村群	山西	富贵大气	乔家堡村、静升镇村、车辋村、张壁村、申河村等
岭南古镇古村群	福建、广东	灵秀鲜明	黄姚古镇、沙湾古镇、赤坎镇、百合镇、洪坑村、初溪村、高北村、田螺坑村、河坑村、莲塘村、黄埔古村、锦江里村、自力村等
川渝古镇古村群	四川、重庆	别致个性	莫洛村、天宫院村、安仁镇、黄龙溪、磁器口、青莲镇、罗田镇、龚滩镇等
陕西古镇古村群	陕西	朴实无华	凤凰镇、青木川镇、榆林、党家村、袁家村、杨家沟村等
南诏古镇古村群	云南	浪漫如画	和顺、翁丁村、龙泉村、鲁史古镇、彝族撒尼月湖村、增冲村、肇兴寨等
湘黔古镇古村群	湖南、贵州	清秀灵逸	青岩、麻柳溪、小漆元村、板梁村、云舍村、八舟村、加鸠村、岜沙村、从江侗寨、黎平侗寨、石头古寨、南龙布依古寨等

资料来源:黄利. 2016. 中国古镇游[M]. 西安:陕西师范大学出版社

3. 古村镇的价值类型

作为乡村聚落形式的古村镇，其形成与演变过程，受制于历史时期的自然、政治、经济及社会条件，必然会凸现出各自不同的价值功能，而这种功能性差异影响着古村镇的发展主题和方向。因此，借鉴已有理论研究视角[1][2][3]及历史文化村镇的核心资源特点，并考虑到《中华人民共和国文物保护法》(2017年修正本)关于历史文化村镇的定义与内涵，可从古村镇现有价值类型角度，将我国古村镇大致划分为建筑遗产保护型（独特的地域建筑文化景观）、民族文化特色型、人文历史纪念型（包括革命文化或名人故居等）、农耕文明保留型（如农林牧渔等传统生产文明保留地）、非遗文化传承型、商贸交通历史型（如一些川西古镇，交通与商贸功能突出）、风景名胜宗教型（风景名胜、宗教文化所在地等）、生态环境体验型（生态环境优美、田园风光秀丽）诸类。此外，不同价值类型的古村镇，其属性符号、主要保护对象和发展方向也有所差异（表1.8），通过这种差异的认知和梳理，可为古村镇的保护与发展规划提供更为科学、合理的指导，从而促使我国历史文化村镇保护与发展在主题构建、模式选择、形象建立等方面更具操作性和丰富性。

表1.8 古村镇的价值类型划分

类型	属性符号	主要保护对象	发展方向
建筑遗产保护型	建筑风貌 乡土建筑 文物古迹	物质文化遗产：古民居、古建筑等 非物质文化遗产：当地的传统文化、礼仪、语言、服饰、手工艺、饮食等	博物馆式保护发展（迁出部分或全部人口）
民族文化特色型	民风民俗 传统文化 特色建筑	物质文化遗产：民族建筑 非物质文化遗产：少数民族礼仪、服饰、饮食、表演、语言、技艺等	融合型发展
人文历史纪念型	历史人物 历史事件 革命精神	物质文化遗产：与重要历史人物、事件相关的建筑物、器物、场所等 非物质文化遗产：与重要历史人物、事件相关的传说、故事、语言、服饰、制度、饮食等	融合型发展
农耕文明保留型	宜农宜居 望族乡贤 家族血缘	物质文化遗产：民宅、祠庙、私塾、农作工具等 非物质文化遗产：与农耕活动相关的耕作文化、礼俗、表演、服饰、语言、饮食、工艺等	融合型与分离型发展相结合，以融合型为主

---

[1] 周宏伟. 2009. 基于传统功能视角的我国历史文化村镇类型探讨[J]. 中国农史, 28 (4): 92-101.
[2] 国家文物局文保司, 无锡市文化遗产局. 2008. 乡土建筑保护论坛文集[M]. 南京: 凤凰出版社.
[3] 赵勇. 2008. 中国历史文化名镇名村保护理论与方法[M]. 北京: 中国建筑工业出版社.

续表

类型	属性符号	主要保护对象	发展方向
非遗文化传承型	非物质文化遗产	口头传统、民俗活动、礼仪节庆、传统手工艺等，以及与此相关的文化空间	融合型发展
商贸交通历史型	对外通达 名商名士 商业繁荣	物质文化遗产：商铺、驿站、交通工具等 非物质文化遗产：与历史交通相关的制度、语言、礼仪、饮食、服饰等	博物馆式保护发展（迁出部分或全部人口）
风景名胜宗教型	山水田园并存 宗教信仰	物质文化遗产：塔林、寺庙、商铺、客栈 非物质文化遗产：与宗教相关的制度、教义、表演、仪式、语言、服饰、饮食等	融合型发展
生态环境体验型	山清水秀 风景迤逦 生态良好	自然性遗产：附近的田园、动植物、地形地貌、水系等	融合型发展

4. 古村镇的价值特征

古村镇作为中华民族根性家园，呈现着农耕聚落的典型形态，是乡土文化历史认知的重要载体、是当代乡土精神生活调节与情感记忆的家园、是乡风文明传统在当代传承与展示的人文空间，蕴含着丰富的、有价值的遗产，呈现出集生产、生活、生态与社会、文化价值为一体[1]。这些价值蕴含于乡村独特的生产生活方式之中，并以其为载体更为清晰完整地传承延续[2]。

1）体现中国传统农耕文明的传统生产价值

古村镇是农耕文明遗留下来的"活化石"，反映了我国农耕时期人们改造利用自然的智慧，融入了古人的世界观和价值观[3]。古村镇中的屋舍井衢、农田阡陌、祠堂庙宇都残留着过去人们生产生活的痕迹，蕴含着传统农业生产文化、手工艺文化和商贸文化等。

古村镇世代村民为了繁衍生息，长期以来利用村域内的土地、植被、水源等自然资源开展农作物种植、家畜禽养殖或打猎、放牧、捕捞及手工制作等农业生

---

[1] 刘大均，胡静，陈君子，等. 2014. 中国传统村落的空间分布格局研究[J]. 中国人口·资源与环境，24（4）：157-162.

[2] 鲁可荣，胡凤娇. 2016. 传统村落的综合多元性价值解析及其活态传承[J]. 福建论坛（人文社会科学版），（12）：115-122.

[3] 夏周青. 2015. 中国传统村落的价值及可持续发展探析[J]. 中共福建省委党校学报，（10）：62-67.

产劳动。一方面"靠山吃山、靠水吃水"的生产方式为农业生产提供充足的生产资料，另一方面依托家庭和村落共同体学习传承农业生产技术和经验，开展农业生产分工与合作，从而形成了"遵天时、顺地利、寻人和"的"道法自然"和"民以食为天"的传统农业生产观念。

2）体现中国人地和谐相处的生态居住价值

《宅经》中记载了这样一段论述："宅以形势为身体，以泉水为血脉，以土地为皮肉，以草木为毛发，以屋舍为衣服，以门户为冠带。若得如斯，是事严雅，乃为上吉。"[①]这是一种把建筑与地形、水文、日照、植被等自然环境融为一体的中国乡土民居的生态观。古村镇的山水环境、建筑样式、街道布局以及居民的生产生活、传统民俗，都承载着人们的生活观念、性格喜好等精神要素[②]。古村镇生态系统是一个典型的人工、半人工生态系统，兼具栖息、繁衍等居住功能。

古村镇大多选址在自然景观秀美之处，古风古韵的民居建筑与周围山水环境融为一体，保持亲近自然的生活方式，体现出人地和谐统一的生态居住价值[③]。古代人们在建设家园的过程中，出于对山水天地、动物草木的敬畏，冠以山神、水神、土地公等称谓；出于对祖先的敬重和血脉的延续，为其修建庙宇、祠堂等，这些均体现了人们对自然的依赖。同时古民居、古建筑多采用砖、石、木等地域材料，建筑风格受到气候、环境、政治、文化等多方面的影响，符合人们对自然、宗教、文化的审美态度及居住习惯。

3）体现中国乡土社会关系的生活文化价值

古村镇因人民生活而生机勃发、因人民生活而世代传承。人们在生产生活过程中，逐渐形成了信仰与仪式、道德与规矩、礼俗与习惯为支撑的和谐生活模式。这种模式又成为古村镇乡风文明的核心内容，让村落共同体有了持久稳定的生活文化价值观念。这种生活文化价值具体体现在村镇物质生活、社会生活及精神生活价值三个层面[④]。

第一，古村镇的物质生活文化依托于当地风土条件，居民的谋生方式在很大程度上影响着生活文化内容，其中饮食文化作为人们在世代农耕生产中形成的生活基础文化，是最具地域特征的生活文化。第二，古村镇的社会生活文化是人们

---

① 王其钧. 2005. 中国民居三十讲[M]. 北京：中国建筑工业出版社：1.

② 龚向胜，魏芙叶，李煦，等. 2021. 湖南省传统村落的特点、价值及保护——基于五宝田传统村落实证研究[J]. 作物研究，35（5）：415-419.

③ 王小明. 2013. 传统村落价值认定与整体性保护的实践和思考[J]. 西南民族大学学报（人文社会科学版），34（2）：156-160.

④ 萧放. 2021. 传统村落的文化价值与现代意义[J]. 民艺，（4）：72-74.

在村镇共同体生活中形成的相互依存的生活习惯,主要体现在节庆、庙会、礼仪、规约和村镇社会组织上,体现着居民之间情感交流、伦理关系和社会凝聚的生活价值。第三,村镇居民的精神生活文化包括了信仰传统、伦理传统和文艺传统,其中村镇信仰是关于村民环境与生计的观念,是维系村镇文化的灵魂;村镇伦理是村民确立人际互动准则,进行人情往来、礼俗相交、情感互动的重要依托;村镇文艺传统包括口头艺术和表演艺术,是活跃村镇精神生活、强化村民社会联系的重要生活传统。

1.2 古村镇遗产保护与遗产旅游

1.2.1 古村镇文化遗产的保护

1. 古村镇是重要的文化遗产

习近平在为《福州古厝》一书所写的序言中指出,"保护好古建筑、保护好文物就是保存历史,保存城市的文脉,保存历史文化名城无形的优良传统"[1]。党的十九大报告进一步强调"加强文物保护利用和文化遗产保护传承"[2]。全社会都要深刻认识到,保护好文化和自然遗产,就是守护过去的辉煌、今天的资源、未来的希望,就是守护我们共同的精神家园。著名文化学者冯骥才[3]认为古村镇是我国宝贵的文化遗产资源,是中华传统文化的重要载体,是"中华民族失不再来的根性遗产",它们承载着上千年来中国人生产、生活文化的点滴,是物质文化遗产和非物质文化遗产的共同结合体。

(1)物质文化遗产:主要指物质空间形态下的遗产物资源,包括古村镇内具有历史学、美学、民族学和人类学价值的古建筑、古民居、古遗址资源。

(2)非物质文化遗产:主要指古村镇在长期演变过程中流传下来的、有鲜明地域特色的传统礼仪、节庆、民俗活动、传统技艺、民间艺术、民间文学故事等,并承担着该地域人类的物质和精神文化生产[4]。非物质文化遗产是古村镇的灵魂,它与古村镇社会物质生活结成一体,在日常行为和文化场景中反映出特定历史文

---

[1] 习近平:《福州古厝》序,http://jhsjk.people.cn/article/26331724 [2015-01-06]。
[2] 习近平:决胜全面建成小康社会 夺取新时代中国特色社会主义伟大胜利——在中国共产党第十九次全国代表大会上的报告,http://www.gov.cn/zhuanti/2017-10/27/content_5234876.htm [2017-10-27]。
[3] 冯骥才. 2014. 保护传统村落是"惊天"行动[J]. 新城乡,(9):32-33.
[4] 林茂. 2006. 论古镇文化旅游资源的保护与开发[D]. 四川大学硕士学位论文.

化环境的社会生活价值[①]。

2. 古村镇遗产的保护要求

古村镇是一个功能复合的社会文化生态空间，承载着生产文化、生活文化和精神文化，也传递着历史文化、地域文化与民族文化，是物质文化、非物质文化的集合体，也是生产、生活活动的承载地。古村镇在保护过程中要强调原真性、活态性与整体性，恢复古村镇遗产地的生机与活力，延续古村镇的文脉。

1）保护古村镇形态的原真性，留住原汁原味的乡愁

当下许多古村镇由于商业利益的过度介入，以仿建、新建乡土建筑取代古村镇传统乡土建筑群落的原貌，加上旅游经营中外来文化的冲击，古村镇的建筑文化传承被活生生地斩断或者改变。因此，古村镇在保护与开发中，切忌急功近利、竭泽而渔，在保留原址、原状、原物的基础上加强修缮管理，通过保留原真性再现出世代居住的图景，留住古村镇原汁原味的乡风乡貌乡韵。

2）保护古村镇文化的活态性，延续完整的文化脉络

当下把古村镇改造成旅游景区、乡村旅游目的地，成为部分地方旅游业发展的必经之路，本地村民外迁，外来商业入驻，使得不少古村镇成为没有内在生命力的游乐场所，古建筑及其人文属性被人为割裂。因此，古村镇的保护不但要保护其原有的格局、建筑、历史环境，更要注重保护传统的生产与生活文化，各个地方要以美丽乡村建设与乡村振兴为契机，通过改善当地交通、生活环境、产业发展等条件，留住村民，留住乡村生活，延续村落文化，让古村镇充满生机。

3）保护古村镇文化生态系统的整体性，展现乡村人居魅力

古村镇既是一个人与自然和谐相处的生态体，也是一个中国传统生产与生活文化的演绎地，是一个复合性的文化生态系统，具有整体性。只有对古村镇自然地理环境、生产生活方式及其文化空间进行整体性、系统性保护，在做好当地生态环境保护、建筑修复的同时做好村落历史文化内涵的挖掘、展示、维护和非物质文化遗产的传承，充分考虑到古村镇的历史形象、文化形态和地理人居独特性，才能使古村镇遗产保护不至流于形式。

3. 旅游是古村镇遗产保护的重要途径

加强文化遗产保护，就要充分发掘文化遗产的当代价值，让宝贵遗产世代传承、历久弥新。习近平强调："每一种文明都延续着一个国家和民族的精神血脉，

[①] 刘婷，张阳生，高连海，等. 2009. 古镇非物质文化遗产的搜救保护与活力复兴——以山西大阳古镇为例[J]. 人文地理，24（3）：97-100.

既需要薪火相传、代代守护,更需要与时俱进、勇于创新。"[1]

对于古村镇文化遗产而言,保护是前提,但利用是为了更好地保护。国家提出在文化遗产保护中坚持创造性转化、创新性发展,激活文化遗产的生命力,让收藏在博物馆里的文物、陈列在广阔大地上的遗产、书写在古籍里的文字都活起来,才能为人们提供正确的精神指引和强大的精神动力。旅游作为一种国民外出审美、增加阅历、追求文化、接受教育的重要方式,是激活文化遗产生命力的重要途径。开展古村镇遗产旅游活动对于古村镇遗产保护、传承与利用来说是一种多赢方式,是古村镇遗产地发展的重要途径。

1.2.2 古村镇遗产旅游

世界旅游组织(World Tourism Organization,UNWTO)将遗产旅游界定为深度接触其他国家或地区自然景观、人类遗产、艺术、哲学以及习俗等方面的旅游。国外较早地就对古城古镇古村进行遗产旅游开发。例如,日本早在1975年就将历史城镇、历史街区、古村落变成单纯的遗产旅游观光地[2]。我国古村镇遗产旅游开发较晚,始于20世纪80年代中期,以江苏周庄古镇和安徽西递宏村等为代表,之后在20世纪90年代中后期,由于国民经济的持续发展、假期制度的出台落实、社会公众对传统文化的关注度普遍提高、古村镇旅游的经济效益逐渐被了解和认同等,掀起了一场古村镇遗产旅游开发热潮[3]。

古村镇旅游一方面是对独特地域的古民居、古建筑、风俗风情、文化艺术等物质和非物质文化遗产的体验而成为一种典型的文化旅游活动,另一方面又因为许多古村镇远离城市地处山水乡野间而成为乡村旅游的重要代表。因此,古村镇旅游兼具文化遗产性和乡村性。本书中的古村镇遗产旅游是指以古村镇的古建筑景观、古民居聚落格局、民间文化艺术、民族民俗风情、传统生产生活形态等文化遗产及其相互依存的乡土环境景观为核心吸引物,满足旅游者观光、休闲、体验、教育等需求的文化旅游活动。就当前古村镇遗产旅游发展的实践来看,古村镇遗产旅游大多还停留在对古民居、古建筑等实体景观的展示上,其他非物质遗产旅游资源(包括民俗、民间艺术等)尚未得到有效的挖掘和开发,而这些正是体现古村镇文化内涵最重要、最核心的内容。

---

[1] 保护好中华民族精神生生不息的根脉——习近平总书记关于加强历史文化遗产保护重要论述综述,http://www.moj.gov.cn/pub/sfbgw/gwxw/ttxw/202203/t20220323_451311.html[2022-03-23]。

[2] 章锦河. 2003. 古村落旅游地居民旅游感知分析——以黟县西递为例[J]. 地理与地理信息科学,19(2):105-109.

[3] 宋瑞. 2008. 中国古村镇旅游:发展状况与面临难题的思考[M]. 北京:社会科学文献出版社.

根据中国古镇旅游网统计，截至2021年12月31日全国已开发旅游的古镇高达200多个，而且有开发可能性的同类项目有1000多个[①]。同时，截至2021年6月，文化和旅游部共确定了306家国家5A级旅游景区，其中，古村镇旅游景区就有20家，主要分布于江苏、浙江、安徽、山西等地，代表着不同地域的古村镇遗产风貌特征，风格迥异（表1.9）。

表1.9 全国5A级古村镇名录表

地区	古村镇名称	评定年份
河北省	河北省邯郸市广府古城景区	2017
山西省	山西晋城皇城相府生态文化旅游区	2011
	山西省晋中市乔家大院景区	2014
黑龙江省	漠河北极村旅游区	2015
江苏省	苏州市周庄古镇景区	2007
	苏州市同里古镇景区	2010
	江苏省无锡市惠山古镇景区	2020
浙江省	嘉兴市桐乡乌镇古镇旅游区	2010
	湖州市南浔古镇景区	2015
	浙江省嘉兴市西塘古镇旅游区	2017
福建省	龙岩市古田旅游区	2015
	福建省土楼（永定·南靖）旅游	2011
江西省	上饶市婺源江湾景区	2013
安徽省	安徽省黄山市皖南古村落—西递宏村	2011
	黄山市古徽州文化旅游区	2014
	安徽省宣城市绩溪龙川景区	2012
	合肥市三河古镇景区	2015
贵州省	贵州省贵阳市花溪青岩古镇景区	2017
	贵州省黔东南州镇远古城旅游景区	2019

注：山西省晋中市乔家大院景区在2019年撤销
资料来源：根据文化和旅游部官网公布的5A级景区名录整理

[①] 卞显红. 2010. 江浙古镇保护与旅游开发模式比较[J]. 城市问题，（12）：50-55.

1.3 中国古村镇遗产旅游发展与实践

1.3.1 古村镇遗产旅游的缘起与初心

1. 满足文化遗产保护与当地社会经济发展的需要

历经工业化、城市化的发展，我国保留下来的古村镇大多处于区位条件差、交通不便、经济落后的偏远地区。一方面是建设性破坏少而得以保全原汁原味的历史风貌和文化特色，另一方面也是其不具备发展非农产业的条件而导致了落后的经济社会面貌，传统乡土社会的意识形态和落后的生产生活方式仍在延续，人口流失与空心化现象比较严重。因此，如何在合理开发利用中进行保护是古村镇"自谋出路、自我发展"的必然选择[①]。

遗产旅游开发一方面根植于当地自然环境、文化传统，充分挖掘古村镇文化遗产的内涵，并在整体保护中进行展示与演绎，将其转化为能够给游客带来历史文化愉悦与寓教于游的各种旅游体验产品，提升古村镇文化遗产资源的综合价值。另一方面遗产旅游开发意味着资本、人力和技术等发展要素对古村镇的投入，这对经济落后、交通闭塞的古村镇而言，不仅可以激活古村镇地方经济，从而带动社会环境各方面发展，而且更有利于古村镇保护其自然环境和文化遗产。

2. 满足国民文化旅游诉求与增强社会认同感

现代大众游客在经历城镇化的快速发展与观光旅游时代后，渴望回归到原真的乡村田园生活，都向往乡土文化对自我的熏陶和升华。古村镇文化遗产旅游为大众游客提供了乡土文化体验与教育的重要场所，增进了国民对于中国传统建筑、民族民俗、节日礼仪、民间艺术等文化认知，满足国民对精神文化的需求。

同时，遗产旅游强调对古村镇自然与文化环境的整体性、原真性保护，强调社区居民的传统生产与生活文化的展示演绎，并在满足旅游者文化体验的同时，带给社区居民更多的就业创业机会与经济利益，从而实现了古村镇生态、生产、生活的持续健康发展，增强了国民大众和当地居民对古村镇遗产保护与遗产旅游发展的普遍认同感，增强社会对古村镇生态文化环境保护的意识与自觉性。

[①] 陈胜亮. 2010. 中国历史文化村镇旅游开发与管理[D]. 复旦大学硕士学位论文.

1.3.2 古村镇遗产旅游发展的阶段与特点

20 世纪 80 年代后期,古村落、古镇旅游悄然兴起,经过三十几年的发展,形成了天人合一的徽派古村落、富贵大气的北方大院,还有小巧精致的江南水乡古镇等一批国内外著名的古村镇旅游景区,延续形成了规模巨大、特色各异、接待条件成熟的古村镇遗产旅游地。从整体发展情况来看,基于古村镇遗产旅游目的视角,可以分为以下几个阶段。

1. 观光旅游景区发展阶段

20 世纪 80 年代中后期至 90 年代后期,古村镇遗产旅游以纯粹的文化观光为主,依托古村镇保存完好的古建筑文物景观、自然环境和独特的人文风貌为核心吸引物,向游客展示传统的地域文化特色和民俗文化风情。该阶段古村镇旅游主要围绕文化遗产本体资源进行简单的保护、修缮与景点、博物馆式地展陈,文化转化形式单一,仅仅满足游客基础性的观光需求,大多倾向将古村镇包装成景区、景点向外推广,门票经济现象突出,形成单薄的门票收入模式。此时古村镇旅游者的消费空间受限,集中呈现出停留时间短、基本不过夜的游览特点。

以周庄古镇为例,旅游发展始于 1989 年,凭借周庄古镇较为完善、典型的江南水乡风貌,游客纷至沓来,数量较多,1989 年到 1996 年,周庄古镇接待人次由 5.5 万人次增长到 50 万人次,1999 年周庄古镇接待国内外游客 125 万人次,门票经济特征明显。在旅游经营上,周庄古镇与西递都分别先由当地镇政府以及村民委员会(简称村委会)管辖,后成立旅游公司负责具体运营,如西递村于 1985 年成立旅游发展领导小组,1986 年成立西递旅游景点管理处,1993 年正式成立黄山市黟县西递旅游服务公司(隶属于西递村村委会)进行经营。

该阶段遗产旅游发展的特点表现为:①遗产旅游处于萌芽状态,以景观、景点、景区打造和门票服务为主,门票经济现象突出;②旅游接待规模较小,但增长速度较快;③旅游投资与商业价值未被认知,外来资本介入较少;④地方政府和居民对遗产保护与旅游开发欠缺参与意识,古村镇旅游基本以自发性经营与管理为主;⑤古村镇居民仍以传统农业生产为主导,部分居民开始涉旅经营。

2. 商业化休闲与度假阶段

从 20 世纪 90 年代后期至 21 世纪 10 年代后期,古村镇遗产旅游价值凸显,旅游商业蓬勃发展。一方面外来资本介入古村镇遗产旅游经营(如黟县徽黄京黟旅游发展有限公司（简称京黟旅游公司）[①]入驻宏村景区经营），寻求合适的方式谋取自己一席之地，凭借丰厚的资金实力以及管理经验等，参与景区经营与旅游项目开发，极大地提升了景区服务质量与管理运营水平。另一方面越来越多的中小商户也涌入古村镇从事餐饮、住宿与休闲娱乐业态，极大地丰富了景区服务供给与旅游体验。这一阶段出现了诸如乌镇东栅景区、乌镇西栅景区、四川安仁古镇、上海朱家角古镇等一批全国知名的古村镇景区，它们不仅成为国内外游客的文化观光旅游地，也成为城市居民休闲与度假的重要选择。

众多商业的注入为古村镇发展输入新活力的同时，不可避免地带来新的发展问题：一是古村镇旅游产品同质化现象严重，特别是在同一区域内的商业与旅游商品，创意滞后导致文化体验与商品特色不足，缺乏新颖性与吸引力；二是古村镇商业化发展招致外来商户大量进入，异地商品和外来文化充斥，部分本地居民选择搬离，人口流失造成古村镇文化空心化和虚假化，原真性的流失使得古村镇魅力逐渐丧失，影响其可持续发展。

该阶段遗产旅游发展的特点主要表现为：①古村镇旅游投资价值逐渐被挖掘，外来资本接踵而至介入古村镇旅游开发与商业经营，利益关系开始复杂化；②大力开发旅游服务业态，商业设施建设与商业场所改造不断加剧，古村镇旅游体验不断提升；③古村镇旅游品牌逐步形成，旅游接待量激增，但伴随各种社会矛盾的出现；④古村镇原住民生活参与旅游经营程度提高，遗产旅游给社区带来的经济效益明显；⑤地方政府和居民对于古村镇保护意识逐渐增强，保护理念、方式及管理体制日益多元。

3. 文化体验与美好生活阶段

从 21 世纪初开始，古村镇遗产旅游发展模式与经验更为成熟。随着人们对美好生活的进一步追求，文化和旅游融合发展不断深入，"留得住记忆，记得住乡愁"的理念不断深入人心，古村镇旅游景区经营与商业开发进入了精细化发展阶段，传统的旅游商业不断地被迭代更新，民宿与精品住宿业态不断引入，旅游文化创意经济不断放大，过夜率与复游率都在不断提高，游客对文化体验、消费品质与生活美学的追求不断加强，古村镇遗产旅游进入了一个追求美好生活体验与文化创意经济的高质量发展时代。

近年来，一些创意十足、体验美好的古村镇旅游地声名鹊起，如西江千户苗寨、芙蓉古镇等，逐渐显现出古村镇文化创意、生活体验的魅力。以安徽黟县碧山村为例，为了更好地保护和传承徽州优秀传统文化，一群当代文化工作者发起

[①] 黟县徽黄京黟旅游发展有限公司曾用名：黄山京黟旅游开发有限公司（2003 年至 2020 年），黄山京黟旅游开发总公司（1997 年至 2003 年），后文均简称为京黟旅游公司。

了"碧山共同体"计划，借由知识分子深入碧山村，成为新文化人，试图拓展出一种全新的徽州乡村建设模式——集合土地开发、文化艺术产业、特色旅游、体验经济、环境和历史保护、建筑教学与实验、有机农业等多种功能于一体的新型乡村建设模式，倡导构建新农业生活方式。

该阶段古村镇遗产旅游发展的特点主要表现为：①古村镇旅游商业趋向小精美方向发展，民宿等精品住宿业态引领发展，文创产品业态不断丰富，夜游夜生活功能不断提升；②古村镇遗产旅游与大社区融合发展，周边旅游项目开发普遍，旅游功能与游客接待量不断增加，呈现旅游目的地化发展趋势；③更加注重社区美好生活的打造与当地居民利益，社区整体营造与大景区建设管理的理念深入人心，古村镇遗产旅游可持续发展能力得以加强；④古村镇旅游地的开放度、包容度不断提高，有选择性地引入新创客、新住民、新文化，增强了文化传承的生命力，注入现代生活和时代元素，以不断更新和完善现代人需求。

1.3.3 古村镇遗产旅游发展的实践形式

根据古村镇遗产旅游发展的阶段特点，古村镇遗产旅游的实践主要包括景点与景区建设、旅游商业聚落开发、文化旅游目的地营造三种形式，具体如下。

1. 景点与景区建设

古民居、古建筑、古聚落文化遗产景观是古村镇遗产旅游的核心吸引物，而依托上述景观构成的景点、景区是古村镇遗产旅游实践的普遍形式。无论是在遗产旅游初期，还是在现在阶段，景点打造与景区建设仍然是古村镇遗产旅游发展的首选与重要途径。其中，景点从原先以旁观为主的文物观光、古建筑观赏到更深体验层次的民俗文化博览馆、名人故居纪念地、民间技艺体验坊等，构成了古村镇遗产旅游的核心体验产品。同时，围绕上述景观、景点，保护并利用古村镇的街巷水路，打造主要游线，增设旅游出入口景观和相应的游客服务中心、停车场、旅游厕所等旅游公共服务设施，从而建设一个旅游界线比较清晰、旅游服务功能比较集聚、旅游体验场景比较丰富的古村镇旅游景区。在遗产旅游初期景点、景区建设与收费是遗产旅游经营的主要方式，门票经济现象突出，收入渠道与模式单一，游客消费也比较单一，停留时间短，过夜率低。

2. 旅游商业聚落开发

景点、景区建设为古村镇遗产旅游观光打下了基础。为了迎合民众更加多样化的在地旅游需求，更好地满足居民与外来经营者的投资需求，古村镇旅游地积极鼓励盘活闲置的各类空间资源，进行商业开发与经营，引入社会资本与特色商户，并鼓励本地居民参与旅游商业经营，极大地增加了景区购物、餐饮、住宿、游乐等多元化产品供给。利用古村镇文化空间的"壳"打造了一个有特色的旅游商业聚落，营造了一种独属于古村、古镇、古街的文化休闲消费氛围，既满足游客现代物质消费的需求，同时兼顾对古村镇环境氛围的精神消费需求。这类旅游商业聚落容易受到当代游客的欢迎和追捧，往往成为古村镇旅游转型的重要途径。其中乌镇西栅最为成功，乌镇西栅景区旅游商业聚落的形成，突破了单一的门票经济，大大地增加了二次消费，从而形成了集观光、体验、休闲、度假、文化、艺术、会展、商务为一体的多业态复合经营模式，提高了游客过夜率、复游率与消费水平，成为古村镇遗产旅游二次创业、创新发展的重要实践方式。

3. 文化旅游目的地营造

随着我国休闲度假需求的日渐旺盛，古村镇遗产地已成为游客文化体验与美好生活的主要实践地，对于古村镇遗产旅游地的消费也在不断升级。一方面受困于古村镇景区内部建设用地与建筑改造限制，另一方面又受到外来经营者的投资驱动，为了更好地拓展古村镇遗产旅游的服务空间，更好地放大与承接古村镇遗产旅游带来的溢出效应，古村镇遗产旅游地往往会进行村镇扩张、周边土地收储开发与村镇内部更新，以引入更多、更好的文化旅游项目，甚至进行旅游地产开发，打造新的文化旅游社区、旅游度假区、旅游景区、文化创意产业园区、休闲农业园区等文化旅游新体验空间，引入了文化旅游新业态、新要素、新产品和新人口，从而共同营造了以古村镇遗产旅游景点景区为核心，集聚周边文化旅游资源、产品与项目而形成的古村镇遗产旅游大景区、目的地。通过文化旅游目的地的共同营造，古村镇遗产旅游得以更新升级与持续发展。

1.4 古村镇遗产旅游的新时代要求

1.4.1 国家战略指引

1. 中华优秀传统文化战略：遗产旅游的文明发展观

文化是民族的血脉，是人民的精神家园。党的十八大以来，围绕传承和弘扬中华优秀传统文化，习近平总书记发表了一系列重要论述，表明了中华优秀传统文化对我国发展的根基性，认为其是中华民族的精神命脉，对中国特色社会主义建设具有重大意义，能够助力我们坚定文化自信[1]。在这样的背景下，提出中华优秀传统文化传承战略，中共中央办公厅、国务院办公厅印发《关于实施中华优秀传统文化传承发展工程的意见》《关于在城乡建设中加强历史文化保护传承的若干意见》《关于加强文物保护利用改革的若干意见》《中华优秀传统文化传承发展工程"十四五"重点项目规划》等配套文件。上述行动增强全社会文物保护意识，加大文化遗产保护力量，一些濒危的传统艺术得到抢救，一些古老的手艺技艺得到传承，一些沉睡在历史中、陈列在大地上的文物重现光彩，一些被破坏的文化生态系统逐步得到修复和优化提升，文化遗产保护进入了新的时代。

承载几千年农耕文明的古村镇是我国文化的根基所在，历史文化名村、传统村落、少数民族特色村寨、特色景观旅游名村等村庄是彰显和传承中华优秀传统文化的重要载体[2]。古村镇作为中华优秀传统文化的重要组成部分，借由遗产旅游的方式，将古村镇蕴含的中华优秀传统文化传递给人民，让原住民获得文化自信，产生对古村镇的归属感，主动践行遗产保护和文化传承的使命，让游客能够体验中华文化的博大精深，感悟遗产旅游的文明发展观，形成正确的世界观、人生观、价值观、审美观，共享美好生活。唯有中华优秀传统文化得以传承，才能为遗产旅游提供作为旅游核心吸引物的历史素材，遗产旅游才具备继续发展的资本。反之，古村镇遗产旅游的发展反哺文化，让民众感受到对文化的获得感、荣誉感和自豪感，自觉地投入对遗产资源的保护实践中，建立对文化自信的自觉性意识，更好地将中华优秀传统文化传承下去。

2. 乡村振兴战略：美好生活指向下的遗产旅游

习近平总书记在十九大报告中提出实施乡村振兴战略，将解决"三农"问题作为全党全民的重心，首次将乡村振兴战略写入政府工作报告，上升至国家战略层面[3]。2018年中央一号文件提出要切实保护和合理适度利用好优秀农耕文化遗产，保护好文物古迹、传统村落、民族村寨、传统建筑、农业遗迹、灌溉工程遗产，支持农村地区优秀戏曲曲艺、少数民族文化、民间文化等传承发展，推进休闲农业和乡村生态旅游的精品化发展，助推乡村振兴[4]。

当前中国正处于加快新型城镇化建设和全面实施乡村振兴战略的进程中，在

---

[1] 王頔. 2022. 贯通中华文脉 照亮复兴之路——党的十八大以来以习近平同志为核心的党中央激活中华文化的历史性贡献述评[EB/OL]. http://www.news.cn/politics/leaders/2022-01/03/c_1128228277.htm[2022-01-03].

[2] 中共中央国务院. 2018-09-27. 中共中央国务院印发《乡村振兴战略规划（2018—2022年）》[N]. 人民日报, 1.

[3] 习近平: 决胜全面建成小康社会 夺取新时代中国特色社会主义伟大胜利——在中国共产党第十九次全国代表大会上的报告, http://www.gov.cn/zhuanti/2017-10/27/content_5234876.htm[2020-10-27].

[4] 中华人民共和国中央人民政府. 2018-02-04. 中共中央国务院关于实施乡村振兴战略的意见[N]. 人民日报.

新型城镇化进程中如何保护好古村镇文化遗产，留住刻骨乡愁；古村镇如何进行有效利用，推动新型城镇化，实现乡村振兴，都是具有现实意义的重大问题[①]。对古村镇而言，乡村振兴的重要诉求点在于以遗产旅游来带动乡村发展，以发展来实现古村镇遗产的"活化保护"，从而形成良性循环。古村镇保留着我国丰富的珍贵遗产，是人类千百年来智慧的结晶，承载漫长历史时期的记忆，理所当然成为我国重点保护对象，而旅游开发是乡村振兴的重要途径，遗产旅游作为旅游开发的实践形式，寄托了乡村振兴的希冀。

乡村振兴是古村镇遗产旅游发展的国家目标，是遗产旅游发展的最终指向，持续为遗产旅游发展注入不竭动力。同时，古村镇遗产旅游也是乡村振兴的必然选择，尤其对一些处在偏远地区、经济落后的古村镇来说，这是基于国情和古村镇现实性情形的最佳选择，通过旅游的方式，引入外部资源与消费，不仅可以带动古村镇地区旅游经济发展，也可以推进乡村生态社会文化综合发展，更好地实现"产业兴旺、生态宜居、乡风文明、治理有效、生活富裕"的总要求。

1.4.2　国家使命认知

无论是中华优秀传统文化传承战略，还是乡村振兴战略，抑或是十九大提出的"人民日益增长的美好生活需要"[②]，都是国家基于时代背景提出的现阶段发展要求与目标，符合现实国情，贴切未来发展，皆与古村镇遗产旅游联系密切，也赋予古村镇遗产旅游新的发展使命。古村镇作为中华优秀传统文化的重要载体与构成，作为乡村振兴的重要领域与代表，作为城乡美好生活的重要体现，在遗产旅游发展中要坚持以下国家使命，明确遗产旅游发展的首要任务、关键目标与根本宗旨。

1. 使命之一：保护与传承中华优秀传统文化（首要任务）

习近平指出："中华优秀传统文化是中华民族的根和魂，是中国特色社会主义植根的文化沃土。""优秀传统文化是一个国家、一个民族传承和发展的根本，如果丢掉了，就割断了精神命脉。"[③]可见中华优秀传统文化对于建设中国特色社会

---

① 刘天曌，刘沛林，王良健. 2019. 新型城镇化背景下的古村镇保护与旅游发展路径选择——以萱洲古镇为例[J]. 地理研究，38（1）：133-145.
② 习近平：决胜全面建成小康社会 夺取新时代中国特色社会主义伟大胜利——在中国共产党第十九次全国代表大会上的报告，http://www.gov.cn/zhuanti/2017-10/27/content_5234876.htm [2020-10-27]。
③ 中共中央宣传部. 2019. 习近平新时代中国特色社会主义思想学习纲要[M]. 北京：学习出版社，人民出版社：146.

主义具有极其重要的地位和作用。保护与传承优秀传统文化不是简单地回到过去，也不是重现历史文化场景，而是让其精神内核活在新时代的社会生活中。古村镇作为一种活态文物，是我国历史文化的鲜活载体，承载着历史文化和记忆的"细胞"，维系着中华民族最浓郁的乡愁。因此，古村镇遗产旅游的首要任务是保护和传承农村优秀传统文化，把保护传承和开发利用有机结合起来，把我国农耕文明优秀遗产和现代文明要素结合起来，弘扬社会主义核心价值观，坚定文化自信，推动建设社会主义文化强国。

2. 使命之二：推动乡村振兴与村镇可持续发展（关键目标）

乡村振兴作为国家发展重要战略，是实现中华民族伟大复兴的一项重大任务。2018年4月，习近平总书记在海南考察时强调，"乡村振兴，关键是产业要振兴"，"要鼓励和扶持农民群众立足本地资源发展特色农业、乡村旅游、庭院经济，多渠道增加农民收入"。[①]古村镇作为中国农耕文明的典型代表，承载着中国基层社会特色的记忆[②]，其乡村遗产蔚为壮观，而乡村遗产作为构筑乡愁的重要组成部分，是发展乡村振兴项目和实现乡村旅游的重要载体。因此，古村镇遗产旅游的关键目标就是通过活化利用乡村文化遗产来推动旅游及其衍生产业的发展，推动乡村生态宜居、宜游、宜业，在发扬乡村民俗文化中推动乡风文明，在旅游景区、社区、园区经营管理中推动乡村有效治理，从而在主客共享中实现共同富裕。

3. 使命之三：满足人民日益增长的美好生活需要（根本宗旨）

中国特色社会主义新时代的社会主要矛盾已发展成为人民日益增长的美好生活需要和不平衡不充分的发展之间的矛盾。随着第一个百年奋斗目标"全面建成小康社会"的实现，中国正向富强民主文明和谐美丽的社会主义现代化国家迈进，人民产生了对更高层次的美好生活需要。美好生活是物质充裕与精神满足的结合体，其中美好精神生活是建设美好生活必不可少的重要一环[③]。而旅游作为人类能够获得独特精神体验的方式，也自然成为人类未来追求美好生活的重要方向。古村镇中优美的生态环境、独特的人文景观、多彩的社会文化，构成了一种美好生活的体验场景，是全人类的精神家园，遗产旅游就是美好生活的最佳体验方式。因此，古村镇遗产旅游的根本宗旨是贯彻与弘扬美好生活的文化、理念与方式，不断创造和满足人民日益增长的美好生活需要。

---

① 学习进行时｜习近平三次海南乡村行的三个瞬间，http://www.news.cn/2022-04/14/c_1128560647.htm [2022-04-14]。

② 王运良. 2011-05-20. 乡村遗产保护的困境[N]. 中国文物报.

③ 冯晓华，黄震方. 2021. 新时代旅游美好生活内涵建构与实现路径[J]. 社会科学家，（7）：34-39.

1.4.3 新时代遗产旅游发展观

2014年3月27日，国家主席习近平在巴黎联合国教育、科学及文化组织总部发表重要讲话时提出："让收藏在博物馆里的文物、陈列在广阔大地上的遗产、书写在古籍里的文字活起来"。①这是习近平总书记文化遗产观的重要论断。同时，党的十九大将"加强文物保护利用和文化遗产保护传承"作为坚定文化自信的一个部分写进报告，使之成为习近平新时代中国特色社会主义思想的组成部分，具有广泛理论意义和深刻实践价值②。围绕新时代贯彻习近平关于文化遗产的重要思想，我们要强调古村镇遗产旅游发展的初心与宗旨在哪里，明确遗产旅游发展的原则是什么，进一步找准遗产旅游发展的科学路径，这是历史之必然，时代之要求。

1. 坚持"以人民为中心"的遗产旅游价值观

2014年，习近平在北京考察时指出"传承保护这份富贵的历史文化遗产是首都的职责，要本着对历史负责、对人民负责的精神，传承历史文脉"，历史文物和文化遗产是"激发爱国热情、凝聚人民力量、培育民族精神"的重要载体②。国家文物局出台的《文物建筑开放导则》和《大遗址利用导则（试行）》也突出了新时代文化遗产保护以人为中心、包容参与的共享理念。对于古村镇遗产旅游来讲，只有坚持以人民为中心的遗产价值观，将文化遗产与人民群众紧密结合在一起，才能实现遗产的有效保护和传承，才能实现遗产旅游的持续发展，从而彰显遗产的多元文化价值。

为此，古村镇遗产旅游发展首先要坚持以村民为中心实现共同富裕。习近平总书记指出："我们追求的发展是造福人民的发展，我们追求的富裕是全体人民共同富裕。"③古村镇遗产旅游发展要坚持村民主体地位，充分尊重村民意愿，调动村民的积极性、主动性、创造性，从而实现社区共同富裕，最大化维护村民的根本利益，把人民对美好生活的向往变成现实。其次要注重社区参与、共管共治，推动社区命运共同体建设。随着我国村镇工作中政府、村民和社会组织间的关系出现结构性的转变，社区居民参与规划和决策、多方参与社区建设、改善生活环境、重塑社区活力，社区命运共同体逐渐成为解决古村镇保护与发展困境的新途径。

---

① 习近平在联合国教科文组织总部的演讲，http://jhsjk.people.cn/article/24759342 [2014-03-28]。
② 深入领会习近平关于文化遗产的思想理论，http://theory.people.com.cn/n1/2018/0110/c40531-29755237.html [2018-01-10]。
③ 在高质量发展中促进共同富裕，http://gs.people.com.cn/n2/2022/0301/c183342-35153781.html [2022-03-01]。

2. 坚持"望得见山、看得见水、记得住乡愁"的遗产旅游保护观

古村镇作为一种活态文物，是我国历史文化的鲜活载体，维系着中华民族最浓郁的乡愁。但是随着时代的变迁，城镇化进程的加快，中国古村镇的命运到底该何去何从？如何解开开发与保护之间的对立命题，是新时代古村镇遗产旅游可持续发展的重要问题。

事实上，习近平总书记一直十分重视我国古村镇的保护与发展。2015 年，习近平在云南大理湾桥镇古生村时，再次要求新农村建设一定要走符合农村的建设路子，农村要"留得住绿水青山，记得住乡愁"[①]。在某种程度上，古村镇的保护与发展就是要让人们重拾乡愁，要让人们望得见山、看得见水、记得住乡愁。从这个意义上说，保护古村镇与发展经济丝毫不矛盾，发展经济的前提是要能够保持经济发展与生态文明相协调，让历史遗存与当代生活共融，让村落景观与人文内涵共生，让传统文化与时代精神共鸣，人们才能赋予传统村落以新的生机与活力，让其融入现代文明的风景。因此，在古村镇遗产旅游发展过程中，我们应该坚持绿色发展理念，尽量减少建设性破坏，尊重自然规律，因地制宜谋发展，保护好祖先留给我们的民族文化"基因库"和"活化石"，给精神留一片家园，给乡愁留一个可以靠泊的港湾，这样才能真正实现"望得见山、看得见水、记得住乡愁"。

3. 坚持通过创造性转化与创新性发展让文化遗产"活起来"的遗产旅游活化观

习近平强调，"要把历史文化遗产保护放在第一位，同时要合理利用，使其在提供公共文化服务、满足人民精神文化需求方面充分发挥作用"[②]。简而言之，就是要实现遗产活化。基于中国文物建筑大多以土木结构为主的特点，需要不间断地修缮维护，也就是说，使用反而是对建筑更好的保护。所以文化遗产通过旅游互动进行活化，是一个非常重要的方法：真正被用起来的文物，才能保护好[③]。

古村镇遗产旅游驱动文化遗产的活化利用，有别于关起来保护、"福尔马林"式的保护，是在创造性转化和创新性发展的过程中，恢复文化遗产在当下的某种生活功能，使其成为当地人生活和旅游者体验的一部分，让本地民众和外来游客

[①] 习近平在云南考察工作时强调：坚决打好扶贫开发攻坚战 加快民族地区经济社会发展，http://jhsjk.people.cn/article/26428249 [2015-01-22]。

[②] 张璋. 2022. 习近平谈历史文化遗产保护[EB/OL].https://politics.gmw.cn/2022-03/23/content_35605637.htm[2022-03-23]。

[③] 吴必虎. 2018. 中国旅游发展笔谈——文化遗产旅游活化与传统文化复兴[J]. 旅游学刊, 33（9）：1.

共同参与文化遗产的传承之中，让广大人民共享保护成果①。因此，在习近平文化遗产观指导下，借助乡村振兴战略的实施，在旅游市场需求的刺激下，古村镇遗产旅游开发成为推动乡村振兴、脱贫攻坚的重要力量。当VR（virtual reality，虚拟现实）、AI（artificial intelligence，人工智能）技术引领游客全方位地探索古迹的奥秘，当少数民族的节庆礼俗以舞台化真实性的方式再现，可以看到文化遗产在新时代旅游需求下生命力的涌动，让遗产回归生活，通过旅游活化遗产，是新时代古村镇文化遗产保护与传承之道。

---

① 林德荣，郭晓琳. 2018. 让遗产回归生活：新时代文化遗产旅游活化之路[J]. 旅游学刊，33（9）：1-3.

第2章 古村镇遗产旅游经营：一个绕不开的话题

2.1 研究缘起

2.1.1 遗产旅游靠经营

1. 古村镇遗产保护依靠经营"付费"

保护优先于旅游是遗产旅游的目标取向和基本原则[①]，遗产保护构成了遗产旅游的初心和使命。遗产中蕴含的历史精神本质并不在于对过去事务的表层修复或再现，而在于与现时生命的深度思维沟通[②]，加之当今人类生活空间的有限性与现实日常生活经营的必要性，并不可能保留住过往历史文化的全部遗存，经营也就自然成了遗产保护与传承的最终目的[③]。通过经营，人们对遗产所携带信息的破译、解读、营造和使用等积极干预行为成为遗产价值与当代社会生活紧密联系的关键，从而保护根植于遗产中的文化价值。

在古村镇遗产旅游发展过程中，遗产保护面临的主要威胁来源于遗产资源的超容量开发与错位使用，进而影响着古村镇遗产旅游的可持续发展。经营是一种制度，有效的经营管理制度既可以防止古村镇遗产资源的过度开发与使用，又可以实现遗产资源的高效利用和经济效益。大量遗产旅游开发利用实践表明，国家财力无法做到对遗产的全面保护，而经营可以弥补遗产旅游中的资本匮乏并以此带动地方经济的快速发展。因此，在坚持遗产文化价值导向和实现社会经济效益的前提下，如何经营和管理好遗产是遗产旅游的重中之重[④]。

[①] World Tourism Organization.1993. Tourism at World Heritage Sites: the Site Manager's Handbook[M]. Madrid：World Tourism Organization.

[②] 伽达默尔 H G. 1993. 真理与方法[M]. 洪汉鼎译. 台北：时报文化出版企业股份有限公司：237.

[③] 张舜玺. 2015. 从保护到经营：文化遗产法律制度的西欧经验[J]. 河南财经政法大学学报，30(1)：154-162.

[④] 厉建梅. 2016. 文化遗产的价值属性与经营管理模式探讨[J]. 学术交流，(11)：132-137.

2. 古村镇旅游可持续发展依靠经营"实现"

虽然遗产旅游给当地带来了巨大的经济效益，但在遗产旅游开发的实践中，仍然存在着盲目开发、无序开发、过度开发等现象，这主要是因为遗产地没有选择最佳且适合自身的经营模式，从而导致破坏性开发。在遗产旅游经营中，会明确什么是可以开发的资源、什么是不可以开发的资源、什么是要讲究方式方法才能开发的资源、什么是应该严格禁止开发的资源，科学的资源经营既可以扫除遗产旅游中的资源阻碍，又可以促进遗产旅游的可持续发展。

此外，古村镇遗产旅游经营势必会引进外来资本，而资金实力雄厚的外来资本介入古村镇，不仅能够解决古村镇遗产保护与旅游开发资金缺乏的困境，有助于古村镇旅游基础设施与公共设施建设，提高可进入性与接待能力，而且在商业经营与管理方面，极大地推动住宿、商品、餐饮等吃、住、行、游、购、娱等旅游业态的打造，全面提高古村镇旅游经营的专业性和综合效益，进一步拓展了古村镇旅游可持续发展道路。

3. 游客满意的消费体验感依靠经营"打造"

旅游消费与体验是旅游者在旅游活动过程中与旅游景点景观、旅游设施设备、旅游生产与供应商及其他游客间互动对话关系的心理反应或精神回应[①]，旅游消费与体验的满意度越高，越有助于实现高水平的旅游经济循环。遗产旅游作为旅游者进行遗产文化消费与体验的活动过程，在遗产旅游中，不同的消费者有不同的文化体验需求，而经营作为一种投入产出战略，通过打造以服务为舞台、以商品为道具、以消费者为中心的体验经济空间，创造出更多令消费者满意且吸引其积极参与的活动，从而在特定的时间为旅游者提供有明显差异和无形价值的产品与服务，从而使旅游者在遗产文化消费与体验过程中获得情感与心理上的满足。此外，与古村镇遗产相关的文化和演出活动是遗产地展示人文资源的重要舞台，同时也是增强旅游者参与式消费与体验感的重要途径，而这都需要依靠经营来打造和实现。

4. 社区居民旅游参与意识依靠经营"强化"

社区居民是遗产地文化遗产的所有者和创造者，在当地遗产旅游发展中发挥着重要作用。与一般旅游地不同的是，文化遗产地由于遗产资源的特质，其传承

---

① 李怀，程华敏. 2014. 旅游消费的体验镜像：一个合法性逻辑的分析[J]. 兰州大学学报（社会科学版），42（5）：58-66.

与保护需要社区居民的参与[①]。如何更好地发挥社区的主观能动性，如何更好地引导社区居民参与当地遗产旅游发展，如何强化社区居民的旅游共同体意识，这些都依靠经营来解决。遗产旅游经营将遗产地社区居民的传统生计方式与遗产保护、旅游活动有机结合起来，使居民能够更多地获得旅游参与机会，从而获得更多元化的生计方式，增强其生计方式的韧性以应对遗产保护的各种资源约束[②]。同时，遗产地居民在参与旅游经营活动时能够更深入地了解本土文化的独特性和差异性，并向游客提供了解和学习遗产地文化的机会。此外，遗产旅游经营带来的经济利益和社会效益能够增强社区居民的归属感与地域感、自豪感与认同感，并增进其保护遗产的意愿和动力，同时也有助于增强社区的稳定性与凝聚力，从而促进遗产旅游社区共同体建设与可持续发展。

2.1.2 什么是遗产旅游经营

1. 遗产旅游经营的内涵

从企业管理的角度看，企业经营是指将组织资源与顾客的需求对应起来的系统的设计、操作和控制[③]。在这个过程中，投入（组织的资源）通过一个增值的过程被转化为产出（向顾客提供的产品和服务）。从旅游景区经营的角度看，约翰·斯沃布鲁克（John Swarbrooke）认为景区经营即是调动景区的资源，向旅游者提供满意的服务，并取得满意的投资回报率的活动[④]。从遗产经营角度看，遗产经营理念上是在可持续发展理论背景下如何实现遗产与当代人类社会生活异时空对话的互动过程，实践上是遗产事业扩张的产物，也是新时代遗产保护与发展观中不可回避的一个现实问题[⑤]。相应地，遗产旅游经营实际上就是经营主体思考如何在保护中发挥凸显遗产的价值属性，并使之与人们的日常生活融为一体的过程；思考如何吸引游客、如何为游客提供满意的服务、如何实施遗产旅游可持续发展的过程；思考投入什么、产出什么、如何实现投入产出平衡的价值创造过程[⑥]。

---

① 王英，孙业红，苏莹莹，等. 2020. 基于社区参与的农业文化遗产旅游解说资源研究——以浙江青田稻鱼共生系统为例[J]. 旅游学刊，35（5）：75-86.

② 张朝枝. 2021. 基于世界自然遗产地的生态旅游：社区的角色与地位[J]. 旅游学刊，36（9）：7-8.

③ 鲁东亮，李志刚. 2007. 企业经营模式理论研究综述与前瞻[J]. 内蒙古大学学报（人文社会科学版），（2）：94-98.

④ 斯沃布鲁克 J. 2005. 旅游景区开发与管理[M]. 大连：东北财经大学出版社.

⑤ 张国超. 2009. 我国文化遗产经营管理模式创新问题——以文化遗产景区为中心[J]. 江汉大学学报（人文科学版），28（5）：80-85.

⑥ 张舜玺. 2015. 从保护到经营：文化遗产法律制度的西欧经验[J]. 河南财经政法大学学报，30（1）：154-162.

综上所述，本书将古村镇遗产旅游经营界定为：古村镇遗产旅游经营主体在获取古村镇遗产旅游经营权限下，整合与利用内外部资源，对古村镇进行投资与保护性开发，在满足游客需求及消费的过程中实现自身盈利与价值增长的过程。其中，古村镇遗产旅游经营权限是前提，遗产资源的保护与利用是基础，投入与产出是核心内容。遗产旅游经营的过程，实质上是保护与利用遗产资源的过程，是遗产资源产品化和资产化的过程，是经营企业投入与盈利的过程。遗产旅游经营企业是为了更有效率地利用好遗产资源，在协调满足游客、居民与商户的过程中，发挥古村镇遗产旅游的最大价值，从而获得最大回报。在这个经营过程中，一方面遗产资源作为经营的基础条件，获取资源的多少、好坏、成本对企业经营具有很强的约束作用，决定着企业的投入与产出；另一方面企业自身经营能力的高低，影响着古村镇遗产旅游经营的效率与效益。

2. 遗产旅游经营的内容

古村镇遗产旅游作为一种满足公众游客观光游览、文化教育、休闲度假需求的综合体验活动，一方面强调古村镇遗产文化的展示与教育功能，另一方面强调古村镇资源与环境的休闲度假价值。为此，古村镇遗产旅游经营必须严格建立在遗产的原真性保护与环境的原生态保护基础之上，利用古村镇遗产资源与空间，建设与经营遗产旅游景区，组织推动商业开发与经营，丰富遗产旅游产品与服务，极大地吸引与满足游客的需求，从而最大地发挥古村镇遗产功能与价值。

根据上述对遗产旅游经营的过程理解，响应古村镇遗产管理制度的要求，针对当代旅游市场需求与消费特点，结合徐嵩龄[①]对中国遗产旅游经营内容的分类方式，可以将古村镇遗产旅游经营内容主要划分为两个部分：一是以遗产展示为主的遗产旅游景点景区经营，二是以遗产地体验与支持性服务为主的遗产旅游商业服务经营，具体如表 2.1 所示。其中，遗产展示类景点景区服务基本都在古村镇遗产保护空间内，不仅包括遗产资源本体的展示（如文物古迹、建筑空间）、遗产文化展示场馆（遗产文化演艺活动），还包括景点景区内的道路与交通、解说系统、游客服务设施等服务内容，以参观活动和门票收费为主；非遗产展示类商业服务分布在遗产保护空间外，作为景点景区支持性服务，主要包括购物、餐饮、住宿、景区配套服务等内容，以商品消费和服务收费为主。

---

① 徐嵩龄. 2003. 中国遗产旅游业的经营制度选择——兼评"四权分离与制衡"主张[J]. 旅游学刊，（4）：30-37.

表 2.1　古村镇遗产旅游经营的内容构成

古村镇遗产旅游经营内容构成		遗产展示类景点景区	非遗产展示类商业服务
遗产保护空间内	遗产景观与建筑展示（含文物古迹）	√	
	遗产保护区道路与交通	√	
	解说系统	√	
	遗产文化展示场馆（遗产文化演艺活动）	√	
	游客服务设施（游客中心、旅游厕所、休憩点服务）	√	
	遗产空间场景出租服务（影视艺术展演）		√
	住宿		√
	餐饮		√
	购物		√
	休闲娱乐场所		√
	其他服务		√
遗产保护空间外	景区配套服务（停车场与通景交通）		√
	景点与旅游项目		√
	住宿		√
	餐饮		√
	购物		√
	休闲娱乐场所		√
	其他服务		√

3. 遗产旅游经营主体的界定

根据上述经营内容，古村镇遗产旅游经营需要景点景区投资建设经营主体，也需要各类商业投资经营主体参与，才能为游客提供比较好的景点景区参观服务、比较满意的商品和服务消费，才能创造和发挥出古村镇遗产旅游的最大价值，才能让古村镇遗产所有者、经营者得到最大的回报。古村镇遗产旅游经营主体的组建与遗产资源经营权挂钩，决定着资源利用方式，进而影响着古村镇遗产旅游经营模式的选择。根据已有研究和现有实践特点，我国古村镇遗产旅游在不同的开发条件下会组建不同的经营主体（表 2.2）。

表 2.2　古村镇遗产旅游经营的主体划分

划分依据	经营主体	主要构成	主要特点
遗产资源经营契约获取方式	整体租赁与承包经营主体	外部民营企业	承包人享有景区开发经营权 所有权与经营权分离
	股份合作经营主体	政府主导多方参与的股份制合作企业	按照股份享有权利和义务 企业化经营模式，所有权与经营权统一
	景区委托管理经营主体	专业景区管理公司	受托方享有整体或部分景区管理权 所有权、经营权与管理权有效分离
	集体自主经营主体	村镇集体企业或集体经济组织	自筹资金，居民持股，充分参与 所有权与经营权统一
企业性质	地方国有企业	国有全资或控股企业 直接隶属于当地政府	所有权与管理权分离，但经营权和保护权统一，国有企业投资经营景区，同时推动古村镇内外旅游项目开发
	外部民营企业	招商引资来的外部投资企业	所有权与经营权分离 企业对景区实施投资、开发与经营 当地政府和企业共享收益
	村镇集体企业	当地村民、村委会	所有权与经营权统一 村办企业负责景区的开发经营与管理
	混合所有制企业	国有企业、村镇集体企业与外部企业合作	所有权与管理权分离，但经营权和保护权统一，混合企业负责遗产旅游保护、投资开发与经营

根据古村镇遗产资源经营契约的获取方式，可以分为整体租赁与承包经营、股份合作经营、景区委托管理经营和集体自主经营四种主体形式[①②③]。

（1）整体租赁与承包经营：其主体往往为外部民营企业，通过契约形式与当地政府或村镇集体组织签订租赁合同或协议，获取古村镇一定期限的旅游经营权，主要从事古村镇遗产旅游景点景区投资、建设、经营及其相应的资源与环境保护责任。

（2）股份合作经营：其主体往往为古村镇管理方（一般为当地政府）通过招商和一家或多家外部企业组建股份制合作企业，由该企业负责推进古村镇遗产保

---

① 苏莹莹，孙业红，闵庆文，等. 2019. 中国农业文化遗产地村落旅游经营模式探析[J]. 中国农业资源与区划，40（5）：195-201.
② 唐凌. 2006. 我国旅游产业经营模式探讨[J]. 经济纵横，（13）：37-39.
③ 孟玲娜，王慧. 2020. 我国传统村落旅游开发经营模式探讨[J]. 合作经济与科技，（19）：45-47.

护与旅游开发，不仅仅是旅游景点景区经营，还包括古村镇内外旅游项目开发等权限。

（3）景区委托管理经营：其主体往往为景区所有者委托授权的专业景区管理公司，通过景区管理委托契约形式，委托该企业负责旅游景区管理，承担有限经营风险。

（4）集体自主经营：其主体往往为当地村镇集体经济组织或集体企业，通过向村民和村集体自筹资金成立村办旅游公司，负责古村镇遗产旅游开发、经营与资源和环境保护。

根据经营企业性质又可以分为地方国有企业、外部民营企业、村镇集体企业和混合所有制企业四种经营主体形式[1][2]。

（1）地方国有企业经营：其主体一般是隶属于当地政府的国有全资企业，古村镇遗产旅游景区的所有权与管理权分离，但遗产资源经营权和保护权统一。景区经营由国有企业掌管，既负责景区开发，又负责遗产保护。

（2）外部民营企业经营：其主体一般是借助招商引资方式介入的外来资本，利用其资本优势整体租赁古村镇旅游经营权。景区的所有权和经营权分离，企业按照合同约定方式与租赁方、村镇居民进行景区门票收入分配。

（3）村镇集体企业经营：其主体一般是村办企业，景区的所有权、管理权、经营权和保护权互不分离，村办企业既是景区所有权的代表，又是景区经营管理主体，既负责遗产的开发，又负责遗产的保护。

（4）混合所有制企业经营：其主体一般是国有与非国有参与的股份制合作企业，这个混合所有制企业获得较大的开发经营权限，既负责景区遗产保护与开发，又负责古村镇旅游项目投资与商业经营。

4. 遗产旅游经营的利益相关者

古村镇遗产旅游经营从景区经营到商业经营，是一个不断扩大、不断提升的过程，涉及利益主体众多，相关利益者的需求和诉求点各不相同。在实际运行中，多元化的相关利益者、多样化的利益需求、多方式的利益实现途径构成了一个错综复杂的利益关系网络[3]。对于古村镇遗产旅游利益相关者研究，众多学者提出了以下观点和看法（表2.3）。

---

[1] 张国超. 2009. 我国文化遗产经营管理模式创新问题——以文化遗产景区为中心[J]. 江汉大学学报（人文科学版），28（5）：80-85.

[2] 厉建梅. 2016. 文化遗产的价值属性与经营管理模式探讨[J]. 学术交流，（11）：132-137.

[3] 李秋香，楼庆西，陈志华. 2001. 郭峪村 中国乡土建筑[M]. 重庆：重庆出版社：28.

表 2.3　古村镇遗产旅游经营中的利益相关者划分研究

学者	年份	划分主体
宋瑞[①]	2005	保护地、非政府组织、学术界及相关机构、其他国际组织及其在华机构、社会公众
李凡和蔡桢燕[②]	2007	村民、政府部门、企业、社会公众、游客、研究者
陈志永等[③]	2008	政府、旅游公司、农民旅游协会、旅行社
魏峰群[④]	2010	政府机构、当地居民、文物部门和旅游企业
张海燕[⑤]	2013	核心利益相关者（旅游者、旅游企业、各级政府部门及当地社区居民）、次核心利益相关者（旅游领域专家、旅游行业组织和协会、社会公众媒体等其他相关组织）
孔璎红和廖蓓[⑥]	2013	古镇居民、投资开发商、旅游者、政府行政管理部门、其他相关行业
保继刚和林敏慧[⑦]	2014	地方政府、西递旅游服务公司、村委会、村民以及游客
刘小蓓和高伟[⑧]	2016	当地政府、旅游企业、社区居民以及游客
孙九霞和黄秀波[⑨]	2017	政府、村民、外来经营户、游客
金准[⑩]	2017	政府、社区自治组织（主要是村委会）、村民、主要旅游企业、其他（中小型）旅游经营者、旅游者
杨梅等[⑪]	2018	地方政府、企业、村落农民
刘玢和左俊玮[⑫]	2018	政府部门、旅游开发单位、旅游文化消费者、文化研究者
邵秀英等[⑬]	2019	政府、开发者、村委会、游客、村民

---

① 宋瑞. 2005. 我国生态旅游利益相关者分析[J]. 中国人口资源与环境, (1): 39-44.
② 李凡, 蔡桢燕. 2007. 古村落旅游开发中的利益主体研究——以大旗头古村为例[J]. 旅游学刊, (1): 42-48.
③ 陈志永, 李乐京, 梁涛. 2008. 利益相关者理论视角下的乡村旅游发展模式研究——以贵州天龙屯堡"四位一体"的乡村旅游模式为例[J]. 经济问题探索, (7): 106-114.
④ 魏峰群. 2010. 传统古村落保护与旅游开发的混合效应模式研究[J]. 干旱区资源与环境, 24(10): 197-200.
⑤ 张海燕. 2013. 旅游企业与社区居民利益冲突及协调博弈研究[J]. 财经理论与实践, 34(1): 121-124.
⑥ 孔璎红, 廖蓓. 2013. 古镇旅游开发中利益相关者理论的运用研究[J]. 广西社会科学, (10): 87-90.
⑦ 保继刚, 林敏慧. 2014. 历史村镇的旅游商业化控制研究[J]. 地理学报, 69(2): 268-277.
⑧ 刘小蓓, 高伟. 2016. 制度增权：广东开平碉楼传统村落文化景观保护的社区参与思考[J]. 中国园林, 32(1): 121-124.
⑨ 孙九霞, 黄秀波. 2017. 民族旅游地社区参与中的空间协商与利益博弈——以丽江白沙村为例[J]. 广西民族大学学报（哲学社会科学版）, 39(2): 40-48.
⑩ 金准. 2017. 利益相关者格局与古村镇旅游——基于制度分析的视角[J]. 中国社会科学院研究生院学报, (5): 68-74.
⑪ 杨梅, 陆志勇, 张兆福. 2018. 传统村落旅游利益分配U型关系研究[J]. 重庆社会科学, (6): 76-88.
⑫ 刘玢, 左俊玮. 2018. 基于利益主体的江西赣南古村落再生发展模式研究[J]. 企业经济, (12): 171-177.
⑬ 邵秀英, 邬超, 刘亚玲, 等. 2019. 古村落旅游与社区发展的耦合协调研究——以山西后沟古村落为例[J]. 干旱区资源与环境, 33(5): 203-208.

总结上述学者研究，一般认为古村镇遗产保护与旅游经营涉及五类利益相关者，并形成了不同的利益关系。它们分别为：①掌握国有资源所有权的当地政府（包括下属国有企业）；②掌握集体资源与资产所有权的村镇集体（包括集体企业）；③掌握房屋财产权和宅基地使用权、土地承包权的社区居民；④掌握一定范围内资源开发经营权的外来资本（外部民营企业）；⑤通过向本地居民租赁房屋而从事古村镇遗产旅游经营活动的外来商户。这些利益相关者之间关系的好坏和变动情况在很大程度上会对实际的利益协调机制产生不同的作用，从而影响利益协调机制的均衡性。不同利益相关者之间的复杂关系也决定了古村镇遗产保护与旅游经营机制并不是一成不变的，而是不断动态变化的（图2.1）。利益相关者之间的博弈主要体现在当地政府和社区居民、当地政府和外来资本、社区居民和外来资本、村镇集体和社区居民及社区居民和外来商户等争夺遗产旅游资源的话语权和分配经营成果的权益，以及对商业化和原真性的价值抉择等[①]。

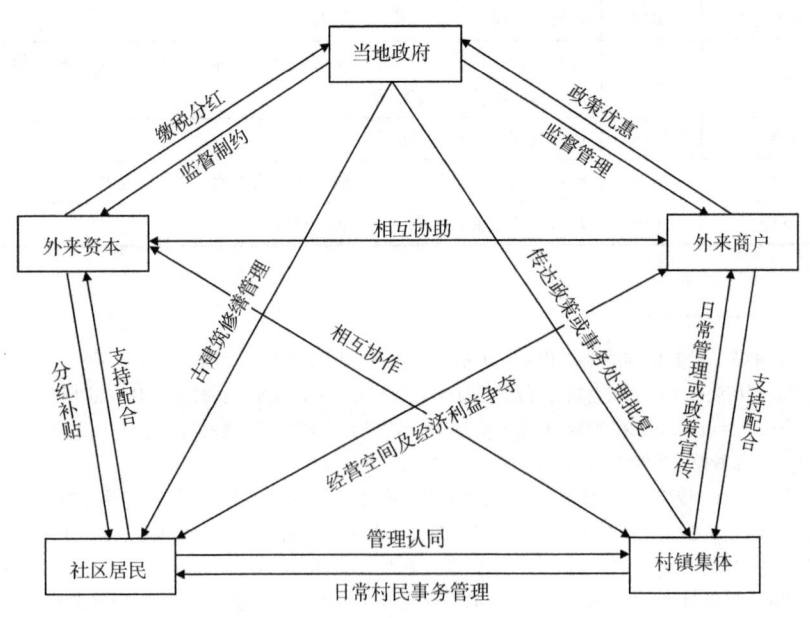

图 2.1 古村镇遗产旅游经营中不同利益相关者之间的关系

1）当地政府和社区居民

政府的行为和策略都应该以维续古村镇社区的健康发展为前提，因此在大多数时刻，政府应该为社区居民服务。但是，政府也是"经济人"，它们可能通过政

---

① 郭华. 2008. 国外旅游利益相关者研究综述与启示[J]. 人文地理，（2）：100-105.

治寻租、政治设租等行为追求政治利益和经济利益的最大化[①]。在一些古村镇中，部分地方政府利用征地、拆迁、规则制定等方式行使社区的实际使用权，这在一定程度上削弱了社区居民的实际所有权及参与利益分配的话语权。特别是当古村镇被列为文物遗产后，兼具了公共产品属性和私人属性，必然会产生公共利益与私有所有权的博弈[②]。社区居民在这种情况下，很难取得主动权。

2）当地政府和外来资本

一般来说，政府作为公共资源与国有资源所有者代表，拥有资源的分配权及对村镇集体组织的领导权，它们可以影响古村镇遗产资源经营主体的选择，甚至在整个外来资本开发经营过程中都有一定的调控力，如行政监管、许可审批等。特别是外来资本在古村镇保护与经营中出现一些不当行为，如破坏环境、过度开发等，政府会通过一些行政或经济手段向企业施压，以保证古村镇旅游健康发展。

3）社区居民和外来资本

正常情况下，外来资本的介入有利于社区居民利益获得，外来资本投资经营能够带来更多的游客消费，使古村镇旅游的整体收益增加，提供了更多的就业机会。但是当双方出现利益分配不均问题时，居民感受到了不公正和剥夺感。居民就会排斥外来资本，对旅游经营产生一些破坏性行为，以此为自己争取更多的利益。在很多情况下，社区居民和外来资本存在着严重的信息不对称问题，加剧了双方矛盾。

4）村镇集体和社区居民

村镇集体应当代表社区居民的整体利益，利用集体资源及其所有权力，提高社区居民在遗产旅游利益分配中的地位，更好地表达居民的整体利益诉求。当然村镇集体也有一定的自利性，往往会私下和政府或者外来资本形成利益同盟，在这种情况下社区内部就会产生分歧，社区内部的利益产生割裂。

5）社区居民和外来商户

古村镇遗产旅游发展需要社区居民和外来商户的共同参与，但旅游经营资源的有限性，导致社区居民参与和外来商户经营存在一定的矛盾[③]，主要表现为经营空间的争夺、房地租赁之间的契约纠纷、同行商业竞争等问题。同时，由于外来商户大量涌入，在一定程度上扰乱了当地社区生产生活方式，社区原生态环境

[①] 郭华. 2010. 乡村旅游利益相关者管理研究：基于制度变迁的视角[M]. 广州：暨南大学出版社：110.

[②] 刘小蓓, 高伟. 2016. 制度增权：广东开平碉楼传统村落文化景观保护的社区参与思考[J]. 中国园林, 32（1）：121-124.

[③] 刘阳, 赵振斌. 2021. 居民主体视角下民族旅游社区多群体冲突的空间特征及形成机制——以西江千户苗寨为例[J]. 地理研究, 40（7）：2086-2101.

和传统文化也会受到冲击。

2.1.3 遗产旅游经营对古村镇遗产地发展的意义

1. 提高遗产展示与文化传承水平，助力遗产文化传播认同

古村镇遗产作为遗产旅游的核心吸引物，有着丰富的文化价值，不仅代表着我国优秀传统文化的发展，而且直接关乎古村镇遗产旅游的可持续性发展。古村镇遗产旅游经营中对特色区域文化的深度挖掘，使当地居民更加深刻认识本地传统文化，唤起其文化自觉意识，并激发其传承当地优秀历史文化遗产的欲望。同时，古村镇遗产旅游开发与经营是本地文化与外来文化、游客与当地居民之间直接的接触与交流，这种特性决定了其能加快不同文化之间的传播与交流。游客在购买、消费与体验古村镇遗产旅游商品时，古村镇遗产的文化理念会被糅合进旅游者的文化体系，并被传播到更为广泛的领域。同时，旅游者在与当地社区居民的交流互动过程中，也会将自身的文化理念与内容传播到古村镇遗产地，在一定程度上影响社区居民的文化观。这些不同文化之间的交流与接触，既有利于增进彼此间的认知和了解，促进社会和谐，也为古村镇遗产文化的传播与交流营造了良好的文化氛围。

2. 提高遗产资源利益效率与效益，提升遗产旅游发展质量

旅游业发展的事实证明，遗产资源的市场化开发与经营是经济发展环境代价最小的一种现实选择[1]。如果只讲保护，不讲开发与经营，地方经济将长期陷入贫困的窘境中，连基本的生存条件都难以保证，遗产资源保护的经费无从来源，遗产资源的活化更是无从谈起。而遗产旅游经营，在依法合理开发旅游资源的前提下，能够对古村镇遗产景观资源进行充分且高效的开发利用，实现遗产地资源有关遗产旅游配套条件的建设和古村镇旅游环境的营造，并以优质化的产品和服务吸引广大游客前来消费与体验，促进古村镇遗产地经济良性增长，从而为遗产保护提供足够的资金基础和和谐的发展环境。

3. 提高遗产社区存续能力与价值，推动遗产地可持续发展

从社会和心理学角度来看，遗产旅游经营对于遗产旅游者来说可能是一种有益的体验，加强种族与文化认同，促进当地文化和谐建设；从就业来看，遗产旅

---

[1] 彭顺生. 2017. 世界遗产旅游概论 [M]. 2版. 北京：中国旅游出版社：88.

游经营还可以为当地居民和毕业生提供有趣且收入相对较好的工作；此外，遗产旅游经营还有助于改善当地基础设施，如交通设施等。在古村镇遗产旅游经营过程中，实现了与村镇的互动关联，社区居民把握了对遗产文化空间的解释权，同时也决定着社区文化会以何种方式存在下去[①]。与此同时，在政府、专家、学者和投资开发商等社会经营组织的引导和支援下，围绕社区居民这一核心实践主体开展的遗产经营实践活动，赋予了社区居民在经营中充分的话语权和选择权，这在一定程度上会促进其居住村镇空间所表达的传统文化具有真实性，促进其所产生的文化认同具有可持续性，从而提高遗产地社区存续能力与价值，推动遗产地持续健康发展。

2.2 研究回顾

2.2.1 古村镇旅游研究概况

国外有关古村镇旅游研究经历了一个漫长的过程，研究成果颇丰，研究领域涉及广泛。21世纪初以来的研究主要集中于古村镇旅游的利益相关者[②]、古村镇旅游地的演化和转型[③]、旅游与古村镇文化[④]和经济[⑤]因素的相互影响、古村镇旅游中的社区参与[⑥]以及古村镇旅游可持续发展[⑦]等方面。近年来，古村镇旅游经营与管理引申出更多的现实问题，呈现出更有深度的针对性研究，主要聚集在古村

[①] 杨浏熹. 2021. 西南少数民族地区传统村落的"活态化"[J]. 广西民族大学学报（哲学社会科学版），43（3）：117-123.

[②] Williams J, Lawson R. 2001. Community issues and resident opinions of tourism[J]. Annals of Tourism Research, 28（2）：269-290.

[③] Agarwal S. 2002. Restructuring seaside tourism: the resort lifecyle[J]. Annals of Tourism Research, 29（1）：25-55.

[④] Medina L K. 2003. Commoditizing culture: tourism and Maya identity[J]. Annals of Tourism Research, 30（2）：353-368.

[⑤] Cohen J H. 2001. Textile, tourism and community development[J]. Annals of Tourism Research, 28（2）：378-398.

[⑥] Gursoy D, Jurowski C, Uysal M. 2002. Resident attitudes: a structural modeling approach[J]. Annals of Tourism Research, 29（1）：79-105.

[⑦] Burns P M, Sancho M M. 2003. Local perceptions of tourism planning: the case of Cuéllar, Spain[J]. Tourism Management, 24（3）：331-339.

镇领导管理问题研究[1]、保护与旅游开发研究[2][3][4]、可持续发展研究[5][6][7]、外来投资者及经营者研究[8][9]、社区参与研究[10][11][12]等方面。

对于国内研究而言，20世纪80年代周庄古镇旅游率先起步，也带动了我国古村镇遗产旅游发展的热潮。事实上，古村镇作为旅游资源进入国内研究者视野最早见于20世纪90年代初期，但真正成为一个研究主题则始于20世纪90年代中后期[1]。本书以中国学术期刊网络出版总库为检索来源，以"中文核心期刊要目总览（2021版）"收录的期刊为数据来源，文献的时间设定为1996～2021年，同时按照高度相关性原则，以古村落、传统村落、古镇、历史文化村镇、古村镇为主题进行检索，共得到文献3382篇。剔除通知、简介等不规范和无效论文，并剔除其中重复论文，得到相关论文2636篇。其中涉及遗产和旅游的文献有705篇，从数量趋势看（图2.2），自1996年开始出现相关文献，随后几年的论文量起伏不定，但均不超过10篇。从2004年开始，关于古村镇遗产旅游相关论文数量都高于10篇，其中，2011年、2015年、2017年增长迅速。2011～2021年的论文累计数量高达517篇，占总发文量的73.33%，这也表明中国古村镇遗产旅游在学术界的影响不断扩大，研究关注度不断上升。

---

[1] Dewi P E R, Suwindia I G, Sudarsana I K. 2018. Ethic educations of leadership in tenganan Pegringsingan traditional village[J]. Vidyottama Sanatana：International Journal of Hindu Science and Religious Studies, 2(2)：269-275.

[2] Laurence R. 1994. Modern ideology and the creation of ancient town planning[J]. European Review of History, 1(1)：9-18.

[3] Orbasli A. 2000. Tourists in Historic Towns：Urban Conservation and Heritage Management[M]. London：Taylor & Francis.

[4] Rahman A A, Hasshim S A, Rozali R. 2015. Residents' preference on conservation of the Malay traditional village in Kampong Morten, Malacca[J]. Social and Behavioral Sciences, 202：417-423.

[5] Dewia L K Y. 2014. Modeling the relationships between tourism sustainable factor in the traditional village of pancasari[J]. Social and Behavioral Sciences, 135：57-63.

[6] Burns P M, Sancho M M. 2003. Local perceptions of tourism planning：the case of Cuéllar, Spain[J]. Tourism Management, 24(3)：331-339.

[7] Bosselmann F, Chen Ye. 2003. Managing Tourism Growth [M]. Beijing：China Social Science Press：55-73.

[8] Liu A. 2006. Tourism in rural areas Kedah, Malaysia [J].Tourism Management, 27(5)：878-889.

[9] Simpson M C. 2008. Community benefit tourism initiatives-a conceptual oxymoron? [J]. Tourism Management, 29(1)：1-18.

[10] Horn C, Simmons D. 2002. Community adaptation to tourism：comparisons between Rotorua and Kaikoura, New Zealand[J]. Tourism Management, 23(2)：133-143.

[11] Brunt P, Courtney P. 1999. Host perceptions of sociocultural impacts[J]. Annals of Tourism Research, 26(3)：493-515.

[12] Gursoy D, Jurowski C, Uysal M. 2002. Resident attitudes：a structural modeling approach[J]. Annals of Tourism Research, 29(1)：79-105.

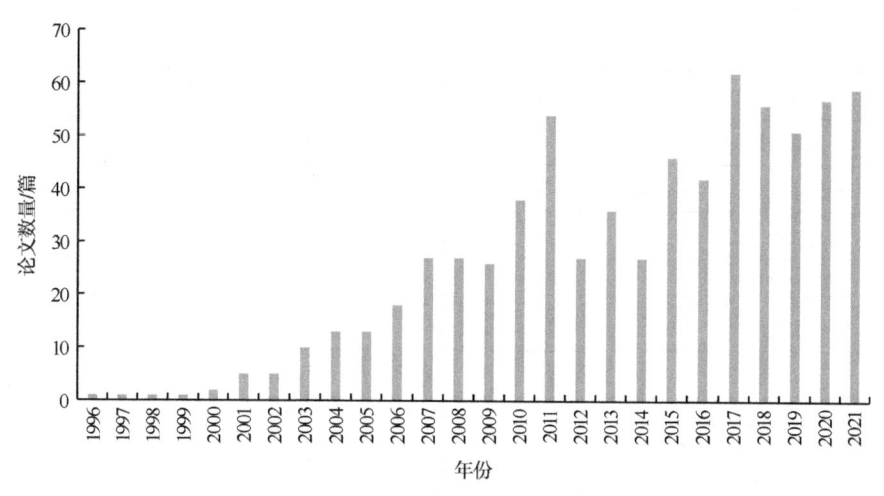

第2章 古村镇遗产旅游经营：一个绕不开的话题

图 2.2 国内古村镇旅游研究论文逐年发文量统计（1996~2021 年）

从关键词上看，上述 705 篇论文中共有 1710 个关键词。表 2.4 为出现 5 次以上的高频关键词，其中涉及古村镇遗产旅游相关内容的关键词有旅游开发与保护、旅游开发管理模式、集体组织、旅游商业经营、门票收费问题、社会资本、社区参与、外来商户经营、民营资本投资、利益相关者等。这在一定程度上反映了古村镇遗产旅游研究中的现状和热点，主要包括古村镇遗产旅游资源产权界定、商业经营、门票收费、资本介入及外来商户投资经营、社区参与、政府干预、集体组织、利益相关者等问题研究。

表 2.4 国内古村镇遗产旅游研究的高频词统计

关键词	次数	关键词	次数
传统村落	193	集体组织	26
古村落	118	历史文化村镇	25
旅游开发与保护	117	旅游商业经营	24
古镇	100	古村镇	23
古村镇遗产	96	旅游资源产权	21
古镇（村）旅游	88	西递宏村	20
文化传承与保护	35	乡村振兴	19
空间结构（分布）	34	影响因素	15
文化景观	30	空间生产与建构	15
可持续发展	28	门票收费问题	15
旅游开发管理模式	27	传统村落保护	13

续表

关键词	次数	关键词	次数
风景园林	13	空间意向	7
居民生计问题	13	政府干预	7
文化遗产保护	12	文化生态	7
徽州古村落	12	对策	7
旅游发展	12	旅游业发展	6
城镇化	12	知识图谱	6
旅游感知（游客和居民）	11	活化	6
社会资本	11	民营资本投资	6
社区参与	10	遗产旅游	5
外来商户经营	10	传统民居	5
古村落保护	9	利益相关者	5
遗产保护	9	研究综述	5
周庄	9	旅游形象	5
古镇保护	8	张谷英村	5
文化空间	7	旅游目的地	5

2.2.2 古村镇遗产旅游经营的研究维度与主要内容

古村镇遗产旅游相关研究比较广泛，在上述研究回顾与梳理分析中，结合古村镇遗产旅游经营中的现实问题，提炼出以下研究主题与维度，逐渐进入对古村镇遗产旅游经营的内在机制或利益主体关系等根源性问题的解析，体现了不同学科的理论认知与方法运用，在研究内容上不断拓展。

1. 旅游资源产权问题研究

古村镇遗产旅游资源产权问题是众多学者研究的重点。唐晓云和赵黎明[1]将古村落旅游资源的产权困境概括为：资源产权主体的混合性、社区景观资源非排他使用、资源复合性造成的产权主体多样性和民俗文化产权归属不清四个方面，

---

[1] 唐晓云，赵黎明. 2005. 社区旅游资源产权困境及其改善[J]. 旅游科学，（4）：11-16, 21.

并论证了其对旅游发展的阻碍作用。黄芳[1]认为在民居所有权方面，传统民居一般属于私产，房屋所有权、使用权归属于普通居民，在旅游开发过程中，居民配合与否直接关系到民居旅游景点质量的好坏和旅游者的满意度。陈英[2]以宏村为例，认为古村落旅游资源产权涉及居民所有权、企业经营管理权和政府管理权三个方面，并提出居于主导地位的地方政府在资源管理中要尊重村民所有权和保障投资开发商的经营权。殷楠[3]认为古村落产权关系的主要内容包括：资源产权的不完整特性（界定和实现不完全）、产权资源的人格化（位序观念下的分割到户、代际的共同支配）两个方面，并具体以半浦村为例，解释了该村产权关系导致的村落格局演变，提出了复杂产权关系下的发展策略。徐希友[4]从法律角度阐述了我国古村落现阶段集体建设用地资源使用权、建筑物资源所有权及宅基地使用权的相关法律规定和法理解释，由此论证资源产权对旅游产品开发的阻碍作用。

2. 旅游开发及其模式问题研究

旅游开发是古村镇遗产保护与旅游发展的重要途径，也是学者的重点研究领域。研究内容主要涉及旅游开发潜力评价[5]、开发关系解读[6]、开发遭遇问题[7][8]、旅游开发可持续利用[9]、开发管理模式[10]、居民对旅游开发支持度[11]及旅游开发对古村镇的影响[12][13]等。随着古村镇旅游的深入发展，对旅游开发的关注越来越触及一些核心问题，基于案例的解剖，形成由浅入深的研究脉络。例如，覃业银以湖南长沙靖港古镇为例，探讨位于城郊的都市特色古镇旅游开发的背景、条件和途

---

[1] 黄芳. 2002. 传统民居旅游开发中居民参与问题思考[J]. 旅游学刊, 17（5）：54-57.
[2] 陈英. 2006. 古村镇旅游资源的产权问题研究[D]. 江西财经大学硕士学位论文.
[3] 殷楠. 2016. 基于产权关系的传统村落保护研究[D]. 华中科技大学硕士学位论文.
[4] 徐希友. 2015. 古村落法律制度保护相关产权问题研究[J]. 福州党校学报, （3）：41-45.
[5] 窦银娣, 符海琴, 李伯华, 等. 2018. 传统村落旅游开发潜力评价与发展策略研究——以永州市为例[J]. 资源开发与市场, 34（9）：1321-1326, 1309.
[6] 王大悟, 郑世卿. 2010. 论古镇旅游开发的五种关系[J]. 旅游科学, 24（4）：60-65, 76.
[7] 宋瑞. 2010. 古村镇旅游的问题与难题[J]. 旅游学刊, 25（6）：11-12.
[8] 张晓明, 张静. 2010. 江西婺源古村落旅游开发问题与对策探究[J]. 农业考古, （3）：269-271.
[9] 林梅英, 娄世娣, 朱青晓. 2011. 中原六大古镇旅游开发可持续利用研究[J]. 中州学刊, （3）：81-84.
[10] 张静. 2015. 论民族村落旅游开发管理新模式[J]. 资源开发与市场, 31（1）：117-120.
[11] 郭安禧, 郭英之, 梁丽芳, 等. 2019. 古镇旅游地居民旅游影响感知对支持旅游开发的影响——信任旅游开发公司的调节作用[J]. 世界地理研究, 28（6）：178-188.
[12] 何仲禹, 张杰. 2011. 旅游开发对我国历史文化村镇的影响研究[J]. 城市规划, 35（2）：68-73
[13] 陈晓华, 鲍香玉. 2018. 旅游开发对徽州传统村落保护发展影响研究[J]. 原生态民族文化学刊, 10（2）：100-107.

径[1]。阚如良等以三峡地区步步升文化村为案例，归纳提炼得出以传统手工技艺类非物质文化遗产旅游开发的主题村落再造模式，即以主题村落为载体，以文化旅游为功能，以活态传承为方式，以聚集开发为手段，整体形成一个极富活力的文化生态博物村落[2]。郭晋媛从民俗学视角将传统古村落文化中的民俗事象、民俗群体、民俗传承纳入研究对象，提出山西传统村落民俗旅游开发主体、发展环境、产品创意和市场联动的模式，并针对山西古村落旅游开发经营问题提出相应的对策建议[3]。王云才[4]、朱桃杏等[5]、卞显红[6]也对江南水乡古镇保护与旅游开发模式进行了综合分析，探讨了古镇保护与持续利用的内在机制，并提出了古镇保护和开发模式优化的对策。

学者基于不同的视角，对古村镇旅游开发模式进行了分类。陈炜和黄碧宁将非物质文化遗产旅游开发模式划分为政府主导、居民主导、企业主导三种类型[7]。李倩等认为我国古镇旅游现有开发模式主要有政府主导模式、政府主导的项目公司模式及企业主导模式三种[8]。熊明均和郭剑英则将西部欠发达地区古镇旅游开发模式分为政府主导型、政府主导的项目公司型、经营权出让型、社区开发型及综合开发型五种[9]。刘玢和左俊玮认为我国古村落旅游发展模式主要有政府主导模式、社区自主开发模式、企业承包模式三种[10]。陈晓华和鲍香玉在研究旅游开发对徽州传统村落保护发展的影响时指出，徽文化核心区内的传统村落开发模式大体分为三类：企业主导模式、村集体主导模式和PPP（public-private partnership，政府和社会资本合作）模式[11]。张洪昌和舒伯阳则将乡村旅游发展模式划分为农户自

---

[1] 覃业银. 2011. 都市近郊特色古镇休闲旅游开发研究——以长沙靖港古镇为例[J]. 经济地理, 31（2）：346-349.

[2] 阚如良, 王桂琴, 周军, 等. 2014. 主题村落再造：非物质文化遗产旅游开发模式研究[J]. 地域研究与开发, 33（6）：108-112.

[3] 郭晋媛. 2019. 山西传统村落旅游开发动力机制研究——基于民俗学视角[J]. 技术经济与管理研究, （2）：122-128.

[4] 王云才. 2006. 江南六镇旅游发展模式的比较及持续利用对策[J]. 华中师范大学学报（自然科学版）, 40（1）：104-109.

[5] 朱桃杏, 陆林, 李占平. 2007. 传统村镇旅游发展比较——以徽州古村落群与江南六大古镇为例[J]. 经济地理, 27（5）：842-846.

[6] 卞显红. 2010. 江浙古镇保护与旅游开发模式比较[J]. 城市问题, （12）：50-55.

[7] 陈炜, 黄碧宁. 2018. 非物质文化遗产旅游开发与保护协同发展研究——以广西北部湾地区为例[J]. 中南林业科技大学学报（社会科学版）, （5）：92-99.

[8] 李倩, 吴小根, 汤澍. 2006. 古镇旅游开发及其商业化现象初探[J]. 旅游学刊, （12）：52-57.

[9] 熊明均, 郭剑英. 2007. 西部古镇旅游发展的现状及开发模式研究[J]. 西华大学学报（哲学社会科学版）, （3）：75-78.

[10] 刘玢, 左俊玮. 2018. 基于利益主体的江西赣南古村落再生发展模式研究[J]. 企业经济, （12）：171-177.

[11] 陈晓华, 鲍香玉. 2018. 旅游开发对徽州传统村落保护发展影响研究[J]. 原生态民族文化学刊, 10（2）：100-107.

发型、政府主导型、企业主导型、社团主导型,以及由以上主体进行双重或多重互嵌的组合模式[①]。

3. 民营资本介入旅游开发经营问题研究

民营资本介入古村镇旅游开发虽在社会上引起了广泛关注,但与其直接相关的研究还较为匮乏[②],现有研究多从民营资本投资旅游业的现状、历程、模式、影响效应、问题及对策等方面对其进行分析[③]。姚松以汶川县旅游开发为例,对民营资本介入旅游业存在的问题、介入形式等进行了系统分析,指出民营资本介入旅游开发对当地经济发展意义重大,对旅游业的发展起到强有力的推动作用[④]。朱强华探讨了民营资本以整体租赁模式开发旅游景区的一系列问题,并提出了对该模式的完善和修正措施[⑤]。吴文智等梳理了民营资本介入古村镇旅游开发的历程与现状,将民营资本介入古村镇旅游开发划分为民间自发介入、政府招商介入及专业经营三个阶段,并对各阶段的特点进行了阐述,分析民营资本在介入的不同阶段所面临的主要问题,并提出了具体的对策建议[⑥]。张薇针对民营资本介入古村镇旅游开发和经营行为分析,构建了民营资本介入对古村镇旅游社区关系的影响机制,认为民营资本的经营行为直接影响了社区及其他利益主体的既得利益,利益变化使得各利益主体为确保成本收益的平衡而产生一系列行为反应,从而引起了社区关系的变化[⑦]。李吉来对民营资本介入古村镇遗产保护与旅游开发的主要商业模式进行了比较研究,总结归纳出各个模式的运行特点,并阐述了模式选择的影响因素,由此构建了民营资本商业模式的选择机制[⑧]。

4. 遗产旅游景区门票收费问题研究

有关古村镇遗产旅游景区门票收费研究,文献不多且主题较分散。程莉娜在若干地区案例的调查基础上,运用公共经济学理论分析了遗产类旅游景区门票价

---

① 张洪昌,舒伯阳. 2019. 制度嵌入:民族传统村落旅游发展模式的演进逻辑[J]. 云南民族大学学报(哲学社会科学版),36(3):88-94.
② 依绍华. 2002. 私营部门介入中国旅游资源开发的理论探讨与实证分析[D]. 中国社会科学院研究生院博士学位论文.
③ 魏梦娉. 2014. 民营资本投资旅游产业可持续发展研究[D]. 南昌大学硕士学位论文.
④ 姚松. 2007. 旅游开发的民营资本可进入性分析[D]. 四川大学硕士学位论文.
⑤ 朱强华. 2006. 民营资本开发旅游景区的整体租赁模式研究[D]. 华东师范大学硕士学位论文.
⑥ 吴文智,李吉来,邱扶东. 2014. 民营资本介入古村镇旅游开发的历程与问题研究[J]. 旅游论坛,7(4):1-6.
⑦ 张薇. 2014. 民营资本介入对古村镇旅游社区关系的影响研究[D]. 华东师范大学硕士学位论文.
⑧ 李吉来. 2013. 民营资本介入古村镇遗产保护与旅游开发的商业模式研究[D]. 华东师范大学硕士学位论文.

格的实质及其构成,针对当前门票价格总体水平偏高的情况,提出了适度低价策略;并且借鉴国外景区门票价格管理经验,对我国加强遗产类旅游景区门票管理提出了一些建议[①]。吴文智等以江浙沪皖四地古村镇为例,对古村镇旅游景区门票收费模式及其影响因素进行了细致研究[②]。吕云祥基于我国遗产类旅游景区的产权制度和定价机制的分析,认为我国现有遗产景区高票价是不合理的,根本原因在于缺乏一套科学的制度安排,为此提出了改善遗产景区不合理票价的相关建议[③]。肖泽晟也基于现实问题,分析了我国景区门票优惠政策中的合理差别与歧视[④]。

5. 外来商户经营问题研究

随着古村镇旅游开发,外部人员与资金开始介入古村镇的商业经营,古村镇中出现了外来商户[⑤]。在以往研究中,学者着重研究了古村镇商业发展过程,聚焦于本地居民参与商业经营问题,对于外来商户进入古村镇经营的问题,很少或不曾提及[⑥]。但是外来商户的进入,对古村镇旅游发展来说必不可少,不仅可以激活古村镇商业价值,而且可以完善古村镇产品服务体系,目前研究主要聚焦于外来经营者的地方感知、地方依恋与地方认同等方面。高艳和赵振斌基于民族地区郎木寺调研分析了外来经营者的地方感问题,得出当地居民(藏族和回族)依靠宗教和社区生活形成地方感,而外来者(游客与经营者)则主要依靠原生态文化和生计形成地方感[⑦]。杨昀和保继刚以桂林阳朔西街为例,基于地方依恋理论,分析了旅游社区外来经营者的地方依恋特征,基于经济依赖和情感认同维度将外来经营者归纳为生活方式主导型、商业联结主导型、利益驱动型和厌倦地方型四类谱系[⑧]。陆敏则以苏州古镇(街)为例,对本地经营者和外来经营者的地方依恋进行调查,得出二者之间并未存在显著差异,但本地经营者的地方认同明显高

---

① 程莉娜. 2007. 遗产型旅游景区门票价格上涨的深度研究[D]. 长安大学硕士学位论文.

② 吴文智,张利平,邱扶东. 2013. 古村镇旅游门票收费模式及其影响因素——基于江、浙、沪、皖四地案例研究[J]. 旅游学刊,28(8):34-41.

③ 吕云祥. 2014. 我国遗产类旅游景区门票定价研究[D]. 南京师范大学硕士学位论文.

④ 肖泽晟. 2019. 我国景区门票优惠政策中的合理差别与歧视[J]. 行政法学研究,(3):3-15.

⑤ 李鑫,张晓萍. 2012. 试论旅游地空间商品化与古镇居民生活空间置换的关系及影响[J]. 旅游研究,4(4):25-31.

⑥ 陶伟,戴光全. 2002. 区域旅游发展的"竞合模式"探索:以苏南三镇为例[J]. 人文地理,(4):29-33.

⑦ 高艳,赵振斌. 2016. 民族旅游社区空间的竞争性——基于地方意义的视角[J]. 资源科学,38(7):1287-1296.

⑧ 杨昀,保继刚. 2012. 旅游社区外来经营者地方依恋的特征分析——以阳朔西街为例[J]. 人文地理,(6):81-86.

于外来经营者[①]。

6. 社区参与问题研究

社区居民作为古村镇旅游发展的核心利益者，社区参与成为古村镇旅游研究的热点，但大部分学者关注于社区居民参与旅游经营，而对居民参与资源保护与负面影响研究较少[②]。王云才等认为可以通过社区教育，提高居民对古镇本身遗产价值的认同感和自豪感，以激发其保护古镇原真性及参与古镇旅游的积极性，避免古镇空心化发展[③]。宋瑞和谢婷在分析国内古村镇旅游研究逻辑时，指出主要借助法律手段和旅游利益分配的经济手段来增强居民在古村落资源保护中的自觉行为，而忽视了居民的情感因素对其资源保护态度和行为的影响[④]。唐文跃进一步提出今后在古村落保护中应更重视居民情感因素作用的发挥，激发居民的自豪感、归属感和认同感以增强居民的保护意识[⑤]。梁明珠和赵思佳提出了一种社区居民导向的参与模式，该模式主张将原住民的生产生活方式、组织行为结构真实地保留并展示[⑥]。陶文静等认为面对旅游迅猛发展所带来的对原住民利益以及原有社会结构的威胁，可以通过建立长期的循环式的传统民居改善计划使得原住民愿意留在社区生活和工作[⑦]。王纯阳和黄福才从社区增权的角度，提出社区居民从旅游开发中经济收益越得到保障，其自豪感、归属感和民主程度越高，对旅游开发和遗产保护的态度就越积极，就越有利于通过社区权力体系综合平衡来推进本地可持续发展[⑧]。

[①] 陆敏. 2018. 古镇（街）旅游社区本地经营者及外来经营者地方依恋的对比研究——以苏州古镇（街）为例[J]. 社会科学家，（6）：71-80.

[②] 胡小海，黄震方. 2016. 旅游地居民文化保护行为影响机制研究——以周庄古镇为例[J]. 现代城市研究，（10）：116-120.

[③] 王云才，李飞，陈田. 2007. 江南水乡古镇城市化倾向及其可持续发展对策——以乌镇、西塘、南浔三镇为例[J]. 长江流域资源与环境，（6）：700-703.

[④] 宋瑞，谢婷. 2011. 近十年国内古村镇旅游研究的逻辑演进[J]. 杭州师范大学学报（社会科学版），33（2）：96-105.

[⑤] 唐文跃. 2014. 旅游开发背景下古村落居民地方依恋对其迁居意愿的影响——以婺源古村落为例[J]. 经济管理，36（5）：124-132.

[⑥] 梁明珠，赵思佳. 2015. 文化导向的城市历史村镇更新模式比较研究——以广州市小洲村、黄埔古村、沙湾古镇为例[J]. 现代城市研究，（4）：48-54.

[⑦] 陶文静，阮仪三，袁菲. 2012. 以"人民性"为尺度保护及合理利用江南水乡[J]. 城市发展研究，19（9）：12-17.

[⑧] 王纯阳，黄福才. 2013. 从"社区参与"走向"社区增权"——开平碉楼与村落为例[J]. 人文地理，28（1）：141-149.

7. 村镇集体组织系列问题研究

村镇集体组织是古村镇遗产资源的集体所有权代表，是农村社区整体利益代表，它对古村镇遗产旅游经营有着重要影响，但在古村镇遗产旅游研究中关于村镇集体组织的相关研究并不多，目前研究仅聚焦于集体组织在旅游发展中的作用方式与利益分配问题。吴正海和范建刚揭示袁家村发展乡村旅游的成功因素之一在于集体经济组织的发展壮大和股份化[①]。王德刚和孙平通过对我国乡村旅游发展中全员股份制、"村集体+公司"合作股份制、"公司+村集体+贫困户"扶贫股份制、"公司+农户"分类股份制和"村集体+业户"多元股份制等典型案例的调查分析，总结出农民股份制新型集体经济模式的基本组织形态与本质特征[②]。刘婷婷和保继刚在袁家村实证案例研究的基础上，分析其形成规范商业经营环境的内在机理，发现村集体与本地村民共同治理为促成和谐有序的市场环境提供了保障[③]。欧阳文婷和吴必虎以司马台村和袁家村为例，对比分析开发商主导模式和村集体主导模式对乡村社会空间生产的不同影响，结果发现村集体主导模式下的经济效益共享机制和社会关系网络得到良性发展等[④]。

8. 政府管制问题研究

当前古村镇旅游研究对政府管制问题比较分散，政府在旅游发展中的作用始终是一个具有争议的议题。缪婧晶和王劲松认为除了提供公共基础设施、目的地形象推广外，政府干预在促进旅游可持续发展和促进旅游市场有效竞争方面具有更重要的意义[⑤]。吕君和刘丽梅认为政府干预旅游发展的理论依据是旅游市场信息不对称、公共产品生产和外部不经济性理论[⑥]。关于政府与市场的关系，有研究认为政府和市场要在旅游产业发展过程中相互配合，才能更好地促进旅游产业的发展[⑦]；充分发挥政府参与和市场行为各自的长处，求真务实地实现二者的有

[①] 吴正海，范建刚. 2021. 资源整合与利益共享的乡村旅游发展路径——以陕西袁家村为例[J]. 西北农林科技大学学报：社会科学版，21（2）：70-79.

[②] 王德刚，孙平. 2021. 农民股份制新型集体经济模式研究——基于乡村旅游典型案例的剖析[J]. 山东大学学报（哲学社会科学版），（1）：142-151.

[③] 刘婷婷，保继刚. 2021. 旅游吸引物的非垄断性与目的地市场秩序的形成——以陕西袁家村为例[J]. 旅游学刊，36（12）：114-126.

[④] 欧阳文婷，吴必虎. 2017. 旅游发展对乡村社会空间生产的影响——基于开发商主导模式与村集体主导模式的对比研究[J]. 社会科学家，（4）：96-102.

[⑤] 缪婧晶，王劲松. 2002. 市场失灵、政府干预与旅游产业国际竞争力[J]. 社会科学家，（3）：21-26.

[⑥] 吕君，刘丽梅. 2005. 政府干预旅游业发展的理论依据及内在驱动[J]. 内蒙古财经学院学报，（1）：104-107.

[⑦] 王起静. 2005. 市场作用、政府行为与我国旅游产业的发展[J]. 北京第二外国语学院学报，（1）：20-25.

效对接是坚持旅游科学发展观的关键[1]。在具体实践过程中，田兰认为政府应当从单一的政府行政管辖转向综合运用经济、法律以及行政手段进行间接管理来强化其对旅游产业的宏观调控能力[2]。王彩萍等系统分析了区域宏观制度环境因素对于旅游业发展的可能影响以及作用机理，认为政府干预导致政策执行过程中可能存在的误区弱化了其积极作用的发挥[3]。徐拓远等认为政府干预对当地社区旅游管理制度变迁产生了重要影响[4]。保继刚和林敏慧基于西递调查，揭示出地方政府预见性的干预是历史村镇旅游商业化得到有效控制的决定性力量，在历史村镇旅游发展的利益相关者中，政府最有能力也最有动力对旅游商业化进行有效的控制[5]。

2.2.3 古村镇遗产旅游经营研究述评、研究启示与一般认知框架

1. 研究述评

现有文献分析表明，随着古村镇遗产旅游纵深发展，相关研究越来越丰富，从如何促进古村镇遗产旅游开发到促进可持续发展，逐渐深入如何发挥好民营资本与外来商户的作用，以及如何看待社区居民的参与与利益保障问题，从对古村镇遗产资源的开发利用，逐渐深入"人"（利益主体）和"制度"（产权）关系的探索，丰富了古村镇遗产旅游研究视角与内容。然而，随着外部资本、外来商户的进入，古村镇遗产旅游经营面临着新的关系，既有研究尽管已经观察到资本介入古村镇遗产旅游开发与经营这一实践现象，并且也从多个视角对其进行了相应研究，但很少在遗产旅游经济与制度视角下展开研究，基本还停留在现象、问题和矛盾关系的梳理上。上述研究主要是结合具体的案例进行多方位主体行为分析，较少触及古村镇遗产旅游经营的内在机理和演变规律。

首先，从研究内容上看，既有研究主要侧重于对不同古村镇案例地遗产旅游

---

[1] 吴忠军，李友亮. 2005. 我国旅游业发展中的政府参与和市场行为关系分析[J]. 桂林旅游高等专科学校学报，（2）：49-52.

[2] 田兰. 2009. 试析我国旅游产业市场化中的政府干预行为[J]. 佳木斯大学社会科学学报，27（3）：29-31.

[3] 王彩萍，徐红罡，张萍. 2015. 市场化改革、政府干预与区域旅游业发展：从宏观视角来解读困境[J]. 旅游学刊，30（3）：44-52.

[4] 徐拓远，赵佳程，刘金龙. 2019. 政府干预前后社区旅游管理制度变迁——以云南省普达措国家公园为例[J]. 农村经济，（1）：73-79.

[5] 保继刚，林敏慧. 2014. 历史村镇的旅游商业化控制研究[J]. 地理学报，69（2）：268-277.

开发与经营模式进行分类阐述，主要在于解读不同开发经营模式的内涵特征，这为理解古村镇遗产旅游开发提供了理论基础。然而，已有研究仍存在一些不足。第一，外部资本介入古村镇遗产如何进行旅游经营的行为决策，尤其是企业如何根据古村镇资源与企业特点进行景区经营模式、门票收费模式、企业盈利模式的最优化选择；第二，在古村镇旅游经营企业进行最优化选择过程中，外来商户、社区居民与村镇集体组织如何同步做出行为选择的问题；第三，如何认识企业的社会责任及其行为偏差；第四，政府在整个过程中扮演着什么样的角色，其管制行为是如何选择的。上述问题有待于进一步认识，而这些构成了本书研究的目标与主要内容。

其次，从研究视角上看，既有研究大多从地理学、社会学、民俗学、人类学、经济学、管理学等学科视角对古村镇遗产保护与旅游开发进行研究。然而古村镇遗产旅游经营不仅仅是一个单一学科问题，它涉及企业、居民、集体、政府等多方主体权益，是对古村镇社会经济文化生态发展价值的综合权衡，需要跨学科的理论方法来支撑这一领域的研究，以更好地把握古村镇遗产旅游经营中出现的一些经济社会复杂问题，如企业社会责任问题、社区居民生产生活关系问题、产权复杂化下的治理问题。

最后，从研究方法上看，既有研究主要是侧重于对具体案例的调查研究，基于一些成熟理论的运用分析，案例研究、调查分析与定性研究比较多，获得了一些有规律性的认识，但在未来深入研究中，针对企业、居民与商户行为的研究，亟须引入一些社会实验与质性研究新方法，甚至一些实验经济学方法，加强实验性研究、综合性研究与定量性研究，多方位透视、剖析古村镇遗产旅游经营过程中出现的一些规律与问题。

2. 研究启示

企业如何在保护古村镇资源与环境的基础上做好遗产旅游经营，使其产生更好的经济、社会、文化与环境效益，如何与外来商户、社区居民、村镇集体一起合作共赢，从而在政府科学、合理、有效管制下共同推动古村镇遗产旅游可持续发展，这是古村镇遗产旅游经营的关键问题，也构成了未来研究的主要目标。鉴于上述文献研究基础，本书进一步探讨古村镇遗产旅游经营的基础问题、核心问题和关联性问题。

一是古村镇遗产旅游经营的基础问题（资源产权与利用）：古村镇遗产旅游资源类型复杂、权属复杂，特别是在中国农村制度的情境下，陷入更为复杂的产权关系中,加上我国的文物遗产保护、土地管理、户籍政策等相关法律法规约束,让古村镇遗产资源的利用陷入泥沼中,引发了各种利益纠纷问题,从而构成了遗产旅游经营研究要解决的基础性问题。

二是古村镇遗产旅游经营的核心问题(经营主体与机制设计):古村镇遗产旅游发展的好坏、遗产旅游经营水平的高低,最终取决于遗产旅游经营主体的行为选择与努力,而企业的经营机制会通过其努力程度及盈利模式的渠道影响其社会责任的行为选择。以往研究对于古村镇遗产旅游经营主体的行为研究比较缺乏,对古村镇遗产旅游经营的机制设计理论研究更为欠缺,这也构成了古村镇遗产旅游经营研究的核心问题。

三是古村镇遗产旅游经营的关联性问题(利益相关主体行为):古村镇遗产旅游经营涉及外来商户、社区居民、村镇集体等诸多主体利益,各个利益主体的行为选择与互动决定了古村镇遗产旅游的经营走向[①]。外来商户的进入与经营行为选择、社区居民的参与和生产生活方式的调整、村镇集体的角色与作用都值得我们进一步研究,特别是随着古村镇遗产旅游经营模式的演变,上述主体的利益关系也在动态变化并不断优化,最终影响着古村镇景区商业化进程、新老社区重组、大景区建设与旅游目的地高质量发展,构成了古村镇遗产旅游经营研究的衍生性、关联性问题。

3. 基于实践发展的一般认知框架

根据上述研究维度与内容、启示,古村镇遗产旅游经营是在中国农村发展情景下企业(资本)利用古村镇资源进行旅游生产的市场化经营过程,涉及企业经营的方式选择、景区经营的模式选择、景区门票收费的方式选择、企业盈利模式的选择以及企业社会责任行为的选择。同时,上述企业经营过程也影响着外来商户在古村镇商业经营的行为选择,影响着社区居民生产生活方式的选择。在上述主体的行为选择与互动过程中,村镇集体(社区整体利益代表)与政府(社会总体利益代表)也在不断清晰自身的角色定位,围绕古村镇社区发展与社会发展的价值目标不断优化古村镇管理、经营与服务机制,以期更好地发挥好企业经营的效率与效益,更好地协调提升社区居民与外来商户的权益,从而形成了基于古村镇遗产旅游经营实践发展的一般认知框架(图2.3)。

---

① 金准. 2017. 利益相关者格局与古村镇旅游——基于制度分析的视角[J]. 中国社会科学院研究生院学报,(5):68-74.

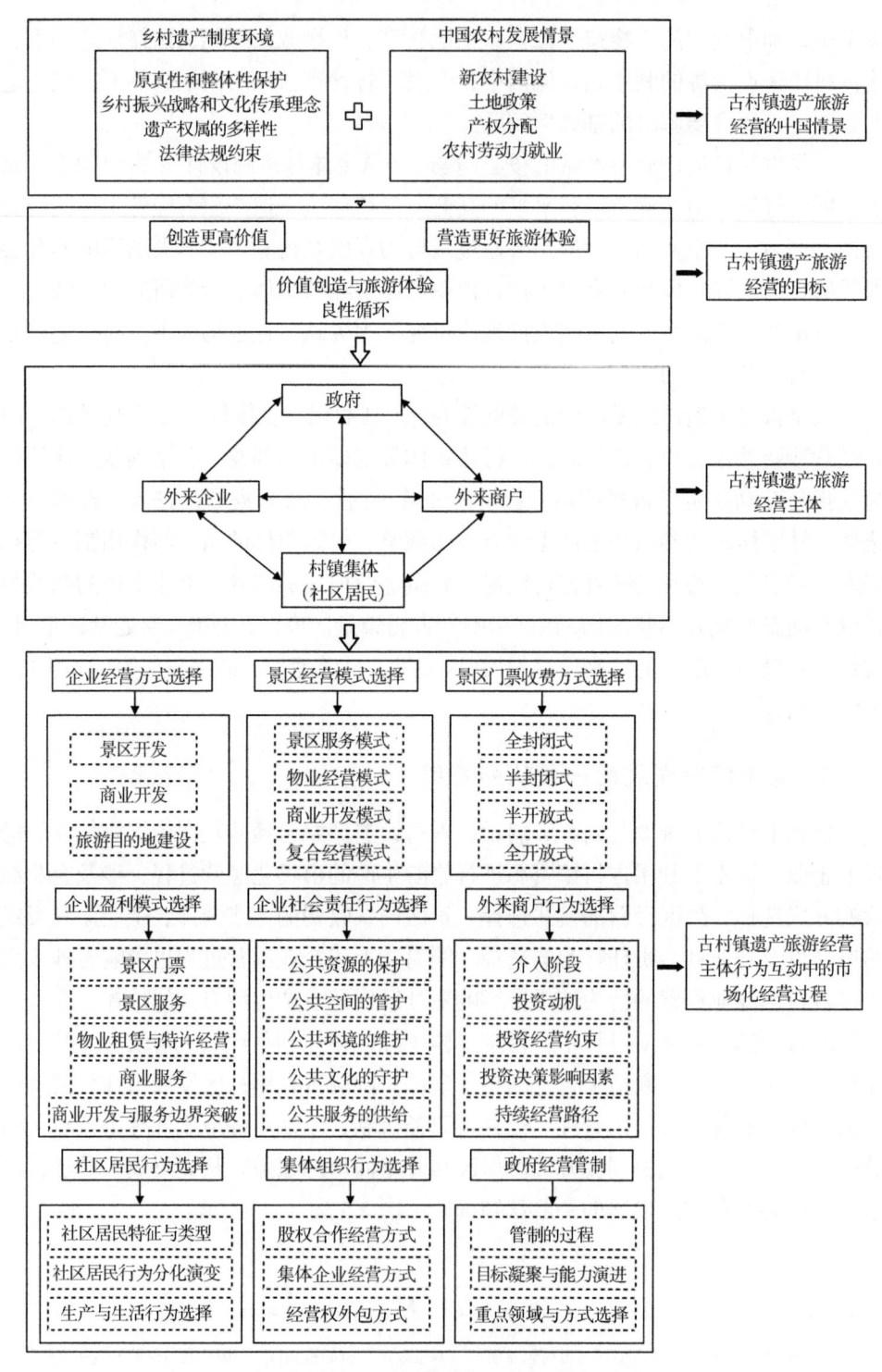

图 2.3 基于古村镇遗产旅游经营实践发展的一般认知框架

2.3 古村镇遗产旅游经营的形式与目标

2.3.1 景区化供给与空间再造

1. 古村镇遗产旅游景区

旅游景区是根据景观资源类型、景观特征或游览要求划定的用地范围,包含景物、景点、景群,它形成了相对独立的分区特征[①]。根据国家标准《旅游景区质量等级的划分与评定》(GB/T 17775—2003)进行界定,景区是以旅游及其相关活动为主要功能的空间或地域,具有参观游览、休闲度假、康乐健身等功能,同时具备相应旅游服务设施并提供相应旅游服务的独立管理区[②]。

对于古村镇遗产地而言,基于遗产景观、资源与环境的保护需要,由政府或其保护部门先进行认定,明确古村镇遗产资源保护范围与边界(由此也形成了遗产空间);在此基础上对外开展旅游接待与经营活动,形成了旅游接待与服务边界(由此形成了遗产旅游空间),并经由古村镇遗产旅游经营权与经营契约的契约认定或者行政认定而逐渐形成了古村镇遗产旅游景区管理与经营边界。

因此,本书对古村镇遗产旅游景区的概念界定主要从遗产资源空间特征以及行政法规或契约认定维度进行界定,即以古村镇遗产资源空间为基础进行保护性开发利用,具有参观游览、文化教育、休闲度假等功能,具备相应旅游服务设施并提供相应旅游服务的独立管理区(图2.4)。它应该具有明确的景区管理与服务边界,具备相应的旅游服务功能,并获得对外营业许可。

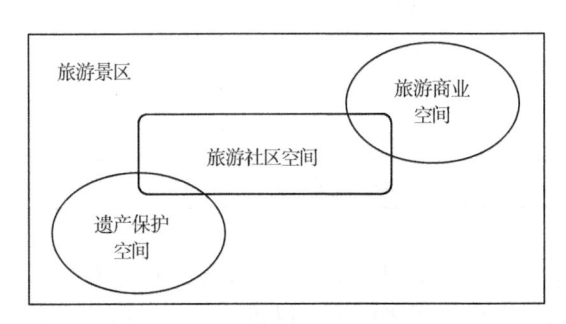

图 2.4 古村镇遗产旅游景区界定

[①] 魏民,陈战是. 2008. 风景名胜区规划原理[M]. 北京:中国建筑工业出版社:18-19.
[②] 周书云,胡秋红,杨丽春. 2017. 旅游景区运营管理[M]. 广州:广东高等教育出版社:11.

2. 古村镇遗产旅游景区化供给

古村镇遗产旅游景区化供给是依托遗产资源打造具有一定特色和吸引力的旅游景区的过程[①]，实质上是在遗产景观保护与旅游利用的基础上，按照旅游景区营业规范与标准，增设旅游服务配套设施的过程。从遗产旅游经营主体的视角出发，古村镇遗产旅游景区化供给是遗产旅游经营的第一步，是利用古村镇遗产空间打造旅游体验场景，为游客提供基础性观光游览的景点景区产品。

以宏村为例，宏村将整个古村落保护区以独立景区的形式进行经营，保护区大多数资源除了服务于当地居民生产生活之外，基本上都或多或少承担着旅游功能，村内的基础设施、公共服务设施以及商业服务设施等都进行了由点到面的整合，以完整的景区服务体系来吸引游客，包含遗产景观景点、遗产文化场馆接待点、游客服务点、旅游道路与交通、旅游解说系统、旅游厕所、停车场点等内容供给，具体内容如表2.5所示。

表2.5 宏村景区化供给内容与主要方式

景区化供给	主要内容	供给方式
封闭式遗产景观景点	南湖书院、承德堂、承志堂、汪氏宗祠、万宅、碧园、乐贤堂、乐叙堂、德义堂、桃园居、三立堂、荷花池、望月堂、聚顺庭、敦本堂、务本堂、敦厚堂等	保护性利用
开放式遗产景观景点	月沼、南湖	保护性修复
遗产文化场馆接待点	楹联、木雕非遗文化馆、传统工艺品制作点	投资改造
游客服务点	游客中心、宏村西门售票处、际泗桥售票处、宏村风景区网络票自助取票点等	投资建设
旅游道路与交通	景区游步道	投资修复或改造投资使用
旅游解说系统（含导游服务）	景区导游全图、电子触摸式解说、可免费取阅的导游手册、导游人员和非人员解说系统等	投资建设
旅游厕所	景区内旅游厕所、景区外旅游厕所	投资建设或改造
停车场点	宏村风景区停车场、停车场收费处	投资建设

（1）遗产景观景点，如宏村历经岁月发展遗留下的文物古迹，包括汪氏宗祠、南湖书院、承志堂等古建筑文保单位，也包括月沼、南湖等景观资源，这些皆已成为宏村重要的旅游景点，以独特的人文价值吸引着游客。

（2）遗产文化场馆接待点，宏村景区通过深挖徽州民间艺术、非物质文化遗

[①] 张攀攀. 2020. 农村人居环境整治背景下乡村建设景区化的内涵及其表征[J]. 农业经济，（8）：33-35.

产等传统文化资源形成的文化体验场馆，如楹联、木雕非遗文化馆、传统工艺品制作点等。

（3）游客服务点，主要包括游客中心、宏村西门售票处、际泗桥售票处、宏村风景区网络票自助取票点等，为游客提供了便利的景区信息咨询服务和游览服务。

（4）旅游道路与交通，主要包括交通符号、旅游路标、线路安排、景区游步道、游船与观光车等。

（5）旅游解说系统，包括景区导游全图、电子触摸式解说、可免费取阅的导游手册、导游人员和非人员解说系统等。

3. 古村镇遗产旅游空间再造

古村镇遗产保护与旅游发展是一个对古村镇自然及历史文化遗产进行保护修复并实现旅游景区化、产品化的空间再造过程，也是一个构建地方历史文化特色并使之内化为社区认同、外化为景观符号的过程[①]。特别是受到大众旅游消费的影响，古村镇遗产旅游空间不可避免地受到商业化、城镇化、现代化冲击，传统的人居空间逐渐转向景观空间，传统的生产生活空间逐渐转向消费与服务空间，推动了遗产旅游空间再造。

古村镇遗产旅游空间再造分为两个向度：一是物理空间的改造与扩展。为了满足比常住居民更多的旅游消费者的需求，古村镇物质空间不断地被改造、重置与扩展，原先居民生活的封闭空间转化为主客共享化的社会性空间，产生了更多游客体验与消费空间，使得古村镇人口流动性增强，社区居民的社会生活方式发生了改变。二是人为空间的演化与人文塑造。随着游客体验的深入与消费下沉，古村镇遗产旅游景观空间也在迎合消费过程中日渐舞台化与商业化，逐渐形成具有古村镇特色的人为空间[②]。特别是随着旅游景区提升，其空间再造更加注重旅游场景的文化发掘和精神内涵提升，建构具有鲜明地域特色的文化遗产空间乃至精神空间，进而加速了物质、社会与文化空间的现代化变迁与交错融合，共同构成了一个完整的人文活动空间。

以乌镇为例，主要通过景区化建设、商业化开发和分区分阶段滚动推进的方式进行了古镇旅游空间再造和新元素的舞台化再现（表2.6）。例如，作为古镇保护与旅游开发一期工程的东栅景区，定位为一个原汁原味的观光景区，面积约 0.46km^2，保护建筑面积近 6 万 m^2，主要是在政府主导下进行修缮，首创和成功运作了管线地埋、改厕工程、清淤工程、泛光工程、智能化管理等保护模式，不

[①] 段银河, 马良灿. 2015. 论民族村落景区化发展的主体[J]. 青海民族研究, 26（3）：49-54.
[②] 庄友刚. 2011. 西方空间生产理论研究的逻辑、问题与趋势[J]. 马克思主义与现实, （6）：116-122.

但很好地保护了小桥流水人家的原古风貌,而且通过古街、古民居的利用极大地丰富参观游览与商业服务空间,实现了生活空间的使用价值向作为商品的交换价值的初步转换[①]。作为古镇保护与旅游开发二期工程的西栅景区,则定位为一个观光加休闲度假体验型的景区空间,景区内保存有精美的明清建筑 25 万 m²,横贯景区东西的西栅老街长度达 1.8 km,两岸临河水阁绵延 1.8 km。尤其是核心区域,度假村、别墅群、欧式风情园、商务会馆、咖啡馆、酒吧等具有小资情调的文化空间大量出现,并以此满足游客需求。同时,原住民因为全部外迁,实现了古镇空间使用价值向交换价值的彻底转变。此外,三期新开发的乌村景区,定位是一个高端乡村旅游度假区,保留着原有老房屋建筑面积 1600 m²,新增房屋建筑 1800 m²,农业占地 2.3 万 m²,景区里面设酒店、餐饮、娱乐、休闲等一系列旅游配套服务设施,采用一价全包的套餐式体验模式,一键即可打包吃住行和 20 多项免费体验项目。

表 2.6 乌镇遗产旅游空间再造历程

阶段	开发时间	开业时间	占地面积	建筑面积	门票价格	空间再造内容	定位
东栅	1999 年	2001 年	0.46km²	6 万 m²	100 元	古建筑、古民居等旅游景点	水乡古镇风情观光景区
西栅	2003 年	2007 年	3.4km²	25 万 m²	120 元(白)80 元(夜)	度假村、别墅群、欧式风情园、商务会馆、咖啡馆、酒吧等	世界遗产级的休闲度假景区
乌村	2014 年	2016 年	0.3km²	3400m²	1170 元(一价全包住宿套餐)、50 元(生态观光游)	划定精品农产品种植区、农事活动体验区、知青文化区、船文化区等四区空间,内设酒店、民宿、娱乐、休闲、景观等	高端乡村旅游度假区

2.3.2 商业服务供给与内容生产

对于古村镇遗产旅游来说,建筑、街区、文化、环境等是基础要素与条件,而与之相生相融的旅游体验与商业服务则是其生命力之所在,是遗产旅游的核心内容。旅游体验与商业活动是对遗产资源的活化利用,是对遗产空间的价值再造,

---

[①] 陆林,张清源,许艳,等. 2020. 全球地方化视角下旅游地尺度重组——以浙江乌镇为例[J]. 地理学报,75(2):410-425.

带来了客流、物流、资金流等，是古村镇恢复活力、延续生命力的关键因素[①]。随着古村镇遗产旅游发展越来越成熟，单一的文化观光游逐步向休闲度假和生活体验游过渡，在这个过程中，古村镇内的商业经营也随之增多，古村镇中商业服务和内容生产逐渐成形。一般来说，以旅游体验经济为核心的商业服务在古村镇遗产旅游经营中有着非常重要的地位，关系着旅游者的体验与消费水平，决定着旅游服务设施的层次，影响着古村镇遗产旅游发展的价值。特别是随着旅游消费的升级，游客需求呈现多元化、个性化发展特征，旅游服务的产品与业态更加多元、丰富，进而推动了古村镇遗产旅游内容生产的结构性变迁。

以宏村为例，从一开始的景点景区接待到后面的商业化服务繁荣再到现在的旅游目的地产品供给，越来越多的本地居民和外来商户进入遗产地开展各式各样的商业服务活动。

一是在景区内，数量繁多的民居建筑大多数被当作商业空间使用，开展住宿、餐饮、购物、休闲娱乐等商业服务活动，支撑着旅游景区服务与产品的提供。在实地调研中，从黟县工商部门所获得的相关数据表明，在2001年到2019年发展期间，宏村景区内陆续有597家旅游小企业在景区从事各种业态经营。宏村旅游小企业开业时间调查表如表2.7所示。

表2.7 宏村旅游小企业开业时间调查表

开业时间	数量/家	百分比	累计百分比
2001 年	5	0.84%	0.84%
2002 年	14	2.34%	3.18%
2003 年	12	2.01%	5.19%
2004 年	51	8.54%	13.73%
2005 年	19	3.18%	16.91%
2006 年	19	3.18%	20.09%
2007 年	29	4.86%	24.95%
2008 年	21	3.52%	28.47%
2009 年	17	2.85%	31.32%
2010 年	52	8.71%	40.03%
2011 年	42	7.04%	47.07%
2012 年	47	7.87%	54.94%
2013 年	41	6.87%	61.81%

---

① 胡海霞，杨振之. 2010. 古城镇商业业态研究[J]. 软科学，24（9）：138-141.

续表

开业时间	数量/家	百分比	累计百分比
2014年	36	6.03%	67.84%
2015年	67	11.22%	79.06%
2016年	11	1.84%	80.90%
2017年	29	4.86%	85.76%
2018年	43	7.20%	92.96%
2019年	42	7.04%	100.00%

注：根据黟县工商部门提供数据整理而来

二是在景区外，为了缓解日益增长的游客多样化需求和景区内部商业空间受限的矛盾，景区外土地资源与社区也被旅游化利用，通过一些旅游项目开发与建设，更好地促进景区内旅游发展，拓展旅游新业态的同时，可以增加遗产地旅游的新体验、新内容，有效引导旅游流量的分流消费，形成景区内外联动发展的效应（表2.8）。例如，当时的宏村景区经营主体京黟旅游公司在宏村景区附近修建了奇墅湖国际旅游度假村，提供了大规模、高标准的度假酒店接待服务，极大地缓解了宏村旅游过夜需求，抑制了景区内住宿产品低层次开发带来的负面效应。同时，京黟旅游公司重新修建了唐代古刹梓路寺，斥资打造了具有宏村当地文化特色的实景剧——《宏村·阿菊》，为宏村遗产旅游注入了新体验内容。此外，其他商家在宏村景区周边开发了水墨宏村项目，打造了一个以徽文化为主色调的旅游新社区，融居住、文化、休闲与住宿于一体，成为景区遗产旅游空间的重要补充。

表2.8 宏村景区内外商业服务供给与内容生产

商业服务供给	资源类型	内容生产
景区内商业供给	私人非文物古民居	住宿：心怡居、黟县宏村德顺居客栈、宏村逸客精品酒店、宏村漫悦璞树客栈、宏村不言·民宿等
		餐饮：画景楼景观餐厅、黄山宏村宏发饭店、三舍·花园餐厅、水云间酒吧、旧时光咖啡馆、半糖咖啡等
		购物：宏顺酒坊、宏顺茶厂、联兴商店、木画说便利店等
景区外商业供给	村集体土地	旅游地产：奇墅湖国际旅游度假村
		酒店产业：奇墅仙境中坤国际大酒店、中城山庄
		房地产：水墨宏村
		文化产业：《宏村·阿菊》、重修梓路寺
		商业服务：宏村印象

资料来源：来源于笔者团队在宏村实地调研

2.3.3 遗产旅游经营的目标选择

根据前面对古村镇遗产旅游经营的过程与形式分析，遗产旅游经营的最终目标是在保护与利用遗产资源的前提下，通过旅游景区生产与商业服务供给，获取古村镇遗产旅游的最大价值回报（图2.5）。为了获得最大价值，首先是要创造更好的游客体验，吸引更多的游客逗留，产生更多的消费，在这个过程中，由于消费空间的有限性与稀缺性，旅游消费的质量比数量更为重要，所以要创造更高质量的旅游体验，以创造更高的消费产出；其次是游客体验不仅来自景区氛围的营造，而且来自服务内容的生产，其中以商业服务为主的服务内容生产和以文化观光为主的景区氛围营造之间存在一定的空间交融性与冲突性，两者互相依存又相互抵触，特别是在价值变现上服务内容的生产更加容易、更加直接，所以有时候经营者片面追求直接经济效益会造成一定的商业过度化倾向，影响景区氛围的营造，反而降低了游客的体验。

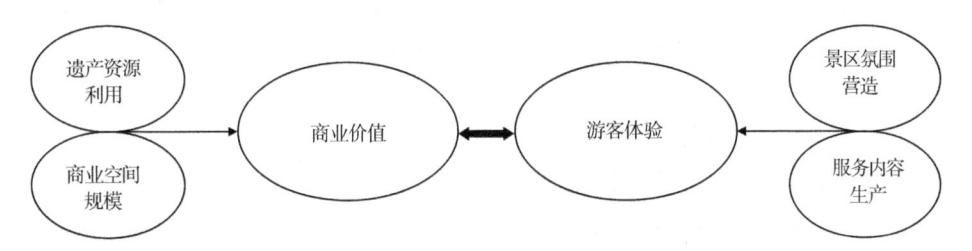

图 2.5 遗产旅游经营的目标（商业价值与游客体验间的平衡）

当然，古村镇遗产旅游经营存在以下前提条件：一是坚持古村镇遗产资源保护至上原则，避免对遗产资源与环境造成不可修复的破坏，要合理控制旅游景区接待与商业服务的容量；二是坚持古村镇社区利益保全与合理保障原则，要在确保社区原住民及其集体利益不受损、只增不减的情况下进行合理的旅游开发与经营活动，在旅游经营中要考虑到社区居民生产与生活的改善、考虑到集体经济的发展、考虑到遗产地社会文化的持续发展。

1. 基于资源空间的利用，创造更高商业价值

古村镇遗产旅游经营取决于遗产资源空间的利用效率，特别是遗产资源与商业空间规模所决定的商业价值。古村镇拥有诸多价值内涵颇高的物质遗产与活态文化遗产，保留了大量的传统建筑、民俗文化、民间技艺等资源，具有一定的历史、文化、科学、教育、审美以及休闲旅游度假功能，但对上述资源及其空间的不同的利用方式、利用程度、利用效率决定了资源空间的商业价值，既取决于遗产旅游经营主体对资源的优化配置能力，也取决于具体商业经营者的经营能力。

因此，如何利用好有限的资源空间创造更多的商业价值，包括商业服务产出（服务价值）与物业价值（资产价值），成为古村镇遗产旅游经营的主要目标。

2. 基于景区环境的总体营造，创造更好的游客体验

古村镇遗产旅游经营不仅要从供给侧角度考虑到遗产资源的挖掘、展示和利用[1]，也要从需求侧角度考虑到游客对遗产旅游体验的期待，保持游客持续的吸引力。目前古村镇遗产旅游经营主要聚焦在景区门票、商业租金、土地开发和特许经营等方面，往往忽视了古村镇景区给游客带来的体验质量，忽略旅游者体验是造成遗产旅游经营困境的原因之一。因此，一个成功的古村镇遗产旅游景区必须为旅游者提供高质量的旅游体验，而高质量的旅游体验往往来自旅游景区环境的整体营造，既包括遗产景观与文化体验的优劣、社区环境的好坏和在地人员的文明友好程度，也包括景区特色商业的服务水平及舒适度。由此，如何协调好古村镇遗产旅游景区与社区发展的关系（社区支持），如何平衡好景区氛围营造与商业服务供给的关系（商户支持），如何通过古村镇旅游环境的总体营造，创造更高质量的游客体验，成为古村镇遗产旅游经营的另一个主要目标。

3. 寻求商业价值与游客体验之间的平衡

根据上述分析，古村镇遗产旅游经营实际上是一个不断在商业价值和游客体验之间寻求平衡的过程。在这个平衡过程中，商业服务偏差或者过度都会影响游客在地消费体验，进而影响游客在景区的体验质量，而景区体验的好坏也会影响到游客的逗留行为，进而影响到商业价值的创造。为此，必须根据古村镇资源空间的不同条件，根据古村镇遗产旅游经营主体的不同能力，选择比较合适的经营模式，平衡好景区体验与商业服务的关系，让商业价值与游客体验形成良性互动关系，从而最大化限度发挥好古村镇遗产旅游的价值。

---

[1] 付晓东，徐涵露. 2014. 文化遗产的深度开发——以安阳殷墟世界遗产开发为例[J]. 中国软科学，（7）：92-104.

第3章 外部资本介入古村镇遗产旅游经营的中国情景

3.1 外部资本介入遗产旅游经营的现实性

3.1.1 古村镇遗产旅游初始发展的窘迫

加强古村镇遗产保护是初衷、是基础、是目标，是国家文化复兴、乡村振兴战略的落脚点之一；而旅游开发与经营将是有效推动古村镇遗产保护、挖掘古村镇价值、满足人民群众多样化需求的重要手段和最佳途径[1]。然而遗产旅游开发与经营作为满足人们高层次需求的投资、建设与运营活动，在保护自然景观、民俗文化和村镇传统风貌的同时，还需要投入大量的资金进行景区服务设施建设、景区环境治理与氛围营造、多样化的文化旅游产品开发和旅游接待服务设施建设、旅游市场营销推广等一系列活动[2][3][4]。然而，村镇资源保留较好、具有旅游开发价值的古村镇往往地处偏远、经济发展相对落后的农村地区，在初始发展时期往往面临着资金不足、基础设施落后、经营能力匮乏等现实性难题。

1. 村镇及所在地方政府资金短缺

20世纪八九十年代我国经济建设进入快车道，快速工业化与城镇化发展的背后是农村地区劳动力人口的转移与传统农业的衰落，农村地区普遍处于一个相对

---

[1] 熊健吾. 2012. 基于文化地理学的历史村镇保护开发策略研究[D]. 重庆大学硕士学位论文.

[2] 王新越, 候娟娟. 2016. 山东省乡村休闲旅游地的空间分布特征及影响因素[J]. 地理科学, 36（11）: 1706-1714.

[3] Campón-Cerro A M, Hernández-Mogollón J M, Alves H. 2017. Sustainable improvement of competitiveness in rural tourism destinations: the quest for tourist loyalty in Spain[J]. Journal of Destination Marketing & Management, 6(3): 252-266.

[4] Gao J, Wu B H. 2017. Revitalizing traditional villages through rural tourism: a case study of Yuanjia Village, Shaanxi Province, China[J]. Tourism Management, 63: 223-233.

贫困落后的境况，村镇集体经济薄弱，加上政府财政资金主要用于关乎国计民生的重大基础设施建设与城市发展，对农村地区的转移支付较少，对古村镇遗产保护的资金也较少，仅凭当地政府和社区力量，根本无法筹集充足的资金，不足以支撑古村镇遗产旅游初始发展所需要的投资建设。因此，为了缓解初始发展资金短缺的窘境，多数古村镇遗产旅游经营选择引入外部资本，主要通过整体租赁或者合作经营等方式吸引外部资本推进古村镇保护与旅游开发。

2. 村镇基础设施与公共设施落后

古村镇一般地处偏远、落后的农村地区，长期以来农村道路交通、水电通信、水系堤坝等基础设施建设薄弱，加上传统的农业生产与生活方式的影响，导致村镇建设性破坏较大，村镇环境存在脏、乱、差现象，加上一些古民居和古桥廊、古亭楼、古祠堂等公共建筑年久失修，村镇街巷路面、广场、水口园林等公共空间维管不力，往往满足不了古村镇遗产旅游接待的需要，特别是旅游基础设施、公共服务设施以及整体环境都需要投入修建、管维才能满足景区发展需要，这也是古村镇遗产旅游初始阶段面临的重要问题。

3. 村镇自我管理与经营能力匮乏

古村镇遗产旅游发展初始，不论是景区开发还是经营管理，对于村镇集体和所在地方政府来说一切都是陌生的领域，所需要的管理经营团队、经验与能力都不具备。因此，能力上的欠缺也给古村镇遗产旅游初始发展带来了困扰。例如，宏村旅游一开始由县旅游部门管理经营承志堂景点，随着来访人数逐渐增多，宏村村委会数次要求，镇政府最终同意以"承包经营"的方式将宏村旅游景区承包给宏村一年，租期从1997年1月8日开始，条件是宏村向镇政府交纳3万元的风险担保金，由宏村村民筹集10万元后，成立了黟县宏村旅游服务有限公司，并由宏村村委会管理，村内一位退休老干部担任总经理，但是由于经营不善，出现了很多问题，村民每人仅获得了10元分成。镇政府遂以租约到期为由，与北京中坤投资集团有限公司（简称中坤集团）达成租赁经营协议，组建京黟旅游公司负责宏村旅游开发与经营。

3.1.2 外部资本的投资经营优势

鉴于古村镇所在地方政府与社区力量的薄弱，具有强大资金实力、富有经验的经营团队，以及拥有市场渠道、外部商业合作资源的外部资本刚好弥补了上述资金与能力缺陷，成为古村镇遗产旅游发展初始的重要选择甚至最佳选择。在一般情况下，外部资本首先拥有强大的资金实力，拥有较高的融资和盈利能力，能够为古村镇旅游基础设施建设提供足够的资金，解决初始发展资金不足的问题；其次拥有成熟的管理经营团队，一般有着类似项目开发与运营经验，能够打造比较好的旅游景区，为旅游者提供比较专业化的服务和旅游产品。

此外，外部资本或多或少拥有一些外部合作资源，特别是在旅游市场宣传、推广、营销渠道方面有一定的优势，可以在遗产旅游初始阶段迅速打开市场招徕游客。同时在遗产旅游景区经营中有专业的商业合作资源，可以引入提供比较好的专业产品与服务，甚至外部资本在发展中也是景区、酒店、旅游地产等专业服务商或综合服务商，能够推动古村镇遗产旅游目的地化开发与发展。

3.1.3 古村镇遗产旅游初始发展中的现实选择

综上所述，对于初始发展条件不足的古村镇来说（或资金匮乏或能力欠缺），引入外部资本的力量，通过整体租赁或委托经营或合作投资开发与经营，能够引入投资完善遗产旅游基础设施与服务设施建设，快速形成旅游接待规模，提高景区服务与管理水平，扩大古村镇的市场知名度，迅速将资源优势转化成经济优势，以创造更大价值，带动地方经济、社会、文化与环境发展。无论从宏村来看，还是从乌镇来说，在旅游发展初始阶段，外部资本介入是后天条件不足的古村镇的遗产旅游开发的必然选择，并逐渐成为一种普遍现象。

3.2 外部资本介入遗产旅游经营的主要历程

3.2.1 外部资本介入的概况

20世纪90年代，随着社会主义市场经济的蓬勃发展，各个地方招商引资发展的诉求不断加强，国民生活水平的提高对旅游产生了巨大的潜在需求，一批具有市场前瞻性和实力的经营资本纷纷将投资目光投到了旅游业，特别是当时的旅游景区行业，通过租赁或者合作经营等方式获得景区经营权，投资建设一系列著名旅游景区。随着我国旅游景区所有权与经营权的分置分离，吸引了众多民营资本投资，为包括古村镇在内的诸多旅游景区提供了重要的资金与团队支持，有力地推动了地方旅游经济发展。近年来，投资旅游业的民营资本快速增长，投资范围不仅仅局限在旅游景区、旅游酒店等方面，也拓展到了旅游上下游整条供应链，旅游投资的多元化格局正在加快形成。以2014年可查数据为例，投资到旅游业的民营资本为 4100 亿元，为总投资的 56%，投资的热点从旅游景区转向其他旅游新业态。另外，政府、国有企业投资在旅游总投资中的比例为 17.9%和 16.2%；外商投资占旅游总投资的 6.4%；全国旅游投资的格局更加多元，民营资本已经成为主体。

1. 历史分析

从率先打出"中国第一水乡"的周庄到最先列入世界文化遗产的安徽古村落（宏村、西递），从东部的江南水乡古镇到西部的川西古镇，从北方的山西大院到南方的福建土楼等，外部资本介入古村镇旅游开发已有二十余年的实践，也探索出了多种开发模式，如政府主导的项目公司模式、经营权出让模式、社区开发模式以及综合开发模式[①]等。随着古村镇投资环境的改善，经营权出让模式、政府主导的项目公司模式成为古村镇旅游开发的主流，古村镇旅游经营主体多元化的趋势日渐明显，从最初的村镇社区自主经营到外部资本主导经营再到当前的政府、企业、社区合作经营。

1997 年 9 月 27 日，中坤集团与黟县人民政府签订了为期 30 年总投资 2518 万元的租赁经营合作协议书——《黄山市黟县旅游区古民居、旅游项目合作协议书》，中坤集团以现金方式逐步投入黟县，开发经营关麓、南屏、宏村三个古村落及黟县民间古祠堂群，由此拉开了外部资本介入古村镇保护与旅游开发的序幕，之后外部资本便逐渐以租赁经营、合股经营等方式参与古村镇遗产旅游相关开发与经营方面。

随着宏村的成功开发，外部资本纷纷投向古村镇遗产旅游开发与经营。二十多年来，这种趋势越来越明显（表 3.1）。乌镇在开发西栅景区的过程中，资金投入逐步加大，为了缓解资金的巨大压力，开始引入外部资本。2006 年 12 月中青旅控股股份有限公司实现了对乌镇旅游的控股，以 3.55 亿元收购乌镇旅游 60%的股份，剩余 40%的股权则由桐乡市乌镇古镇旅游投资有限公司持有。随后，乌镇的资本运作持续展开，2009 年 7 月，乌镇引入战略投资者风险投资公司 IDG（International Data Group，美国国际数据集团），由 IDG 投资控股的两家香港公司以 1.04 亿元认缴乌镇旅游新增注册资本人民币 4412 万元，增资完成后，中青旅控股股份有限公司持股 51%，桐乡市乌镇古镇旅游投资有限公司持股 34%，IDG 投资控股的两家香港公司合计持股 15%。2013 年 7 月，中青旅控股股份有限公司增持乌镇旅游的股份，收购 IDG 持有的 15%股权，持股比例上升至 66%（图 3.1）。中青旅控股股份有限公司进驻乌镇旅游之后，对西栅进行产权式开发等让乌镇的

[①] 熊明均，郭剑英. 2007. 西部古镇旅游发展的现状及开发模式研究[J]. 西华大学学报（哲学社会科学版），26（3）：75-78.

营收和游客数量有了明显提升。

表 3.1　外部资本介入古村镇遗产旅游经营的早期情况

古村镇	介入的资本情况	介入时间	介入方式
宏村、南屏、关麓	中坤集团	1997年	租赁经营
呈坎	黄山市徽州呈坎八卦村旅游有限公司	2001年	租赁经营
同里	中国世贸集团	2006年	租赁经营
凤凰	黄龙洞投资股份有限公司	2001年	租赁经营
秀里	北京新时刻影视文化发展有限公司 黄山市中权影视文化传播有限公司	2007年	合股经营
乌镇	中青旅控股股份有限公司 IDG在香港控股的两家公司	2009年	合股经营
江湾、理坑、晓起、汪口、思溪延村、江岭	上海诚鼎创业投资有限公司、上海豫园旅游商城股份有限公司、江西三清山旅游集团有限公司、上饶市勇春旅游投资有限公司、上海傲英一期股权投资中心、上海道杰投资有限公司	2012年	合股经营

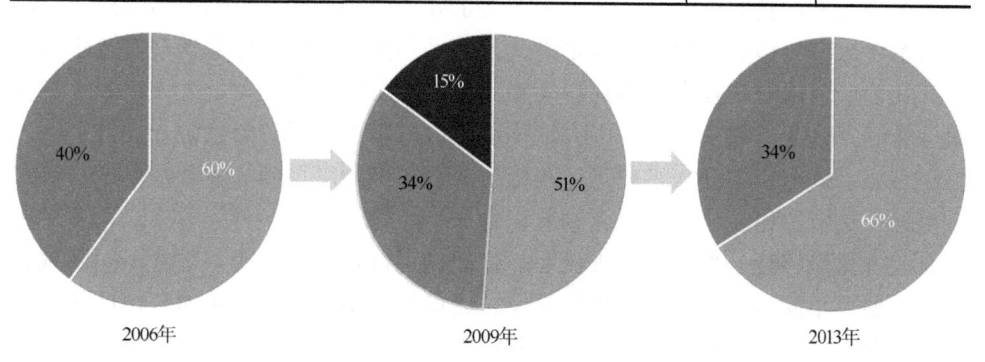

图 3.1　关于外部资本介入乌镇旅游经营的变化过程

■ 中青旅控股股份有限公司　■ 桐乡市乌镇古镇旅游投资有限公司　■ IDG投资控股的两家香港公司

同样，2001年黄山市徽州呈坎八卦村旅游有限公司（民营资本）以租赁的方式获得呈坎古村落的经营权。2006年，同里古镇引进中国世贸集团成立了苏州同里国际旅游开发有限公司，港方占资51%，同里占资49%，同里已开放的景点以租赁形式向合资公司转让经营权。2007年，北京新时刻影视文化发展有限公司与黄山市中权影视文化传播有限公司合资共同开发打造秀里影视城。2012年，江西婺源旅游股份有限公司进行资本重组，其中国有股份占到27%，其余均为民营股份[①]。从地方实践来看，往往拥有数量庞大、价值丰厚的古民居古建筑等重要遗产

---

① 吴文智，李吉来，邱扶东. 2014. 民营资本介入古村镇旅游开发的历程与问题研究[J]. 旅游论坛，7(4)：1-6.

的古村镇，资本介入较早，介入方式也更加多元化，呈现出遍地开花的繁盛景象。

2. 总体态势

在众多外部资本介入古村镇旅游开发的案例当中，尤以皖南古村落数量最多、介入最早，这是因为皖南拥有数量庞大、价值丰厚、底蕴深厚的古民居、古村落、古建筑。为此，2007年4月，安徽省黄山市出台了《皖南古民居认领保护办法》，首批推出106个古村落，个人可认领保护古村落民居并获一定时限的居住权，为百姓私有住宅而非国家文保范围的古民居、古建筑的合法买卖提供了依据。由此，外部资本介入古村镇保护与旅游开发的方式也逐渐多元化，不再局限于古村镇的整体租赁、合股经营，外部资本及个人开始以租赁、买断等方式介入古村镇中的单个或多个古民居、古建筑保护开发及经营性项目。由此可见，外部资本介入古村镇旅游的程度越来越深，并逐渐开始出现细分化专业性投资。

从当前外部资本介入古村镇旅游的总体态势来看：一方面，外部资本的专业性与综合性都在增强，一批专业经营能力突出的品牌企业（专业服务商）和大型旅游综合投资运营商（旅游集团公司）为了寻求更多的盈利空间与品牌扩张，逐步开始渗入古村镇遗产旅游经营之中，尤其是一批投资公司也看重古村镇旅游综合开发价值，以股权投资的形式参与到古村镇旅游开发与经营，大大增强了古村镇旅游经营企业的融资能力，极大地推动了古村镇遗产保护与旅游开发的水平。另一方面，外部资本介入古村镇遗产旅游经营的专业度更深、业务性更广、自主度更强，从资源租赁、特许经营到股权合作、品牌管理等多种经营方式，多元化的介入方式能够让外部资本更加灵活多样地利用好古村镇资源，适合不同区域、不同类型、不同规模的古村镇旅游开发，无论是大中型的旅游集团公司还是小微型民间资本，都能够在古村镇旅游经营中找到相应的经营空间与经营业务，从而共同为古村镇遗产旅游提供最适宜、最有效、最合理的产品服务体系。

3.2.2 外部资本介入的阶段划分

经过二十余年的发展，外部资本已逐步渗入古村镇的保护与旅游开发的诸多领域，并有力地提升了古村镇资源与空间的利用效率，从而成为推动古村镇旅游发展与遗产保护的重要力量。根据古村镇旅游发展的不同阶段对外部资本的不同需求，以及外部资本的发展历程与不同的投资诉求，外部资本介入古村镇遗产旅游经营主要经历了三个阶段，分别是民间自发介入阶段、政府招商介入阶段、专业经营介入阶段。

1. 民间自发介入阶段

民间自发介入阶段主要对应着古村镇遗产旅游发展的初级阶段，主要是在无政府引导、招商的前提下，民间、社会小资本以个体经营的方式进入古村镇旅游景区内从事旅游商品、餐饮、旅社等经营，为古村镇初期旅游发展提供简单的旅游服务保障，满足了旅游者的初级旅游消费需求。当然，自发性投资、小规模经营，缺少行业规划与统筹管理，容易造成一种无序的商业氛围，不仅造成重复与浪费，也不利于景区氛围的整体营造。

这一阶段一般是外部资本小散户式参与古村镇遗产旅游的探索时期。此时古村镇为人所知不多，建筑价值、休闲价值、文化价值逐步被周边居民或游客认可，随着口耳相传，少量游客开始到访，古村镇逐渐开始建设能够满足来访游客旅游需求的基础接待设施，古村镇慢慢驶入旅游发展的轨道。此时，民间个体资本发现了古村镇旅游带来的商机，进入古村镇从事旅游摊点、购物店、餐饮、旅社等初级旅游产品经营，古村镇旅游有了发展的初级动力，游客逐步增多也为更多的民间个体资本带来了稳固的客源，古村镇旅游发展慢慢进入发展阶段。

2. 政府招商介入阶段

政府招商介入阶段主要对应着古村镇遗产旅游的发展阶段，主要是指在政府规划、引导、招商的基础上，外部资本根据古村镇开发条件以及自身业务能力的判断，通过与政府、社区达成协议，以租赁、合作经营等方式介入古村镇遗产旅游发展，古村镇旅游景区运行进入了规范化、市场化阶段，古村镇遗产旅游实现整体统筹开发，与此同时，随着旅游需求的日益细分，过去小散户式商业也逐渐分化组合，商业准入门槛开始提高。

这一阶段一般是外部资本规模化主导古村镇遗产旅游的成长时期。随着古村镇旅游规模扩大，游客对餐饮、住宿、购物、休闲需求日益旺盛且呈现多元化，前一阶段小散弱差的民间资本受限于自身的理念、资金实力与经营团队，市场竞争力越来越弱，无法满足游客的多样化与更高层次体验需求。为此，政府不得不通过招商引资的方式，甚至通过出让古村镇经营权的形式，寻求资金实力更强与经营能力更为专业的企业介入景区经营与商业开发。

3. 专业经营介入阶段

专业经营介入阶段主要对应着古村镇遗产旅游的成熟阶段，主要是指在古村镇旅游市场稳定之后，外部资本为了品牌或业务扩张，通过项目投资、股权合作、特许经营等方式介入古村镇旅游商业开发，一般承担古村镇某些项目或商业经营，如主题客栈、品牌酒店、餐饮企业、旅游地产等。相对来说，与前两个阶段相比，该阶段古村镇旅游市场发展较为成熟，使得外部资本介入门槛较高，同时政府开始对介入的外部资本资格进行筛选。同时，外部资本介入更理性，分工也更明确，具有很强的合作意识，在经营上更为专业，注重商业品牌与服务质量，注重长远发展而非短时利益。

这一阶段一般是外部资本专业化介入古村镇遗产旅游的规范时期。古村镇经历过前两个阶段的发展，已进入成熟发展阶段，外部资本在古村镇景区经营理念、投资取向、业态选择均发生了显著变化，一方面注重发挥自身的业务专长，同时注重商业合作与综合体化开发，更好地满足日益细分化的消费需求，创造出更多的商业价值；另一方面主动将遗产保护、景区环境的整体营造作为企业经营的前提，更加注重旅游者在古村镇的体验质量，确保古村镇遗产旅游健康与可持续发展。

3.2.3 不同阶段资本介入的特点

1. 民间自发介入阶段的特点

在民间自发介入古村镇遗产旅游经营阶段，民营资本在投资规模、介入方式、经营业态等方面呈现以下特点。

（1）民营资本以小散弱户为主，投资规模普遍较小。该阶段游客增长缓慢，民营资本以当地居民、民间个私资本为主，以个人或家庭的方式从事小商业经营，经营力量薄弱，难以实现规模化经营。

（2）民营资本以自发式投资为主，介入与退出门槛较低。这些民间资本自发地、松散地介入古村镇旅游经营，进入门槛较低，资金投入规模较小，而一旦经营效益不佳，则较快地退出或转向经营，导致其经营业态存在一定的不稳定性与非持久性，尤其是在旅游淡季，这些民营资本可以随时退出经营，以维持原有资本。可以说，这些民营资本介入或退出旅游经营往往都是以个人意志为主，一般缺乏成熟的经营理念与思路，缺少旅游市场需求的深刻认识与市场营销经验，主要是简单地跟风式投资、效仿式经营，这种盲目性经营，导致商户经营效益不稳定，很少能够保持可持续性，也难以实现规模化、品牌化经营。

（3）民营资本以旅游小商品、小餐饮、小旅社等初级产品经营为主，介入仅仅是为了增加个体收入。此时古村镇旅游处于探索阶段，缺乏统一规划，远未形成整体旅游氛围，导致这些旅游购物店、餐饮店和中小旅馆经营存在以下问题：一是民营资本经营理念落后，经营方式简单，受商业化、现代化驱动，商业设施容易与古村镇整体风格相悖，造成商业经营性破坏；二是这些初级商业往往占据古村镇优越的地理位置，如主街道、沿河地带等游客流量集中地区或热门景点附近，布局随意性大，管理松散，影响景区游览氛围，也增加了未来商业升级成本；三是商业同质化严重，缺乏市场创新，容易跟风追捧，利己倾向严重，鲜有合作经营意识，从而容易陷入价格竞争之类的非良性发展陷阱。

2. 政府招商介入阶段的特点

在政府招商介入古村镇遗产旅游经营阶段，外部资本在其规模、介入方式、经营业态等方面呈现以下几个特点。

（1）外部资本具有一定的资金实力，具有良好的经营管理能力，有较好的综合开发与市场运营能力。为了解决古村镇旅游发展初期面临的景区建设资金短缺、市场化经营落后、商业服务小散弱差等问题，当地政府往往通过招商引资方式引入比较有实力的外部资本，负责古村镇旅游景区整体经营或部分商业开发经营，为古村镇资源的有效利用寻求优化方案。这一阶段的外部资本以旅游开发商或综合运营商为主，资金实力雄厚，具有成熟的管理团队与丰富的市场经营经验。

（2）外部资本大多采取租赁与合作经营方式，投资与退出门槛相对较高。通过招商，外部资本需要与政府签订专门的古村镇旅游经营合同，明确遗产资源的利用权限，明确投资经营条件与义务。通过整体租赁或者合作经营，界定了古村镇遗产旅游经营权，实现了古村镇遗产资源所有权与经营权的分置，为外部资本进行古村镇遗产旅游整体规划开发提供了便利的条件，确保了外部资本在景区经营与服务、商业开发与旅游产品创新等方面的自主性。同时，当地村镇作为遗产资源的所有者，与外部资本签订了经营契约，限制了外部资本盲目、短视、急功近利的开发行为，激励外部资本承担社会公共责任。

（3）外部资本获取古村镇经营权以后，一般以古村镇景区经营为主，同时利用景区内外可获取资源空间进行商业开发与部分擅长的旅游项目、商业经营。在租赁或合作经营中，这些外部资本一般都选择具有稳定且快速回报的门票收入模式，同时，为了实现资本逐利的要求，热衷于投资一些快速回报的旅游项目和地产项目，以"旅游+地产"的形式对古村镇旅游地进行综合开发，以确保较好的投资回报率。外部资本的这种逐利性虽受到租赁或经营协议的限制，但由于协议时间较长（一般为30～50年），无法提出未来较长时间内明确的古村镇保护与限制性开发要求，可能对古村镇产生一些影响。一方面，可能产生古村镇过度商业化开发的现象，特别是景区内部过度植入商业业态，导致居民生活搬离、原生态风貌被破坏、旅游体验质量下降，景区外部大规模商业开发，导致遗产地整体环境受到挑战，城镇化、现代化发展冲击了古村镇原生态环境；另一方面，受到门票经济的影响，过分强调旅游人次所带来的经济效益，致使古村镇旅游容量超过最大承载力，进而对古村镇遗产保护带来严重威胁。此外，外部资本在与政府签订景区经营权转让协议后，往往在对古村镇进行开发与经营时，并不重视社区居民的权利，导致社区居民在旅游发展中获利较低，从而加剧了社区居民与企业主体间的矛盾。

3. 专业经营介入阶段的特点

在专业服务商介入古村镇遗产旅游经营阶段，外部资本在其规模、介入方式、经营业态等方面呈现以下几个特点（表3.2）。

表3.2　外部资本介入古村镇遗产旅游经营的阶段特点

阶段	民间自发介入	政府招商介入	专业经营介入
外部资本特点	小散弱的民间资本	实力较强的投资商	专业性的项目运营商
介入的方式	自发介入、个体经营	整体租赁或承包经营	项目投资、股份合作、特许经营
介入与退出门槛	进退门槛低	进退门槛高	进入门槛较高、退出门槛较低
介入的领域	以简单的食宿产品为主的初级商业业态	古村镇景区整体经营	客栈、酒店、餐馆、娱乐及特色旅游项目
介入的诉求	重个体收入	重门票收入 重快速回报	重接待消费 重商业氛围
介入的条件	无	投资合作协议	项目许可经营
代表性古村镇	明月湾古村落	宏村	乌镇

（1）外部资本大多是专业服务商，具有较强的旅游项目专业经营能力，并且具有一定的品牌和项目投资经验。此时招引的外部资本不求大而全，而求精而专，它们往往在单一旅游项目中具有很强的经营实力及良好的品牌，确保它们进入古村镇后能够迅速找到擅长的经营领域并保持良好的经营业绩与品牌效应，同时也推动它们所在行业的产品升级，提高行业竞争力，带动古村镇旅游经营的水平与效益。

（2）外部资本大多采取项目投资、特许经营、股份合作、委托管理等方式进入古村镇某一业务领域。它们一般是地方政府招商或者遗产旅游经营企业二次招商的结果，这些资本的进入会提高这一业务领域的进入门槛，提升这一领域的专业服务水平，从某一产品服务上也迅速抬升古村镇旅游的吸引力与竞争力。当然，外部专业服务商的进入也会排斥或者淘汰出一部分低质、低效商户，限制一部分非专业的民间资本盲目投资，在一定程度上确保古村镇旅游商业的健康、有序发展。

（3）外部资本一般以古村镇景区盈利空间大、成长性高的经营性项目为主，包括精品客栈、主题酒店、特色餐馆、酒吧以及一些特色旅游项目（如研学、康养、主题游乐等）。它们注重产品包装与服务质量，追求自身的品牌与销售业绩（游客消费），看重古村镇旅游的整体氛围与长远发展。这些专业服务商在古村镇从事旅游经营过程中，往往追求规模扩张的同时力求给游客提供个性强、品质高、专业化的服务，极大地延长了游客在古村镇的逗留时间，提高人均旅游消费的水平。同时它们具有更强的合作精神，倾向于与相关业态合作，追求集聚集群发展效应，伴随景区一起成长，完善古村镇综合服务能力。

3.3 外部资本介入遗产旅游经营的困局表现

外部资本介入古村镇遗产旅游经营是一个复杂的过程，受到诸多因素的影响，在介入的不同时期会遇到不同的问题，决定着外部资本的行为选择，进而影响社区居民与集体的利益与行为选择，最终影响着古村镇遗产旅游发展的过程与结果。

3.3.1 介入前期：复杂的资源权属与经营权问题

外部资本在介入前期主要受到复杂的遗产资源权属关系的影响，特别是对于古村镇公共资源的界定与使用问题、文物性遗产资源商业利用的限制问题，以及对古村镇遗产旅游经营权的剥离与界定、出让问题。

第一，鉴于我国农村地区实行的以家庭承包经营为基础，统分结合的双层经营体制为主的基本经营制度以及正在深化改革的土地与宅基地制度、户籍制度等，古村镇遗产资源的权属关系异常复杂，在农村集体所有制的基础上，古村镇内外大部分土地、房屋资源属于家庭私有、家庭承包资源，也有部分集体所有的社区公共资源，包括村庄共用的祠堂、学校、文化场馆等，也包括一些村庄公共建筑与公用设施，这部分公共资源一般归属于集体所有村民共同使用，在古村镇旅游发展中容易形成一些"公地"，在使用中界定不当又容易造成悲剧现象。

第二，鉴于《中华人民共和国文物保护法》（2017年修正本）等法律法规对文化遗产资源的保护要求，古村镇中的古民居、古建筑遗产或多或少被列入了国家和地方文物保护对象，按照文物单位保护与管理要求，对于这些文物性遗产资源的保护与利用有着很多的限制，特别是在保护性修复、内外部改造、房屋买卖转让中都存在一系列制度约束，造成集体与业主、业主与外来资本、外来资本与集体之间的利用矛盾，极大地影响了后期经营问题。

第三，鉴于外部资本对于古村镇遗产旅游经营权限的完整性诉求，古村镇所在地方政府或者村镇集体组织必须对古村镇遗产资源所有权与经营权进行合理界定，要从便于旅游景区开发、经营与管理的角度对古村镇遗产旅游经营范围、经营资源、经营权力、经营条件等做进一步的约定，要形成比较科学的遗产旅游经营契约，实现经营权的剥离，提高古村镇遗产旅游开发效率，有效挖掘古村镇遗产资源的价值。但在实际操作中，对于经营资源的价值评估、经营权限的细分、经营效益的监管、经营利益的分配都存在争议。

3.3.2 介入中期：景区化、商业化与收费问题

对利润、对盈利的追逐始终是外部资本不变的初心。强烈的逐利动机使外部资本在参与古村镇遗产旅游经营中不可避免地会产生短期行为，特别是在有限的经营期限内，外部资本追求更高的投资回报，有着在较短时间内收回投资成本的强烈欲望。为了达成这样的目标，外部资本一般会产生重开发轻保护思想，由此进一步造成以下几个问题。

第一，古村镇遗产旅游景区化建设与经营困境。外部资本获取古村镇遗产旅游景区经营权限后，势必进行景区投资与建设，完善古村镇景区基础设施与旅游服务设施，有可能还要按照政府要求或者期望，成功创建国家 4A 级或者 5A 级旅游景区。如此下来，外部资本在景区上投入越多，期望从景区上回报越大，不可避免地争取门票收费和商业化开发，期望接待更多游客让出更多商业空间，这就容易陷入一种过度景区化发展困境，容易造成古村镇原生态风貌的建设性破坏，改变古村镇原汁原味的社区氛围。

第二，古村镇遗产旅游商业化开发及其困局。古村镇遗产旅游发展一面是通过景区建设吸引和接待大量的游客，另一面却是大量商业空间的开发与大量商户的涌入，当达到一定的规模后容易让古村镇景区陷入商业化发展困局。商业化增加了产品与服务供给进而增加了景区吸引力与接待能力，创造了商业价值，但如果商业同质化、过剩化，陷入价格与成本竞争之上，会降低游客的体验，影响景区旅游竞争力。

第三，在古村镇遗产旅游景区化与商业化之间，收费是一个关键性的问题，景区投入靠门票收费与商业租金平衡，而门票收费会影响游客接待规模，进而影响到商业经营与效益，直接降低了商业租金收益和商业价值。为此，必须平衡好景区物业所有者、景区经营者与商业经营者的利益关系，科学评估与处理好景区收费问题，避免一方主体利益独大而导致其他主体利益的损失，进而造成总体利益的下降。

3.3.3 介入后期：收益分配与社区之争

外部资本介入古村镇遗产旅游景区经营与商业经营，实质上是利用社区资源进行盈利的过程，是一个在有限时期内追求更高投入产出比的过程，是一个短期行为过程。相反地，古村镇作为集体所有、原住民世世代代生活的场所，其旅游发展对于社区居民来说是一个长期的生产生活过程，在遗产旅游景区化与商业化发展过程中，社区居民承受着传统生产与生活方式的改变，也在搬离或新老社区转换中寻找到新的居住方式。

因此，外部资本介入古村镇遗产旅游经营，必然要与社区形成比较好的共生关系，要在生活空间与商业空间转换过程中，统筹好景区与社区发展关系，充分考虑到社区居民的生产方式与生活空间的保障，做好短期利益与长期利益的平衡，搭建好古村镇遗产旅游社区利益保障与分配机制，才能避免冲突。

第4章　外部资本介入古村镇遗产旅游经营的资源约束

4.1　古村镇遗产资源的构成与功能价值

4.1.1　遗产物的构成与特点

1. 遗产物的界定与类型

根据第 1 章对古村镇的概念界定,历史悠久和历史文化价值突出是古村镇的特性,也是古村镇区别于普通村镇的根本原因,而这两大特性在古村镇中具体体现为遗产物与遗产文化。一般来说,遗产主要指历史上遗留下来的物质财富或精神财富,遗产物则为历史遗存下来、具有保护与传承价值的物质资源。其中,学术界对于古村镇中的历史的定义一般指形成于民国之前,集中在明清两代[①②]。

遗产物是在古村镇世代居民长期生活与生产中形成的,反映古村镇历史文化和社会发展突出特征的物质呈现,是古村镇历史、文化、科学、艺术、美学、教育等价值的重要载体,也是古村镇遗产保护的主要对象与内容。依据是否可移动,可将遗产物划分为不可移动遗产物和可移动遗产物。不可移动遗产物包括古建筑、古遗址、道路、桥梁、街巷等;而可移动遗产物则主要包含工具、器物、艺术品、工艺品等实物。可移动遗产物一般是手工艺、农耕文化、美食文化、民俗文化等非物质文化遗产的有形物质呈现。古村镇遗产物的具体类型划分与一般物质形态如表 4.1 所示。

---

① 蒋慧, 黄芳. 2007. 传统古民居进行旅游开发的理性思考[J]. 经济地理, 27（2）: 347-349, 311.
② 李东和, 孟影. 2012. 古民居保护与旅游利用模式研究——以黄山市徽州古民居为例[J]. 人文地理, 27（2）: 151-155.

表 4.1 古村镇遗产物类型划分与一般物质形态

类型	内涵	一般物质形态
不可移动遗产物	古村镇内具有历史、考古、建筑、科学、技术等价值或重要性的建筑、遗址等特殊物质	传统格局、街巷体系、古民居、古遗址、古树、祠堂、水系、古河道、城门、码头、亭台楼阁、桥梁等
可移动遗产物	出土文物,以及与古村镇历史发展与演变过程中形成的知识、技能、技艺相关的工具、实物、手工制品等物质呈现	农具、礼仪服饰、手工制品、楹联、刺绣、乐器、书法、画作、美食、陶瓷、绸缎、雕塑、茶叶、礼器、笔砚等

受到地理气候、地形环境、地域文化、民族宗教等诸多因素影响,我国古村镇遗产物的具体形态具有一定的差异性,但两类遗产物下属的子类型则较为相似[1]。本章以宏村为例,列举不可移动遗产物和可移动遗产物两大类型下属子类型及具体物质形态,如表 4.2 所示。

表 4.2 古村镇遗产空间中的遗产物资源类型划分举例

类型	子类型		宏村物质形态
不可移动遗产物	自然环境	山水景观	雷岗山、东山、吉阳山、梓岭、奇墅湖、东边溪、羊栈溪、泗溪河、南湖、月沼等
		田园景观	集中于村落东面、南面、西面的农田、菜园、绿地等
		古树名木	百年茶花、百年牡丹、圆柏、南湖古树、榛子树林等
	村落形态	结构形态	村落卧牛的整体形态、村落西边顺应地形的建筑走势、依水圳而居的传统形式
		水系形态	水系以"牛"的形象设计,经"牛肠"(清泉)流入"牛胃"(月沼),最后注入村南南湖(牛肚)
	街巷空间	街道空间	传统街巷的整体格局,包括街巷结构关系及每一条街巷的材质、走向、宽度、尺度、两侧界面风貌等
		开放空间	街道空间的延伸与扩大,如广场、月沼等
	古民居		徽派民居建筑群
	公共建筑		祠堂(承志堂)、书院(南湖书院)、桥梁(际宏桥)、廊道、亭台楼阁等
可移动遗产物	民间文化物质呈现		徽州楹联匾额、徽州书画
	民间技艺物质呈现		彩绘壁画、徽州版画、徽州篆刻、徽州木雕、徽州砖雕、徽州竹雕、古民居门罩、徽州漆器、徽州盆景、徽州食桃

资料来源:依据《黄山市黟县历史文化名村保护规划》《皖南古村落——西递宏村保护规划文本》整理

---

[1] 赵勇,张捷,章锦河. 2005. 我国历史文化村镇保护的内容与方法研究[J]. 人文地理,(1):68-74.

2. 遗产物的形态特征

不可移动遗产物受古村镇的地理地貌特征、居民生活习惯、民俗宗教文化等自然及文化因素影响，呈现出不同的形态特征，共同组成古村镇的整体风貌。不可移动遗产物主要有点、线、面三种空间形态[1]：第一，点状。点状是古村镇中实体面积相对较小或空间表现为整体团块状的一种单要素空间类型，如祠堂、戏台、古桥、古树、单体古民居等，点状遗产物可能成为古村镇中的核心资源与空间，承载古村镇文化记忆。第二，线状。线状是古村镇中由多种载体要素共同组成、呈带状分布的空间，主要包括主街通道、主巷通道、主要街巷两侧的建筑界面，线状遗产物构成了古村镇的主骨架，是居民日常生产生活的主要流线。第三，面状。古村镇中空间实体面积相对较大、由多要素组成且呈面状分布的载体要素，包括村口景观空间（如古水口）、村中公共文化场馆（如祠堂广场）、水塘水系景观面等，面状遗产物是古村镇公共空间的主要组成部分，往往还起到展示古村镇形象及连接各个空间的作用。

在长期的古村镇演化过程中，不可移动遗产物在自然环境演变和居民生产生活行为选择的共同作用下，形成了古村镇遗产物分布的空间特征，形成了古村镇遗产保护的主要格局。同时，在后续景区开发与商业经营过程中，开发商和商户往往会遵循已经形成的遗产物空间格局进行景区建设与服务设施配套布局。以宏村为例，宏村受宗族文化传统的影响，形成了以月沼及邻近的总祠堂（乐叙堂）为核心的空间节点，并出现了店铺及其他公共建筑向特定地段集聚的人为选择现象[2]；当宏村开始发展旅游业之后，商业业态和旅游服务配套设施的布局也呈现出以核心空间节点为中心、向村落边缘及外围拓展，并结合景区交通道路展开，具有较强的中心空间感[3]。

4.1.2 遗产空间的边界特点

1. 遗产保护空间

遗产空间是以遗产物资源为核心，包括遗产物赖以存在的环境在内的遗产保护空间，是古村镇遗产文化整体性保护空间，是古村镇传统生产生活的主要空间，也是后续旅游业发展的核心空间。遗产空间具有法律法规规定的明确界限，即遗

---

[1] 杨贵庆，王祯. 2018. 传统村落风貌特征的物质要素及构成方式解析——以浙江省黄岩区屿头乡沙滩村为例[J]. 城乡规划，（1）：24-32.

[2] 王浩锋. 2008. 徽州传统村落的空间规划——公共建筑的聚集现象[J]. 建筑学报，（4）：81-84.

[3] 刘源. 2016. 徽州古村落形态变迁对比——以宏村与关麓为例[J]. 建筑与文化，（6）：146-147.

产保护的界限。我国法律规定，古村镇在被地方政府核定、公布为历史文化村镇（街区），以及报国务院备案之后，其所在地的县级以上地方人民政府应当组织编制专门的历史文化村镇（街区）保护规划，并纳入城市总体规划[①]。规划中还应明确历史文化村镇（街区）的保护范围，从而构成了古村镇的遗产保护空间。如国家《历史文化名城名镇名村保护条例》第十四条规定，保护规划应当包括保护原则、保护内容和保护范围。我国各省市在地方级法规中也做出相应规定，如《江西省传统村落保护条例》第十三条规定，申报江西传统村落应提交的材料之一为保护范围。

对于列入或计划申报世界文化遗产的古村镇，还要遵循世界遗产核心区和缓冲区的划分，将古村镇遗产及其周边环境划分为遗产保护范围和建设控制地带，二者共同构成广义上的遗产保护空间。根据联合国教育、科学及文化组织发布的《实施〈世界遗产公约〉操作指南》[②]中第 99 条规定，划定边界是对申报遗产进行有效保护的核心要求，划定的边界范围内应包含所有能够体现遗产突出普遍性价值的元素，并保证其完整性与（或）真实性不受破坏；第 104 条缓冲区则规定，缓冲区是为了有效保护申报遗产而划定设立的遗产周围区域，其使用和开发受到相关法律或习惯规定的限制，为遗产增加了保护层。

以宏村为例，黟县世界文化遗产保护管理办公室编制的《皖南古村落——西递宏村保护规划文本》中划定遗产核心区范围为：北至雷岗山、西至西溪西岸、东南至南湖外公路范围；遗产缓冲区（环境协调区）范围为际村西侧石麓山山青线、北侧雷岗山、东侧东山山脊线，南湖向外延伸 1000m；建设控制区范围为东至石麓山山脚、西侧东山、北侧包含雷岗山、宏村东南部的农田。其中，遗产核心区为狭义上的遗产保护空间，遗产核心区、遗产缓冲区及建设控制区共同构成了广义上的遗产保护空间，具体保护范围如下（表 4.3）。

表 4.3 宏村遗产保护空间范围划分

遗产核心区	遗产缓冲区		文物保护单位	
	建设控制区	环境协调区	文物保护范围	建设控制地带
28ha	45ha	330ha	1.84ha	45ha

资料来源：《皖南古村落——西递宏村保护规划文本》

2. 遗产空间中的非遗产物资源

在古村镇遗产空间范围内，近现代居民生产生活中还形成了多种多样的物质

[①] 参见《中华人民共和国文物保护法》（2017 年修正本）第十四条。

[②] 实施《世界遗产公约》操作指南，http://www.whitr-ap.org/themes/73/userfiles/download/2015/8/7/motf3siyz18ejus.pdf[2022-04-16]。

资源。除遗产物资源之外的其他物质资源可统称为非遗产物资源。与遗产物资源的定义相对应，非遗产物资源指在古村镇近现代生活中形成的、当下不具备传承与保护价值的物质资源；其形成时间一般为民国之后，功能为满足居民日常生活和产业发展需要，依据能否移动也可划分不可移动非遗产物和可移动非遗产物（表 4.4）。非遗产物资源在遗产空间中虽不占主要地位，但仍是遗产空间中不可分割的组成部分，是古村镇顺应历史潮流和社会发展的产物。区分遗产物资源与非遗产物资源对于明确遗产保护边界、厘清古村镇资源权属关系具有重要作用。

表 4.4 古村镇非遗产物资源的类型划分与一般物质形态

类型	内涵	一般物质形态
不可移动非遗产物	古村镇中在民国之后新建、改建、扩建的建筑及形成的物质景观	新建民居、新建街巷、新建广场、新挖河道、新铺道路、新修桥梁等
可移动非遗产物	古村镇在民国之后形成的现代化文化和生活方式的物质化呈现	现代服饰、现代美食、现代工具、机动车、电子设备、通信设施等

上述非遗产物资源虽因不具备历史文化价值而不能成为遗产物，但当前的非遗产物资源在未来也可能成为遗产物资源。值得探讨的是，在古村镇中可能出现一批难以明确界定的新遗产物。例如，利用古村镇中历史遗存的知识、技能和技艺制造的手工艺品，或"修旧如旧"的民居和公共建筑等。笔者认为，由于非物质文化遗产在现代社会中需要通过新功能发挥和活态化传承才能被纳入现代文化体系，从而得以存活[①]，因此，现代社会中非物质文化遗产的新物质呈现仍应当被视作遗产物。随着社会生产力的提升，"修旧如旧"的民居和公共建筑的建设工艺与材质和原遗产物相比存在较大的差异，也不具备历史文化价值，因此不应被视作遗产物，但不排除其在未来成为遗产物的可能。总之，近现代出现并保留下来的或者现代"修旧如旧"的非遗产物资源，作为古村镇遗产空间变迁中不可缺少、不可分割的组成部分，也代表着近现代历史文化特征，具有一定的当代价值，理应与遗产物资源一起构成本书中广义的古村镇遗产资源。

3. 遗产空间的特性与演变

古村镇遗产空间作为遗产物与非遗产物资源共存的社会文化空间，具有多重特性。

第一，遗产空间具有系统性。古村镇作为世代居民生活空间，既包括物质形态的生产空间、居住空间和自然景观环境，也包括非物质形态的文化空间、社会

[①] 陈建宪. 2006. 文化创新与母题重构——论非物质文化遗产在现代社会的功能整合[J]. 民间文化论坛，(4)：8-14.

空间，共同构成了遗产空间有机体，它是一个多内容的空间存在系统。本节参考郭文和黄震方的研究，对古村镇遗产空间类型划分如下[①]（表 4.5）。

表 4.5 古村镇遗产空间类型与构成内容

空间类型		构成内容
物质空间	私人空间	古民居等居民私人生活空间
	灰空间	廊棚、骑楼、过街楼、披檐等过渡与媒介空间
	公共空间	街巷、广场、店铺等开展贸易往来、社会交往与公共活动的场所
文化空间	物质文化	与居民日常生活相关的生产、服饰、饮食、居住等物质文化形态
	制度文化	在相互关系中人为制定出来的规则、道德、伦理等行为规范
	精神文化	地方语言、传统习俗、礼乐歌舞等人类各种意识观念形态的集合
社会空间		人与人之间形成的社会关系、社会活动、社会网络等

第二，遗产空间具有完整性。遗产空间是完整的、不可分割的，由遗产保护空间范围内遗产物资源、非遗产物资源和居住者组成，遗产空间中的每一种类型都包含遗产物资源与非遗产物资源，体现了历史遗存生活风貌和现代生活风貌的有机融合，共同形成古村镇遗产地的整体风貌，成为后来开展遗产旅游活动的对象。

第三，遗产空间具有动态演化性。遗产旅游过程中伴随着资本、权利等政治经济力量对遗产空间的不断塑造，古村镇遗产地由居民的日常生活空间逐渐演化为包含旅游吸引物、旅游配套设施和社会公共服务在内的旅游生活空间，由传统、封闭的居民使用空间转向开放、流通、多元的主客共享空间。古村镇遗产空间发生动态演化的主要原因是在遗产旅游发展过程中控制权和使用权逐渐由族群转移向市场，不断受到市场经济的影响和游客需求的塑造[②]。在遗产空间动态演化的过程中，物质空间、文化空间和社会空间都呈现出新的特点，如表 4.6 所示。

表 4.6 遗产旅游空间特点

空间类型	特点	内涵
物质空间	景观化	古民居、公共建筑、整体风貌等遗产物成为游客"凝视"的对象和地方感形成的源泉
	功能复合性	古民居成为旅游业的"前台"和居民生活的"后台"，居民可能更改物质空间用途以开展旅游经营活动

[①] 郭文，黄震方. 2013. 基于场域理论的文化遗产旅游地多维空间生产研究——以江南水乡周庄古镇为例[J]. 人文地理，28（2）：117-124.

[②] 郭文. 2015. 旅游空间生产：理论探索与古镇实践[M]. 北京：科学出版社：44.

续表

空间类型	特点	内涵
文化空间	舞台化和仪式化	古村镇精神文化成为游客"凝视"的另一个对象，文化空间的原真性和完整性受到影响
	文化更新和再生产	旅游业为古村镇遗产文化空间注入了新文化，使得文化空间由地方性走向多样性
社会空间	主体复杂化	政府、开发商、游客、外来经营者等主体介入导致原有社会网络被打破，影响居民社会关系、社会活动和社会认同程度
	权能变化	旅游开发产生相应的权力系统和社会资本运作逻辑，政府和开发商可能占据主导地位，使得居民的权能感和社区参与旅游程度降低

第四，遗产空间具有边界扩张性。古村镇遗产空间伴随着遗产旅游的发展而动态演变，因人口、经济、设施等要素流动而处于更新之中，既存在着居民对更舒适的生活空间的更新追求，也存在着经营者对文化旅游商业空间的扩大需求，使得原有遗产保护空间虽然没有改变，但遗产文化旅游空间不断扩张，并在向外扩张中形成新的旅游服务边界。古村镇遗产空间边界扩张的过程主要体现在遗产文化旅游的商业空间、遗产地居民生活的社会空间不断向外延伸，原古村镇遗产周边范围不断被更新，逐渐被纳入新的遗产旅游空间之中。以宏村为例，宏村在2004年至2016年遗产空间边界扩张过程如表4.7所示[①]，其结果呈现出由遗产村落到遗产文化小镇、从小宏村景区到大宏村景区的发展态势，在宏村镇形成以宏村古村落（遗产区）为中心，包括宏村、际村、水墨宏村、龙池湾、奇墅湖国际旅游度假村等诸多文化旅游社区在内的旅游目的地发展格局。

表4.7 宏村资源边界扩张的过程（2004~2016年）

阶段	遗产空间边界扩张的表现	驱动因素
2004~2009年	（1）2007年，在原停车场东侧新建停车场，占地12 000m²。 （2）2009年，际村西侧建设水墨宏村一期工程，含商业街、文化客栈、院落式住宅、酒店等，占地40 000m²	游客量提升，旅游引起宏村镇房地产业、旅游设施、商业建设的需求
2010~2014年	（1）2010年在宏村中小学北侧投资建设云龙山庄酒店，占地3500m²。 （2）2012年，引入黄山悦榕庄酒店，打造高端住宿品牌，占地13 000m²。 （3）2013年，水墨宏村二期于一期北侧建设启动，总建筑面积39 400m²	游客量和旅游收入飞速发展使宏村镇快速向外扩展，沿主要道路向西侧和北侧发展，将际村、叶村、官川村、卢村等原本散落的村落连成片状

---

① 施晔，车震宇，董立义. 2018. 旅游发展下宏村镇空间景观形态变化研究[J]. 华中建筑，36（1）：83-87.

续表

阶段	遗产空间边界扩张的表现	驱动因素
2015~2016年	（1）为缓解宏村停车、商业、住宿等紧缺问题，在水墨宏村南侧建设宏村印象地产，占地面积189 000m²。 （2）龙池湾大酒店位于中小学对面	游客量和旅游收入持续快速提高，宏村镇以为旅游发展提供配套服务为导向

4.1.3 古村镇遗产资源的功能与价值

根据上述分析，古村镇遗产空间及其中的遗产物资源、不可分割的非遗产物资源共同构成了本节研究中的古村镇遗产资源，它们的功能与价值也在遗产旅游发展中不断演化。

1. 遗产资源的功能

在游客与旅游业介入之前，古村镇遗产资源的功能较为单一和明确，于古村镇居民长期生产生活中约定俗成，主要在其日常生活中发挥不同的功能：一是居住功能，提供居民日常生活活动场所、满足居民最基础的生存需求，如民居、水系、街巷等。二是生产功能，辅助居民开展农业生产及有限的非农业生产活动，如菜园、农田、工坊、店铺等。三是社会功能，开展村庄节事活动、社会事务管理、居民社会交往等活动，如祠堂、广场、路口公共空间等。四是文化功能，承担传统风俗、宗教信仰、民间技艺等文化活动，如戏台、书院、庙宇等。五是生态功能，承担生态涵养、生态防护、水源灌溉等功能，如山林、河湖、溪流等。

遗产资源的功能可能随着旅游经济的发展而产生变迁。古村镇私人所有遗产资源的功能变化过程以所有者为主导，一般目的为追求经济利益，例如，古民居由居民的日常居住场所被改造为民宿或餐厅，成为为游客提供服务的商业场所；在这个过程中，作为遗产资源的古民居的主要功能发生转变，其生活功能被弱化，而经济功能得到增强。而属于古村镇公共空间中的街巷、祠堂、广场等遗产资源的功能异化现象较为明显（表4.8）[①]，呈现出使用主体多元化和功能多样化的特征，并处于不断被建构之中。社会空间和文化空间及其中的非物质文化遗产资源也因新价值不断被发现而被赋予新功能，如被应用于文化艺术创作、文旅产品打造等。

---

① 郭文,王丽. 2015. 文化遗产旅游地的空间生产与认同研究——以无锡惠山古镇为例[J]. 地理科学,35(6): 708-716.

表 4.8 古村镇公共空间的功能异化

空间类型	街巷	祠堂	广场	河道
原功能	居民行走、交通运输等生活功能	祭祀、族群活动	居民生活与社交空间	洗衣、洗菜、淘米、社交地点
旅游情境下功能	游客游线与停留	游客参观与停留	游客停留、舞台化表演场所	游览线路、旅游景观

2. 遗产资源的价值

当遗产旅游发展使得古村镇逐渐由居民的私人领域和集体领域转变成主客共享的市场领域和社会领域之后，其原有功能仍然能够得到保留，但也将被人为赋予新的价值。古村镇是在特定的地理环境和人文背景下，经人类实践和沉淀而形成的文化生态聚落，反映了某一历史时期的传统民居风貌和地方民俗文化，是承载丰富内涵的文化景观。在当代，古村镇遗产资源的历史、科学、文化、艺术和社会价值构成其保护与传承价值[1]，古村镇也因此成为文化遗产。在遗产旅游过程中，古村镇遗产资源的使用价值、观赏价值和游憩价值构成了旅游开发价值[2]。不同地域和类型的遗产资源价值具有一定的重叠性，也存在差异性，形成了遗产资源的一般价值谱系，如表 4.9 所示。

表 4.9 古村镇遗产资源的一般价值谱系

遗产资源	保护与传承价值				旅游开发价值		
	历史价值	科学价值	文化价值	社会价值	艺术价值	使用价值	观赏价值	游憩价值
古民居	√	√	√		√	√	√	
祠堂	√		√	√				
广场	√							
水系							√	
古桥梁	√							
廊道	√							√
古树	√							
街巷	√							√
民间文化物质呈现	√		√		√			
民间技艺物质呈现	√			√				

---

① 王小明. 2013. 传统村落价值认定与整体性保护的实践和思考[J]. 西南民族大学学报（人文社会科学版），34（2）：156-160.

② 骆高远，吴攀升，马骏. 2006. 旅游资源学概论[M]. 杭州：浙江大学出版社.

其中，遗产空间的保护与传承价值依赖于其中遗产物的价值，当其中的遗产物数量多、种类丰富、保护与传承价值高时，遗产空间整体的保护与传承价值较高。遗产空间是遗产物资源与非遗产物资源的集合，虽然非遗产物资源一般不具备保护与传承价值，但其旅游开发价值中的使用价值较高，如近现代民居、修建后的道路、现代化生活商业设施等更容易成为旅游服务设施。因此，古村镇遗产空间也具备保护传承价值和旅游开发价值，非遗产物资源主要体现旅游开发价值，遗产物资源则两种价值兼备。

由于遗产空间处于动态演化之中，遗产物的功能和价值随时代发展不断发生变化，因此遗产物也处于不断适应空间变化的过程中，可移动的遗产物资源尤其会被注入时代精神。而不可移动的遗产物资源在遗产保护法律法规约束下，整体可变化性较小，也成为古村镇遗产旅游经营的核心依托，需对其权属关系进行明确。

4.2 古村镇遗产资源的权属关系

4.2.1 产权的界定与分解

1. 产权的界定

产权泛指财产权利（property rights），在现代产权经济学中，不同学者对产权从不同角度进行了解释。就如 Furubotn 和 Pejovich 提出的，产权不是指人与物之间的关系，而是指由物的存在及关于它们的使用所引起的人们之间相互认可的行为关系[1]。可见，产权的本质是对财产行为权利的一种界定，以解决人们在交易活动中如何受益、如何受损以及他们之间如何进行补偿的问题[2]。

产权制度发展于产权概念之上，是关于稀缺资源利用的权利行为规则安排[3]。古村镇的产权制度建立在我国农村土地制度情境下：我国农村地区实行集体所有制，即集体成员利用集体所有的资源要素，通过合作与联合实现共同发展。农村集体所有制的核心是集体土地所有制，我国法律规定：对于集体所有的土地，属于村农民集体所有的，由村集体经济组织或者村民委员会依法代表集体

---

[1] Furubotn E G, Pejovich S. 1972. Property rights and economic theory: a survey of recent literature[J]. Journal of Economic Literature, 10（4）: 1137-1162.

[2] 吴玲. 2007. 新中国农地产权制度变迁与创新研究[M]. 北京：中国农业出版社：23.

[3] 姜军松. 2010. 农地产权制度演进及其优化配置的路径[J]. 改革，（3）: 67-72.

行使所有权[①]。国家编制土地利用总体规划，规定土地用途，将土地分为农用地、建设用地和未利用地。农用地是指直接用于农业生产的土地，包括耕地、林地、草地、农田水利用地、养殖水面等；建设用地是指建造建筑物、构筑物的土地，包括城乡住宅和公共设施用地、工矿用地、交通水利设施用地、旅游用地、军事设施用地等；未利用地是指农用地和建设用地以外的土地。

2. 产权的属性

认识产权的属性是开展产权研究的基础，产权的属性主要有排他性、可分解性、可交易性和收益性。产权最一般，也最直观的特征是排他性[②]。产权的排他性指该产权被内化为某一个体、集体或是国家的独有权利，并排斥其他主体[③]。产权的排他性有强弱之分，其程度与产权主体的性质构成和产权客体的自然属性有关；从产权主体的角度看，产权的排他性与产权主体成员的数量成反比，责、权、利区分得越具体，行使产权的基本单位越微小，产权的排他性就会越强；从产权客体的角度看，外部性较强的物品的产权排他性较弱，而外部性较弱的物品的产权的排他性则较强[②]。产权的本质就是一种排他性使用权利，安全而足额的排他性产权会对理性人的行为产生强烈激励作用并形成经济绩效[②]。

产权具有可分解性，财产权利是所有权、占有权、使用权、收益权和处置权等方面权利所组成的一个活动框架，分割后形成的权能可以分属于不同的经济主体。产权的可分解性源于社会分工的发展和经济往来的复杂化，使得由一个所有制主体全面、完整地行使产权是不经济的，权能分工能够提升边际效益、实现资源高效配置。产权的可交易性是指产权在不同主体之间的流转和让渡，实现资源某项权利的流动和配置，这是产权发生作用和实现其功能的内在条件。产权的收益性则是产权各种权利的集中体现，是指某项经济物品的产权能给行为主体带来利益和效用的特性。在产权的特性中，可交易性是产权排他性行使的直接手段，收益性是排他性产权主张的最终目的。

3. 产权的分解

基于上述对产权分解的认识，产权实际上是一组权利束。当产权束在不同的所有制主体之间发生分解时，所有者并不享有完整的产权，而原先并不拥有所有权的主体，则可以通过某种方式行使财产的控制权。因此，产权在实践中进行分

---

① 参见2021年《中华人民共和国民法典》第二百六十二条。
② 刘春雷.1996.产权的排他性与分解性解析[J].社会科学研究，（6）：56-59.
③ 刘文勇，孟庆国，张悦.2014.中国农地集体所有制再解读——基于排他性产权的分析[J].农村经济，（1）：21-25.

解的过程也可以看作是产权的交易过程，是所有制主体双边或多边的互惠行为[①]。对产权的分解如下：产权的核心是所有权，所有权是一切权利的母权，为一级权利；占有权、使用权、收益权、处分权四种权利构成了所有权完整的权利束，为二级权利；出售、租赁、抵押、赠送等权利则是三级权利（图4.1）。特别是，部分占有权、使用权、收益权与处分权等二级权能的重新组合也被称为经营权，经营权的权能范围与深度由所有权加以规定与约束，产权的所有者总是能通过这种权能的分离和聚合来不断实现财产的所有。

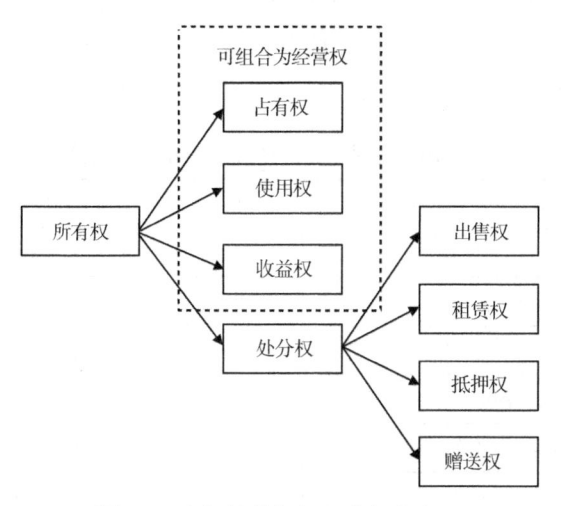

图 4.1　产权的分解与经营权的产生

经营权是一种财产性权利，指在一段时期内对资源占有、使用、收益的权利，是在其他权利基础上组合而成的更加符合市场交易要求的权利。产权分解和经营权在我国农村集体所有制改革中的重要性不断提升，是对农村产权流转效率提升相关需求的及时响应。2016年，我国国务院发布《关于完善农村土地所有权承包权经营权分置办法的意见》，将土地承包权进一步划分为承包权和经营权，实现土地集体所有权、农户承包权和农地经营权"三权分置"，农地经营权成为完全独立且能够自由流转的用益物权。2020年，中央1号文件明确要探索农村宅基地所有权、资格权、使用权"三权分置"，其中放活使用权是盘活宅基地的重要路径，对于探索宅基地非住宅用途利用和向集体经营性建设用地转化提供了实践指引。放活农地经营权和宅基地使用权为古村镇遗产旅游发展中充分利用闲置资源、稳定农地与宅基地流转关系和保障经营主体合法权益提供了制度性保障。

---

① 刘春雷. 1996. 产权的排他性与分解性解析[J]. 社会科学研究，（6）：56-59.

4.2.2 古村镇遗产资源的权属关系与公共领域的形成

1. 古村镇遗产资源的权属关系

在我国古村镇遗产地发展实践中，受产权的属性和农村集体所有制的影响，古村镇遗产资源形成了错综复杂的权属关系。在古村镇遗产空间中，可移动的遗产资源和非遗产物资源权属关系较为明确，除出土文物为国家所有外，一般为私人所有或共有；而不可移动的遗产物资源和非遗产物资源的权属关系则较为复杂，包括土地资源的权属界定，存在着集体所有与私人承包、使用的共存关系，存在着房地权属分割现象。综合来看，古村镇遗产资源的权属关系划分如表4.10所示。

表4.10 古村镇遗产资源的权属关系划分

类型		所有权	使用权	经营权
土地	农用地	集体所有	私人所有	私人所有
	集体建设用地（宅基地、经营性用地）	集体所有	私人所有	私人所有
遗产物资源	古民居	私人所有	私人所有	私人所有
	祠堂、庙宇、牌坊、阁楼等公共建筑	集体所有	集体所有	集体所有
	街巷、广场等公共空间	集体所有	集体所有	集体所有
	公房	私人共有	私人共有	私人共有
	出土文物、不可移动文物	国家所有	国家所有	国家所有
非遗产物资源	近现代民居	私人所有	私人所有	私人所有
	近现代桥梁、阁楼等公共建筑	集体所有	集体所有	集体所有
	近现代街巷、广场等公共空间	集体所有	集体所有	集体所有

一般来看，古村镇遗产地形成了集国家所有、集体所有、私人所有、私人共有四种不同权属关系于一体的资源权属关系，也由此衍生出一系列相关问题。

第一，关于古村镇资源的这四项权属关系不是确定不变的，而是存在互相转化的可能；如集体资源或私有资源可能会被收归国家所有、私人承包权或使用权可能被集体流转或买断为集体所有与使用、私人共有产权则可以在产权分割与交易后转化为私人所有等，从而使得古村镇资源的权属关系更加复杂。以宏村为例，宏村的乐叙堂（总祠堂）、南湖书院和承志堂便被收归国有，由政府统一管理和保护。

第二，就农用地和集体建设用地而言，古村镇居民个体不拥有所有权而仅拥有使用权[①]。根据我国集体土地所有制这一制度，一方面，集体经济组织作为农村土地的所有权主体，容易弱化土地占有权的排他性。另一方面，这种形式共有、实质私有的制度特征会带来"房地分离"现象，即村民对宅基地没有所有权，但对在宅基地上建设的民居拥有所有权，这使得在产权流转的过程中非本村集体经济组织成员无法获得宅基地使用权，从而因产权的不完整性和非排他性而难以对流转主体产生激励作用。

第三，古村镇中的共有建筑因所有权或使用权共有而容易产生产权纠纷。共有指不动产或者动产可以由两个以上组织、个人共有。共有包括按份共有和共同共有[②]。在私人共有的情形下，共有人按照约定管理共有的不动产或者动产；没有约定或者约定不明确的，各共有人都有管理的权利和义务[③]。若共有人需对不动产和动产进行分割，可以协商确定分割方式[④]。私人共有这种排他性较弱的产权所有形式，共有人不仅在日常生活中容易模糊自身产权边界，从而产生种种矛盾，在房屋产权流转的过程中也容易产生利益纠葛。

2. 古村镇遗产资源公共领域的形成

就祠堂、庙宇、牌坊、阁楼、街巷、广场等集体所有的公共建筑、公共空间等集体资源而言，集体作为所有权主体容易弱化所有权、使用权的排他性，这些集体资源实质上就成为公共领域（俗称公地），容易诱发公地悲剧和反公地悲剧现象。公地悲剧指因对公地资源的使用权和经营权主体的权责界定、约束与利益分配机制不明确等而在使用经营中产生的低效率与短期行为，进而造成公地资源的浪费与贬值[⑤]，古村镇公地悲剧主要表现在对公共资源的过度使用或保护不力、对公共环境的破坏或者维护不力、对公共设施和服务投入不足等问题上。反公地悲剧则指多个主体共同拥有遗产物资源的所有权、使用权，会形成多方参与、多头管理和资源使用经营的进入壁垒，导致资源利用率低和市场整合困难[⑥]。

除公地悲剧外，古村镇遗产资源公共领域存在的另一问题为交易费用问题。古村镇遗产资源中除私人所有的民居、建筑外，其他资源大多属于所有权排他性较弱的集体资源或公地资源；当古村镇遗产资源交由外部企业、集体企业或政府下属国有企业经营时，古村镇中的私有资源产权的成本和交易费用较为明确，但

---

① 赵阳. 2007. 共有与私用：中国农地产权制度的经济学分析[M]. 上海：生活·读书·新知三联书店.
② 参见《中华人民共和国民法典》第二百九十七条。
③ 参见《中华人民共和国民法典》第三百条。
④ 参见《中华人民共和国民法典》第三百零四条。
⑤ 池静，崔凤军. 2006. 乡村旅游地发展过程中的"公地悲剧"研究——以杭州梅家坞、龙坞茶村、山沟沟景区为例[J]. 旅游学刊，21（7）：17-23.
⑥ 杨琴，田银华. 2018. 反公共地悲剧：乡村旅游经营行为研究[J]. 旅游学刊，33（8）：29-36.

公共领域资源难以排他与界定，因此很难对其进行成本估算和支付交易费用。实际上，古村镇遗产景区经营权进行整体交易时，公共领域资源一并被转让，但难以支付相应的成本补偿，容易使所有者集体利益受到损害，并隐含未来利益争夺风险，这也成为公共悲剧问题的一大诱因。公共领域资源也是古村镇重要的旅游吸引物，已有学者针对这一问题提出旅游吸引物权的概念，旨在对古村镇中产权难以界定的旅游吸引物特别是公共领域吸引物进行价值（资产）的评估与定价，明确其未来产生的收益，从而减少产权纠纷[①②]。

3. 对古村镇遗产旅游经营权的探讨

古村镇遗产旅游经营权指在一段时期内对古村镇遗产旅游资源占有、使用、收益的权利[③]。我国遗产资源所有权归国家所有，由各级政府作为代表行使管理权，地方政府往往出于发挥遗产资源旅游开发价值的目的，将经营权转让给经营企业，实现所有权与经营权的分离。古村镇遗产旅游经营企业所获得的经营权的主要构成如图 4.2 所示，是对整个遗产空间的整体经营权和对公共领域的不完整使用权。遗产旅游经营权是一种排他性权利，除被授权的企业外，其他企业无法对遗产资源行使经营权，其获得年限一般在 15～50 年范围内，经营者的确定方式由遗产所在地政府确定。

图 4.2　古村镇遗产旅游经营权分解与表现

古村镇遗产旅游经营权的获取使得遗产地的权属关系更加复杂，其中国家所有、集体所有、私人所有和私人共有的遗产物资源权属关系没有发生根本性改变，古村镇既是居民的"家"和"社区"，也是游客和居民、商户共同的"景区"，因此这种景区经营权很难对居民具有排他性，对古村镇遗产旅游经营产生多重影响：第一，由于景区公共领域的存在，景区经营企业难以约束居民使用行为，当企业

---

① 左冰, 保继刚. 2016. 旅游吸引物权再考察[J]. 旅游学刊, 31（7）：13-23.
② 左冰. 2016. 分配正义：旅游发展中的利益博弈与均衡[J]. 旅游学刊, 31（1）：12-21.
③ 胡北明, 雷蓉, 董延安. 2004. 旅游资源经营权价格评估指标及方法探讨[J]. 商业研究,（17）：145-147.

与居民因旅游收益分配问题而产生冲突时,居民可能做出破坏古村镇旅游景区氛围与市场秩序的行为。第二,景区经营企业因无法获得完整的控制权或经营权限而在景区经营中偏向于自己控制权领域的发展,忽略了公共领域的保护与发展,并容易产生短期行为。第三,随着遗产旅游发展,古村镇遗产空间使用主体多样且权利划分、界定不清,对于公共领域资源排他性使用的成本会越来越高,容易产生更多的公地悲剧问题,产生公共领域资源的过度使用与破坏,影响景区体验氛围,进而影响企业与商户经营效益,最终影响到社区与居民利益,造成一种恶性循环。古村镇遗产地公地悲剧产生逻辑见图4.3。

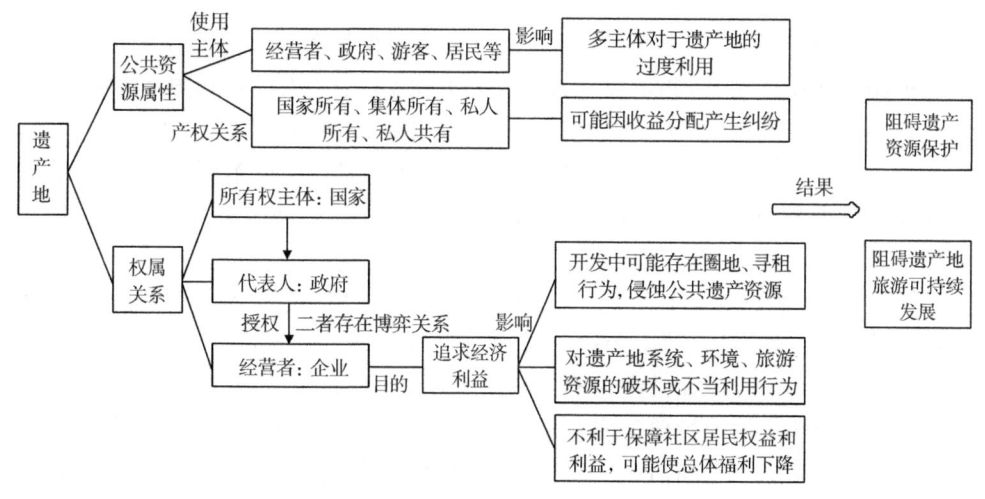

图4.3 古村镇遗产地公地悲剧产生逻辑

在古村镇遗产旅游发展实践中,当遗产旅游经营权被剥离出来让渡给企业进行景区经营时滋生的矛盾屡见不鲜,尤其以居民和景区经营企业之间的矛盾居多。以江西婺源李坑村为例,2000年婺源县政府为重点解决旅游开发项目投入资金不足的问题,按照所有权和经营权分离的原则,吸引外部企业参与旅游业的开发,将李坑村旅游景点30年经营权转让给江西金叶科技集团有限公司[①]。2011年7月,因旅游收入分配争议,李坑村发生村民堵路事件,干扰了景区正常运行[②]。同时景区提升优化和居民住房规划方案的出台加剧了景区与居民之间的矛盾,村民为了便于经营和满足住房的现实需求,甚至出现乱拆乱建的行为,对古建筑及其整体风貌造成了严重的破坏。2017年10月至2018年3月底,李坑村景区环境污染与违章违建现象严重,再次进行停顿改造。

[①] 郭华, 甘巧林. 2011. 乡村旅游社区居民社会排斥的多维度感知——江西婺源李坑村案例的质化研究[J]. 旅游学刊, 26(8): 87-94.

[②] 刘一. 2011. [新闻调查]李坑之困[EB/OL]. http://news.cntv.cn/china/20111008/114466.shtml[2021-11-06].

4.3 古村镇遗产资源旅游经营性利用约束

4.3.1 基于原真性保护的法律约束

古村镇遗产资源一般会受到国家级和地方级、古村镇整体保护和文物遗产专项保护法律法规的双重约束。国家级古村镇保护相关法律法规有《中华人民共和国历史文化名城名镇名村保护条例》《关于切实加强中国传统村落保护的指导意见》等，地方级有《贵州省传统村落保护和发展条例》《四川省传统村落保护条例》《江西省传统村落保护条例》《苏州市古村落保护条例》等。国家级文物遗产保护相关法律法规有《世界文化遗产保护办法》《中华人民共和国文物保护法》（2017年修正本）、《中华人民共和国非物质文化遗产保护法》等，地方级以非物质文化遗产保护法规为主，有《江苏省非物质文化遗产保护条例》《北京市非物质文化遗产保护条例》等。上述法律法规对古村镇遗产旅游经营的约束情境主要体现在对文物建筑、整体风貌原真性的保护上。

第一，对文物建筑及其环境的保护与建设控制，尤其是不可移动文物。如《中华人民共和国文物保护法》（2017年修正本）中第十九条规定，在文物保护单位的保护范围和建设控制地带内，不得建设污染文物保护单位及其环境的设施，不得进行可能影响文物保护单位安全及其环境的活动，对已有的污染文物保护单位及其环境的设施应当限期治理。《安徽省皖南古民居保护条例》中第十二条规定：在古民居文物保护单位的建设控制地带内进行工程建设，不得破坏文物保护单位的历史风貌；工程设计方案应当根据文物保护单位的级别，经相应的文物行政管理部门同意后，报城乡建设规划部门批准。在古民居建筑较多的村落新建、拆建、改建建筑物，须经县（市、区）人民政府文物行政管理部门同意后，方可办理审批手续。

第二，对古村镇整体风貌原真性和完整性的保护与建设控制。如《中华人民共和国历史文化名城名镇名村保护条例》中第二十三条规定：在历史文化名城、名镇、名村保护范围内从事建设活动，应当符合保护规划的要求，不得损害历史文化遗产的真实性和完整性，不得对其传统格局和历史风貌构成破坏性影响。《四川省传统村落保护条例》第十八条规定，传统村落应当整体保护，保持村落传统格局和历史风貌的完整性，不得改变与其相互依存的自然环境和景观，维护文化遗产形态、内涵和村民生产生活的真实性、延续性。传统村落保护应当尊重村民的生活习惯和生产方式，改善传统村落生产生活条件，保障原住村民在原址居住的权利，合理开发利用，促进村落原有形态、生活方式的延续传承。传统村落的保护重点包括村落传统格局、整体风貌、传统建筑、历史环境要素、传统文化等。

上述基于原真性、完整性保护的法律约束情境对古村镇遗产旅游经营产生以下影响：①古村镇原住民因对现代化生活方式的追求，可能会选择搬离古村镇以寻求更好的生活空间，由此出让的闲置房屋可供本地或外部经营者开展旅游经营活动。②控制古村镇民居改造成为民宿、餐厅等经营性场所过程中出现破坏性行为，保证古村镇传统风貌、整体环境不变与文物安全，也进一步控制古村镇商户新改扩建行为，保持适当的经营规模下提高经营的品质，从而通过保护倒逼景区及商户提高经营水平，从而提高游客的旅游体验质量。

4.3.2 基于不完全产权的交易成本约束

科斯认为，市场交易是有成本的，一项交易的成本包括：相关信息搜集成本、为了达成交易的谈判成本、签订契约耗费的成本、契约签订后按约定行事即履行契约的成本、当一方违反契约时对其惩罚的成本。交易成本的存在导致资源配置效率降低。因此，节省交易成本的努力就成为市场经济中人类行为和组织结构产生变化的决定因素[①]。根据图4.3对古村镇遗产资源的权属关系分析，古村镇遗产资源产权存在不完整性，并存在权利约束，居民、外部商户和景区经营企业被禁锢于一个行为权利可行性边界不断内敛的规则集内，面临一个成本较高的交易环境之中。不完全产权所带来的交易成本约束情境主要有以下两个方面。

第一，由我国农村制度情境导致的"房地分离"现象，宅基地土地的使用权及宅基地上房屋的产权属农户所有，但宅基地土地的所有权属集体所有；但农村集体代表非法律意义上的自然人或法人等权利主体，是一个虚置的概念，实际所有权不在村集体手中，这为权力寻租创造了空间[②]。

第二，部分列入文物保护单位的古建筑使用权利受到法律与政府约束。如《安徽省皖南古民居保护条例》第十九条规定，非国家所有的古民居文物保护单位或文物保护对象改变用途的，应当根据其级别报相应的人民政府文物行政管理部门备案；由当地人民政府出资帮助修缮的，应当报相应的文物行政管理部门批准。这导致居民将房屋产权进行流转时，可能出现交易双方在古建筑修缮保护上互相推诿责任、躲避承担相关费用或者政府追责等问题，面临较高的谈判成本和签约成本。

上述基于不完全产权而增加的交易成本约束对古村镇遗产旅游经营者产生以下影响：①房屋通过租赁方式获得，由于关乎经营成本，对房屋是否进行改造往

[①] 杨宏力. 2007. 现行农村制度框架下的农民土地产权与交易成本[J]. 农村经济, (10): 21-25.
[②] 邱扶东, 吴文智, 吴天一. 2020. 乡村振兴背景下农村宅基地旅游利用的制度约束与脱困路径[J]. 农村经济, (6): 40-48.

往由经营者依据租期决定,并受到改造审批约束。②由于经营者只是产权暂时使用者,其所有权并不属于自己,所以对于经营年限、经营前景不明朗,在经营投入上缺乏信心和胆量,导致经营缺乏效率。③就私人共有这一特殊的产权所有形式,在产权交易中会产生共有主体之间的利益矛盾与纠纷,交易成本很高。可见,产权界定清晰与否直接影响到古村镇遗产经营主体间的关系好坏,进而关系到古村镇遗产旅游发展。

4.3.3 基于"物"与"礼"的使用约束

1. "物"的使用约束

"物"的使用约束指物质与物理空间使用约束。首先,古村镇中的一些古民居和古建筑由于材质和结构特殊而在使用中受到约束,如木质结构、石质结构等整体物理结构不能破坏,必须在原有结构下使用;古民居的门窗、墙体、梁架、整体色彩等建筑组成部分不宜做较大改动,必须保持其原建筑的历史风貌。这导致旅游经营者在对古民居和古建筑依据个人喜好和市场需求进行改造时,必须先考虑物质与物理空间的使用约束。

其次,古村镇中的一些建筑由于传统文化特性而产生使用约束,尤其是具有特殊意义的物理空间的使用受到约束,如祠堂和戏台。古村镇中名门望族的祠堂一般承担祭祖、纂修宗谱、对族人传授伦理道德等活动,具有承载历史文化、引导社会治理等功用,因此在使用过程中要最大程度保留祠堂的完整性、尊重祠堂文化传统,发挥其文化和社会功能。祠堂作为特定宗族历史遗留的产业,其使用时有必要吸纳原宗族群体有效参与,若旅游经营者试图垄断祠堂的使用权,则可能受到祠堂关联群体的排斥,对传统文化的传承也将缺乏根基,景区开发与社区之间的矛盾将会凸显[①]。

2. "礼"的使用约束

古村镇往往因其内含特殊的地方民风民俗文化而成为文化遗产,所以民俗文化会对古村镇遗产旅游经营产生约束。其中"礼"的影响尤为突出。

第一,传统家法、乡约的约束。各地古村镇的乡约发展适应了当地自然和人文的实际,植根于当地文化、展现出多样性的特点。以皖南地区为例,徽州乡约组织以地区范围为主、以宗族血缘范围为辅,拥有严格的管理制度,定期举行约

---

① 邓启耀. 2016. 谁的祠堂?何为遗产?——古村落保护和开发中的问题与思考[J]. 云南师范大学学报(哲学社会科学版),48(1):83-90.

会活动，对约中成员有着严明的奖惩规定。乡约强化德治、厉行教化的形式，对皖南地区的社会稳定和经济发展起到了积极作用①。

第二，传统习俗的约束。古村镇有部分专属于本地的风俗节日，最能反映当地的文化特质。尤其是人一生中要经历的出生、结婚、生日、丧葬等重要节点，古村镇的传统习俗中有特殊的仪式以获得社会承认，由此形成礼仪民俗。以皖南地区为例，徽州地区的礼仪习俗既体现儒家文化的深刻影响，又成为徽州人性格特征的重要反映，为徽州地区民俗文化的重要组成部分，如祭祀习俗、婚庆习俗、岁时习俗、饮食习俗、服饰习俗等。

因此，旅游经营者在开展遗产旅游经营的过程中，必须遵守古村镇的家法、乡约和礼法，尊重和延续古村镇的习俗，如此才能维持良好的社区关系，并维系古村镇的文化传统，营造古村镇遗产文化的独特性与地方性，从而实现可持续经营。

---

① 丁琎. 2016. 旅游型传统村落乡土文化空间营造途径研究——以皖南传统村落为例[D]. 安徽农业大学硕士学位论文.

第5章 外部资本介入古村镇遗产旅游经营的阶进式选择

——基于宏村的案例研究

5.1 宏村案例地介绍

5.1.1 宏村区域概况

宏村地处安徽省黄山市黟县东北部，距离黟县县城仅11公里，始建于南宋绍兴元年（公元1131年），至今已有890余年历史，共有137座明清时期的古民居建筑散布村内，是古徽州聚落文化保存最为完整的古村落，是古徽州地区传统村落的典型代表。宏村北枕雷岗山，南依奇墅湖，虞山溪河绕村而过，古老水渠引山泉水流经村中央汇入南湖，青山为屏，水系似网，故宏村又有"画里乡村"的美誉。

新中国成立伊始，黟县人民政府对宏村内重要的古建筑采取统一的保护、管理。1997年开始正式组建公司进行旅游开发，主要人文景点有南湖书院、敬德堂、汪氏宗祠、树人堂、承志堂、十三楼等明清古建筑，主要自然景点有南湖、画桥、月沼、水圳、雷岗山、村口大树等山水景观。同时，宏村周边陆续开发了塔川秋色、木坑竹海、卢村木雕楼、龙池湾等各具特色的景点，形成了以宏村为核心向周围辐射的旅游片区。2000年宏村被联合国教育、科学及文化组织列入了世界文化遗产名录，2001年宏村古建筑群被确定为国家级重点文物保护单位，2003年被评为国家级4A级旅游景区、中国历史文化名村（国家首批12个历史文化名村之一），2011年被评为国家级5A级景区，2012年被列入第一批中国传统村落名录，2016年被认定为第一批中国特色小镇。曾获得了中国十佳最具魅力名镇（2005年）、中国最美的村镇（2006年）等业界荣誉，成为中国古村镇旅游发展的典型代表。

5.1.2 宏村历史文化价值

宏村集中体现了明清时期以居住和商业为主要功能，以聚族而居、尊祖敬宗、恪法守礼为主要特点的传统村落特色[1]。宏村选址理念、村落形态、街巷格局、水圳空间、建筑风貌、非物质文化遗产等方面都独具特色，是皖南地区古村镇的典型代表，具有重要的历史文化价值，具体表现在以下方面。

（1）宏村展现了在传统的风水理论指导下、与自然环境协调统一的村落选址和布局形态，体现了天人合一的中国传统哲学思想。

纵览宏村山水格局，北枕青翠明秀的雷岗山，南抵烟波浩渺的奇墅湖，西傍黟县古河道浥溪河（浥溪河又名西溪）、羊栈河，东为东边溪和东山，群山环绕，山溪交错，山环水绕形成堂局分明的谷地，是村落选址的绝佳之地。可见宏村古人大致是按照理想的风水格局来选择基址的[2]。在村落选址过程中，水口也是重要的元素之一[3]。水口本义指一村之水流入和流出的地方。从宏村汪氏祖先先后居住的两个村落的水口中，可以看出古人对水口环境的要求：奇墅村有狮子峰把水口、宏村则有吉阳山和东山共把水口。

（2）宏村是古人综合实用与美学于一体的水利人居工程典范，体现了古代居民利用自然、改造人居环境的能力。

宏村于明永乐年间，在汪氏先祖思齐公的领导下，在西溪上拦河，筑石碣坝，抬高水位，并凿圳 370 余丈[4]，以水圳盘旋村中，并将村中一处泉扩挖成月塘[2]。万历年间，又因来水躁急，在村南开挖南湖，缓冲水势，使宏村成为引水补基的典范。

（3）宏村是古徽州地域文化的重要组成部分，体现了中华传统文化中的民间建筑文化、乡土礼法和农耕文化结晶。

宏村作为徽州古村落的典型代表，蕴涵着丰富的农耕文明、传统地域文化及人与自然和谐共处的理念[5]。"民间故宫"承志堂及其里面精美的"三雕"不仅给游客展示了古徽州建筑文化特色，也展示了独特的徽商文化故事；南湖书院的古代乡村书院文化与徽州人的耕读情结、宏村庭院展示出的徽派园林文化、汪氏宗祠乐叙堂展示出的宗祠文化，以及各种非物质文化遗产，均体现了典型的徽州传统地域文化。

---

[1] 卢松, 张捷. 2007. 世界遗产地宏村古村落旅游发展探析[J]. 经济问题探索,（6）: 119-122.
[2] 俞明海, 杨洁, 周波. 2009. 徽州传统聚落建设的系统理念探讨[J]. 安徽农业科学, 37（32）: 16105-16108.
[3] 姚珏, 赵思毅. 2005. 世界文化遗产宏村——解析宏村空间形态发展结构因素[J]. 东南文化,（5）: 48-50.
[4] 1 丈≈3.33 米。
[5] 陆林, 凌善金, 焦华富, 等. 2004. 徽州古村落的演化过程及其机理[J]. 地理研究, 23（5）: 686-694.

5.2 宏村旅游发展与外部资本介入的过程分析

宏村旅游开发始于 1986 年,一直发展缓慢。宏村旅游在经历政府主导、村民自主经营之后仍没有起色。1998 年通过政府招商,由中坤集团介入并获取宏村旅游经营权(承包期为 30 年),自此宏村旅游正式进入了外部资本主导的市场化经营阶段(表 5.1)。

表 5.1 宏村旅游开发经营发展历程

阶段	模式	经营主体	利益关系	收益情况	发展说明
1986~1993 年	政府主导	黟县政府+旅游局	政府投资,自负盈亏;村民参与意识薄弱	年收入低于 6 万元,为西递的 1/8	交通闭塞,旅游功能弱,收益源少,管理人员复杂
1994~1996 年		宏村镇政府+宏村旅游开发有限公司	受西递旅游繁荣的刺激,村民与政府之间经营权争夺激烈	门票年收入 12 万元,同期西递收入 132 万元	利益矛盾严重,旅游开发收益仍然较低
1997 年	自主经营	宏村村办企业(黟县宏村旅游服务有限公司)	由村民集资承包经营;村民产权意识觉醒	年门票收入 17 万元左右	缺乏市场经营能力和完善的监督机制
1998~2020 年	企业经营	京黟旅游公司	中坤集团出资,京黟旅游公司现场管理	年门票收入超过一亿元	完善景区建设,优化经营服务模式,旅游人次逐年上升
2020 年至今	国资集团控股经营	京黟旅游公司	黟县徽黄旅游发展(集团)有限公司收购京黟旅游公司股权,正式控股	年门票收入保持稳定	打造乡村旅游度假区和旅游目的地

中坤集团介入以来,成立了京黟旅游公司负责在黟县旅游开发经营总事宜,并在宏村设立宏村旅游开发公司,公司以古建筑的修缮保护和景点经营、村庄旅游基础设施与环境完善为基础,进行景区式收费经营,同时大力进行宣传推广,推动申遗工作并获得成功,依次成功创建国家 4A 级、5A 级旅游景区,在做好景区经营管理的同时,加强景区停车场、游客中心等旅游配套服务设施建设。

紧接着,中坤集团突破单一的景区经营范畴,进行宏村周边旅游景点、酒店和地产项目开发,实现多元化经营。从宏村旅游景区接待人次和门票收入来看,宏村遗产旅游发展一直在增长中，创造了越来越多的收益，从景区投资经营效益上看无疑是成功的（图 5.1）。

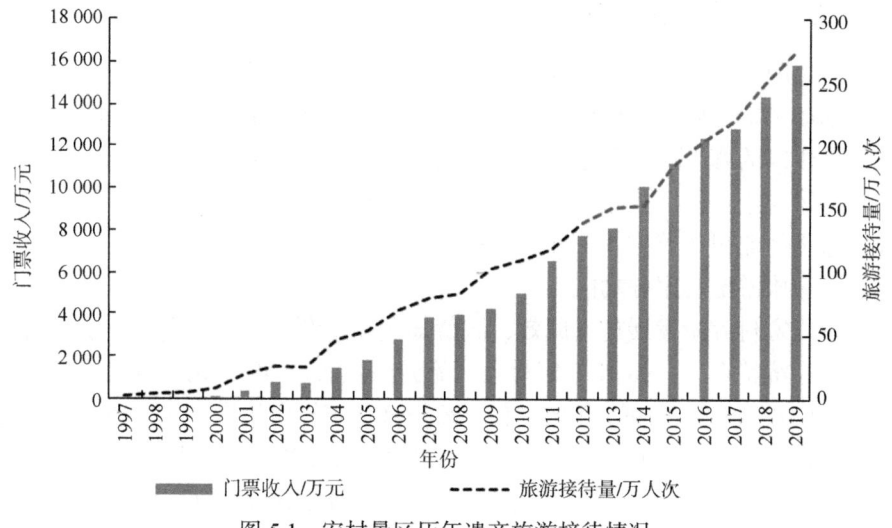

图 5.1　宏村景区历年遗产旅游接待情况

宏村旅游的发展过程特别是中坤集团在宏村的投资经营过程，代表着外部资本介入古村镇遗产旅游发展的典型过程，诠释了资本介入遗产旅游发展的现实道路（表 5.2）。

表 5.2　外部资本介入宏村旅游发展历程

阶段	时间	开发方式	旅游发展情况	中坤集团投资情况	其他企业投资情况
初阶介入	1998~2002 年	景区开发	初步发展（门票经济）	古建筑修缮保护、景区配套旅游服务设施建设	
二次介入	2002~2014 年	商业开发	快速发展（商业地产项目）	奇墅湖国际旅游度假村、梓路寺文化景点、《宏村·阿菊》演艺项目	水墨宏村综合体项目
退出与再介入	2014~2020 年	商业开发+周边景区点整合	发展提升（旅游目的地建设）	宏村·印象综合体；整合卢村木雕楼、塔川秋色、木坑竹海等周边景点、景区资源	宏村艺术小镇综合体项目，琢艺堂徽州砖雕非遗传习基地，黄山屏水文化旅游项目
	2020 年至今		发展提升（全域旅游发展）		

5.2.1 景区开发与初阶介入（1998～2002年）

1. 旅游发展情况与特点

中坤集团的介入是宏村景区在战略方向、资金、管理、营销上的一次突破，客观上推动了宏村旅游向更广阔市场、更深层次发展。中坤集团下属的京黟旅游公司以古建筑的修缮保护和基础设施的完善为基础，加上对外宣传推广，率先以宏村整体风貌进行景区式经营，而后本地居民和外来商户逐渐加入，利用自家房屋或者通过物业租赁等方式，开展住宿、餐饮、购物等景区初级商业经营，不断地丰富景区旅游配套服务功能。

该阶段宏村旅游发展初见成效，旅游知名度逐渐提高，呈现旅游景区内剧场化的门票经济特点。1998年，宏村景区旅游门票收入48万元，景区接待旅游人数6.3万人次，将近是1997年的3倍；2000年，宏村申请世界文化遗产的成功大大提升了其知名度，旅游门票收入达到127万元；2001年，《卧虎藏龙》在宏村完成拍摄，进一步扩大了宏村的知名度，旅游门票收入迅速增长至387万元；2002年旅游门票更是突破500万元。该阶段存在的主要问题是旅游景点开发层次较低，利益相关者责权利没有协调到位。

2. 中坤集团在宏村内外的旅游投资情况

这一阶段，中坤集团下设的京黟旅游公司主要投资旅游景点的古建筑修缮保护、景区内主要游览道路标识和路灯安装、村内水沟清淤等环境整治等方面，同时进行景区日常性经营与保护活动。由于宏村内部资源大多掌握在当地居民手里，当时居民生产生活对房地资源的依赖性比较高，而公司对房屋资源的收储和利用诉求也不高，导致公司投资与经营重点还是在宏村景区打造，推动景区基础设施与环境的改造提升，搭建景区管理团队，积极向外进行市场推广等，以期接待更多的游客，产生更高的门票收入，实现比较好的短期投资回报。

为了实现游客规模的增长，一方面旅游公司加强对外宣传与市场渠道建设，另一方面也修建停车场、游客中心等景区旅游服务设施，提高旅游接待能力。在这个过程中，当地居民和外部商户也开始积极投入，摆摊开店贩卖旅游商品、提供农家餐饮甚至开设提供写生学生食宿的旅社等，从事一些简单的旅游小商业经营，以期从越来越多的游客接待中分得一杯羹，在一定程度上这些小商户丰富了宏村景区的服务内容，但也造成了商户无序经营、居民私带游客逃票、小摊小贩纠缠游客等问题，与旅游公司景区经营产生了矛盾。

5.2.2 商业开发与二次介入（2002~2014年）

1. 旅游发展情况与特点

该阶段宏村旅游业进入快速发展和提质发展的道路，旅游接待人次、收入和综合效益明显提高，尤其是入境接待游客数量显示出质的突破。2007年旅游接待总人次77.7万，同比上升28.9%，是2000年的9.6倍。旅游接待总收入3813万元，人均分红达到1500元，达到历年旅游收益的最高水平。然而各方面的矛盾和问题也伴随旅游发展日益凸显，如区域功能定位不合理、遗产保护和发展思路狭隘、资源环境遭受破坏、非物质文化遗产保护缺位、社区参与不足、社会经济发展程度低等，如果上述问题得不到合理解决，将会限制宏村下一步的发展。

为此，2008年宏村镇推动"国际旅游重镇、全国文明重镇"创建战略行动，旅游业在促进小城镇和新农村建设、促进区域发展和产业提升、推动社会和谐建设中的战略地位被凸显，宏村旅游发展借此进入调整提升阶段，主要表现在进一步培育特色旅游精品、推动旅游商品创新、拓展旅游市场、提升基础设施与旅游服务设施等方面。

2. 中坤集团在宏村内外的旅游投资情况

旅游发展初期日益繁荣的小商户、小摊点经济挤占了旅游公司的经营空间，增加景区内部商业开发成本，也影响了景区接待的氛围，造成了景区管理的难度。此外，单一的门票经济难以实现旅游公司在景区经营与市场营销方面的最大效应，且自2002年起，宏村景区门票收入的33%需要上交给地方政府，这在一定程度上削弱了旅游公司的产出效益；与此同时越来越多的团队游客及度假游客对高品级、规模化、标准化酒店接待设施的需求越来越强烈，景区内部商业难以满足此类需求。因此，为了满足上述游客的消费新需求，获取更大的经济效益，中坤集团在2002年起开始扩大旅游经营范围，进行景区外围商业项目的捆绑开发，也开始了对宏村旅游开发的二次投资介入。

在这一阶段，中坤集团一方面继续投资创建国家4A级旅游景区，进一步扩大景区旅游接待水平，以获取更多的门票收入（到2002年已经达到800万元）；另一方面成立黄山京黟房地产开发有限公司，在2002年投资2亿元在宏村景区附近兴建宏村奇墅湖国际旅游度假村项目，重点建设四星级宾馆与大型会议设施、别墅式度假会所等接待设施。2003年又出资8000万元重建了唐代名刹梓路寺，打造又一文化景点。2004年租赁改造黟县碧阳山庄为中城山庄。2005年起京黟旅游公司举办了一系列重大节庆活动，进一步宣传推广宏村旅游品牌，并斥资2.3亿元打造了一台大型室外文化实景演出《宏村·阿菊》，获得了比较成功的市场效应。2006年宏村门票收入2800万元，成为黟县接待人次与旅游收入最高的古村落景区。

外部资本在二次投入阶段，主要是为了进一步获取景区成功经营与市场推广所带来的旅游溢出效应，获得除了门票经济之外的商业开发与经营效益。这个阶段，宏村内部资源与空间被当地居民和外来商户抢先占据，置换和开发成本相对更高，京黟旅游公司在无法通过景区内部开发获利的情况下，一般都会围绕景区经营进行外围商业开发，打造新的旅游消费场景，并利用市场渠道优势引导客流进入，延伸景区消费空间，进而慢慢转变公司盈利方式，不再依赖于景区门票收益，而将投资和回报放在这些非景区经营业务上，以期实现商业综合体或产业集聚发展效应，进而获得更大的资本运作收益。

3. 其他企业在宏村内外的旅游投资情况

为了缓解宏村古村落内部的居住与商业发展压力，更好地保护世界文化遗产。2008年启动"水墨宏村"项目建设，由杭州钱江电气集团股份有限公司下属的黄山水墨宏村旅游建设开发有限公司投资开发，项目选址于宏村景区外围际村，与景区一河之隔，总占地面积约280亩[①]，总建筑面积15.16万m^2，规划建设了商业街、文化客栈、院落式住宅和酒店等，是一个集文化休闲、居住、旅游度假、物业投资为一体的旅游地产综合体。

5.2.3 旅游目的地发展、退出与再介入（2014年至今）

1. 旅游发展情况与特点

宏村旅游的快速发展不仅给中坤集团带来了更高的旅游开发预期效应，而且也带动了其他旅游开发商、专业服务商的介入，各路商家都在寻求自身的投资定位，围绕宏村旅游目的地建设而不断创造更多的旅游产品，提供更有特色、更好的旅游度假服务。此时宏村景区旅游接待与门票经营已经达到峰值，除了内部商业更新与升级之外，企业在景区经营方面已经没有太大的利润增长空间。与此同时，黟县政府成立的旅游目的地投资运营平台［即黟县徽黄旅游发展（集团）有限公司］也在不断壮大，借助政府力量不断收储景区资源，配合大景区建设进行旅游空间收储与招商开发，借以提高整个旅游土地价值。同时，政府也利用美丽乡村建设、传统村落保护、乡村振兴等项目资金加大对宏村基础设施投入，加强对宏村整个旅游目的地发展规划与用地控制。

---

① 1亩≈666.7m^2。

2. 中坤集团在宏村内外的旅游投资情况

2014年，中坤集团引领打造宏村景区旅游配套服务项目"宏村·印象"，该项目总投资3.17亿元，总建筑面积10.48万 m²，建设内容包括为保留山体设置的登山游览步道、休闲亭廊和观景台，以徽州传统街巷空间为主打造的南北商业景观轴，以及旅游服务区、乡村生活体验区、文化创意区、主题接待区、生态滨水区、立体停车场等。该项目缓解了宏村停车、商业、住宿等紧缺问题，进一步完善了宏村景区功能整合，提升景区品位，同时更好地优化了古村落周边环境。同时，中坤集团联合政府以宏村为中心，整合卢村木雕楼、塔川秋色、木坑竹海等周边景点、景区资源，实行统一环境整治、统一经营管理、统一产品设计，着力将宏村打造成集遗产保护、居住观光、文化体验、休闲度假于一体的遗产旅游目的地示范区。

这一阶段中坤集团的景区投资经营目标已实现，根据内外市场环境的变化，该公司出于新利润增长点需要积极转型发展，转变投资方向，在与政府博弈过程中获得其他项目投资机会后，渐渐退出宏村景区经营。早在2017年当地政府就开始启动收回宏村景区经营权计划，并于2019年2月由政府所属的国有旅游公司正式启动中坤集团重组谈判。根据黟县政府的决策部署和授权，按照合法、合规、经得起历史检验和企业上市需要的总要求，黟县徽黄旅游发展（集团）有限公司经过1年多的协商，债权方沟通和谈判，财务审计、法律尽调、价值评估、风险评估，在2020年6月30日，黟县徽黄旅游发展（集团）有限公司以股权重组的方式正式控股京中坤集团，中坤集团对宏村景区的控股经营转成了参股经营，在获得较高的股权转让收益之后，开始退出经营。

虽然此次公司重组仅仅只有股东发生变化，公司涉及的景区经营、涉旅产业、公司人员等仍然保持原来状态不更改，且宏村村组与村民的利益也保持原本的分配方式，但关键是，政府通过公司重组与控股的方式掌握了对宏村旅游经营的主导权，中坤集团在退出的同时，以参股投资、其他项目投资等方式继续参与宏村旅游经营。

3. 其他企业在宏村内外的旅游投资情况

围绕宏村旅游目的地建设蓝图，地方政府一方面加大宏村旅游环境投入，如宏村镇政府争取资金整体保护修缮墩本堂等4处古建筑群，改造宏村集贸市场、际村立面，修建宏村景区西门游客服务中心和宏村艺术小镇配套综合停车场，建成宏村镇污水管网系统，对周边生活污水进行集中收集、处理，全面优化全域旅游环境。另一方面积极招商引资，吸引商家建设琢艺堂徽州砖雕非遗传习基地，开发"旅游+研学"新业态；引入黄山屏水文化旅游综合项目，深挖徽州民间艺术、非遗项目等传统艺术资源，发展旅游纪念品、伴手礼、政商务礼品产业，打造"旅游+文创"新业态。

5.3 外部资本介入的主要领域与阶进式选择原因

5.3.1 外部资本介入的主要领域

1. 景点与景区经营

作为古建筑古遗迹景观、地方民间民俗文化代表的各种景观点、展览点、演艺点构成了旅游参观点、接待点（统称为旅游景点），是古村镇遗产旅游的核心吸引物，它们与古村镇旅游配套服务体系（如游步道、旅游标识标牌、游客服务中心及游客休憩设施、旅游厕所、停车场等）一起构成了旅游景区。古村镇旅游最终是通过景点、景区来吸引旅游者前来旅游并产生逗留消费，从而带动古村镇旅游商业经济的发展。

中坤集团获取了宏村景区、景点30年经营权之后，按照"保护、开发、利用"的思路，进行宏村古建筑景点修缮保护以及景区服务设施的完善，在此基础上通过以出售宏村景区（包含若干景点）门票的方式来获得直接收入，企业获得稳定的现金流。2019年宏村旅游景区门票高达1.58亿元。同时，随着宏村景区知名度的不断提升、旅游市场前景不断看好以及宏村旅游效应的不断溢出，京黟旅游公司于2011年全面接管屏山、卢村两个景区，2013年全面接管木坑景区，2015年成功收购了塔川景区，2016年完成了对关麓景区的收购等，形成了以宏村为中心的景点景区集群经营格局，构成了企业的主营业务收入。

2. 旅游房地产开发

旅游房地产开发主要包含：一是购买国有或集体建设用地，二是建设以旅游度假功能为主的住宅小区、商业场馆和其他配套服务空间资产（以资产建设为主），三是以物业资产出售为主，以自持资产经营为辅。随着旅游者对度假生活场景体验需求的不断增强，如何借助并利用古村镇文化旅游场景进行商业旅游地产开发成为企业投资的重要选择。由于古村镇遗产保护要求对度假新业态发展或多或少存在一些限制，加上古村镇内部资源相对更高的利用成本，古村镇外围空间成为这些新兴业态的最好选择。

中坤集团在从事宏村旅游景区经营的同时，也瞄准市场需求的变化，转向旅游房地产开发领域，与当地政府进一步合作，在宏村附近投资建设奇墅湖国际旅游度假村，从事旅游地产加酒店项目的综合开发经营活动，其中度假酒店用于经营、度假住宅用于销售、度假别墅用于分时度假，使得该公司在此项目上不仅拥有经营性收入，还拥有大笔地产性收入，以期实现从单纯景区经营到复合型旅游度假目的地运营的转型。

3. 旅游商业性经营

旅游商业性经营主要是通过利用商用物业或商业空间或从事旅游商品和服务经营，以此获得经营性收益，主要商业经营项目包括酒店、度假村、餐饮店、文化场馆、大型演艺项目、其他收费性旅游项目等。

为了满足游客的多元化需求，获取较高投入回报率，京黟旅游公司转而将投资目光锁定在宏村景区内外的商业性开发项目上，并在景区内部和周边进行了酒店、度假村及文化景点、文化演艺项目的开发与经营。其中在景区外围投资建设奇墅湖国际旅游度假村项目，修建梓路寺文化景点，投资经营《宏村·阿菊》大型实景文化演艺项目。

5.3.2 阶进式选择的主要原因

1. 旅游初始发展阶段：景区内部资源掌控少，商业经营难度大

京黟旅游公司在初始发展阶段仅仅选择了景区经营而没有选择在景区内进行资源收储与商业经营，主要源于当时景区内部居民居住经营意愿强烈，可出让资源少，导致在景区内可供开发利用的商业性经营资源少，同时商业经营市场效益并不明显。该公司介入宏村旅游开发时虽然掌控了大量的核心景观资源，但是包括主要道路周边民居、休闲街区等在内的物业资源大多控制在社区居民的手中，京黟旅游公司获取与掌控的难度很大，只能在核心景观资源的保护性利用与景区服务设施上进行投入。因此，为了平衡对宏村景点、景区的大量投入，京黟旅游公司在面临景区内部物业资源掌控较少的困境，只能采取景区内高门票收费、低程度商业化开发的经营方式，以获取较高的门票收入来快速获得投资回报。

2. 旅游快速发展阶段：缓解社区矛盾，发挥能力优势寻求盈利新空间

京黟旅游公司在快速发展阶段没有从事景区内部商业开发与经营，而是选择在外围地区进行商业开发与经营，主要由"社区矛盾"导致景区内部投资受阻，转向挖掘企业能力优势，寻求"成本洼地"与"获利新空间"。一是随着旅游市场的发展，社区居民与外来商户参与商业经营普遍，进一步拉高了物业资源获取成

本（假设公司选择与社区居民进行合作，承包租赁居民房屋用以商业经营，其中承包租赁成本至少要不低于现有的商业经营利润，从而大大提高了公司投资经营成本与风险），京黟旅游公司已经丧失在宏村内部收储资源进行商业开发的机会。二是高门票收费的景区经营方式制约着宏村内部商业经营的盈利空间，公司在景区商业开发受阻的情况下只能采取景区高收费、低商业经营的方式，获取投资回报，但这种方式会降低游客进入消费的意愿，也会与社区居民生产生活、商户经营之间产生利益矛盾，引发社区居民的不满与愤怒，甚至造成强烈的社区冲突。为了缓和这一矛盾，同时获取景区经营成功带来的商业效应，京黟旅游公司创新了宏村旅游投资经营模式，采取"古村保护性经营+外围旅游地产开发"的模式，依托宏村景区经营在其周边进行旅游地产商业开发。当然这也源于当地政府的支持、周边土地成本低和中坤集团本身的投资经营能力。中坤集团资本实力强大、业务领域宽泛，具有较强的投资风险偏好，这些均是该企业进行景区外围商业开发与经营的有力保障。

3. 旅游稳定发展阶段：响应旅游目的地需求，发挥综合经营优势

京黟旅游公司在稳定发展阶段倾向于投资经营文化演艺项目、度假酒店项目、商业街区和配套游乐项目，重点围绕景区周边资源进行旅游目的地服务型项目投资经营，主要源于旅游目的地综合经营优势和日渐强大的企业经营能力。从大众观光旅游时代转向休闲度假旅游时代，旅游者精神文化需求多元化、消费水平不断提高，不再满足单一景区式的观光游览，普遍向往全方位、多领域、一站式的度假旅游目的地体验。同时，随着宏村景区旅游产品和服务供给的饱和，京黟旅游公司为防止景区生态承载力过大游客产生审美疲劳等一系列问题，在可持续发展理念推动下，联合周边旅游资源，重点投资建设文化旅游综合体项目，打造全域文化旅游目的地，实现游客到一景区即可游览多景区的旅游目的地式需求，进而实现公司在该旅游目的地综合开发投资所带来的综合经济效应，这也在一定程度上反映了该企业强大的综合开发经营能力。

4. 旅游转型创新阶段：景区经营动力不足，股权收益最大化

京黟旅游公司在旅游转型创新阶段倾向于退出景区经营与部分商业经营，转向股权式合作与旅游综合体项目合作投资经营，主要是由于景区经营已经成熟，门票经济开始阻碍旅游目的地综合开发效应，企业已经获得预期中较高的景区投资回报，景区再投入的利润不足、动力不足。加上财政资金对村镇基础设施转移支付越来越多，政府对景区及周边空间开始加强规划控制，集体经济和社区控制权也在不断增强，限制了企业景区经营和土地开发空间。因此，从景区经营中选

择性退出与套现，转向旅游综合体项目合作开发，以获得旅游目的地综合经济发展带来的价值溢出效应成为企业比较好的选择。

5.4 外部资本介入宏村旅游经营的选择机制

通过上述对中坤集团介入宏村遗产旅游经营的不同阶段、主要领域及其阶进式选择的原因分析，可知，该公司为弥补景区资源掌控少、平衡景区投资成本、争取景区经营溢出效应，在遗产旅游景区经营过程中采取了景区门票高收费、低商业开发模式，同时遗产旅游景区外围进行高强度商业开发，从而走出了一条从景区经营到旅游目的地综合开发经营的道路。中坤集团在宏村遗产旅游发展中一系列投资经营行为的选择和演进，不仅是基于企业自身能力的考量，更重要的是取决于企业对宏村内外资源的掌控程度。

5.4.1 影响外部资本投资经营选择的主要因素

1. 资源占用程度

对古村镇内外资源占用的程度影响着外部资本可利用资源的多少以及利用成本的高低，进而决定着外部资本投资经营的领域与方式选择。一般来说，对古村镇核心景观资源的占用程度高，但对古村镇内部商业性资源的占用程度小的外部资本，只能对占用程度较高的核心景观资源进行景点、景区投资经营，如古建筑修缮与景点经营、景区服务设施完善与门票经营，内部商业经营项目投资少，出于对成本收益的考虑，外部资本必然会提高古村镇旅游景区的门票收费水平，以期通过较高的门票收入来平衡对景点、景区的投入成本。同时，在对古村镇内部商业性资源占用程度较低的情况下，外部资本在提高门票收费的同时，往往会围绕景区，在古村镇周边地区进行旅游商业开发，以填补由内部商业经营不足而造成的收益空缺，并争取景区游客高速增长带来的价值增长效应。

2. 外部资本的投资经营能力

外部资本的投资经营能力是多方面的，包括资金能力、市场拓展能力以及景区点、酒店经营能力等。一般来讲，对于企业经营能力较强的外部资本，其融资能力、盈利能力、市场拓展能力都比较强，在投资经营古村镇遗产旅游过程中更倾向于选择旅游房地产开发与商业经营项目以获得较高的投资回报率，该模式可以更好地发挥外部资本优势，通过资源的有效整合使古村镇迅速实现由低层次的分散经营向高层次的整体性经营的跨越,将旅游资源优势较快地转化为旅游目的地综合经济优势;而对于投资经营能力一般的外部资本,其资金规模、团队能力有限,往往选择风险较低的投资行为,倾向于投资景区经营与具体商业经营。

5.4.2 前提假设与投资经营决策模型

资本具有天然的逐利性,尤其是自负盈亏、自担风险的民营资本,以追求利益最大化为企业根本目标。外部资本在介入古村镇旅游经营中,首先是为了得到更多的获益机会,通过对投入成本与收益以及可能存在的风险等多方面的因素衡量,做出最符合自己利益最大化的决策。外部资本尤其是民营企业,是理性的"经济人",符合理性"经济人"假设的,主要体现在以下几个方面。

(1)外部资本以自身利益最大化为最终目标,构成了主要投资动机。

(2)外部资本投资经营主要受到资源占用程度与企业经营能力两个方面的约束,一般会根据资源占用多少与企业能力强弱进行投资方案选择,以实现自身利益最大化,即外部资本是理性的,会衡量各个行动方案的成本与收益,最终选取最适合的行动方案。

(3)有限理性。经济行为的实施离不开外部环境的变化与制约,这意味着外部资本的行为有其短期性,而且外部资本在介入古村镇旅游经营后存在变向投资行为的可能性以谋求自身利益的最大化。

由此,基于对宏村案例的现实情形模拟,可以将外部资本投资经营收益具体划分为景区投资收益(分门票经营与综合经营)与商业开发收益(分旅游房地产开发与商业经营),在资源占用(多少)与企业能力(强弱)两个方面的约束下,构建起外部资本投资经营的决策模型(图 5.2)。

	资源占用少	资源占用多
企业能力强	旅游房地产及部分商业开发	旅游目的地经营
企业能力弱	门票经营	景区综合经营

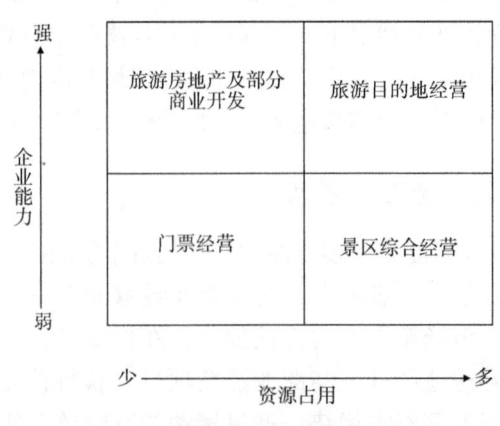

图 5.2 外部资本投资经营决策模型

（1）景区投资收益最大化方案：外部资本在介入古村镇旅游经营时，最重要的是对内部核心景观资源进行保护与利用，以增强其对游客的核心吸引力，但这些核心景观资源往往都属于国家重点文物保护对象，是具有唯一性、独特性的历史文化遗产，保护性修复成本比较高，同时还要对游步道、标识标牌、停车场、游客服务中心、旅游厕所等景区服务设施进行投入。因此，外部资本在介入时承担古村镇景区核心景观资源保护与游客服务设施建设的双重成本，假设企业对景区内部商业性资源占用程度低，要想实现景区投资收益最大化，该公司只有采取高门票收费、低商业化开发的方式来弥补前期的景区投资成本；反之，如果企业对景区内部商业性资源占用程度比较高，就会选择景区综合经营模式，在门票收费与商业化经营的平衡增长中寻求收益最大化的方案。

（2）商业开发收益最大化方案：以景区门票收费为主要收入的经营方式并不能完全平衡景区投资成本，企业要想获得更加可观的收益，就会选择商业开发与经营收益，既可以进行房地产开发出售、出租相应的房产物业，以获取一次性销售收益或持久性租金收益，也可以自持物业进行商业经营以获得经营性收入。假设企业对景区内部商业性资源占用程度低，就会选择突破现有景区服务边界，根据周边可利用资源及开发成本，在景区外围进行商业开发，将游客消费链条延伸至此，从而争取旅游房地产开发与部分商业经营收益。当然，如果企业对景区内部商业性资源占用程度比较高，一般先选择景区综合经营模式获取景区商业价值，然后会不断向外扩张进行外围商业开发。在这样的对外商业扩张过程中，就形成了旅游目的地综合开发经营模式。

5.4.3 外部资本介入宏村旅游经营的阶进式选择机制

根据上述模型分析，具体到宏村案例地，京黟旅游公司介入宏村遗产旅游进行投资经营的阶段性选择决策包括：一是介入前期的景区高收费、低商业化经营决策，主要是因为景区内部景观资源占用多而商业性资源占用少，企业商业经营能力有待提升而景区收费经营投资回报快；二是介入中期的景区外围高强度商业化开发决策，主要是因为景区经营的游客效应不断扩大而景区外围开发成本相对景区内部低，企业商业开发经营能力增强；三是介入后期的旅游目的地综合开发经营决策，主要是因为景区内部商业经营饱和而外围地区资源开发的价值不断提高，政府和企业开始有意识整合景区内外资源以获取更大区域价值，倒逼企业从景区经营（门票经济为主导）向旅游目的地经营（商业经济主导）转变。

在企业的阶进式选择过程中，企业从景区内部的空间经营转向景区外围空间开发经营，打破了狭隘的景区服务边界，打造新的旅游目的地服务边界；同时，企业从门票经济主导向商业经济主导的盈利模式转变，从以游客收费式收入模式转向以商业经营性收入、物业租金性收入、资产增值性收入在内的综合收入模式，形成了结构更合理、收入更稳定、经营更持久的盈利模式。因此，外部资本对景区内外可利用资源的占用程度和自身的企业经营能力，是驱动外部资本投资经营行为选择和演进的关键因素。其具体选择机制如图 5.3 所示。

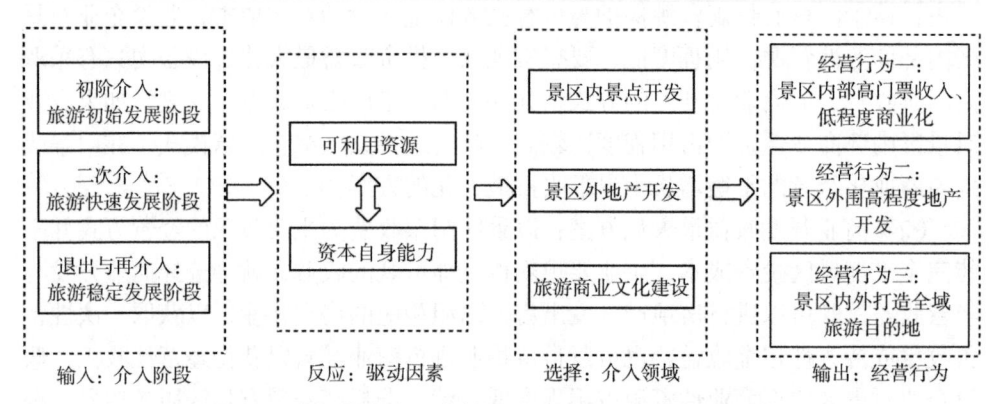

图 5.3 外部资本介入古村镇旅游经营的阶进式选择机制

5.4.4 研究结论

外部资本介入古村镇遗产旅游经营过程中出于对自身利益最大化的追求，主要选择在景区经营、旅游房地产开发与旅游商业性经营三个领域开展投资经营活动，以实现其投资成本与收益的最优化结果。外部资本在投资经营时主要受到可利用资源（资源占用）和自身经营能力（企业能力）两个方面的约束，由此决定了外部资本在不同阶段的投资选择。以宏村为例，京黟旅游公司在介入宏村旅游时，其掌控的景区内部核心景观资源多而商业性资源少，导致企业在旅游初始发展阶段只能选择景点、景区经营，形成了景区高收费、低商业化经营的盈利模式，门票经济依赖性较强。随着景区经营效应的扩大，在企业能力不断增强和景区内部资源利用成本过高的情况下，企业进一步选择景区外围商业开发模式，以期获得房地产开发收益和部分商业经营收益。随着游客服务边界不断向外扩张，企业突破景区经营的狭隘思维，选择旅游目的地综合开发模式，进一步整合景区外围资源实现旅游目的地服务一体化发展，最大化地摄取旅游综合价值。

第 6 章　古村镇遗产旅游景区经营的模式选择与优化

6.1　古村镇遗产旅游景区经营的目标与主要领域

6.1.1　景区经营的目标

　　景区经营是古村镇遗产保护与旅游开发的首要选择，无论是外部企业还是集体或地方国有企业介入古村镇遗产旅游都会首先投资、建设与经营旅游景区。凡是经营管理活动都有目标，目标性是经营管理活动的共同特征[①]。旅游景区的经营会因景区资源的类别、等级、经营条件以及经营企业本身的能力与诉求不同，在目标上产生较大的差异。古村镇旅游景区作为典型的社区型景区，依托于权属复杂、保护严格的古民居古建筑等遗产资源，存在复杂的利益相关主体关系，特别是在引入外部资本进行旅游开发经营时，景区企业经营目标更加复杂化，形成了一个多维目标系统，或者一个目标束。

　　根据第 1 章和第 2 章的内容[②]，古村镇旅游景区经营必须在平衡景区游客体验（环境营造）与商业价值（资源利用）之中追求最大的价值回报。所以，古村镇旅游景区经营企业的核心目标还是追求景区收益最大化，但这种经济目标追求会受到遗产资源保护目标的强制性要求，也会受到社区发展目标的制约（图 6.1）。

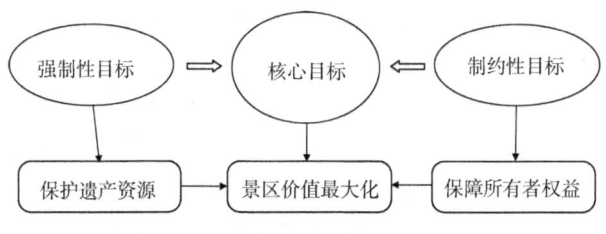

图 6.1　古村镇旅游景区经营目标束

---

　　① 田世政. 2007. 基于系统分析的旅游景区管理研究框架构建——以公共资源型景区为例[J]. 西南大学学报（人文社会科学版），（2）：141-146.
　　② 古村镇遗产旅游经营的最终目标是在保护与利用遗产资源的前提下，通过旅游景区生产与商业服务供给，获取古村镇遗产旅游的最大价值回报。

1. 核心目标：吸引与服务游客，追求景区价值最大化

对于旅游开发企业而言，其利益诉求相对明确，以追求最大经济价值为目标，即通过协议或授权获取一定期限的古村镇遗产资源经营权，投资进行古村镇景区化建设，加强古村镇遗产吸引物保护与旅游吸引力提升，改善古村镇旅游接待环境与设施水平，同时组建运营管理团队，加强古村镇旅游景区宣传推介、景区服务与管理，努力塑造古村镇旅游形象与品牌，目的是吸引更多的游客，提高景区门票及其服务收益，创造更多的景区服务价值，并在良好的游览与服务环境中提高游客的满意度与重游率。

与此同时，景区经营的另一个重要任务是内容生产与组织，即如何利用景区有限的商业空间，优化旅游产品与服务业态供给，以更好地吸引游客逗留消费，以产生更好的旅游体验，提高古村镇旅游消费的时间与水平，从而提高旅游商业收益，创造更多的商业服务价值。

由此来看，古村镇旅游吸引物、景区配套服务与商业服务供给共同构成了旅游景区体验和消费的主要内容。景区经营企业一般通过门票与服务收费、直接提供商业服务的方式获得游客消费收入，也可以通过旅游项目特许经营、物业出租的方式获得特许经营收入和物业租金收入（资产性收益），更重要的是通过景区服务与商业经营的优化提升，进一步提高景区整体资源与资产的价值。

综上所述，景区价值最大化的目标主要来自景区服务价值、商业服务价值、资产性经营价值、资源与资产增值四个方向。其中前两者来源于游客体验与服务价值的创造，后两者来源于景区及其商业价值的创造，最终都来源于游客体验与服务价值的创造（图6.2）。

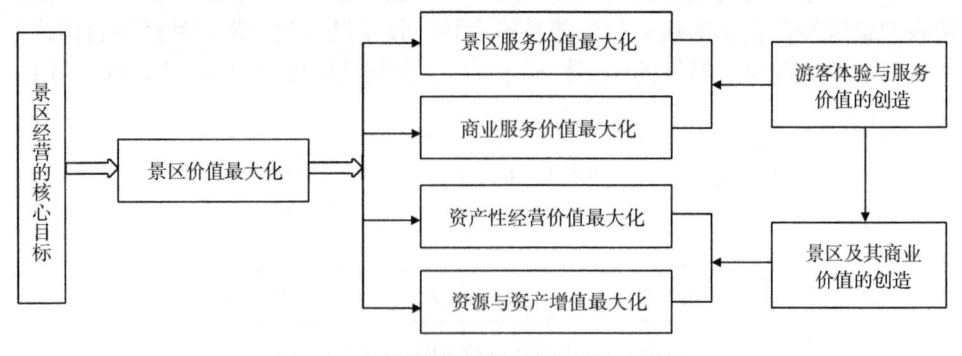

图6.2 古村镇旅游景区经营的核心目标

2. 强制性目标：保护遗产资源，提高遗产旅游吸引力

对于古村镇旅游景区经营来说，景区企业不仅是旅游市场经济的价值创造主

体，而且是在一定条件下承担服务古村镇地方社会发展的责任主体[①]。古村镇遗产资源的保护是国家使命。对于当地政府而言，古村镇遗产旅游开发应当坚持保护为前提，通过引入外部资本促进古村镇遗产旅游开发与景区经营，实现所有权与经营权相分离，政府保留对古村镇遗产资源保护的监督权利，督促企业落实遗产资源的保护责任，特别是在经营契约中的保护义务，这也是相关法律法规所带来的强制性责任与义务，虽然增加了景区经营的成本，但也可能通过保护和遗产活化利用，提高古村镇遗产旅游吸引力，带来比较好的经济效益。

3. 制约性目标：保障所有者权益，促进社区协同发展

古村镇遗产资源归集体与原居民共同所有。对于社区居民而言，因大多古村镇位于地理偏远的贫困地区，古村镇居民都希望通过遗产旅游获得好的生计机会，享受遗产旅游带来的各种红利，进而提高其收入水平。同时，居民也期待借助遗产旅游开发，改善村镇社区基础设施条件，提高社区生活水平和质量。当然，居民参与旅游生计和改善生活条件的行动可能存在一些破坏性，与资源环境保护及景区经营之间存在着一些冲突或矛盾。如何保障居民的生计与生活权益构成了景区经营的一个制约性目标。此外，对于村镇集体而言，主要是保护集体资源不受破坏，实现集体资产保值增值，这也是对景区经营的又一制约性目标，即如何保障集体所有者的权益，促进古村镇遗产社区发展。

6.1.2　景区经营领域的一般划分

景区企业在依托古村镇遗产资源进行旅游景区经营过程中，其提供的产品和服务主要表现为两类：一类是直接依托遗产空间及其核心景观资源进行场景式打造，通过提供基础性遗产观光体验、文化教育活动来吸引游客，以获得门票收入为主的景区服务经营，构成古村镇遗产旅游基础性经营内容；另一类是用于满足游客在遗产旅游过程中吃、住、行、游、购、娱等多元化需求，在景区内外提供的游乐项目及商业性服务[②]，构成古村镇旅游提升性经营内容。总的来说，古村镇旅游经营主要包含景区经营和商业经营两大模块（图6.3）。

[①] 吕宛青，葛绪锋. 2020. 社区旅游经营者社会责任：驱动因素与表现形式——基于社会资本理论的视角[J]. 思想战线，46（5）：156-164.

[②] 王跃伟，曹宁，陈航. 2016. 景区类旅游公司利益相关者共同治理模式研究[J]. 辽宁大学学报（哲学社会科学版），44（4）：77-83.

```
                          ┌─────────────┐
                          │  景区经营领域  │
                          └──────┬──────┘
                   ┌─────────────┴─────────────┐
              ┌────┴────┐                 ┌────┴────┐
              │  景区经营  │                 │  商业经营  │
              └────┬────┘                 └────┬────┘
           ┌──────┴──────┐               ┌────┴──────┐
      ┌────┴────┐   ┌────┴────┐     ┌────┴────┐ ┌────┴────┐
      │景区游览服务│   │ 物业管理 │     │特色旅游项目│ │一般商业服务│
      └────┬────┘   └────┬────┘     └────┬────┘ └────┬────┘
```

景区参观点打造	景区归属资产管理	各类主题游乐项目	景区住宿接待服务
景区游览点打造	景区设施设备维护	各类主题演艺项目	景区餐饮接待服务
景区配套服务完善	景区环境卫生维护	营利性节事项目	景区旅游商品服务
	经营性资产的招租经营		景区休闲娱乐服务
			景区健康养生服务

| 以打造景区吸引物、游客服务系统为主 | 以商品消费和服务收费为主 | 以参与体验性消费为主，与公共游览空间相关 | 以传统服务业为主，与商业空间相关 |

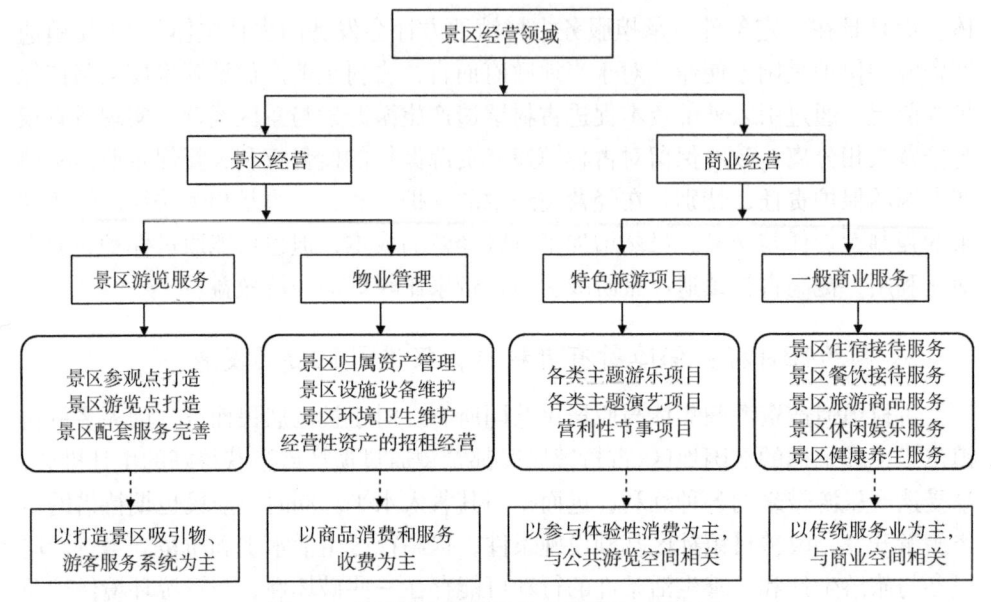

图 6.3　古村镇旅游景区经营领域的一般划分

首先，景区经营领域主要包括景区游览服务和物业管理两个子业务。其中，景区游览服务主要是景区公司基于资源空间的利用，对景区核心吸引物及其游客服务系统进行打造和完善，包括古村镇各种参观点、游览点及其景区配套服务（如导游、景区交通服务、游客服务设施等），集中反映在各类门票经营方面，并以此来创造景区更高的商业价值；物业管理主要是景区公司基于景区环境的总体营造，对景区归属资产、设施设备、环境卫生的管理与维护，特别是对古村镇各类经营性资产的招租经营方面，作为景区支持性经营服务，主要以商品消费和服务收费为主，并以此来创造更好的游客体验。

其次，商业经营领域主要指围绕游客吃、住、行、游、购、娱等消费需求进行相应的产品与服务的投资经营过程，主要包括购物、餐饮、住宿、景区交通、非遗产展示类游乐项目等商业服务内容，是景区功能分区和业态布局的重要组成部分，具体可以划分为两个大类经营项目：一是特色旅游项目，以参与性、体验性旅游项目和人次性收费为主，包括各类主题游乐、主题演艺、营利性节事项目，与公共游览空间利用密切相关，可丰富古村镇文化旅游体验内容；二是一般商业服务，包括住宿接待、餐饮接待、旅游商品、休闲娱乐、健康养生等，以传统服务业为主，它与可获取、可利用的商业资源和空间密切相关，更取决于商业品牌、团队、经验等经营要素的整合。景区通过商业经营，一方面可以满足游客的多样化的旅游消费需求，提升游客旅游体验与满意度；另一方面可为景区所在社区居民提供就业机会，甚至为当地社区经济发展起到辐射带动效应。

6.1.3 景区经营企业和参与主体

1. 景区经营企业

景区经营企业是指获取古村镇遗产旅游经营权，负责古村镇旅游景区经营的企业，一般有四种组建形式[①]。

（1）外来企业：这类企业以民营企业为主，也包括了一些省内或跨省国有控股旅游企业，往往资金实力雄厚，多为具有多元化业务范围的大型集团公司，它们大多采取整体租赁、承包经营等方式，通过签订专门的租赁或经营协议获得经营权，更多地侧重于门票收费模式，并带有部分商业地产项目，以确保较高的投资回报率。

（2）集体企业：即村办企业，主要包括村庄集体企业和合作社企业。通过采取集体出资或者村民集资的方式组建旅游经营公司，实行按劳分配和按股利分红相结合的分配方式，以企业化经营形式及多元化经营途径，对古村镇实行自主经营。

（3）当地政府国资企业：采取政府主导原则，由当地政府组建相应的国有资产经营公司，将国有相关资产、公共资源以划拨的形式交由公司经营，从事古村镇旅游开发经营活动，不仅承担旅游景区经营的职责，还承担着其他旅游项目开发与土地收储、招商任务。

（4）混合所有制企业（股份制合作企业）：是指为筹集资金与整合市场资源，由政府或国有公司牵头，联合村镇集体经济，与一家或多家民营资本（或外部资本）联合组建股份制企业，是国有企业、集体企业和民营企业的合作投资经营的结果，古村镇的国有资产与集体资源作价入股，由该股份制企业负责对古村镇进行旅游开发经营。

此外，上述各类企业在组建时所具备的初始经营能力和获取的初始资源是不一样的（表 6.1）。一般来讲，外来企业主要通过政府招商的方式介入古村镇，而当地政府往往会引入一些比较有实力的外来资本负责古村镇旅游整体或部分项目开发。因此，这类企业通常具有较强的经济实力和宽泛的业务领域，可为古村镇景区经营带来较大的资本优势。然而，由于古村镇遗产资源的特殊性，大部分资源掌握在当地政府与社区居民手中，外来企业作为经营者只能获取少部分资源的使用权。集体企业一般属于资源垄断性和资源经营型企业，其经营能力有限，但由于容易获得地方政府和村民的支持，其可利用的资源多。当地政府国资企业一般是代表地方政府对古村镇进行投资经营管理，所以经营能力一般、可利用资源

[①] 张薇. 2014. 民营资本介入对古村镇旅游社区关系的影响研究[D]. 华东师范大学硕士学位论文.

一般。混合所有制企业由于是由国有资本、集体资本、民营资本等共同参股组建而成的，经营主体能够掌握古村镇内公共资源与集体所有资源，且其自身经营管理能力也较强。

表6.1 景区不同经营企业的经营能力和资源占用表现

经营企业形式	经营能力	资源占用
外来企业	较强	较少
集体企业	弱	多
当地政府国资企业	一般	一般
混合所有制企业	较强	较多

2. 参与主体

1）景区商户

景区商户主要包括本地居民商户、外来商户（也包含特色旅游项目经营者），在本章中统一称为景区商户。随着古村镇旅游发展愈加成熟，景区商业经营也随之增多，古村镇商业发展逐渐成形[1]。

首先，在旅游发展前期，古村镇村民通过兜售当地土特产品、从事小商业经营或者通过出租空闲房屋来获得收入，本地居民商户开始出现，与企业景区经营既有冲突也有互补性；同时他们在景区经营中会跟企业形成一定的门票收入分红与租赁关系。其中的租赁关系主要体现在：本地居民将自己的商铺和房屋租赁给企业用以开展旅游经营活动，本地居民获得固定的租金收益。

其次，在旅游发展中后期，越来越多的游客涌入古村镇，迸发出强烈的商业需求，本地居民商户的弊端逐渐显现出来，为了降低风险，越来越多的本地村民开始将房屋租赁给外来商户经营，以此获取更多的利润。因此，原居民选择生活外迁，古村镇中出现了外来商户[2]，外来商户在景区经营中会跟企业形成一定的商业关系，这种关系既有竞争又有合作。竞争主要体现在外来商户与在景区内部的自营商业会产生竞争关系；合作主要体现在外来商户有效补充了景区的特色旅游体验项目与一些专业性服务产品，而这方面需要更具有专业经营能力、品牌影响力的外来商户提供，与企业经营形成了很好的互补性，企业甚至提供相关的优

---

[1] Macleod D V L. 2004. Tourism, Globalisation and Cultural Change: an Island Community Perspective [M]. Bristol: Channel View Publications: 38.

[2] 李鑫, 张晓萍. 2012. 试论旅游地空间商品化与古镇居民生活空间置换的关系及影响[J]. 旅游研究, 4(4): 25-31.

惠条件来招徕这部分外来商户。

2）社区主体（村镇集体与社区居民）

社区主体主要包含村镇集体和社区居民，他们不仅是古村镇的所有者，也是古村镇旅游的直接参与者，更是古村镇旅游吸引力的重要组成部分。一方面，社区主体可以通过参与旅游经营活动，从中直接获益；另一方面社区主体也承担着旅游发展所带来的环境破坏、文化衰退等负面影响。在景区经营中，社区主体跟企业、商户之间会形成不同的经济关系，具体表现在以下方面（图6.4）。

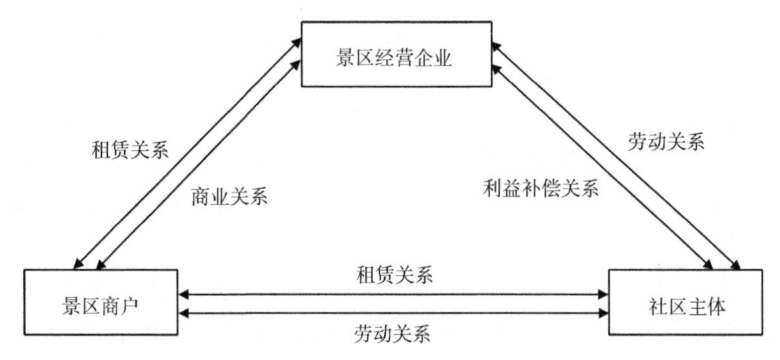

图6.4 景区经营企业与参与主体的经济关系图

（1）租赁关系。社区主体与企业、商户之间分别存在着租赁关系。社区主体将自身所有的商铺和房屋资源租赁给企业或商户用以开展商业经营活动，企业和商户每年向社区主体缴纳固定的租金。

（2）劳动关系。社区主体与企业、商户之间分别存在着劳动关系。企业和商户通过景区旅游与商业经营，向社区主体提供一定的就业机会，社区主体通过劳动力的转让获取相应的报酬。古村镇社区出让劳动力资源参与古村镇旅游经济活动，以此获取收益，有利于增加社区权利，同时也有利于旅游扶贫减贫。

（3）利益补偿关系。社区主体与企业之间存在着利益补偿关系。首先，企业介入古村镇旅游开发必然会征用或承包社区主体的部分房屋与土地以进行景点改造或商业开发；此外，旅游开发之后，社区主体全部生产生活场景成为古村镇旅游产品的一部分，社区承担着旅游带来的生态环境压力，所以为了弥补社区主体这部分损失，企业往往会采取资源使用补偿的方式一次性将补偿金发放给社区主体，或采用门票补偿的方式，每年按照约定的比例给社区主体一定的门票分成作为补偿。

6.2 古村镇遗产旅游景区经营模式的选择机理

6.2.1 企业投资经营景区面临的主要约束

1. 资源占用

围绕景区收益这一核心内容，对于企业经营而言，对可经营性资源的占用（包括范围、规模、期限、成本、权限等）是决定企业投入成本与产出效益的主要因素，而可经营性资源的占用程度受制于企业所获取的资源经营权，即经营契约。旅游资源经营权主要指旅游企业在一定期限内对旅游资源占有、使用和享受收益的权力[①]。在古村镇遗产旅游经营过程中，景区企业对古村镇遗产空间范围内外的资源占用越大，意味着可开发利用的空间就越多，就越有助于景区产品打造与商业经营，反之则相反。

但是在农村土地集体经济制度背景下，古村镇房地资源的占用受到复杂的产权关系以及遗产保护相关法规的双重约束，古村镇遗产资源的利用存在一些限制性。景区企业对古村镇遗产旅游的经营，即是对遗产物资源、遗产空间与村镇环境的综合使用，而在使用和经营过程中，会受到居民、集体和地方政府的不同约束和限制[②]。

（1）古村镇遗产资源以古民居为主，大部分古民居都为村民所有。古村镇居民对古民居的所有权为私有产权或共有产权，以古民居资源为依托进行古村镇遗产旅游景区建设与经营时，理应得到古民居所有者的支持与集体授权，并通过契约的形式协商景区经营的各项事宜，包括给予居民的利益分配。

（2）除居民所有的古民居之外，其他古建筑如祠堂、牌坊、戏台、桥梁等以及古村镇依存的环境与基础设施系统如水系和道路等，作为古村镇共用共享的公共设施，一般为当地村镇集体所有。此外，古村镇内外田园、土地资源都归农村集体所有、农户承包经营，因而古村镇所有土地由村镇集体行使所有权。因此，古村镇遗产旅游景区建设与经营都需要获得村镇集体的支持与授权，要对集体资源的使用付费。

（3）作为不可移动文物遗产的古民居、古建筑，虽然狭义所有权属于私人或集体所有，但广义所有权还是属于国家所有。按照我国相关法律法规，对于这些文物遗产资源，私人或集体所有者也无权随意处置，必须在保护文物遗产的前提

---

① 杨广虎. 2002-10-30. 旅游资源经营权探析[N]. 中国旅游报.
② 华章，周武忠. 2021. 基于空间生产理论的乡村旅游社区空间演化与治理研究——以无锡市鸿山街道大坊桥旅游社区为例[J]. 江苏社会科学，(2)：232-240.

下进行合适的修复与使用，应当以国家对文化遗产的规定性为前提。实质上古村镇作为文化遗产，是历史形成的，是千百年来多少代居民共同努力修建与保护的结果，具有公共性，其最终所有权为国家所有。地方政府作为国家所有权的代理人，有权利也有义务对古村镇历史文化遗产进行管理。

因此，在外部企业介入古村镇进行景区经营的过程中，其经营领域、方式受到可获取的经营资源及其获取成本、利用权限、预期经营投入等因素的影响。以宏村为例，1997年中坤集团以整体租赁的方式介入宏村旅游发展后，组织成立京黟旅游公司，按照当时经营契约掌握了宏村内部若干古祠堂、古民居、南湖等在内的具有代表性景观资源，在保持宏村原先封闭式经营的基础上，投入400万元资金用于宏村代表性景观资源的修缮保护以及旅游设施的完善，并将宏村门票价格提高至104元。然而京黟旅游公司在介入宏村旅游开发时，因各种原因几乎没有掌握到其内部其他空间资源的使用权，导致该公司在宏村旅游起步发展后，很难在景区内部进行商业开发或者商业经营，只能转向古村镇外部空间进行商业开发，由此在景区经营模式上就倒逼为以简单的门票经营为主，门票经济现象严重。

2. 经营能力

对于古村镇旅游景区经营来说，景区企业不仅是旅游市场经济的价值创造主体，而且是在一定条件下承担服务古村镇地方社会发展的责任主体[①]。古村镇遗产旅游经营的好坏取决于景区企业本身的能力强弱，取决于景区企业整合内外资源共同投资经营景区的结果。因此，景区企业经营能力的强弱也是古村镇遗产旅游经营模式选择的关键影响因素之一。根据古村镇旅游景区经营的领域划分，景区企业的经营能力主要由景区基础服务能力和提升经营能力两个部分构成。其中，基础服务能力包括古村镇遗产保护能力和景点景区经营能力，提升经营能力包括经营吃、住、行、游、购、娱等具体项目的商业经营能力。

一般来说，上述不同景区经营企业的经营能力会受到资本实力、业务领域和投资偏好三个因素影响，从而表现出不同的景区经营能力[②]（表6.2）。其中，资本实力主要是指企业可投入资金规模的大小，资本实力强意味着其投资开发与资源整合能力较强，有助于景区建设与商业开发；业务领域主要是指企业擅长的主营业务领域及经营范围，业务范围众多且关联性强、品牌与团队建设好的企业，综合经营能力也相应较强，有助于商业经营；投资偏好主要是指企业在投资过程

[①] 吕宛青，葛绪锋. 2020. 社区旅游经营者社会责任：驱动因素与表现形式——基于社会资本理论的视角[J]. 思想战线，46（5）：156-164.

[②] 张利平. 2014. 古村镇旅游盈利模式研究[D]. 华东师范大学硕士学位论文.

中所倾向的心理或行为表现，敢于冒险且倾向不断创新的企业，其投资经营的意愿和能力都相对较强，有助于旅游项目开发。

表6.2 各种企业在不同影响因素下的经营能力表现

景区经营企业	资本实力	业务领域	投资偏好	基础服务能力	提升经营能力
外来企业	强	多而全	喜欢单打独斗、敢于冒险	强	强
集体企业	弱	少而专	比较保守、独立经营	强	弱
当地政府国资企业	一般	一般	一般	强	一般
混合所有制企业	较强	较多、较全	期待与其他企业合作	较强	较强

6.2.2 景区投资经营状态矩阵的构建

根据对古村镇遗产旅游景区经营的约束条件分析，企业获取旅游经营权后会根据自身的初始经营能力和可获取的资源条件进行投资经营业务的选择。换言之，古村镇旅游景区经营业务与方式的选择主要受制于企业占用资源的多少和经营能力的强弱。

因此，可以依据资源占用和经营能力这两个投资经营约束维度构建景区企业的投资经营矩阵（图6.5），其中，横向表示景区企业在古村镇旅游经营中资源占用的多少，资源占用实际上是对遗产空间的使用权限，由于古村镇遗产空间以古民居等私人空间居多，而公共空间是比较固定也容易获取的，所以资源占用主要表征为对私人资源空间的占用，景区企业对空间资源占用越多，景区开发与经营

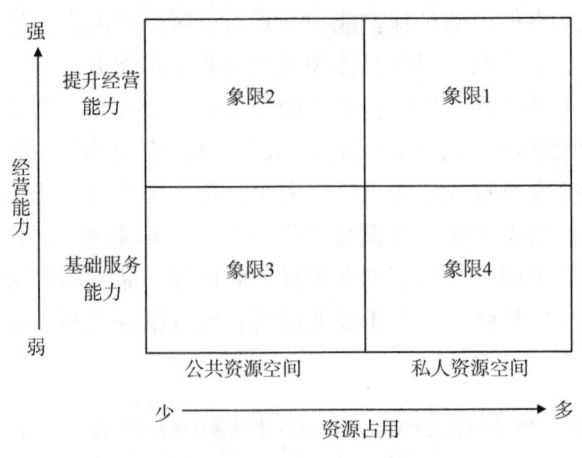

图6.5 古村镇旅游景区企业的投资经营矩阵

的难度就越小，可利用的商业空间就越多，未来旅游项目与商业开发经营的潜力就越大，景区商业经营盈利可能性就越大。纵向表示景区企业在遗产旅游经营中的能力强弱表现，一般来说企业资本实力越强、擅长的业务领域越多，抗风险能力越大，综合投资经营能力越强，因此景区企业经营能力的强弱表现主要在从单一的景区经营能力到更加多元化的商业经营能力方面，更加侧重于商业经营能力的表现上，让景区企业具备了更强的综合投资经营能力。

根据图 6.5 中企业面临的投资经营条件，可将两个维度的不同表现划分为四个象限，分别代表古村镇遗产旅游景区经营的四种状态，每种状态各有其特点，主要表现如下。

（1）象限 1 的状态为资源占用多，经营能力强。表明企业对古村镇资源空间占用较多，部分或全部私有空间已经被流转到企业手中，而且企业商业经营能力较强，可能导致景区商业经营程度较高，景区游览服务、物业经营也相对较好。

（2）象限 2 的状态为资源占用少，经营能力强。表明企业对古村镇资源空间占用较少，以公共资源空间为主，但企业商业经营能力很强，可能导致景区侧重于特色旅游项目经营与企业擅长的商业领域经营，景区商业服务较好，游览服务一般。

（3）象限 3 的状态为资源占用少，经营能力弱。表明企业对古村镇资源空间占用少，以公共资源空间为主，同时企业商业经营能力较弱，可能导致景区以游览服务经营为主，商业服务较差。

（4）象限 4 的状态为资源占用多，经营能力弱。表明企业对古村镇资源空间占用很多，部分或全部私有空间被流转到企业手中，但企业商业经营能力较弱，可能导致景区以游览服务和物业经营为主，商业服务一般。

6.2.3 景区经营模式的选择模型

古村镇遗产旅游经营企业一般通过门票收费与服务收费的方式直接获得游客消费收入，也可以通过旅游项目特许经营、物业出租的方式获得特许经营收入和物业租金收入，同时还要争取企业自身资产的增值性收益（仅是集体企业或混合企业在这方面具有较强的诉求）。为此，企业一般会根据自身的经营能力，在不同的资源条件下，进行投资经营领域的最优选择，以获得最大化的价值效果。

因此，结合前面对"能力 C—资源 R—业务 B 选择"之间影响关系的分析与探讨，可将景区经营模式进一步总结为一个 CRB 经营选择模型，即根据企业自身经营能力的侧重，在不同的资源占用条件下，对景区各种经营领域或业务选择会呈现出四种不同的倾向，分别代表着四种不同的经营模式（图6.6）。

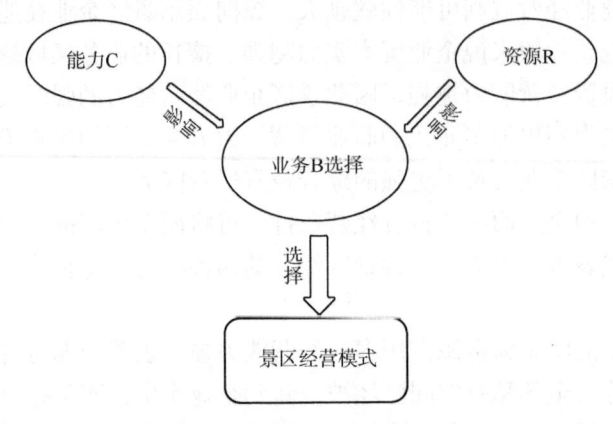

图 6.6 CRB 经营选择模型

能力 C 和资源 R 的初始假设情况不同，使得企业做出不同经营选择以实现投资价值最大化的目标，具体表现在以下方面。

1. 当企业一开始不具备或者不擅长商业经营时

在这种假设情况下，企业仅占有公共资源空间，只能从事景区游览服务的投入与经营。此外，当企业占有更多私有资源空间（形成一定物业资产），就需要在景区游览服务与物业经营中进行选择，一般来说会更倾向于招商经营，吸引商户前来经营，以商业内容吸引更多的游客前往消费，从而收取更多的租金，追求资产增值。

2. 当企业一开始擅长商业经营或具备商业经营能力时

在这种假设情况下，企业仅占有公共资源空间，在景区基础性游览服务的基础上，一般会加强特色旅游服务项目投资经营，因为占用资源较少，所以对景区投入比较少，对特色旅游服务项目投入比较多，尽可能争取二次消费收益。虽然商业空间获取不易，但企业存在追求商业空间开发与商业经营的强烈动机。此外，当企业占有更多私有资源空间时，企业就会倾向于商业开发、部分商业经营与部分物业招商经营，以获取综合性收益。

基于以上假设，由此就形成了四种比较典型的景区经营模式，包括景区服务模式（收费与门票经济倾向）、物业经营模式（招商与商业化经营倾向）、商业开发模式（项目开发与空地经营倾向）和复合经营模式（图6.7）。

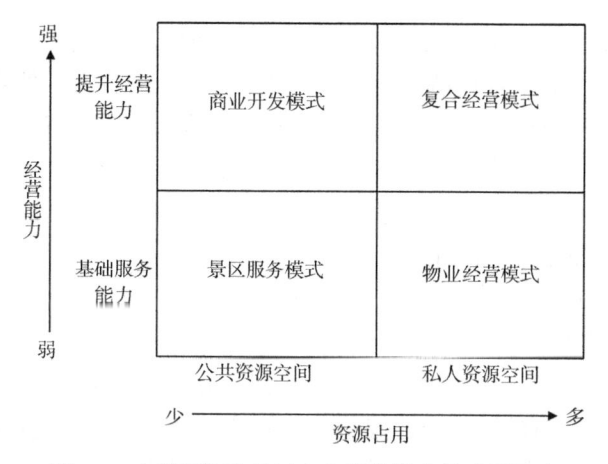

图 6.7 古村镇旅游景区企业经营模式的选择矩阵

6.3 古村镇遗产旅游景区经营模式的划分与实证比较

6.3.1 景区服务模式：以宏村景区为例

1. 模式特点

景区服务模式是一种以景区游览与体验服务为主的低收费、低商业化经营模式，是企业在初始资源占用低、初始经营能力低的情况下所采取的主要经营策略；比较适用于外来企业获得古村镇旅游整体租赁与承包经营，但以公共资源占用为主，商业资源占用少的情形。在该情形下，古村镇遗产资源大多归当地居民所有，集体仅拥有公共资源与环境空间，企业按整体性租赁经营合约的方式，获得古村镇旅游景区（仅以公共资源与村落环境空间为主）的长期经营权，政府或村镇集体授权外来企业负责对古村镇进行垄断性景区投资、建设与经营，企业按约定支付租赁费用或按经营收益分成。该模式主要具有以下运行特点。

首先，外来企业通过政府招商介入为主，仅仅获得古村镇有限的政府或集体所有的资源使用权，以及古村镇旅游景区经营权（以公共资源与环境空间使用为主）。由企业与古村镇当地政府或集体组织签订租赁经营合同或协议，企业负责古村镇遗产资源（占用部分）保护与修缮投入、村镇环境治理投入、景区公共服务设施建设与维护投入等。

其次，外来企业拥有古村镇旅游景点、景区的独家经营权，在其他商业资源占用少且商业经营能力欠缺的情况下，只能提供有限的景点、景区服务产品，加大市场宣传营销，以吸引接待更多的游客前往参观游览，通过对来访游客人次门票收费来快速获取投资回报，以弥补前期景区保护与建设投入成本。

在该模式下，如果古村镇遗产保护与环境管护压力较大，外来企业前期投入与每年的管护性支出较多，单一的门票收益难以维持企业的持续经营，将倒逼企业不得不通过捆绑式的旅游项目投资开发来增加收益来源，企业会在景区投资经营的同时，跟当地政府合作进行景区周边旅游项目或土地空间商业开发，以获得因景区经营成功而溢出的商业价值。

2. 案例分析

安徽宏村旅游始于 1986 年黟县旅游局以 8 万元买下承志堂并对外开放，在经历了政府直接管理和村集体经营效益不佳的阶段后，政府通过招商引资于 1998 年引入中坤集团，由中坤集团以整体租赁方式买断宏村 30 年旅游经营权，并成立京黟旅游公司，负责宏村旅游的日常经营活动。然而，由于宏村大部分资源属于居民拥有且自住自营性比较高，京黟旅游公司对宏村内部商业性资源空间掌控程度很低，导致该公司只能通过有限景区服务提高景区门票收费来获取较快的经营回报，自此宏村旅游正式走向高门票收费、低程度商业化的低嵌入性景区服务模式（图 6.8）。

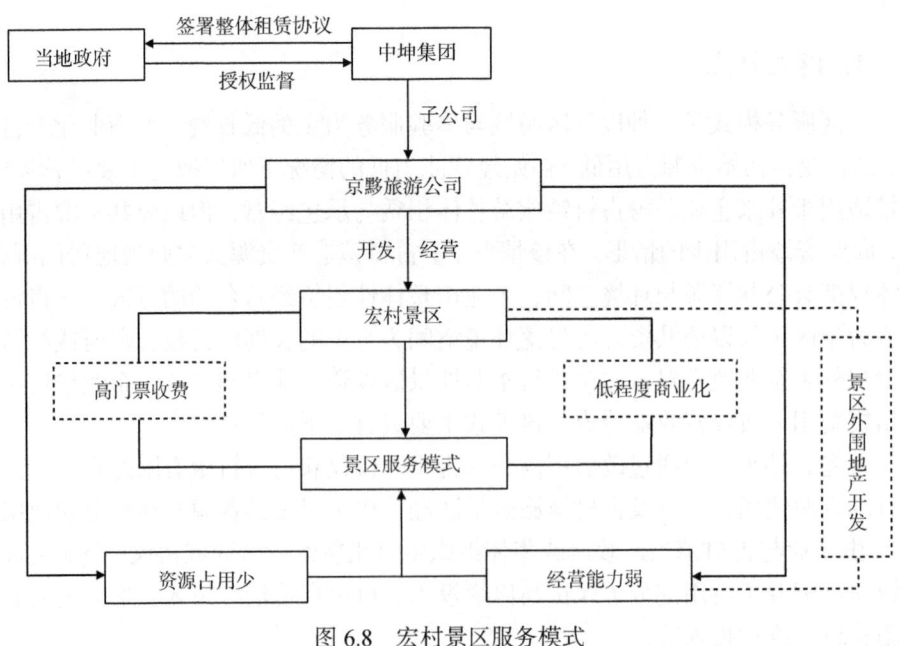

图 6.8 宏村景区服务模式

第一，在资源占用方面，企业占用的商业资源较少。京黟旅游公司在介入宏村旅游开发时，古民居和商铺资源都掌控在当地居民手中，景区企业几乎没有掌握到其内部可商业使用的物业资源，只掌握了部分核心景观资源，使得公司在宏村内的资源占用主要体现在有限古建筑的修缮与保护性利用、景区配套服务设施建设与使用上，内部的商业性项目开发较少，导致公司倾向于选择全封闭型的景区服务管理加门票收费方式，向游客收取较高的门票来弥补前期遗产保护与景区建设资金的投入。

第二，在经营能力方面，企业的商业经营能力一般。京黟旅游公司在宏村景区内的基础性服务能力较强，主要体现在自京黟旅游公司介入后，宏村景区基础设施、旅游服务设施等得到较大的完善和提升，基本满足游客的景区游览需求。但京黟旅游公司的商业经营能力有限，中坤集团当时并不擅长一些具体旅游服务业态经营，同时京黟旅游公司的初创团队商业经营人才与经验都不足，也导致了公司对于景区内部商业开发与经营的动机不强。

第三，京黟旅游公司在宏村景区经营上选择了单一景区参观游览服务与门票收费方式，前期投入虽然比较高但由于资源品级高、市场营销成功，各方面因素致使宏村旅游景区越来越红，游客接待越来越多，企业迅速完成了投入回收。随着景区经营的成功，单一景区门票经营难以满足公司的投资需求，为了获取景区经营的更高效应与更大的投资回报，中坤集团以宏村景区为依托，在其周边进行捆绑式旅游房地产开发与部分商业经营，相继开发了奇墅湖国际旅游度假村、奇墅仙境中坤国际大酒店、梓路寺文化旅游景点、文化实景演出《宏村·阿菊》以及宏村印象旅游综合体等项目，通过景区周边商业地产开发大大扩大了企业投资宏村旅游景区的综合效益。

3. 模式评估

对于一些资金缺乏、市场经营能力缺乏但资源品级相对较高的古村镇来说，通过整体租赁经营的方式，引入外部资本能够迅速解决景区建设与旅游市场招徕难题。但是由于古村镇内部资源配置问题，企业往往选择景区服务模式，这是一种投资方式简单、收益预期稳定、市场运营方式简单的经营模式，相对来说经营风险不大，企业享有较大的经营自主权，但盈利空间有限，企业如果不能获取更多的内外部资源，不能从事其他商业开发与经营时，就很难获取景区成功经营带来的综合效益。从而可能导致企业陷入门票经济的经营困局中，限制了居民参与和外来商户的盈利空间，往往会导致企业与居民商户的经营冲突。同时不管景区经营效益好坏，古村镇资源产权的复杂关系导致门票利益分配不均，造成社区矛盾激化的情况也时有发生[①]。

---

① 杨琴，田银华. 2018. 反公共地悲剧：乡村旅游经营行为研究[J]. 旅游学刊，33（8）：29-36.

6.3.2 物业经营模式：以袁家村景区为例

1. 模式特点

物业经营模式是一种以景区物业资源与资产经营为主的低收费、高商业化经营模式，是企业在大量持有古村镇物业资源与资产，但初始经营能力较低的情况下所采取的主要经营策略。该模式比较适用于村镇集体企业或地方政府国有企业直接拥有古村镇旅游经营权，同时集体或私人物业资源占用较多的情形。该情形下，古村镇大部分资源都掌握在企业手中，为了发挥资源与资产的最大价值，企业不仅要进行景区建设吸引游客，还要通过招商选商打造商业服务场景，提高商业服务吸引力，进而在激发游客在地消费、优化商业服务结构中提高物业租金收益和物业资产价值。该模式主要具有以下运行特点。

首先，企业以较低的成本获得了古村镇旅游经营权和大部分物业资源的使用权，一般是古村镇所在地方政府国有企业或村镇集体企业，具有天然的资源占用优势。同时，企业带有较强的地方与社区利益关联性，具有较强的动力进行景区建设与提升，提供较好的景区旅游服务环境，以较低的门票价格或免费开放的方式尽可能吸引游客来访。

其次，企业初始经营能力较弱，无法从事一般商业经营，而手中持有的物业资源又存在出售限制。因此，企业一般选择进行商业开发与物业经营，通常会采取招租招商、特许经营的方式来吸引更多优质商户，通过提升景区商业服务吸引力来创造更大商业价值，进而获得更高的物业租金收入，通过商户盈利而不是通过游客服务盈利。

2. 案例分析

陕西袁家村于2007年通过村庄产业转型发展乡村民俗旅游，逐渐进入了内源式村集体自治发展阶段[1]。经过十余年的旅游发展，旅游接待人次从2007年的3万增加到2019年的580万，旅游人数曾一度超过陕西传统旅游景点——兵马俑，尤其是2019年的旅游总收入更是突破10亿元，村民人均年收入高达10万元，被誉为乡村旅游的"关中第一村"[2]。袁家村乡村民俗旅游发展取得如此巨大成功，离不开村委会主导成立的陕西关中印象旅游有限公司独特的物业管理经营模式

---

[1] 黄鑫，邹统钎，储德平. 2020. 旅游乡村治理演变机理及模式研究——陕西袁家村1949—2019年纵向案例研究[J]. 人文地理，35（3）：93-103.

[2] 陈水映，梁学成，余东丰，等. 2020. 传统村落向旅游特色小镇转型的驱动因素研究——以陕西袁家村为例[J]. 旅游学刊，35（7）：73-85.

第 6 章　古村镇遗产旅游景区经营的模式选择与优化　·125·

(图 6.9),采取景区免收门票的形式,走出了一条有特色的旅游集体经济发展道路。这种模式的选择主要源于以下两个方面原因。

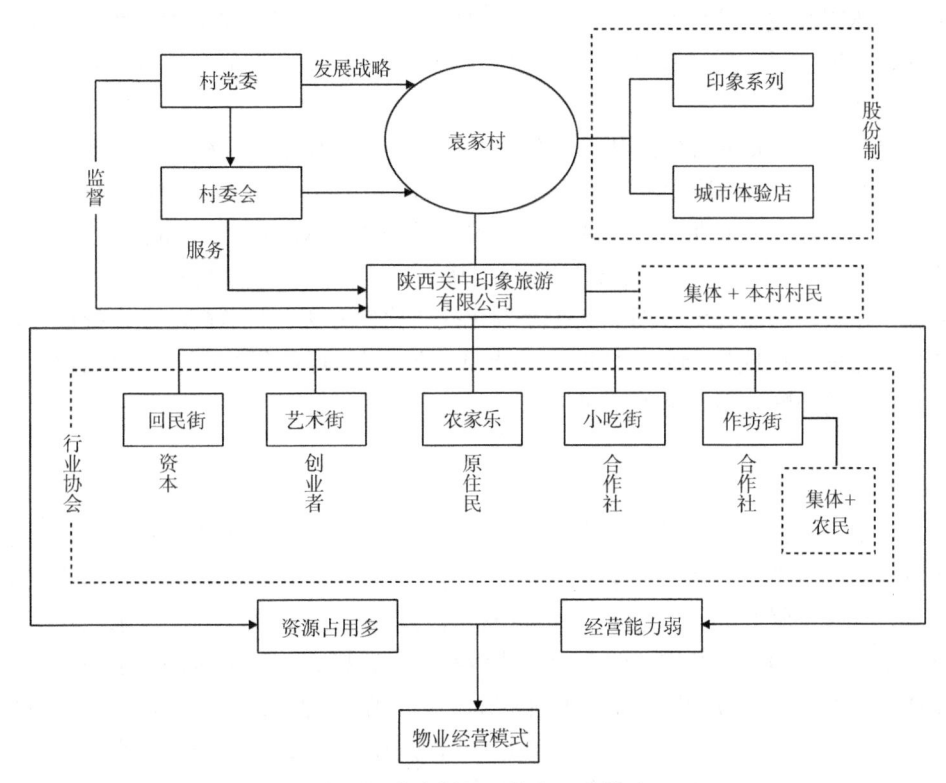

图 6.9　袁家村景区物业经营模式

第一,在资源占用方面,企业可占用资源较多。通过实行村委会领导下的村办企业治理,村集体闲置资源被盘活,无论是小吃街还是村内其他资源,陕西关中印象旅游有限公司在村民的集体认同和大力支持下占有了古村落内较多的集体资源和一定数量的私有资源(通过集体企业进行流转或长期租赁而来),土地与房屋产权明晰,并在经营活动中掌握相应主动权,能自主开展生产性经营活动并获取最大化收益。

第二,在经营能力方面,企业的基础性服务能力强而提升性经营能力较弱。陕西关中印象旅游有限公司的主要职责是统筹全村旅游相关业务管理和服务,基本承担了全村内的旅游治理工作,与此同时提供村民参与治理的主要阵地和旅游生产经营活动的主要场所[①]。这在一定程度上反映出企业的基础服务能力较强而

---

① 黄鑫,邹统钎,储德平. 2020. 旅游乡村治理演变机理及模式研究——陕西袁家村 1949—2019 年纵向案例研究[J]. 人文地理, 35(3):93-103.

提升经营能力较弱。因此，企业只能通过招商经营来弥补自身经营能力的不足，从而获取更大收益。截至2017年，袁家村已发展10条特色街区、120多家农家宾馆、休闲客栈、特色酒店以及600多家特色商户，公司主要负责这些旅游商业的环境维护、服务质量管理以及商户原材料的统一加工和供应，体现较强的物业管理特征。

同时，为保障本村村民利益，袁家村农家乐项目由村民个人经营、个人受益，集体资产的38%用作集体提留，62%以股份形式平均分配给62户本村村民[①]；另外，本村村民可以根据自己意愿选择参股各合作社经营项目，由此形成"个体+基本股+投资股"三个部分收益。为吸引优秀商户加入，袁家村对商户实行租金全免，在公司利益提成方面，实行差别化提成比例方法，收益高的商户提成比例高，收益低的提成比例低；同时利润点低的但又是景区必须存在的商户实行10万元左右的补贴政策，从而保证外来商户的基本收益。

3. 模式评估

对于一些集体经济组织或国有经济实力比较强但资源品级相对较低的古村镇来说，通过该模式能够快速集聚内外部资源，进行资源优化配置，快速形成旅游吸引力与商业服务能力。这是一种资源整合要求比较高，质量控制要求比较高，但物业收益预期比较稳定、经营风险比较小的经营模式。袁家村搭建了一个景区综合服务平台，通过景区营造、物业招商与商业服务管理，极大地发挥了本地与外来商户的价值创造能力，进而以商户经营为中心构建古村落旅游核心竞争力，全面提升古村镇旅游商业服务价值与物业资产价值。这种模式首先要求古村镇集体事务与公司运营界定清晰，形成古村镇管理机构、公司、商户合作社协会及个体工商户多元化治理与监督体系，提高景区商户经营效率；其次要求古村镇旅游经营企业不断提高自身的平台运营能力、物业招商管控能力和商户服务质量管控能力，建立与社区居民、商户的利益共同成长机制，这对企业管理团队考验较大。

6.3.3 商业开发模式：以朱家角景区为例

1. 模式特点

商业开发模式是一种指以景区旅游项目和空间商业开发为主的低收费、高商业开发经营模式，是企业在初始资源占用较少（但具有古村镇资源收储能力），初

[①] 李剑锋，车海艳，赵媛. 2021. 基于新型利益联结的乡村旅游经营体系创新研究[J]. 未来与发展，45（7）：92-95.

始经营能力较低但商业开发能力较高的情况下采取的主要经营策略，比较适用于地方政府国有企业或混合所有制企业资金实力雄厚、旅游开发能力较强，且古村镇内部存在商业开发潜力的情形。企业在政府授权下负责古村镇旅游经营与内部商业开发，通过一系列的特色旅游项目与嵌入式商业开发，以比较高的成本收储景区内外地块空间进行商业开发与更新。一方面利用景区有限空间投资开发水上旅游、文化演艺等二次消费项目，提高景区旅游吸引力；另一方面进行景区内外土地收储和旅游商业、旅居地产项目开发，增加古村镇旅游商业服务空间，从而提高总体价值。该模式主要具有以下运行特点。

第一，企业在当地政府支持下占有古村镇整体开发经营权，虽然初始资源掌控不多，但具有资源优先收储权和较强的商业开发能力。企业在保护与建设古村镇旅游景区中，受制于核心景观资源品级和规模，参观游览内容有限，转而利用古村镇景观空间，通过特许经营或自营方式开发一些二次消费性特色旅游项目，以此丰富古村镇旅游体验内容。

第二，企业前期保护与建设投入比较大，但景区门票收费有限（反而会影响游客流量），主要依靠特色旅游项目收入（包括特许经营收益），为此，必须通过景区内外土地资源收储并进行商业开发方式，打造旅游商业空间、旅居空间以获得旅游房地产租售收益，同时加强招商选商引领旅游商业升级，从而实现古村镇文化旅游商业空间更新。

在这一模式中，当地政府或村镇集体与企业利益捆绑比较紧密，企业扮演着类似城镇投资公司的角色，推动古村镇资源流转、收储、出让和商业开发、旅游项目投资经营等工作，企业立足长远以获取旅游地产增值收益为主，以景区旅游项目经营收益为辅。

2. 案例分析

上海朱家角古镇旅游开发始于 1998 年举办的古镇旅游节，在 2001 年亚太经济合作组织（Asia-Pacific Economic Cooperation，APEC）会议后古镇名声大振，旅游人数激增，为了保护古镇生态文化环境，防止过度商业化，提高古镇旅游发展品质与价值，古镇所在的朱家角镇政府于 2002 年成立了上海朱家角投资开发有限公司，专门负责古镇的保护与开发。根据《朱家角镇区控制性详细规划》，要求保存传统居住功能和拓展观光旅游功能，保留古镇原汁原味的历史风貌。因为历史原因，公司在古镇内的可占用资源很少，大部分资源掌握在居民与商户手中，公司景区建设有限，主要负责老镇区综合管网改造、八线八管基建改造、周边水系综合改造、北大街商业业态调整和空置房、商用房的批租等旅游环境提升工程。同时开发了一批游览点，整体上旅游体验内容比较欠缺，以传统商业服务为主，虽然占据上海大都市的市场区位优势，但游客吸引力有限。为了引导古镇旅游商业升级、优化古村镇旅游功能空间，获取更大的景区盈利，公司利用政府背景优势，借助景区创建等工作，不断收储景区内外土地、民居资源，通过收购景区优秀历史建筑，将其打造成丝绸博物馆、翰林匾额博物馆、申窑展示馆、上海手工艺展示馆、水彩画艺术馆等颇具特色的博物馆，打造了一批特色旅游项目。同时进行嵌入式商业开发，打造若干商旅新空间，从而推动朱家角古镇走上古镇更新与商业开发之路（图6.10）。

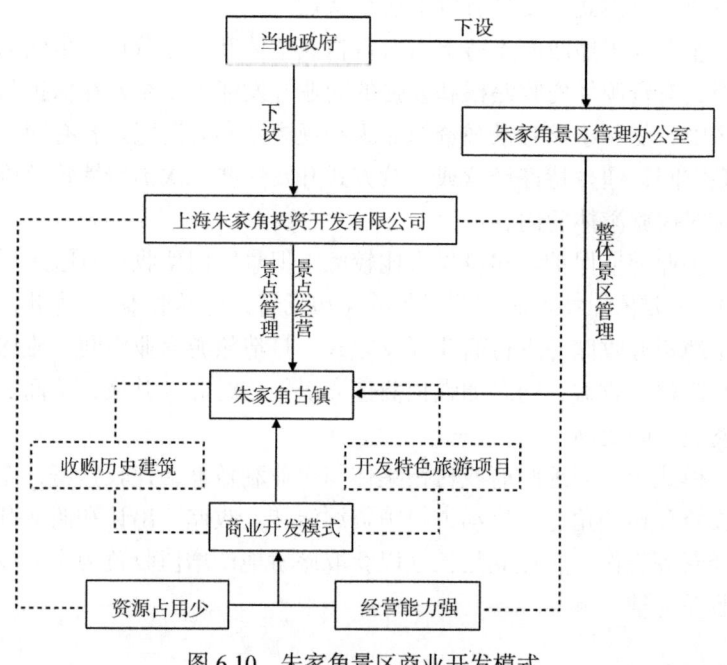

图 6.10 朱家角景区商业开发模式

第一，在资源占用方面，企业可占用资源少。古镇内的传统水乡民居大多属于私有资源，企业只能掌握部分公共空间（如河道水系）与一些历史建筑资源使用权，还有部分公房资源归房管局所有但使用权在居民手中，使得企业旅游经营空间受限。因为近邻上海大都市，客源多为一日游游客，重游率比较高，以商业性消费为主，目前的景区、景点门票收费有限，企业主要依靠为游客提供特色服务性项目（如游船等）来增加收入。

第二，在经营能力方面，企业的提升经营能力强。企业作为当地政府下属的古镇投资开发公司，对景区建设与商业开发拥有较大的自主权。企业通过历史建筑收储、民房与土地收储，推动古镇零散式地块整理与开发，一方面引入一些特色旅游项目，增加古村镇的旅游吸引力；另一方面进行嵌入式的商业开发，打造一批旅游商业地产，迅速获得商业开发收益，进而带动周边土地升值与房地产开发。

3. 模式评估

该模式主要适用于一些经济发达地区或者城镇化发展水平比较高的地方古村镇，城镇客源市场区位比较好，商业基础与商业开发的价值比较大，但遗产资源品级一般。当地政府主导古村镇旅游开发的意愿和能力比较强，一般采取国有企业或者混合所有制企业的方式来推进古村镇景区建设与资源收储、商业开发。该模式能够快速推动古村镇景区创建，由初级阶段转向成熟阶段发展，尤其是向综合型旅游目的地转变，快速集聚旅游产业要素，并容易推动社区人口流动与集聚，打造比较好的旅游生活社区，但容易造成过度商业化的问题，也容易产生过度城市化建设带来的更深层次的破坏。过度开发使得古村镇内商铺林立，一派现代化气息，过度的商业化吞噬着古村镇的灵魂，使得古村镇空留一个躯壳，失去了其深厚的文化底蕴，这需要企业与政府立足长远、权衡得失。

6.3.4 复合经营模式：以乌镇西栅景区为例

1. 模式特点

复合经营模式是一种集景区服务、物业经营、商业开发、特色旅游项目开发经营于一体的高收费、高商业化综合开发经营模式，是企业在比较全面掌控古村镇资源与资产（初始资源占用多），初始经营能力较高的情况下所采取的主要经营策略。该模式比较适用于混合所有制企业或地方政府国有企业直接拥有古村镇旅游经营权且资源占用较多的情形。该情形下，一般由政府或国有资本公司牵头，与一家或多家外部资本联合组建股份制企业，并由该股份制企业负责对古村镇进行综合开发经营[1]。该模式主要具有以下运行特点。

第一，企业掌控古村镇大部分资源与物业，能够整合优化古村镇景区功能，主导商业经营结构，比较容易推动招商与吸引特色商户、特色旅游项目入驻经营，以理想的景区综合体验与商业服务体系来吸引游客消费，提高整个古村镇旅游地的综合价值。

第二，企业景区服务与商业经营能力都很强，该模式下可以融合的外部资本类型多样，多种资本各骋所长捆绑经营、各取所需按股分配，大家因利益诉求一致（做大蛋糕）而参与到古村镇遗产旅游综合开发经营中，除获取基本的门票收益外，可在景区内外灵活开展各类商业活动以及引进外来资本参与商业开发，如景区内部的旅游餐饮、酒店住宿、景区交通、商铺出租及外部的旅游商业地产开发等，受到的限制条件较少，收益模式相对多元化。

---

[1] 张薇. 2014. 民营资本介入对古村镇旅游社区关系的影响研究[D]. 华东师范大学硕士学位论文.

2. 案例分析

以浙江乌镇西栅景区为例，采取"政府主导、市场运作、企业经营"机制，将政企合一的管理机构一分为三，形成各自独立而又相互制约的三个部分。将管委会与旅游公司分开，由"政府下属公司乌镇古镇旅游投资有限公司+中青旅控股股份有限公司+IDG 投资控股的两家公司"组成，实质由中青旅控股股份有限公司进行开发。西栅景区的旅游市场定位是高端休闲与商务，进而打造高端旅游生态度假区，突破了单一的"门票经济"，增加了二次消费，从而形成了集观光、体验、休闲、度假、文化、艺术、会展、商务为一体的多业态复合经营模式[①]（图 6.11）。企业之所以选择复合经营模式米经营西栅景区，主要源于以下两个方面。

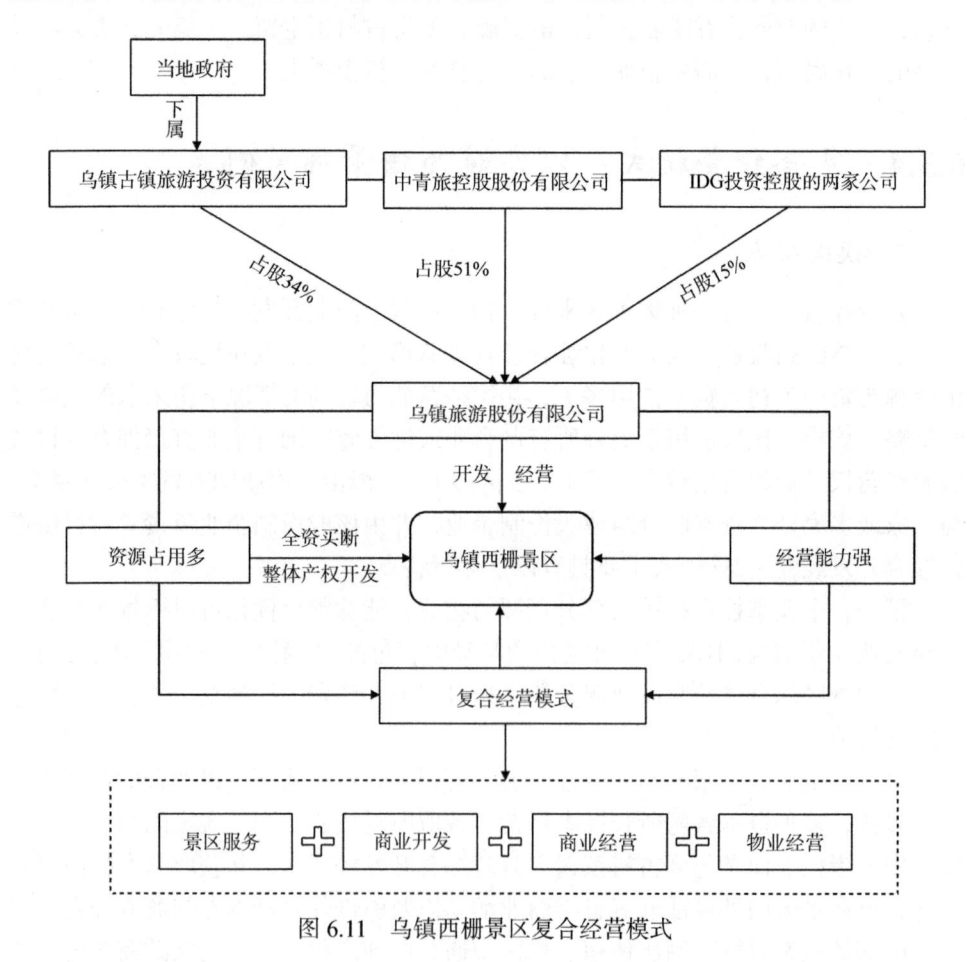

图 6.11 乌镇西栅景区复合经营模式

[①] 董雪旺，徐宁宁，陈觉，等. 2018. 基于游客地方感的水乡古镇开发模式——兼论乌镇模式的可复制性[J]. 经济地理，38（6）：187-192，202.

第一，在资源占用方面，企业可占用资源较多。企业以 3.5 亿元全资买断西栅景区的所有原商铺和原住宅的房屋产权，同时将区域内的全部原住民迁出，获得了景区资源的完整产权，在整体产权开发、复合多元经营、度假商务并重的统一管理基础上，实现了开发主体一元化和交易成本内部化。

第二，在经营能力方面，企业基础性能力和提升性能力均较强。自资本雄厚的中青旅控股股份有限公司加入乌镇旅游开发后，企业经营能力有了实质性突破，同时开始了乌镇"内容商+渠道商+资本+政府"的平台化运作方式，具体表现为：在基础经营上，公司进行了大规模的"脱胎换骨式"基建改造，融资 7 亿元对西栅景区的生活设施、服务设施、管理设施等进行改增建，提供了高水平的景区公共服务和物业管理；在提升经营上，公司开发出住宿、餐饮、会议、娱乐等多元化产品和世界互联网大会、乌镇戏剧节、现代艺术展、木心美术馆等新型现代化产品，实现了多元化的产品经营（表 6.3）。

表 6.3　企业经营能力在西栅景区具体呈现

经营能力		呈现方式
基础服务能力	公共服务	增设：水上消防队、监控中心、五星级公共厕所、智能化停车场等 完善：休闲活动空间、公共场所、人文活动设施、旅游配套设施等
	物业管理	基建改造：管线地埋、排水系统、水电煤系统、河埠改建、泛光工程、清淤工程、无线网络等基础设施全面改造升级 空间整治：建筑外立面和空间、周围环境系统整治；建筑内空间重构、安装现代化设施等
提升经营能力		多元化产品：住宿、餐饮、会议、娱乐等 新型产品：世界互联网大会、乌镇戏剧节、国际未来视觉艺术展、木心美术馆、国际当代艺术邀请展、乌镇大剧院等

3. 模式评估

该模式比较适用于经济发展水平比较高、客源市场区位比较好、资源品级比较高和市场经营环境比较好的地方古村镇。采取复合经营模式，利用混合所有制企业的方式能够整合到更多资源，有效解决古村镇旅游综合开发经营中的资源产权困局、资金瓶颈和能力约束，也能够在统一景区所有权与经营权的基础上，实现资源开发权与保护权统一，避免古村镇遗产资源与资产的流失，实现保值增值，最大限度地实现古村镇资源的完整性保护。该模式要求古村镇的产权完整性、公司经营的垄断性、管理机制的灵活性，这些对很多古村镇来说具有很大的难度，模式运行的环境条件要求苛刻。

6.4 古村镇遗产旅游景区经营模式的优化路径

根据皖浙沪陕四地案例的实证分析，进一步验证古村镇旅游景区投资经营模式的选择及其主要影响因素。通过实证研究，古村镇旅游景区经营模式的选择主要受到资源占用和经营能力两大因素的影响，即企业在古村镇旅游景区经营过程中，不同的资源占用和经营能力的构成，会影响企业经营模式的不同选择。一般来说在古村镇旅游景区经营中：对于资源占用少、企业经营能力较弱的古村镇，企业倾向于选择景区服务模式；对于资源占用多、企业经营能力较弱的古村镇，企业倾向于选择物业经营模式；对于资源占用少、企业提升经营能力较强的古村镇，企业倾向于选择商业开发模式；对于资源占用多、企业经营能力较强的古村镇，企业倾向于选择复合经营模式。可以说，无论企业采取哪种模式，都是在初始条件下发挥自身优势，追求经营效益最大化的选择。

当然，随着资源占用状态的改变，以及企业能力的发展变化，企业也会调整优化古村镇旅游景区经营的模式，以获得更好的经营效益。例如，随着企业的壮大可以通过内部资源收储或外部空间拓展来改变资源占有条件，也可以通过招商合作、企业重组等方式提高企业经营能力。如图 6.12 所示，通过改变资源占用和经营能力条件，企业在古村镇旅游景区经营模式上可以实现优化。

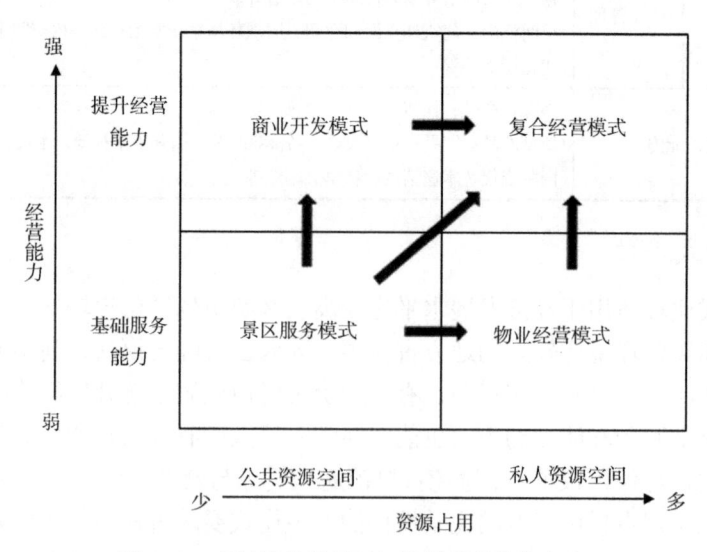

图 6.12 古村镇旅游景区经营模式的优化方向

6.4.1 优化路径的选择

1. 景区体验产品开发与景区服务价值提升路径

企业应充分运用古村镇特有的文化底蕴，在景区经营中突出文化特色，开发更多体验性和参与性强的旅游项目。一方面，可针对游客细分，引入市场合作资源，开发多元化的景区旅游体验产品，丰富景区二次消费内容；另一方面，必须加强空间整合与景区服务拓展，要引入一些特色旅游项目，借鉴主题公园景区成熟的项目经营经验，以项目消费提升景区服务价值，以期增加景区的吸引力和竞争力。

2. 景区商业优化升级与景区商业价值提升路径

一方面，企业要优化物业经营方式，促进商业服务升级。景区通过整合物业资源与商业空间的整体营造，加强商业结构优化、业态升级引导，全面提高商业服务内容与层次，提高游客的消费水平，发展景区逗留经济。可借鉴乌镇西栅经营经验，景区的资源收储在保障物业经营的前提下，进行高水平的商业服务升级，实行统一经营、一站式综合体服务。

另一方面，企业可以进行招商优化，通过优惠政策招徕更多的优质商户来提高整个景区商业服务能力，以创造更高的景区商业价值。可借鉴袁家村小吃街的经验，筑巢引凤，打造旅游消费场景，实行最优惠政策吸引最优质的商户入驻，实现最高质量管理，从而快速提升旅游商业的核心吸引力，形成较强的综合消费效应。

3. 景区商业开发与土地价值提升路径

企业在古村镇旅游开发中，要注重景区商业聚落或综合体开发，利用好手中持有或收储的土地资源，推动景区配套旅游商业地产项目开发，引导酒店群、主题游乐项目、度假房产等衍生业态的集聚配套，通过打造完整的旅游产业链实现旅游目的地要素的合理配置，从而全面满足游客的休闲旅游度假需求，增强景区吸引力和市场竞争力。

同时，古村镇旅游经营企业要不断地突破其经营理念、能力和范围，要善于从传统旅游服务商到综合运营服务商的角色转换，善于营造景区服务场景，招商合作进行景区内容生产，优化景区商业服务空间配置，构建整个旅游商业生态系统，全面提升景区内外土地价值，以实现更大的资产升值和物业收益。

4. 景区资源收储与资产价值提升路径

古村镇资源大多属于集体或私人所有，产权关系复杂对古村镇旅游景区经营造成了很大的障碍与限制。有条件的地方，政府和村镇集体可以在企业资本支持下，与居民合作，建立古村镇资源统一流转、收储、出让、开发与使用机制，做好资产管理与经营，以更好地进行商业开发与经营，从而提高资源保护与利用效益。如袁家村和朱家角，通过资源收储来打造文化旅游商业新空间，从而吸引了更多游客留下来进行消费，也带动了周边商业竞争性升级，反过来在旅游景区向上发展中实现了资产价值的提升。

6.4.2 未来景区经营的策略探讨

1. 景区服务专业化与服务外包策略

当古村镇旅游景区商业开发与经营步入成熟，景区服务成为基础性产品或常规性服务，就像小区物业服务一样，完全可以采取专业化分工与合作的方式，委托专业景区管理公司提供景区服务，或者采取某些服务外包方式，如环卫服务外包、人力资源外包、设施设备服务外包等，减少非主营业务，全面提高景区服务质量，提高景区管理水平。

2. 景区商业品牌化与招商服务策略

在未来专业化分工时代，各类商业服务越来越强调专业化、品牌化，服务产品连锁经营越来越成熟，专业服务商、专业服务品牌代表一种无形资产，代表消费者对产品特性、利益、文化的认同，是快速占据和扩大市场份额甚至获得垄断利润的保证。古村镇旅游景区的本质就是一种旅游体验场景、服务场景、消费场景，需要靠品牌服务商打造核心吸引力产品快速形成市场爆款或网红产品，这是内容生产，最终靠内容取胜。所以在古村镇旅游景区经营中要做好招商服务，利用有限的物业空间，争取最合适的商户经营，形成集聚效应，获得最好的商业经营效益，从而提高整个景区价值。

第7章　古村镇遗产旅游景区门票收费模式的选择

7.1　对景区产品及门票收费的基础探讨

7.1.1　景区产品及其门票收费探讨

1. 景区产品属性分析

随着景区这一旅游经营形式的存在，门票价格问题逐渐成为社会热点。门票通常是由游览参观点管理方或者商业活动主办方获得经营许可后负责发行、制作、销售并监管使用的一种有价票证，一般是一次性的，而且需要花钱购买[①]。景区门票被认为是旅游业伴生现象，是各类景区所收取的游览参观费用的票据[②]。我国目前的景区主要可以分为依托社会资源建设的私营景区和依托国有或集体公共资源建设的公共景区两大类，依托社会资源建设的私营景区普遍实行市场调节价，而对于公共景区则根据《中华人民共和国旅游法》第四十三条规定："利用公共资源建设的景区的门票以及景区内的游览场所、交通工具等另行收费项目，实行政府定价或者政府指导价，严格控制价格上涨。"由此可见，依托公共资源建设的旅游景区门票是目前政府价格管理的重点和难点，在国家实施分类改革景区门票时具有一定的现实复杂性。

景区作为古村镇遗产旅游发展初始阶段的产品体现，在产品属性认知上尚未完全统一。根据国家标准《旅游景区质量等级的划分与评定》(GB/T17775—2003)中的相关术语和定义，旅游景区是指具有参观游览、休闲度假、康乐健身等功能，具备相应旅游服务设施并提供相应旅游服务的独立管理区。定义要求旅游景区有统一的经营管理机构和明确的地域范围，古村镇遗产旅游景区在现有的实践发展阶段符合上述的定义。在经济学中，根据排他性和竞争性可以将社会产品分为私

[①] 朱晓辉，符继红. 2017. 旅游景区门票价格优化研究：云南案例实证[M]. 北京：社会科学文献出版社.
[②] 张文菊，杨晓霞. 2007. 我国旅游门票研究综述[J]. 人文地理，（2）：58-62.

人产品、纯公共产品、准公共产品三大类（表7.1）。其中，私人产品具有很强的排他性与竞争性，公共产品很难进行排他性使用同时也不具有产品竞争性[1]，而准公共产品兼具了产品的竞争性和排他性[2]。

表 7.1 社会产品分类体系

项目	排他性	非排他性
竞争性	私人产品	准公共产品
非竞争性	准公共产品	纯公共产品

虽然古村镇旅游景区作为依托过去人类活动所创造的独特吸引物而建设成的景区，其中所涉及的公共资源的非排他性明显，但是这不是说明依托公共资源建设的古村镇景区在技术上难以实现或者不可能实现收费，也不能在法律意义上因为其所有权和收益权归集体所有，所以从法理角度上认为这类资源或者物品不适合收费。

首先，产品的竞争性是由其本身特点决定的，古村镇景区具有不完全的竞争性，在拥挤点之前存在边际成本为零的现象，而在拥挤点之后增加一个人的消费将会影响其他人的消费（表7.2）。其次，产品的排他性是由其技术水平决定的，经济学意义上的排他性取决于由技术水平决定的收费成本是否高昂[3]。对于古村镇来说，在现有条件下是可以实现排他性使用，比如，根据企业投资规划一定的区域范围进行有限容量的经营，从而实现了相对的排他性。这也让古村镇景区同时具备了商业性产品与准公共产品的属性。因此，古村镇在旅游经营的实践过程中，企业投资保护修复遗产旅游吸引物、完善旅游服务配套设施，使得古村镇旅游景区产品的竞争性和排他性发生转变，转换成可适度收费的商业性产品[4]。综上，古村镇旅游景区具有了门票收费的现实基础。

表 7.2 古村镇旅游景区产品性质

拥挤点	收取门票（排他性）	不收取门票（非排他性）
游客拥挤（竞争性）	商业性产品	准公共产品
游客不拥挤（非竞争性）	商业性产品	纯公共产品

---

[1] 陈晓春. 2002. 私人产品与公共产品的性质与成因研究[J]. 湖南大学学报（社会科学版），16（6）：36-39.
[2] 陈晓春. 2002. 准公共产品浅析[J]. 湖南大学学报（社会科学版），16（2）：32-34.
[3] 刘强. 2019. 旅游景区收费体制研究[M]. 北京：中国计划出版社.
[4] 厉以宁. 2002. 国家风景名胜区门票专营权分析[J]. 旅游学刊，（2）：39-43.

2. 景区门票收费的缘由

根据对古村镇旅游景区产品的属性分析,古村镇旅游投资经营企业收取景区门票主要有以下几个方面的缘由。

(1)景区投资经营的成本回报。门票收入是企业投资、建设与经营古村镇旅游景区的快速回报方式。一般来说,古村镇长期作为原住民的生活场所,历经不同年代的发展改造,需要经过一定的保护、维修、包装才能开发为具有吸引力与接待力的旅游景区,特别是一些村镇基础设施、遗产吸引物保护、文化纪念与休闲场所的改造以及景区配套的旅游公共服务设施建设,这些都需要消耗巨大的资金。同时在景区建成后,遗产文物保护、景区环境维护与市场宣传推广等都需要投入大量人力、物力和财力。比如,周庄古镇每年需要上千万元用于景区建设和旅游项目开发、市场推广[①],乌镇投入八千多万元建造木心美术馆。因而门票作为一种直接体现景区建设成效(满足游客体验需要)、直接向来访游客收取的、手段简单且稳定的收费方式,在旅游发展初期可以快速回笼资金,受到了投资企业的青睐。

(2)遗产资源保护管理的成本补充。古村镇都包含了丰富的历史文化遗产,具有不可替代性和复制性,但这些遗产在过去社会经济动荡变迁中和自然作用下难免有所损坏,需要修复与保养;同时大量游客进入古村镇开展各类旅游活动,大量商户进驻古村镇开展各类经营活动,都不可避免地对遗产资源和环境造成破坏,也需要不断维护与保管。虽然国家和地方政府都投入了大量的财政资金来保护和修复文物遗产与非物质文化遗产,但这些投入远远不足以满足古村镇遗产资源与环境保护工作的实际需要。为此,需要通过旅游开发与经营来弥补资源与环境保护的投入,其中门票收入是遗产资源保护成效的直接体现,也构成了遗产资源保护成本的重要补充来源。

(3)游客流量与游客需求的调控需要。对于一些世界遗产级、国家和地区热门古村镇旅游景区来说,大量游客的涌入与超负荷性接待经营对古村镇来说是不可持续的,也是造成环境压力的重要原因。因此,需要通过门票收费的方式来进行市场性调控,增加旅游成本和接待服务的门槛,借此也提高旅游景区的保护与经营水平。

7.1.2 景区门票价格构成与制定探讨

门票价格研究是旅游景区门票研究的热点问题,主要集中于价格过高或涨价

[①] 王丛丛. 2013. 我国古村镇旅游收费模式的原因及对策探讨[J]. 中国商贸,(15):116-118.

之争，所以需要正确辨识门票价格的构成，使用合适的方法制定合理的门票价格。

根据《价格改革和保供稳价》中的介绍，门票价格由自然、文化遗产等资源保护支出，为景区内游客提供服务产生的维护费、人工费以及管理和财务费用等运营成本支出，为游客提供基本游览服务所需的固定资产折旧三个部分构成[1]。古村镇旅游景区门票价格是古村镇遗产资源历史、文化、审美、教育等综合价值的反映，是旅游者进入景区进行观光游览、休闲娱乐、旅游度假所支付的费用，是景区临时使用权的价值反映[2]。具体来说，古村镇旅游景区门票构成主要有以下几个方面。

（1）资源保护支出成本。古村镇在历史的兴替中积淀了丰富的历史文化遗产资源，是"中华民族失不再来的根性遗产"。由于自然因素比如恶劣气候、雨雪、自然风化等，即使不进行旅游开发，这些珍贵遗产的价值也会造成一定的损耗，因而需要投入一定的保护成本防范其受到不可磨灭的冲击和破坏。由于这类成本的发生是必然的且受益的是全人类，因而这类成本的主要承担者应该是政府，不能片面的全部转移到旅游者身上。但是古村镇在作为旅游吸引物进行景区开发后，由于大量旅游者的进入、各类旅游活动的开展、各种商户接待经营活动的介入加剧了资源的损耗程度，对于这种情况下的资源保护投入应该本着谁消费谁负责的原理，理应由消费者进行承担。

（2）景区设施建设成本。虽然古村镇具有良好的资源，但是在吸引与接待游客过程中，需要将原有散乱的资源进行整合利用，同时配套相应的道路交通、安全防护、卫生服务设施才能建设成为适合人们观赏、游玩的景区。在这样一个保护性利用资源、建设基础设施、完善景区服务配套的过程中，景区企业进行了大量的资金投入，而这部分投入是因为景区建设产生的，因而需要景区使用者、消费者承担，所以在景区建设完成后的运营过程中通过门票收费的方式大部分转嫁到旅游者的身上。

（3）景区日常经营成本。为了维持景区的日常运营，需要配备相应的管理人员和基层工作人员在景区的各个角落接待服务游客，为游客在地游玩保持良好的环境卫生，对景区的上下游服务链进行相关把控，同时还需要一定的宣传营销投入，由此产生了相应的人力资源费用、管理费用、宣传营销费用等，这部分的资金需要通过景区的整体收益进行弥补，而门票作为景区整体收益的一部分，也承担着景区日常经营的部分成本。

（4）社区隐形投入成本。在古村镇遗产旅游景区化背景下，社区对于旅游景

---

[1] 丛书编写组. 2020. 价格改革和保供稳价[M]. 北京：中国市场出版社，中国计划出版社.
[2] 刘强. 2019. 旅游景区收费体制研究[M]. 北京：中国计划出版社.

区收益的贡献主要分为土地类有形资产和旅游吸引物无形资产[①]。前者可以通过租金交易的方式明确予以补偿，但是旅游吸引物无形资产中的社区投入却常常被开发商忽略甚至被肆意利用。由于生产生活空间和旅游空间的重合，社区居民本身的人、物、生活状态也作为旅游吸引物被观赏，其次比如他们对房屋的修缮、对环境的清扫等行为也构成了对景区环境的维护，同时由于旅游的发展也使得当地居民的生活成本随之上升。上述社区及其居民的隐形投入也需要在景区收益特别是门票收入中得以体现。

目前，我国古村镇门票价格主要采用统一领导、分级管理的模式，通常由景区计算并上报成本，经政府价格管理部门审核、批准后，再由景区运营企业或管委会执行[②]。因此对于国家来说，如何建立有效的监督审查机制规范景区门票成本的核算是至关重要。从目前古村镇景区收费定价实践来说，主要使用成本导向的定价模式，主要有两个方向，分别是平均成本定价法或社会边际成本定价法（表7.3）。

表7.3 古村镇门票主要定价方法比较[③]

定价模式	含义	优点	缺点
平均成本定价法	平均成本定价法是在给定市场需求曲线和景区平均成本曲线的情况下，根据两条曲线的交点确定产品价格的方法；是在保持提供公共物品的景区对外收支平衡的情况下，尽可能使得社会福利最大化的一种定价方式	①有较好的可操作性，既节约开支又便于监管；②可以保证供给部门的收支平衡；③可以兼顾生产者和消费者双方的利益	①考虑的影响因素较少，在某些平均成本和景区质量差距较大的景区，该定价方法不能反映景区本身的资源价值和内部服务水平，使用该定价法会损害消费者的利益；②价格高于边际成本，导致景区资源的使用率低于有效的水平
社会边际成本定价法	社会边际成本指增加生产单位产品时社会所需付出的费用或代价。社会边际成本定价法决定的景区门票价格综合反映了凝结在自然资源上的人类劳动价值与自然资源的生态经济价值	兼顾各方利益，考虑了资源使用所付出的环境代价及后代人或者受害者的利益，实现了效率与公平并重的资源配置目的	①测算边际使用者的成本和环境成本较困难，没考虑资源本身的因素，操作性不强；②旅游者承担了经营者需承担的社会成本，有失公平性

[①] 王维艳. 2015. 乡村社区参与景区利益分配的法理逻辑及实现路径——基于现行法律制度框架视角[J]. 旅游学刊, 30（8）: 44-52.

[②] 杭州市发展和改革委员会课题组. 2021. 价格杠杆助推国有景区高质量发展的思路研究——以降成本倒逼景区门票价格合理调整的探索[J]. 价格理论与实践, （4）: 46-49, 115.

[③] 刘强. 2019. 旅游景区收费体制研究[M]. 北京: 中国计划出版社.

7.1.3 门票收费主体和去处探讨

一般来说，门票是由旅游景区经营机构统一收取，旅游景区经营机构既可以是地方政府管理单位、资源所有者主体，也可以是租赁经营企业或合作经营企业，其中景区管理单位或者资源所有者主体可以在景区所有权、保护权、经营权以及管理权上做到"四权统一"，而租赁经营或合作经营企业在经营管理过程中的权利是分离的且涉及的相关利益主体比较多。旅游景区经营机构承担具体的门票收费任务，并不是绝对的门票拥有者，古村镇的门票收入反映的是古村镇旅游景区相关利益主体的共同利益。例如，宏村景区经营主体是京黟旅游公司，公司负责门票收费事务，承担了相应的收费责任，但所收取的景区门票费用还要按照比例分给县政府、中坤集团、宏村村集体以及村民。

根据前面分析，古村镇景区现有门票构成包括了资源保护成本、景区服务设施建设成本、景区日常经营成本和社区隐性付出，因此景区门票收益分配涉及当地政府、企业、村集体以及村民这些相关主体。一般来说，当前古村镇景区门票收入分成是先定额上缴当地财政，分配给村镇集体，剩余部分由景区经营机构自主支配，主要用于景区管理、人员成本支出以及维护修缮等。其中景区和政府参与门票收成的比例占据了很大一部分，而社区参与旅游景区门票收入的分成比例，虽然补偿的具体名目和比例因地制宜，但是大概介于8%~30%的区间，呈现出收敛于20%的态势[①]。

根据古村镇景区所依托的资源所有权来看，一部分是公共的自然或文化资源，这类资源属于全民所有，但在我国并没有一个实体性的法人来明确行使这一权利，因而国家委托拥有管理权限的地方政府代为行使所有权[②]，因而投入了相应的资源保护和基础设施建设资金的政府理应享有门票收益，并在均衡各项社会事业建设的基础上分拨部分资金再次投入到资源保护和景区基础设施建设中。另一部分资源所有权来自村镇集体所有的资源和村民的私有房屋财产等，由于景区空间是当地居民的生活生产空间，社区居民富有地方特色的文化事象、生产活动、私有房屋也构成了景区吸引物的一部分，成为门票收益的来源之一，因而有必要对古村镇所属的村集体和当地居民进行一定程度的分红来保障其利益。

此外，由于景区建设成本和日常经营成本主要承担者是景区经营主体，以企业投入为主。景区开发初始需要投入大量的资金建设，日常运营的开支也比较大，为了维持景区正常运转，景区门票作为景区收益的主要构成部分需要用于初始投

---

① 王维艳. 2015. 乡村社区参与景区利益分配的法理逻辑及实现路径——基于现行法律制度框架视角[J]. 旅游学刊, 30 (8): 44-52.
② 刘强. 2019. 旅游景区收费体制研究[M]. 北京：中国计划出版社.

资成本的弥补和下一阶段继续开发的投入,由此产生一个循环利用与产出的效果。

上述景区门票收益的分配在现实情况下产生了诸多问题。首先,当前景区门票收入分配不均,只有很少一部分门票收入用于景区维护,地方财政拿走的部分往往优先考虑当地经济发展来增加财政收入,而对于景区文物遗产保护、环境修复等公益性目标无暇顾及或者分配较少,无法弥补大量的保护资金投入。其次,景区人员成本、运营成本支出不受控制,缺少外部监督,众多古村镇景区缺少维护修缮费用,只能依靠一再提高门票价格的方法来积累维护修缮费用[①]。最后,分配比例与方式合理性不足,如何界定集体、社区贡献,怎么对个人补偿、补偿多少的问题也十分棘手。例如,宏村曾经由门票收入分配方式不合理导致村民参与积极性受挫,西递的人口分配和房屋分配需进一步完善,而江西婺源也由门票收入分成纠纷导致村民阻止游客进入致使景区紧急关停。

以宏村景区为例,宏村经营企业京黟旅游公司于2002年修订合同调整门票分配比例,自2002年起,宏村门票收入的67%由公司支配,33%交给地方,其中20%为文物保护基金,8%交给村民,剩下5%中的20%给村委会,68%给镇里,12%另加2万元给旅游局[②]。根据团队2021年暑期调研采访得知,在宏村村集体获得的门票分红中,扣除景区建设集体投入费用外剩余的将分给用于宏村户籍的本地居民。在疫情以前,每个村民大约每年有4000元分红,老人除了年分红以外,每月享受800元补贴。疫情之后,每个村民大约有500元分红,老人除了年分红以外,每月享受600元补贴。由此可见,宏村有关门票收益的分配并未形成严谨的实施逻辑,以及分配到各方主体之后的具体用处也不得而知,门票分配方式的效果不佳,值得探讨。

7.2 门票收费模式的选择与比较

自20世纪80年代后期,古村镇旅游悄然兴起,近年来已经开发成为景区的古村镇数量剧增。在古村镇"景区化运动"中,目前各个地方已经形成了一批等级较高、特色鲜明的古村镇旅游景区,大多采取门票收费方式,以弥补成本投入。

根据团队对目前全国3A级及以上古村镇旅游景区的收费形式整理,如表7.4所示(由于篇幅限制仅展示5A级旅游景区整理情况),主要归纳总结为四种门票收费形式:景区封闭管理一票通行的全封闭式、景区封闭管理允许消费捆绑免费

[①] 何珊. 2016. 我国世界遗产景区门票价格现状、存在问题及对策研究[J]. 价格月刊,(2): 18-21.
[②] 王莉,陆林,王咏,等. 2006. 古村落旅游地利益主体关系及影响研究——世界文化遗产地西递、宏村实证分析[J]. 资源开发与市场,22(3): 276-279.

进入的半封闭式、大景区开放但小景点收费的半开放式以及全景区免费参观的全开放式（表7.5）。景区门票收费方式问题会影响到景区内部的对外商业产品、居民社会生活产品的销售或成本，协调不好的话会激发商户和居民的矛盾冲突，因而如何选择一个合适的收费模式，以便在不抑制多数旅游者需求的同时又能获取更多的收益，同时保障社区居民的正常生活是古村镇经营争议的热点，收费主体（景区经营企业）如何按照古村镇景区产品特点进行收费是需要深入研究的。

表 7.4　国家 5A 级古村镇旅游景区门票收费和经营主体情况一览

名称	门票情况	经营主体
江苏省苏州市昆山市周庄古镇	门票成人票 100 元；学生/老人票 50 元；周庄古镇+环镇水上游 160 元；周庄古镇+《四季周庄》230 元	江苏水乡周庄旅游股份有限公司
江苏省苏州市吴江区同里古镇景区	成人票预定当日 100 元，预定未来日期 80 元；儿童/学生票：预定当日 50 元，预定未来日期 45 元；老人票：50 元	苏州同里国际旅游开发有限公司
浙江省嘉兴市桐乡市乌镇古镇旅游区	东栅：成人票 110 元；老人票 80 元；学生/儿童票 55 元。西栅：成人票 150 元；老人票 100 元；学生票/儿童票 75 元；联票：成人票 190 元；老人票 135 元	乌镇旅游股份有限公司
浙江省湖州市南浔区南浔古镇景区	成人票 80 元；儿童/老人/学生票 40 元起；亲子票 1 大 1 小 120 元；家庭票 2 大 1 小 190 元；游船票 40 元；门票+游船 110 元	浙江南浔古镇旅游发展有限公司
浙江省嘉兴市嘉善县西塘古镇旅游景区	成人票日游 95 元 成人票夜游 60 元	浙江西塘旅游文化发展公司
浙江省衢州市江山市江郎山·廿八都景区	成人票 65 元；老人票 40 元起	江山市旅游发展有限公司
安徽省黄山市皖南古村落—西递宏村	西递线：成人票 94 元；联票：宏村+西递 187.5 元；木坑竹海+西递 126 元；多景区联票：宏村+西递+塔川 219 元	黟县徽黄西递旅游开发有限公司
	宏村线：成人票 94 元；联票：宏村+西递 187.5 元；宏村+塔川 126 元；宏村+南屏 116 元；多景点联票：宏村+西递+塔川 219 元	京黟旅游公司
安徽省合肥市肥西县三河古镇景区	免门票	肥西县三河镇旅游文化有限公司
黄山市古徽州文化旅游区	呈坎村：成人票 102 元	黄山市徽州呈坎八卦村旅游有限公司
	唐模村：成人票 65 元	黄山市徽州唐模旅游发展有限公司
安徽省宣城市绩溪龙川景区	成人票 65 元	安徽航佳龙川旅游开发有限公司
福建省土楼（永定·南靖）旅游景区	福建省南靖云水谣古镇：成人票 90 元优待票；学生/教师 45 元	广东云水谣生态旅游有限公司

续表

名称	门票情况	经营主体
贵州省贵阳市花溪区青岩古镇景区	门票10元；成人套票（青岩古镇街区、古镇城墙、周恩来之父曾居地、状元故居、龙泉寺、赵工专祠、慈云寺）50元；贵州市民套票20元；未成年人/学生套票30元	贵阳青岩古镇景区管理有限公司

注：数据统计时间截至2021年10月1日，根据各景区官网、携程、飞猪以及企查查信息整理

表 7.5 古村镇四种门票收费模式比较

模式特点	全封闭式	半封闭式	半开放式	全开放式
代表性古村镇	宏村、西递、乌镇、南浔、周庄、同里	明月湾古村、西塘	木渎古镇、朱家角	七宝古镇、惠山古镇
经营主体	外来企业、集体企业或股份合作公司	当地政府下属旅游企业	当地政府下属旅游企业	当地政府下属旅游企业
门票收取形式	完全封闭，统一收取大门票	收取大门票，但非完全封闭	联票或小门票，有部分收费景点	免收门票，基本上没有收费景点
盈利模式	门票收入为主，辅以部分商业收入	门票收入与其他商业收入并存	商业收入为主，辅以部分门票收入	商业收入加上少量管理收入
产品经营取向	观光产品为主，购物、食宿为辅	特色食宿产品为主，观光为辅	购物产品为主，食宿、休闲为辅	休闲、购物、娱乐类产品为主
居民参与	视情况而定	较高	一般	不高
外来商户	少	较少	较多	多

7.2.1 全封闭式

全封闭式的门票收费模式是指利用围墙、围栏等将景区与外界隔离，使古村镇成为一个相对独立的管理区，统一收取门票，并且在景区出入口设有工作人员进行售检票的一种模式。这种全封闭式的收费模式主要采取"一票制"方式，游客进入景区必须先购买门票，此门票包括景区中的所有景点或者其中的多个景点，而古村镇的主要收入也来自门票收入。这种收费模式表现出典型的门票经济特点。采取这种收费模式的古村镇有皖南的宏村、西递，江西的婺源古村落群，浙江的乌镇、南浔，江苏的周庄、同里等。

这些全封闭式收费的古村镇，一般资源价值很高，像西递、宏村被列入世界文化遗产，而乌镇、周庄也被列入世界文化遗产预备清单，故而吸引大众旅游者前往参观游览。同时，这些古村镇拥有良好的区位条件，吸引了规模较大的国内外游客。比如，2019年周庄古镇年游客接待量602.6万人次，同期乌镇累计接待游客918.26万人次，实现营业收入21.79亿元，净利润达8.07亿元。当然，这些

古村镇旅游景区观光类产品仍然占主要地位。比如，西递、宏村来访旅游者花费最多的前4项是旅途交通（46.5%）、景区点门票（36%）、饮食（31.5%）和住宿（25%），基本需求消费比重较大，而需求弹性较大的购物、娱乐消费不足；而对周庄旅游发展而言，康体娱乐设施和商业服务设施的重要性较小，全封闭式收费的古村镇保持着以门票收入为主的盈利模式。此外，居民参与程度根据不同的古村镇情况有所不同，像西递这种经营主体由村庄集体企业到收归国有企业的则参与度比较高，西递本地村民占本地旅游从业人员的比例曾达到65%；而像由外来企业经营的宏村、由多方持股采取现代股份制公司方式经营的乌镇，居民参与度有限，仅参与一些低成本、小投资的经营性项目，如农家乐或者销售一些土特产、纪念品等，居民所得到的门票收入分红也很有限，如京黟旅游公司给宏村村民的分红只有门票收入的8%。

7.2.2 半封闭式

半封闭式的门票收费模式具有封闭式收费模式的一些共性，如游客也要买门票才能进入古村镇，但是区别在于，如果游客在古村镇内有住宿、餐饮等消费则可以免门票或以"借道"方式进入，这是一种将古村镇文化景观和旅游接待项目捆绑打包的收费模式。

以苏州明月湾古村为例，该村位于太湖西山岛南端，从市区到明月湾的公交车并不多，对于自驾车主来说可进入性较强，主要吸引苏州、无锡、上海等周边城市游客，特别是一些周末度假的家庭游客和一般的团队观光游客等。就明月湾古村本身而言，古民居、古建筑资源等级并不高，但由于地处度假资源丰富、生态环境俱佳的太湖西山岛，其旅游开发的潜力在于村落的休闲价值，产品经营的取向逐步由观光转向休闲度假。目前，古村落经营主体是当地镇政府组建的苏州西山旅游发展有限公司，为了吸引游客消费，并改善村庄经济，以及考虑到村内民居客栈老板夹带游客逃票的现象，公司采用了半封闭式的收费模式，将门票与村内住宿、餐饮等消费进行捆绑式销售，居民主要参与临湖农家乐、村内民宿等方面的经营，虽然公司门票收入减少了，但来访游客相对增多，逗留时间相对延长，提升了村庄旅游的综合收益。

又如西塘古镇，作为国家5A级景区，是典型的政府主导型开发模式，由政府组建的浙江西塘旅游文化发展公司负责景区整体经营。该公司向所有进入古镇的游客收取门票，但在实际操作中，这一官方渠道只在周末和节假日才严格执行，平日里则出现官方规范和私下渠道并行的情况：所有组团游客必须买门票，而散客可通过本地居民引领或搭载专门的三轮车进入景区则不用购买门票。景区大门票以及景区内部分景点的小门票收入成为西塘古镇的主要收入来源，随着西塘古镇逐步发展其休闲娱乐类产品以弥补单一的观光游览类产品,古镇内餐饮、民宿、旅游商店、小吃店以及游船、民俗节庆表演等带来的收入逐渐抵消门票收入的流失,形成一种"1+x"的抵消门票收费流失的盈利模式。当然,因商业经营难度较大等,本地居民直接参与经营的项目并不多,据调查,50%以上的商铺都是外来人员租用经营,本地居民则参与一些低成本、小投资的经营项目或者通过收房租、出售房屋等方式获得收益。

7.2.3 半开放式

半开放式的门票收费模式是游客可以自由进入古村镇,但是其中部分景点是收小门票的,或者是部分景点采取联票的方式对外开放,除了这些收费景点外,其他地方都可以自由出入,游客可以在景区内自由选择住宿、餐饮、娱乐、观看表演等项目。

以苏州的木渎古镇为例,作为中国历史文化名镇和国家4A级景区,目前采取景区联票的收费模式,联票内包含了严家花园、虹饮山房、古松园、榜眼府第4个景点,共60元,游船另外收费10元,同时也采取了小景点单独收费模式,如严家花园20元、虹饮山房25元、古松园15元、榜眼府第10元、明月寺5元、明清古瓷馆5元等,以提高单个景点的接待量。木渎古镇景区由木渎镇政府成立的苏州市木渎旅游发展实业公司负责经营,上述收费景点大多由政府投资修复,景区街道和河道也由政府整治,公司仅负责运营与管理。古镇居民的收入主要来自自家房屋的租金、股份合作制的年终分红和参与经营服务的收益。

上海的朱家角古镇是中国历史文化名镇和国家4A级景区,距上海市中心约50 km,区位优势明显,也采用了旅游套票的收费模式,分新水乡访古游(含8个景点)60元、民俗风情游(含4个景点)30元,游船单独收费(分每船短程60元、长程120元),单个小景点也可以单独收费,如课植园20元、圆津禅寺5元、城隍庙5元,其余的收费小景点基本都是10元。目前,整个古镇景区由政府下属的上海朱家角古镇旅游发展有限公司经营与管理,景区门票收入全部归公司所有,居民直接参与古镇旅游经营的较少,大多以经营权出让、房屋出租的形式间接参与旅游收益的分配。

7.2.4 全开放式

全开放式的免门票模式,是相对于封闭式收费古镇而言,是指无限制游览范围、基本上无收费小景点的古村镇景区,旅游者可以自由进入景区观光游览、休闲、购物、娱乐等，古村镇主要收入来自游客在景区内的住宿、餐饮、娱乐、购物等消费，而不是门票收入。

以上海七宝古镇为例，位于外环附近的七宝古镇是离市中心最近的古镇，北邻大虹桥枢纽港、交通便利。2000年9月，七宝镇政府组建了上海七宝古镇实业发展有限公司，对七宝老街进行修复改造，就七宝古镇而言，古民居、古寺或其他古建筑的文化价值来说并不高，主要以物美价廉的特色小吃、纪念品等见长，由于七宝古镇二期修建了露天剧场式的文化休闲广场和三期改造成的创意产业与休闲文化中心，七宝古镇的休闲旅游价值得到了很大的提升。在修建改造过程中搬迁了30多户居民，恢复了老街门面房130多间，新建了部分通用商业用房，本地居民很少参与旅游经营，得到政府补助后搬出古镇，主要由外来商家经营购物类、餐饮类、消遣娱乐类及公共服务类业态，交付门面房、店铺的租金及年租金0.5%的管理费用作为维持及发展古镇的主要资金来源，而门票收入甚微，一方面由于景区不收大门票，另一方面古镇内也少有吸引游客花钱观光的小景点。

7.3 门票收费模式选择的影响因素[①]

虽然古村镇旅游景区经营企业一般会按照景区产品特点、自身利益诉求等选择全封闭式、半封闭式、半开放式和全开放式的门票收费模式，但在古村镇的现实发展进程中，门票收费模式不是一成不变的，会受到一些因素的影响而发生变化。区门票收费会涉及游客、商户和当地居民等相关利益群体，因此，这些群体更容易受到门票收费模式的影响，但也会通过自身行动推动门票收费模式的优化调整。

7.3.1 门票收费模式的主要影响因素

首先，对于全封闭式收费的古村镇，如宏村、西递、周庄、乌镇等，一般资源禀赋很好，旅游开发较早，市场知名度高，而且有些占据了良好的区位条件，因而拥有规模大、范围广的客源市场，能够为古村镇带来较为可观的门票收入。比如，乌镇东栅景区在2010年、2011年都实现门票收入2.7亿元以上，远远高于其他收益。而这些可观的门票收入又是古村镇资源保护资金的主要来源，资源价值越高，保护压力与成本也就越大，这导致景区盈利模式更加倾向于门票主导，

[①] 吴文智，张利平，邱扶东. 2013. 古村镇旅游门票收费模式及其影响因素——基于江、浙、沪、皖四地案例研究[J]. 旅游学刊，28（8）：34-41.

进一步加剧了景区封闭化经营，影响了其他商业业态的介入，使得整个景区经营取向更加依赖于观光产品。当然，采取封闭式收费在一定程度上可以控制客流量，减少拥挤和避免过度商业化，较好地保护古村镇的历史风貌与传统特点。例如，周庄从2008年开始每年限制游客数量在300万人次之内。

其次，对于全开放式的古村镇，如七宝古镇、惠山古镇等，一般客源区位条件很好，位于市区边缘或人口高密度居住区、重要风景区附近，以服务周边城市居民为主，本身资源的观光价值相对较低，但休闲、商业价值相对较高，以餐饮、购物、休闲娱乐类服务为主，客源充足，且相对稳定，季节波动性小。例如，从七宝古镇2004年8月1日至2005年2月1日试行门票收费的情况看，实际门票收入与预期的每年200万元相去甚远，而2005年取消门票收费后反而吸引了更多的游客，带动了古镇内部商业发展，商铺租金收入、休闲项目收入和管理收费相应增多，大大提高了上海七宝古镇实业发展有限公司的盈利水平。

再次，对于半封闭式、半开放式的古村镇来说，它们介于前两者之间，在资源价值、客源区位、产品经营取向、盈利模式等方面没有太多明显差异，这与古村镇本身发展的阶段有关，并且表现出一种逐渐从以观光性产品为主转向以休闲度假性产品为主的趋向，使得越来越多的古村镇在旅游深度开发中走向半封闭、半开放的方式。比如，西塘古镇逐步提升其休闲娱乐产品以替代单一的观光游览类产品，部分茶馆开始有了一些表演，推出了一系列富有当地特色的文艺节目表演，景区内部引入了日渐火红的酒吧、精品民宿等业态，延长了游客逗留时间，提高了住宿、餐饮、娱乐、购物消费的比例，逐渐降低了景区对门票收入的依赖性，古镇收费模式也相应得以转型。

最后，有些资源类似的古村镇，因为地理区位条件不同，门票收费模式存在差异。比如，区位条件较好的环太湖地区古村镇，较之于皖南地区古村落，客源市场规模大，商业程度高，较高的商业开发价值减轻了对门票的依赖程度，故更倾向于开放式的休闲度假发展模式。而从同一地域的古村镇比较来看，区位差的古村镇保护较好，观光价值较高，但商业价值较低；区位好的古村镇在城镇化发展中更容易被商业包围，开放性诉求更高。

综上所述，不同收费模式的古村镇在资源品级、区位条件、客源市场、产品取向、商业价值、居民参与、盈利模式等方面具有一定的差异性，它们构成了影响古村镇旅游门票收费模式选择的潜在因素。不同收费模式的古村镇异同点具体如表7.6所示。

表7.6 不同门票收费模式下古村镇的异同点分析

异同点	全封闭式	半封闭式	半开放式	全开放式
资源品级	高	较高	不低	较低

续表

异同点	全封闭式	半封闭式	半开放式	全开放式
区位条件	较好	良好	好	很好
客源市场	规模大 较不稳定 范围广	规模较大 较不稳定 范围有限	规模较大 比较稳定 范围较广	规模大 稳定 范围有限
产品取向	观光游览产品	观光休闲产品为主	购物休闲产品为主	休闲购物娱乐产品
商业价值	低	较低	较高	高
居民参与	较高	较高	较低	较低
盈利模式	以门票收入为主	以门票收入为主，商业收益为辅	以商业收益为主，门票收入为辅	商业租金收入与管理收费为主

7.3.2 门票收费模式的影响机制：基于利益相关主体的视角

根据上述潜在因素分析，古村镇的资源品级、区位条件是客观存在，无法改变的，但旅游市场的选择、公司的经营取向、外来商户的加入、居民的合作参与是主观能动因素，构成了影响门票收费模式的主要力量。由此，游客、公司、外来商户、社区居民构成了古村镇门票收费的四大利益主体，他们在门票收费模式的影响权力和利益诉求具体表现如下。

首先，从游客的选择来看：一般来说，资源品级越高越值得购买门票观光，门票越低越吸引游客进入，产品越丰富越值得消费；反过来，资源品级越低越不想购买门票进入，门票越高越限制游客进入，产品越单调越不想消费。所以，游客主要通过消费的选择来影响公司（决定门票高低）和外来商户（决定产品丰度）的选择，对收费模式的影响较大，同时利益诉求也较大。相对来说，游客更偏向于开放式或低收费模式。

其次，从公司的经营取向来看：资源品级越高，保护责任越大，保护成本越高，收费迫切性也越强；向游客收取的门票收入一般比较稳定，而向商户收取的租金或管理费波动性大，且与门票收费具有一定的冲突性，是向游客收费（高门票模式），还是向商户收费（低门票模式）成为公司经营取向的焦点。所以，公司是收费模式的决定者（权力很高、利益很大），公司基于游客和外来商户的选择来决定不同的收费模式，当然也受到居民的态度影响。

再次，从外来商户的加入来看：游客越多商机就越多，就越值得进入经营，封闭式或高门票收费模式往往影响游客的消费，反而限制商机，造成经营障碍，影响到公司或居民从外来商户中收取的租金多少，进而影响到门票收费模式的选择。所以，外来商户对于收费模式的影响虽然权力一般，但利益诉求比较强烈，特别是对游客消费有更多的依赖。

最后，从社区居民的合作参与来看：一般来说，游客的增多、外来商户的加入，虽创造了赚钱机会、抬高了房屋的租金、从公司获得更多补偿从而提高居民的收益，但同时也造成环境喧闹、交通拥堵、物价上涨等问题，影响居民的正常生活。因此，收入预期与生活干扰程度成为居民合作的立足点，居民（合作与不合作行为）对门票收费模式的实施影响权力比较大，同时在收费模式的利益诉求上也比较强烈。

由此，从游客、公司、外来商户、社区居民四类主体对不同门票收费模式的行为反应来看（表7.7），封闭式收费将更多地影响游客消费、阻碍商户加入、增强公司的门票依赖性、增强居民的非合作性，而开放式收费将更多地提高游客消费、吸引商户加入、减少公司的门票依赖性、提高居民的合作性。

表7.7 不同收费模式下的古村镇利益主体行为反应

利益主体行为	全封闭式	半封闭式	半开放式	全开放式
游客	频率低，消费少	频率较低，消费较少	频率较高，消费较多	频率高，消费多
公司	游客依赖高	游客依赖较高	商户依赖较高	商户依赖高
外来商户	加入少	加入较少	加入较多	加入多
社区居民	参与较多，但合作性不强	参与多，但合作性差	参与较少，合作性好	参与少，合作性较好

从上述分析也可以看出，古村镇门票收费模式的选择最终是各个利益相关主体在不同环境条件下权力与利益的平衡结果。如图7.1所示的权益影响传导过程一样，公司选择不同的门票收费模式最终也会影响到其他三个主体，而三个主体与其他之间的行为反应又会影响到公司的利益与决策，从而在不断的权益平衡中形成最优化的门票收费方案。

综合来看，基于各个利益相关主体对古村镇门票收费模式的影响特点，上述七个因素的高低、好坏及不同取向对古村镇门票收费模式的影响程度是不同的。一般来说，资源品级越强，居民参与诉求就越强，对封闭性收费模式影响越大，而区位条件、客源市场、产品取向、商业价值与盈利模式对开放式收费模式的影响程度更大，具体如表7.8所示。

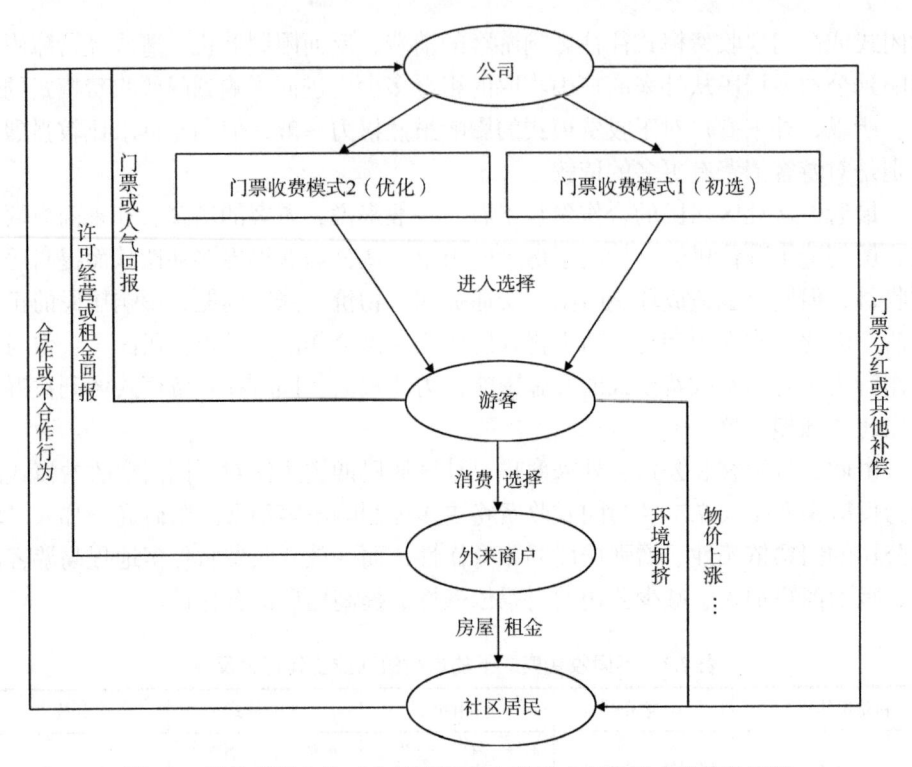

图 7.1 相关利益主体对古村镇门票收费模式产生影响的传导机制

表 7.8 不同因素对不同古村镇收费模式影响的程度比较

因素影响程度		全封闭式	半封闭式	半开放式	全开放式
客观因素	资源品级	★★★★	★★★	★★	★
	区位条件	★	★★	★★★	★★★★
游客	客源市场	★★	★★★	★★★	★★★★
公司	产品取向	★★	★★★	★★★	★★★★
外来商户	商业价值	★	★★	★★★	★★★★
居民	居民参与	★★★★	★★★	★★	★
公司	盈利模式	★	★★	★★★	★★★★

7.4 对景区门票收费模式的展望

随着当前旅游市场的细分与分流，以及旅游消费的升级与转向，当前古村镇旅游经营也要不断地适应市场发展的需要。从传统的观光旅游到现在的观光体验、休闲度假并行发展,从原先的景区景点经营思维到现在的旅游目的地运营思维,从单一的门票经济发展模式转向综合的旅游消费发展模式,古村镇遗产旅游经营在不断转变。特别是对于景区经营企业来说,其盈利模式应该具有多样性,除了景区门票外,还有景区服务、商业服务、物业出租经营、旅游项目特许经营收入甚至突破原有服务边界进行新的商业开发等。全要素的旅游综合开发和旅游目的地打造极大地扩展了传统古村镇旅游景区的服务边界,不但会吸引更多的旅游者,满足旅游者多层次、多样化的需求,同时也提高古村镇旅游的竞争力,从更多渠道创造更大的综合价值。因此,对于古村镇旅游景区门票收费模式的选择,随着各个影响因素的变化,特别是一些约束条件的放宽,未来将呈现以下趋势。

1. 古村镇景区基础设施与环境转向公共投入为主,应该体现社会公益性

首先,随着乡村建设与长期国家财政转移支付,对于古村镇旅游景区基础设施建设投入从原先依靠外部企业资金投入转向国家和地方财政资金投入为主,包括村镇环境整治与维护也以政府和集体公共投入为主,这些不应该算作景区企业投入,不应该以此作为门票收费的依据,政府和集体投入在古村镇旅游发展中一般通过租赁经营费、租金、商业税收、土地升值等其他方式实现了价值回报,而不应该再通过门票方式来二次实现。

其次,古村镇社区构成了古村镇旅游景区的基础,也构成了古村镇遗产旅游经营的基础。无论是社区还是景区,主要以村镇公共景观、公共设施、公共服务为主,同样强调公共资源的利用、公共服务的供给与公共环境的维护、管理,这是古村镇最基础性的供给,其他旅游产品和服务构成了旅游景区的提升性内容,这些基础内容因为以公共投入为主,具备公共产品的属性,应该体现社会公益性,所以不应该纳入门票收入范畴。

2. 古村镇旅游景区应该以企业投资经营服务内容为主向游客收门票费

景区门票收费将局限在企业经营性景点与旅游项目领域,按游客体验收费,不能与景区公共设施与公共服务捆绑,不宜与居民生活、商户经营产生交叉领域。一方面景区门票收费主要以企业投资经营内容为主,在获取经营许可的基础上,按照"谁投资,谁收费"的方式获取门票收费权限,体现景区体验产品投资回报的正当性;另一方面局部性门票收费也避免与景区内居民、商户造成利益纷争,毕竟村镇居民所有的房屋及其生活事象、商户打造的商业设施与服务都可能成为游客体验的内容，但它们的价值已经靠租金、房价或者商业经营收入实现，无须再通过门票加以体现。

当然也有极少数古村镇采取迁民置换的方式，将村镇居民全部搬迁出来，交由企业统一投资经营，打造类露天博物馆、类主题公园、类度假村似的古村镇景区体验产品，这种景区已经失去了传统古村镇旅游景区（社区型旅游景区）的内涵与特征，整个景区就是企业投资经营的综合体验产品，可以按企业投资回报期望进行景区门票收费。

3. 古村镇旅游景区以开放式和预约接待模式为主，不以门票为限制

按照上述对古村镇旅游景区产品投资与门票收费的界定，未来古村镇旅游景区投资经营将转向以主题体验内容与商业服务为主，通过商业开发与物业经营、商业经营的方式获得回报，特别是一些重要建筑或者参观游览点鼓励企业投资修复进行活化利用，合理植入各种体验性内容（如主题展览、演艺等），可能通过小门票收费或者小门票联合收费的方式，但整个景区将以开放式或半开放式接待为主，这样既不损害景区内居民生活与商户经营的权益，不影响景区商业的繁荣与发展，避免企业与居民、商户在门票分配上的冲突；同时也能够降低旅游门槛，给游客极大的消费自主权，更好地吸引一些常游客，提高游客的重游率，提高游客在地的消费水平，通过游客体验与消费的双向提升，提升旅游景区的知名度和用户黏性，更大地提升古村镇景区的价值。

当然，为了避免游客无序涌入与超规模接待，可以按照古村镇保护规划确定的接待容量进行预约式接待，保持一个合理的接待规模，保证景区体验的舒适性。对于游客来说，通过旅游预订行为会增强旅游消费的计划性，提升旅游消费的体验。对于景区企业来说，通过预约接待能够合理控制景区流量、提升旅游经营效率、提高旅游者在景区的体验。

4. 古村镇旅游景区实现物业式管理与收费，从游客收费转向商户收费

随着政府与集体投入的不断增加，古村镇旅游景区基础设施、公共环境、公共服务也在不断提升，不仅为游客创造良好的体验环境，而且也为景区商业发展提供更好的环境。根据前面对门票收费的界定与未来景区投资经营的转向，整个景区环境的日常管理与维护也开始转化为"类物业"管理，由景区所有者村镇集体负责或者委托专业管理方（如景区经营企业）进行物业管理，按"谁污染谁使用、谁付费"的原则，以物业费的方式向环境长期污染或使用用户（主要以商户为主）进行收费。一方面提高景区商户的环境意识，另一方面也增强景区物业服

务意识与水平，从而促使景区所有者（集体）、经营者（企业）和使用者（商户）形成一个可持续性的长期共存共荣机制。

以物业收费的方式弥补古村镇旅游景区环境的日常性投入，从游客收费转向商户收费，不再纠缠于在门票与游客收费上，是古村镇旅游景区经营的理念转变与管理创新。就如同一个商场一样，古村镇旅游景区本身也是一个类似的游客消费场所，企业和商户在创造各种体验产品与服务内容，吸引游客消费，获得商业回报，而这样的消费场所是为企业和商户所直接租用的，理应成为整个物业服务的直接埋单者，当然最终还是游客埋单。

从某种角度来说，景区游客接待具有一定的波动性，受季节、天气、社会经济环境、疫情防控等政策风险的影响较大，因而存在着"门可罗雀"的冷清局面和"摩肩接踵"的火爆场面，以游客数量为基础的门票收入具有很大的波动性。但是景区内的商户一般签订的合同或者经营周期都是以五年、十年为基础，这样一个长期的经营行为可以保障景区物业收入的稳定性，物业收费也容易测算与收取，确保有源源不断的资金循环投入到景区环境的维护中，达到一个健康的持续经营态势。

综上所述，通过景区投入的合理划分与界定，通过门票收费和物业收费并存并行方式，科学界定了古村镇旅游景区经营中各个主体的投入回报关系。特别是在景区转变为开放式、预约接待模式之后，游客进入的意愿和商户投资的积极性会得到提高，可以在稳定收入来源的同时破解"门票收费和商业经营"这一矛盾，也实现"游客愿意前来，商户乐于经营"的良好互动场面，规避了封闭式门票收费中的诸多争议问题，避免企业与居民、商户之间的矛盾，体现了社会公益性和收费合理性。

第 8 章　古村镇遗产旅游经营企业盈利方式与行为选择

8.1　旅游经营企业的组建及其盈利诉求

8.1.1　旅游经营企业的组建形式

根据第 6 章古村镇遗产旅游景区经营的模式选择与优化，一般来说，古村镇旅游经营企业主要有以下几种组建方式。

1. 地方国有企业

地方国有企业主要是指地方政府（县级或镇级）组建的地方性国有资产经营公司，包括地方文旅投资、服务公司。地方国有企业一般代表地方政府投资经营管理国有资源与资产，资源调配能力较大，投资资金比较稳定，相关支持政策比较完善，但在生产经营活动中承担着诸多非盈利业务功能[①]，对于经济利益的追求更多表现为长期性，更注重发展过程中自身价值的累积和提升。在一些经济发展比较好的地方，往往倾向于国有企业投资古村镇旅游开发。例如，负责投资经营同里古镇的苏州同里国际旅游开发有限公司是由吴江经济技术开发区管理委员会独资组建，在前期经营中取得比较好的效果。在旅游收入上，同里在 1996~2001 年几乎以 50%的速度在增长，2008 年全镇生产总值 34.98 亿元，旅游业增加值 18.25 亿元，占国内生产总值比重 52.2%，旅游接待人次达 334.8 万，实现门票收入 6127.9 万元，在旅游经营中所获得利润又再次投入景区公共资源的建设上，实现比较好的滚动发展。

---

① 马洪，华斌. 2018. 国企属性、非盈利功能与当前国有企业改革的内在逻辑[J]. 福建师范大学学报（哲学社会科学版），（3）：8-13，168.

2. 村镇集体企业

集体企业也就是一般意义上的村办企业，包括村庄集体企业和合作社企业。集体企业中生产资料的所有权归村民集体所有，并实行集体经营、按劳或者按股份分配，企业收入不受国家分配控制，一切的经济行为都要自负盈亏、自担风险。集体企业一般属于资源垄断性和资源经营性企业，经济规模有限，资源与资产较多但资金来源有限，容易获得地方政府或者村委会的资金和政策支持。古村镇遗产资源作为集体与村民所有资源，在具体经营中往往是由村镇集体经济组织作为所有者代表，承担"业主"角色，当自我经营时往往组建集体企业，经营利润也相应分配给村民，导致村民对于集体企业经营活动的支持度比较高，参与经营的积极性也比较高，相对来说集体企业对于利润分配的要求更高。例如，陕西袁家村的旅游经营主体为村集体企业，是由袁家村村委会直接控股的。改革开放初期袁家村先后兴办了砖瓦窑、水泥预制厂等村集体企业，随后投资建成了袁家农工商联合总公司；20世纪90年代初，村集体又投资建设了海绵厂、硅铁厂和印刷厂等一批村办企业，成立汽车运输队和建筑队，办起了商业服务部。如今袁家农工商联合总公司不断扩大规模，已经发展成为总资产达十亿元的综合性集团公司，村民年人均纯收入也从1970年的29.6元增加到2000年的8600元，村集体资产达到了6.8亿元[①]，村集体的投资最终使得村民受益，投资产生的收益直接使得村民的收入显著提升。

3. 民营企业

民营企业是指自然人和私营企业控股或由其运营的企业，在旅游投资经营领域主要分为大型文旅发展集团和中小型文旅服务企业。民营企业投资经营机制比较灵活，能够顺应市场需求的变化及时做出调整，在经营过程中需要自筹资金、自主经营、自担风险、自负盈亏。相较于地方国有企业或集体企业而言，民营企业对于景区资源的控制力度低，缺乏政策支持，同时融资困难，投资运营过程中会面临较大的风险，因此民营企业更加注重利润的创造，注重短期效应，对于投资回报率的大小十分敏感。例如，安徽省呈坎村的旅游经营主体为民营企业——黄山市徽州呈坎八卦村旅游有限公司。呈坎旅游开发之前，村集体管理能力有限，当地政府在2002年将呈坎古村落50年经营权转让给了这家民营企业，企业在前期投资聚集于提升村落环境，后期便迅速通过景区门票收费实现回报，积累部分资金后修缮了一批古建筑、水口景观，在村外围修建了游客服务中心和大型停车

---

① 吴正海，范建刚. 2021. 资源整合与利益共享的乡村旅游发展路径——以陕西袁家村为例[J]. 西北农林科技大学学报（社会科学版），21（2）：70-79.

场等设施,成功创建国家 5A 级旅游景区。

4. 混合所有制企业

混合所有制企业是指由公有资本(国有资本和集体资本)与非公有制资本(民营资本和外国资本)共同参股组建而成的新型企业形式。混合所有制企业是国有企业、集体企业和民营企业的合作投资经营的结果,是古村镇资源优势方(当地国有或集体企业)与资本或市场经营优势方(外部企业)合作开发的结果,其中公有资本和非公有资本以股权方式合作,借以引入在资本或市场经营上更具有优势的投资经营主体,对国有企业呆板的机制进行了优化升级,拥有了经营自主权,能够更好地适应市场的需要,资源有了重新整合优化的机会,企业的竞争力和活力得到大幅度的提升。在古村镇旅游投资经营过程中,混合所有制企业一方面追求经济利益,另一方面也愿意承担相应的公共责任,能更好地平衡自身的经济角色和社会角色。例如,负责乌镇古镇旅游经营的乌镇旅游股份有限公司就是典型的混合所有制企业,其中中青旅控股股份有限公司持股 66.00%、桐乡市乌镇古镇旅游投资有限公司持股 34.00%。2006 年中青旅控股股份有限公司斥资 3.55 亿元入股桐乡市乌镇古镇旅游投资有限公司,IDG 投资 4412 万元入股乌镇旅游,4 年后将股份转给中青旅控股股份有限公司。2012 年底,乌镇景区旅游接待量从 2007 年的 200 万人次增至 600 万人次,旅游营业总收入近 7 亿元,门票收入占比首次低于 50%[①]。

8.1.2 旅游经营企业的使命要求

上述不同类型的企业都一样追求更高的投资回报率、更短的投资回报周期,但因为企业股东属性、诉求不同,又存在不一样的企业发展使命。特别是反映到古村镇遗产旅游经营上,在资源与环境保护的投入、社会责任的分担、公益性服务、社区权益实现、政府诉求实现等方面存在不同的责任要求,而这些责任要求在一定程度上影响着企业利润的获取(表 8.1)。

---

① 郑艳芬,王华. 2019. 历史城镇旅游商业化的创造性破坏模型——以乌镇为例[J]. 旅游学刊, 34(7): 124-136.

表 8.1　不同性质企业在不同使命上的要求程度

企业性质	经营使命			
	景区经济发展使命	社区生计发展使命	遗产文化保护与传承使命	生态环境保护与修复使命
国有企业	较低	较高	高	较高
集体企业	低	高	较高	高
民营企业	高	较低	低	低
混合所有制企业	较高	低	较低	较低

1. 景区经济发展使命

古村镇旅游经营企业首先负有直接的经济发展使命，负有为企业组建方或者股东创造利润的责任，即追求投资收益最大化。盈利是企业的主要目的之一，企业充分利用古村镇资源发展景区经济，在接待游客中不断创造利润，在门票经济与综合经济发展中不断做大做强企业资产与收益，才能维持自身长久健康的发展。企业在景区投资经营过程中，为了利润的创造需要在各个方面进行合理投资，同时也面临着亏损的风险。

2. 社区生计发展使命

景区企业在创造利润、对股东负责的同时，还要兼顾对古村镇社区生计发展的责任。对古村镇旅游经营企业来说，因为是利用社区资源创造利润，所以需要超越利益最大化的传统理念，在生产活动中主动关注社区的发展，注重对社区居民就业创业与生活改善的贡献。在承担社会责任的过程中，企业也能够赢得声誉和社区关系，更好地与社区居民相处，有利于企业的长期发展。当然，企业承担社会责任会产生一定的成本，给企业带来额外的经营压力，往往使得企业管理层在决策时选择逃避社会责任。

3. 遗产文化保护与传承使命

古村镇旅游经营企业在利用遗产资源及其当地特色的传统文化打造景区体验产品，满足旅游者的文化体验需求过程中，负有遗产文化的保护和传承责任。在文化体验产品的开发中，一些企业一味迎合游客需求，对传统文化过度利用甚至是对本质内容进行了歪曲，甚至在迎合发展过程中受到外来文化的冲击，导致文化逐步走向同质化甚至是异化，这并不利于地方可持续发展，也不利于遗产文化的传承。因此，景区企业要合理利用当地文化并对文化进行一定的保护，但是保护与传承产生的收益可能难抵成本付出，这也成为企业的经营难题。

4. 生态环境保护与修复使命

古村镇旅游发展中不仅迎来了众多的游客，而且还吸引了诸多商户进入景区经营，企业进行景区建设与经营时要考虑自身行为对古村镇生态环境的影响，还要考虑到游客及商户经营所带来的环境污染，必须采取措施将这样的污染与不良影响降到最低，在这样的情况下，企业必须付出更多的成本来控制污染，修复环境。

8.1.3 旅游经营企业的盈利诉求

上述四大使命要求是互相影响的，景区经济发展使命是企业自身要求，其他三大使命是企业的外部要求或者说是公共责任。一般来说，企业如果很好地完成了自身的经济使命，创造了预期甚至是超出预期的利润，那么在不影响利润的前提下，企业才有可能增加对其他三个使命领域的投入，实现资本与社会责任的双丰收；如果企业经营困难，那么只能将大部分精力放在维持企业运转上，对于其他三个使命部分履行甚至是不履行。当然，如果企业在遗产文化保护与传承、社区生计发展、生态环境保护与修复等公共使命履行中有很大的投入，并获得了社会的认可和赞誉，那么企业在完成景区经济发展使命的过程中所受阻力会减少，或者反过来很好地助力其经济效益的创造，相反，如果企业不能自觉肩负公共使命，那么企业经营与景区经济发展也会面临较大的限制。

不同类型的企业受到企业性质的影响会产生不同的盈利诉求，对盈利追求的强弱程度不一样。因此，不同企业会采取不同的方式满足自身的盈利诉求。国有企业对于投资回报率的重视程度不高，会将更多的精力放在非盈利功能的满足上，先肩负起对遗产文化保护与传承、社区生计发展、生态环境保护与修复的使命，提升自身声誉和影响力，从而间接带动地方旅游经济长期发展；民营企业对投资回报率的重视程度很高，盈利动机很强，更倾向于将景区经济发展使命作为经营活动的核心目标，在获得回报之后才能满足其他三个公共使命的投入要求；集体企业作为古村镇资源所有者的权益代表，重点是考虑社区与村民利益，企业在追求经济效益的同时会将其他三个方面的投入需要纳入考虑范围之内，能够主动承担一部分公共责任；混合所有制企业以经济利益作为主要出发点，但是在经营过程中会考虑到国有或集体股东的使命诉求，会将公共责任作为营业收入的影响因素之一，将经济效益和责任承担维持在相对平衡的状态。

8.2 旅游经营企业的盈利方式探究

有付出才有回报，有投入才有盈利。古村镇旅游经营企业通过不同的方式进行投资来获取收益，由于投资的领域不同，会形成不同的盈利方式。在这些盈利方式上，投入与经营条件不同，实际的投入产出是不一样的，最终投入产出率也不尽相同。

8.2.1 旅游经营企业的盈利方式

根据古村镇旅游经营的现实情况，一般来说企业主要有以下五种盈利方式（图8.1）。

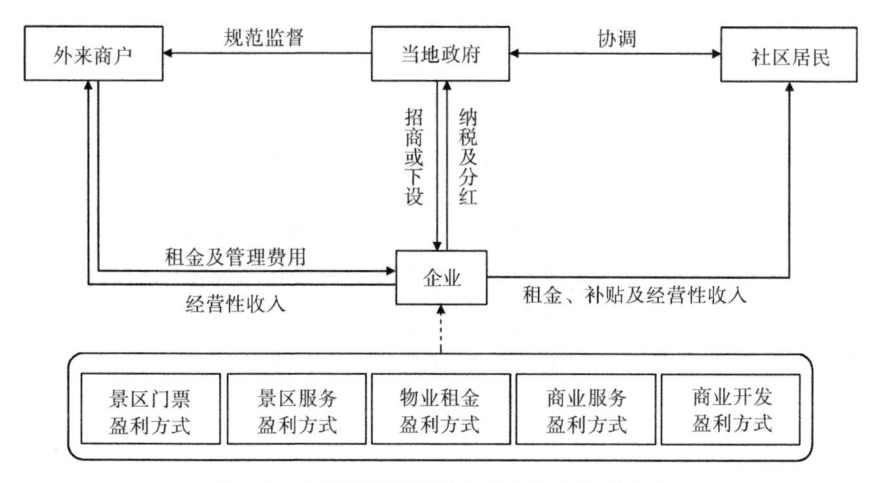

图 8.1 古村镇旅游经营企业主要的盈利方式

1. 景区门票

景区门票盈利方式是指企业采取一定方式将古村镇遗产旅游区隔离出来，以一个独立景区的形式进行投资建设，并通过向游客收取门票的方式获取回报。在这种模式下，门票收入是古村镇旅游经营的主要利润来源，门票收费模式通常为全封闭模式。该模式的形成往往是由于古村镇所有权与经营权的分离，政府或社区以承包经营或整体租赁的方式，将古村镇一定期限的经营权转让给外部企业，外部企业按照协议约定的门票收益分配比例将一部分门票收入分配到当地政府与社区居民手中。在这种模式下，古村镇大多数商业资源掌握在当地政府与社区居民手中，外部企业作为经营者只能掌握部分公共资源的使用权，难以通过商业投资经营实现盈利。因此，为弥补自身在经营古村镇过程中因保护公共资源和改善景区环境、服务而投入的成本，外部企业往往倾向于向旅游者收取较高的门票，这会提高游客进入古村镇的门槛，在一定程度上会限制古村镇客流量，不仅影响门票的总体收益，也会影响古村镇内社区居民或外来商户的收益。同时在该模式下，容易导致古村镇盈利过度依赖门票收入，使得旅游经济演变成为门票经济，致使古村镇旅游体验内容过于单一，产品结构失衡，降低旅游吸引力。尤其是对于一些资源品级不高、区位优势不明显的古村镇，游客可能会因此放弃该景区而选择其他替代性产品。

2. 景区服务

景区服务盈利方式是指企业在古村镇旅游开发过程中，主要利用公共资源或空间经营的垄断地位，依靠为游客提供有助于其观赏或体验的景区服务产品，供游客选择性消费来实现盈利的模式。采用该盈利模式的企业，往往掌握古村镇一些重要的服务通道或者服务空间，如村镇内部水系、街区及一些公共旅游空间，盈利途径主要是通过项目投资为游客提供服务（如游船服务、景交服务、主题演艺项目、主题游乐或其他体验性项目等）。在该模式下，古村镇拥有新的盈利增长点，对门票收入的依赖性相对较低，往往采取免门票、低门票或采取部分景点单独收取门票的方式对外开放，鼓励游客在景区内购买上述服务产品。这一模式在一定程度上增进游客在古村镇内的体验式消费，延长游客逗留时间，提升古村镇的商业价值，使得旅游商业结构逐渐趋于平衡，形成良性循环。虽然该模式能缓解古村镇景区盈利模式单一问题，但是服务性项目消费弹性较大，且游客消费偏好多元化，不可控因素较多，可能存在较多的投资风险。

3. 物业租金

物业租金盈利方式是指企业在古村镇旅游开发中，获得古村镇比较多的公共资源空间及其他物业空间的使用权，通过保护性改造与装修形成一批可经营性的商业空间，将上述物业与空间出租给商户经营或以特许经营方式招商经营，以收取物业租金和特许经营费用实现企业盈利的模式。采用物业租金盈利的企业，一般是古村镇所在地方政府国有企业或村镇集体企业，它们或收储或租赁掌握古村镇内大部分公共资源与物业资源，但因为企业自身经营能力较弱，同时为了招徕更多优质商户，故采取物业招租招商、特许经营的方式来吸引商户提供旅游商业服务一起打造古村镇旅游景区。在该模式下，古村镇一般以商业服务产品经营为主，商业化程度较高，商业业态结构经过招商优化，形成比较强的综合消费效应，其目标市场主要是古村镇周边城市居民和常游客，需要大量常游客来保证商业运转。因此，为维持古村镇人气、提升其商业价值，企业一般会选择采取完全对外开放的免门票或低门票收费模式。当然，这一模式容易导致古村镇过度商业化，如果企业控制或质量把控不好，片面追求租金收益，会导致一些高体验性、低收益性业态无法存续，进而导致产品同质化倾向，降低古村镇旅游吸引力，最终影响到商业价值。

4. 商业服务

商业服务盈利方式是指企业在古村镇旅游开发中，发挥自身经营能力优势，利用村镇物业资源直接投资经营相关商业业态和其他配套性旅游服务项目，营造旅游消费场景，以获取商业经营性收入为主实现盈利的模式。采用商业服务盈利的企业一般以合作经营企业或综合运营商为主，企业能够掌握古村镇大部分物业资源，且企业自身经营管理能力较强，主要通过为游客提供食、住、行、游、购、娱等服务产品以及商务会议、会展等延伸服务，向游客收取费用并获取经营收益。在该模式下，古村镇被打造成为一个商业化程度较高的综合体验产品，门票价格与产品服务价格相对偏高，但企业盈利对门票收入的依赖性相对偏低，主要依靠旅游综合消费收入实现盈利，注重游客的逗留天数与消费水平，而不仅是来访游客数量。由于盈利方式的多元化，盈利结构趋于平衡，该模式是一种较理想化的盈利模式，但因为该模式对专业服务类领域的依赖性较强，企业必须具有相应的商业资源与服务能力，才能取得比较好的经营效益，同时企业抗风险能力比较差。

5. 商业开发

商业开发盈利方式是指企业在古村镇旅游开发中，借助集体土地入市和国有土地招拍挂方式获取古村镇内外部土地开发权限，以旅游项目方式进行商业开发，投资建设一批旅游房地产物业，并通过出租、出售物业或者自持经营的方式，获得商业开发综合收益的盈利模式。古村镇旅游商业开发以景区周边土地开发和旅游地产项目为主，并开发旅游度假村、酒店、主题乐园、居住小区、酒店式公寓等多种衍生业态，打造完整的产业链使得旅游产业各要素合理配置，以全面满足休闲旅游度假旅居等多样化市场需求，实现旅游景区向旅游目的地转变以追求更大的投资价值。古村镇旅游经营企业可能的盈利方式如图8.1所示。例如，袁家村在小吃一条街项目成功的基础上，通过周边商业开发不断打造新的旅游服务空间。2012年，袁家村酒吧一条街正式建成，填补了袁家村晚间的旅游空档期[1]，吸引了许多游客来到景区并"留"下来，旅游者白天享受美食晚上享受酒吧街的

---

[1] 蔡馨逸. 2021. 陕西袁家村的乡村振兴密码[J]. 农家参谋，（10）：57.

狂欢，增加了旅游者选择景区内民宿的可能性，也带动了夜间商业活动的发展。这样综合商业开发给古村镇景区带来了更多的盈利和发展空间，但也同时带来了一系列问题，企业将更多的精力放在外围商业开发建设之上，对古村镇主体景区和文化旅游体验造成了一定的冲击，改变了古村镇的整体环境，导致景区产品多而杂乱，呈现出比较强的城镇化发展特征，在发展过程中很有可能失去了自身古村古镇的特色风貌，从而降低旅游者的体验观感，形成较差的口碑，最终得不偿失。

8.2.2 盈利方式及其盈利稳定性比较

1. 盈利领域与盈利来源

盈利领域的定位在一定程度上对企业主营业务的选择和盈利来源起决定作用。

第一，就景区门票盈利方式而言，其盈利领域主要是景区参观游览点经营及其门票收入，因而其主要盈利来源为游客，盈利产生于游客为获得古村镇旅游体验机会而购买的景区门票，前提是景区具有强烈的旅游吸引力。

第二，就景区服务盈利方式而言，其盈利领域主要是景区特色服务与游乐项目经营及其服务收入，因而其主要盈利来源为游客，盈利产生于企业为游客提供多类型的服务（如游船、景交、主题演艺、游乐项目等），前提是服务项目具有一定的垄断性与吸引力。

第三，就物业租金盈利方式而言，其盈利领域主要是物业与旅游空间经营及其租金收入，因而其主要盈利来源为本地或者外来商户，盈利产生于企业将拥有的房产物业及部分可经营性的土地空间通过合理改造后租赁给商户使用，前提是通过景区开放及商业服务吸引游客，保持好的人气。

第四，就商业服务盈利方式而言，其盈利领域主要是企业从事景区吃、住、行、游、购、娱业态经营及其商业经营性收入，因而其盈利来源为游客，盈利产生于企业直接参与古村镇景区具体商业业态的经营行为，为游客提供多样化旅游度假服务产品，前提是企业具有商业经营能力，并主导整个景区商业业态结构，不至于造成过度竞争与混乱。

第五，就商业开发盈利方式而言，其盈利领域主要是企业利用景区内外土地开发旅游商住地产及其旅游房地产出售收入、自持物业经营收入，因而其盈利来源为业主、商户及游客，盈利产生于企业进行商业开发营造旅居商业环境，出售、出租旅游房产物业，前提是企业拥有旅游房地产开发能力和土地资源，古村镇所在地方具有开发潜力。

2. 盈利稳定性

盈利领域与盈利来源的多元化程度是影响不同盈利模式盈利稳定性的重要因素。

第一，就景区门票盈利方式而言，其盈利领域与盈利来源过于单一，"把鸡蛋都放在一个篮子里"的经营具有一定的风险性，一旦内外部环境发生变化，可能会影响企业持续经营，但该方式下的企业盈利比较稳定。

第二，就景区服务盈利方式而言，其盈利领域与盈利来源相较于景区门票盈利模式更加多元，但仍然存在一定的经营风险，服务性项目的消费弹性较大，游客在选择是否购买服务性项目时的不可控因素较多，从而使得这一部分盈利较不稳定。

第三，就物业租金盈利方式而言，其盈利领域与盈利来源相对单一，但古村镇内商业业态的多元化使其得以聚集大量人气，进一步吸引商户投资促进物业增值，而商户缴纳的租金和管理费用周期比较长，从而保证了企业盈利的稳定性。

第四，就商业服务盈利方式而言，其盈利领域与盈利来源多元化，使得企业盈利结构趋于平衡，在一定程度上降低了投资风险，但由于旅游经营自身存在较多的不可控因素，采用该方式的古村镇必须制定多种预案以期能够应对复杂多变的旅游消费市场，该方式下的企业盈利稳定性较差。

第五，就商业开发盈利模式而言，其盈利领域与盈利来源相对综合，以一次性房产出售收入和自持物业经营收入为主，有很高的投资风险，即便投资成功、获得盈利，也难以长期保持这样的利好态势，持续性和稳定性较差。

结合上面内容，对古村镇旅游经营企业盈利方式比较如下（表8.2）。

表8.2 古村镇旅游经营企业盈利方式比较

盈利方式	盈利领域	盈利来源	盈利稳定性
景区门票型	门票收入	游客	盈利领域与盈利来源过于单一但盈利稳定性高
景区服务型	服务性项目收入	游客	盈利领域与盈利来源比较多元但盈利稳定性一般
物业租金型	租金收入、物业管理收入	商户	盈利领域与盈利来源相对单一但盈利稳定性高
商业服务型	商业经营性收入	游客	盈利领域与盈利来源多元化盈利稳定性较差
商业开发型	一次性房产出售收入自持物业经营收入	业主、商户为主游客为辅	盈利领域与盈利来源复合化盈利快但稳定性差

注：根据相关资料进行整理

8.3 旅游经营企业盈利选择倾向与行为引导

8.3.1 影响旅游经营企业盈利方式选择的因素

一般来说，古村镇旅游经营企业会根据自身经营能力、市场区位环境和古村镇资源要素及其占用等相关条件因地制宜地选择适宜的盈利模式。影响企业盈利模式的因素主要来自投资成本影响因素与收益影响因素两个方向。其中，投资成本影响因素主要取决于古村镇旅游开发的基础条件，包括遗产资源条件（品级）、景区物业条件（收储与占用）等因素；收益影响因素主要取决于市场区位条件与企业经营能力。

1. 遗产资源条件

一般来说，古村镇遗产资源品级越高，对游客产生的吸引力越强，但保护要求越高，对商业性利用与商业开发会造成一定的限制性，商业投资成本会越高，企业在景区门票、景区服务方面会拥有较大的盈利空间。

2. 景区物业条件

一般来说，古村镇旅游景区可占用的物业越多，物业使用的成本越低，商业性利用与商业开发的潜力越大，如果市场区位比较好，企业会根据自身的经营能力倾向于选择物业招商租赁经营（自身经营能力弱）或者物业自持经营（自身经营能力强）。

3. 市场区位条件

一般来说，古村镇所在的市场区位越好，与主要城市客源地的可达性越强，游客来访的机会越多，商业机会也会越多，商业价值也会越高，企业倾向于选择更多的商业服务与商业开发机会，以赚取更多的消费与资产价值。

4. 企业经营能力

一般来说，古村镇旅游经营企业实力越强，经营能力也会越强，在资源可获取的情况下更倾向于商业开发与经营。通常情况下，如果企业资金实力与商业经营能力不强，掌握资源较少，企业会倾向于通过景区门票与服务方式在较短时期内获得较高的投资回报。

综上所述，影响古村镇旅游经营企业盈利模式选择的主要因素具体总结如表

8.3 所示。

表 8.3　影响盈利方式选择的因素分析

影响因素	景区门票型	景区服务型	物业租金型	商业服务型	商业开发型
遗产资源条件	品级高	品级较高	品级一般	品级一般	品级高
景区物业条件	可占用少	可占用少	可占用多	可占用多	可占用少
市场区位条件	一般	一般	好	较好	好
企业经营能力	弱	一般	弱	强	强

对于不同性质的企业，它们在遗产资源、物业资源方面的掌控条件不同，自身资金实力与经营能力不同，从而在盈利方式选择上也呈现出不同的偏好（表 8.4）。

表 8.4　不同性质企业对盈利方式的选择偏好

盈利方式	国有企业	集体企业	民营企业	混合制企业
景区门票		√	√	
景区服务	√	√	√	√
物业租金	√	√		
商业服务			√	√
商业开发				√

一般来说，国有企业资金实力较强，经营能力较弱，由于政府与政策支持容易掌控较多的公共资源与国有资产，物业持有度相对较高，但投资经营风险偏好弱，更注重投资经营的长期效益，重视社会责任与整体效应，在古村镇旅游经营中往往倾向于景区服务盈利、物业租金盈利等，打造良好的景区服务与商业环境，从长期发展的角度做大景区物业资产、做强景区综合经济，满足商户等相关利益主体的需求。

集体企业相对资金实力弱，经营能力弱，但作为村镇集体资源所有者代表，占据古村镇公共资源与集体资产，物业持有度相对高，盈利动机强但投资经营风险偏好弱，比较注重投资经营的长期效益，重视社区责任与社区利益，在古村镇旅游经营中往往倾向于景区门票、景区服务、物业租金盈利方式，强调稳定门票收入的同时满足村民商业活动的需求。

民营企业相对资金实力较弱，经营能力较强，对遗产资源与物业资源控制程度低，同时盈利动机强，投资经营风险偏好强，更注重投资经营的短期效益，因此在古村镇旅游经营中倾向于比较稳定的景区门票、景区服务、商业服务盈利方式。

混合所有制企业集合了上述企业优势，资金实力强，经营能力强，对遗产资源与物业资源都有很强的调配能力，同时注重平衡企业的经济使命和公共责任，倾向于追求综合效益与长期效益，抗风险能力强。因此，一般会倾向于选择景区服务盈利方式、商业服务盈利方式以及商业开发盈利方式，从各个方面提升企业的价值。

8.3.2 旅游经营企业盈利行为的选择倾向

在现实经营过程中，古村镇旅游经营企业一般不会选择单一的盈利渠道，在资源与市场条件允许的情况下，企业会选择更多的盈利渠道。当然，各种盈利渠道之间也会存在一定的冲突，特别是景区收费与商业化收益总是存在此消彼长式的平衡关系。所以企业必须在上述影响因素的制约下进行盈利模式的选择，特别是在景区收费（景区门票与服务收入）与商业化收益（商业服务及物业租金收入）之间寻求平衡，以获取最大的经营回报。由此，也形成了古村镇旅游经营企业盈利行为的一般选择矩阵（图 8.2）。

图 8.2 古村镇旅游经营企业盈利行为的一般选择矩阵

一般来看，古村镇旅游经营企业在不同的资源条件与市场环境下，会根据企业股东诉求、资金实力、商业经营能力等因素，做出最有利的盈利模式选择。

1. 高收费、低商业化盈利倾向（倾向于景区门票及服务收入）

倾向于高收费、低商业化盈利模式的企业，一般物业资源掌控较少且商业开发能力弱，以景区门票及服务收入为主，适度从事部分商业经营。民营企业在古村镇旅游经营初期更倾向于此种模式。这种模式下的古村镇一般拥有良好的遗产资源与景区环境，但是企业对资源和物业的掌控力较小，商业经营收益稳定性低，希望充分利用客流量创造利润。通过这样的组合盈利模式，企业能够拥有稳定的景区门票及服务收入来源，有效维持企业前期投资经营，也能够最大限度地保持景区的传统风貌。

但是，从景区及社会发展角度来看，一味收取高门票而引发的门票经济并不是长久之策，如果古村镇资源特色不显著，从长远角度来看高收费意味着游客流失，对于企业收入反而产生负面效果；同时景区内的基础服务费用高，商业化程度低，大大降低景区的舒适性和可逗留性，给游客产生不好的游玩体验。采取这样的组合方式，对于企业来说只是短期的发展策略，需要进一步收储并整合物业资源，借助外部力量推动商业化开发，提升景区商业服务水平，丰富景区产品类型，创造共生效益。

2. 低收费、高商业化盈利倾向（倾向于商业服务及物业租金收入）

倾向于低收费、高商业化盈利模式的企业，一般物业资源掌控较多但商业开发能力弱，以商业服务及物业租金收入为主，适度从事参观游览点与旅游服务项目经营。国有企业和集体企业在古村镇旅游经营过程中往往倾向于此种模式。这种模式下的古村镇遗产资源与景区环境比较一般，但整体经营环境稳定，企业对于资源的掌控能力大，自身生存能力较强能够应对生产活动中的各类风险，更期望最大化利用资源产生长期的利润回报。通过这样的盈利方式的组合，企业能够不断扩大经营范围，快速吸引客源实现商业化收益。

但是，企业期望通过景区多样化的商业服务突出自身的特色，容易突破传统的古村镇格局与风貌，过度商业化开发与利用会导致景区逐步转变为商业区，景区内部商贩云集，旅游的韵味逐渐淡化而商业气息逐渐浓烈，如果控制不力，结果适得其反。采取这样的组合方式，虽然能够产生丰厚的效益，维持企业高水平的发展，但是对于景区资源会造成一定程度的破坏，企业逐利性越强，对于资源环境的重视越低，反而从根本上动摇了景区的发展基础。

3. 高收费、高商业化开发倾向（倾向于综合式经营收益）

倾向于高收费、高商业化盈利模式的企业，一般资源掌控多且商业开发能力强，以商业开发、商业服务及物业租金收益为主，同时从事较多的景区体验与服务项目经营。混合所有制企业在古村镇旅游经营过程中往往倾向于此种模式。一般来说，国有企业、集体企业在发展阶段中后期会倾向于寻求外部企业合作，通过企业重组逐渐转变为这样的模式。这种模式下的古村镇自身资源基础好，市场区位条件也比较好，同时企业综合实力强，对古村镇公共资源与物业资源的掌控能力强，期望充分利用资源进行扩张性开发，对古村镇旅游商业进行有效整合与优化提升，在此基础上进行周边商业开发，以此获得长远的经济效益。采取这样的组合方式，为景区本身和企业都带了积极的影响，一方面对景区资源进行了有效整合和利用，企业因此能够获得长期发展的资本，另一方面企业也有余力主动承担社会责任，提升自身的社会价值。

当然，这种模式也存在高度商业化所带来的诸多弊端，传统社区生活被游客度假生活所替代，原居民及其生活功能外迁，对古村镇传统风貌和遗产文化保护传承有一定影响，遗产旅游的真实性减弱但吸引力并不一定降低，这也是因为企业在景区体验与商业化服务中寻求价值最大化的平衡点。

总之，对于企业来说，商业化开发的投入与产出风险比较大，但收益也相对更高；而景区收费的投入与产出风险相对比较低，但收益相对有限。对于大多数古村镇旅游景区和企业来说一般在发展初期倾向于景区收费式，当然如果商业化开发的可能性与价值比较大，企业就会倾向于商业化开发。像安徽宏村、西递景区就是高收费、低商业化开发模式，而像陕西袁家村、上海朱家角古镇景区就是低收费、高商业化开发模式。

当然，企业为了获取更好的盈利效果，一方面可以通过收储与整合资源，优化资源配置与利用，改变资源经营条件，另一方面通过招商合作与企业重组，提升企业经营能力，从而转变盈利模式，以获得更好的综合经营效益，提升景区整体价值，具体如图 8.3 所示。

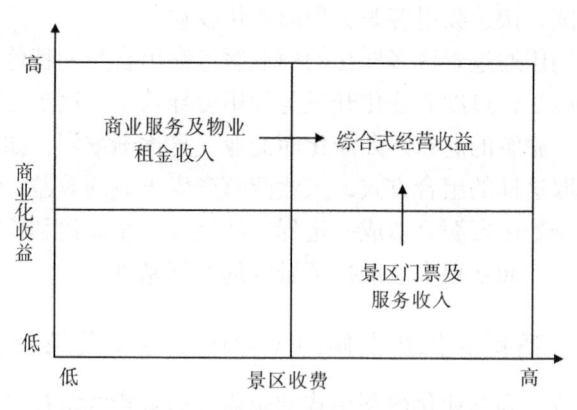

图 8.3 古村镇旅游经营企业盈利模式的转变

8.3.3 遗产旅游经营的价值共创与共生行为

古村镇旅游经营的目标一方面是为游客提供更好的旅游体验，吸引游客消费，创造直接经济效益；另一方面也是为古村镇居民带来更好的生计机会，改善居民生活，带动村镇地方生态、文化、社会经济共同发展。因此，企业在经营实践中，必须处理好与游客、社区居民以及外来商户的关系，处理好景区服务与社区服务的关系，处理好社区生活与社区商业经营的关系，处理好自身经营与商户经营的关系，在经济收益的追求中避免一些行为偏差，避免侵犯或者影响游客和居民利益的获得；否则，容易造成利益冲突，特别是在公共资源使用、物业收储、商业竞争、社区生活功能迁移、游客收费等方面的矛盾，进而影响企业的经营行为与效益。

（1）对社区居民的影响：社区居民作为古村镇的主人，是古村镇旅游活动的核心利益相关者，居民在古村镇旅游发展中有自身的利益诉求，即景区发展不能影响自己的生活以及希望获得旅游发展收益的分红，如果企业在盈利方式的选择中忽视了社区居民的利益诉求，不能很好地平衡居民的价值实现，就会引发居民对抗，或者造成社区参与无序化等一系列问题。

（2）对外来商户的影响：在企业经营过程中需要外来商户的参与，有些是自发进入，有些是企业招商进入，以此来丰富景区商业服务供给，进而实现物业经营收益甚至是商业开发收益。但是，商户经营与门票收费存在一定的矛盾关系，同时又会跟企业自身商业经营存在一定的竞争关系，此外商户与商户之间也存在一定的竞争关系，如果企业忽视景区商户的利益诉求，没有协调好商户经营关系，就会导致景区走向过度商业化或者空心化风险。

（3）对游客利益的影响：随着美好生活与休闲度假时代的到来，人们的旅游需求也在不断变化和升级，旅游企业也不断寻找新的商业服务创新以应对这种需求变化。企业在盈利的诱导下不断加大产品开发力度，打造旅游体验新空间，扩大自己的盈利范围，很容易走向景区过度供给、过度收费、过度消费，不合理性地增加游客体验成本，损害游客体验价值，造成游客排斥，最终造成投资浪费与资源浪费。

因此，必须平衡好景区服务收费与商业消费之间的关系，平衡好生意与生活的关系，在企业价值最大化过程中平衡和提高各方利益相关群体的价值。其中，景区门票与服务盈利方式和商业与物业经营盈利方式是相互影响、互相依赖的，企业通过景区投资与收费经营才能快速积累资本和客源，使得企业能在初期发展阶段站稳脚跟；企业在上述积累的基础上，才能进行资源收储、商业开发和物业经营，逐步打造食、住、行、游、购、娱一体化的旅游消费链条。对谋求长期发展的企业来说，综合式经营模式能够在满足企业自身盈利需求的情况下满足其他相关利益者的需求，让游客体验、商户经营、居民生计得以共存共赢，最终形成一种整合各方资源一起做大"蛋糕"提高所有"份额"的价值共创与共生关系。

以乌镇为例，近些年来乌镇一跃成为古镇旅游发展之首。乌镇在旅游经营过程中采用的就是高收费、高商业化开发的综合式经营盈利模式。一方面，乌镇自2006年开始将东栅景区门票定为100元/人，西栅景区门票120元/人，直到2017

年才做了小幅上调,在门票和景区服务上,乌镇没有选择低门票也没有溢价过高,在保证企业拥有稳定收入来源的同时,也将价格控制在旅游者可接受的范围之内,旅游者如果以纯观光的目的进入景区,那么整体的消费水平不高。另一方面,乌镇摒弃单纯依靠观光旅游为主的发展模式,开发多样性业态,自开发之初就逐步投入民宿、酒店、会议中心、剧院等商业经营项目,不断完善西栅景区的旅游度假服务配套设施和商业布局,近些年开始打造乌镇戏剧节、中国乌镇·围棋峰会、世界互联网大会等品牌活动,投资建设乌镇大剧院、木心美术馆和乌镇互联网国际会展中心,同时构建了特色的戏剧节文化品牌和会展品牌,实现了从旅游景区经济转向文化小镇、会展小镇、智慧旅游小镇等目的地经济,形成一个业态丰富的综合休闲度假区。

通过景区服务与商业服务协同更新（追求企业与商户价值共创）,景区与社区整体打造（追求企业与社区居民价值共创）,乌镇不仅获得了丰厚的经济利润,同时形成了广受游客认同的文化品牌（追求企业与游客价值共创）。企业不断整合资源,对景区内外部进行商业开发与二次投资,吸引更多的优质商户与外部资源参与景区创造性经营,并与社区居民形成了一种良性的价值共享与共同成长关系,同时给游客带来最好的互动体验与文化认同,游客及其沉淀形成的度假文化也成为景区的又一卖点,最终形成了良性的商业循环,实现从观光经济到体验经济再到度假经济的迭进,形成"钱袋"和"口碑"兼得的多赢局面。

因此,企业应该选择一种整合资源、多方参与、协同创新的方式达成以企业为主导、多方参与实现价值共创的共生关系(图 8.4),跳出传统的景区经营思维,构建类似乌镇模式的综合式经营模式,将零散的商户活动、游客消费、居民生活与统一的景区服务有机融合,打造有特色、高品质、强体验的古村镇旅游度假产业链条,形成比较完整的景区商业生态体系,与商户、当地居民、游客一起完成旅游业价值共创行为,一起将"蛋糕"做大,共同享受景区与商业繁荣带来的更大利益。

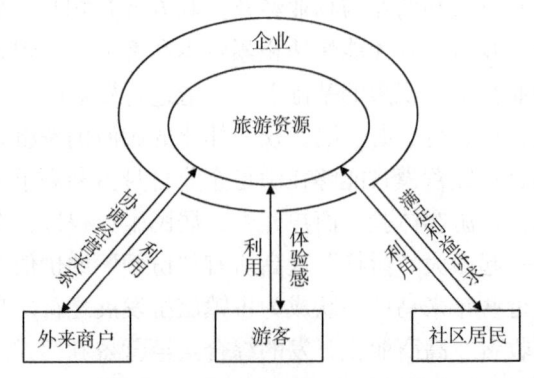

图 8.4 企业主导、多方参与实现价值共创的共生关系

8.4 对企业盈利行为选择的进一步探讨

企业盈利行为的选择，不仅决定着企业投资经营的重心所在，也主导着景区商户与社区居民的参与方式，进一步决定着古村镇旅游景区建设与服务内容上的水平差异，影响着游客体验和消费上的满意度，最终决定着企业与其他参与经营方的经营效益。过分追求景区收费和过分追求商业化收益的做法都会导致一系列的矛盾问题，影响着古村镇旅游经营成效。为避免古村镇旅游经营空心化或过度商业化等问题，需要进一步跳出传统的景区经营范畴、跳出狭隘的企业经营观念，创新企业盈利方式，以获取更大的价值回报。

1. 从景区经营到目的地经营，打造遗产文化旅游新空间

跳出传统的景区经营范畴，突破景区服务边界，围绕遗产资源保护、遗产风貌区修复，打造更符合居民未来美好生活和游客逗留习惯的遗产地旅游文化生活新空间。这要求古村镇旅游经营企业不能局限在一房一景点的得失上，而是要站在大景区、大目的地的角度来思考古村镇整个空间资源的优化组合利用，以寻求最大的价值实现方案，处理好老社区修复更新与新社区功能扩展的关系，处理好单个遗产点经营和整个遗产地经营的价值关系，以更大的空间包容更多的旅游展演、服务以及休闲度假业态的发展，形成更好的商业生态系统，提升古村镇各方整体价值。

2. 从企业经营到平台化经营，打造新空间综合运营服务商

为了实现上述古村镇遗产旅游经营战略转向，必然要求不断突破企业的经营观念、经营能力和经营范畴，在招商合作、企业重组中实现企业角色的转换，从传统的企业自我经营到更具互联网思维的平台化经营，要求未来古村镇旅游经营企业要有综合运营服务商的站位，要站在旅游目的地平台上去统筹资源，招商引资进行内容生产，优化经营土地与物业空间，进行引领性业态开发经营，打造配套的文化休闲服务体系，以构建整个商业生态系统为目标，获取最大的资产升值及物业收益。

3. 从以企业、游客为主角到以居民、企业、游客为主角，打造古村镇旅居新生态系统

旅游目的地经济和平台化经营打破了那种封闭式景区、唯游客唯旅游发展的狭隘格局，也转变了只有企业和商户服务在内、居民生活搬空的空心化与过度商

业化环境，开始让居民和商户按市场化规律流动，让居民得以新的生活与生产方式重现村镇，让商户在此创业生活（安居乐业），让游客在此逗留、短暂生活其至落地为商、落地为民，成为价值共创者，成为新的风景线与遗产文化守护者、传承者，让古村镇成为以居民、商家、游客为主角的旅居新空间，形成一种更具持久性、更具生命力的生态、生活、生产系统，真正实现企业与居民、商户、游客的和谐共处与互利共赢，这样的古村镇遗产地才是美好生活的代表，才是遗产文化活化与延续的最佳实践方式，才是企业得以长久盈利的保障。

第9章 古村镇遗产旅游经营企业的公共责任与代理行为选择

9.1 古村镇遗产旅游经营的公共领域与企业责任

根据第4章遗产资源权属关系可知,古村镇公共领域的资源产权一般为集体所有,村民、商户、企业在生产生活中共享公共领域资源。这样的权属关系决定了古村镇公共领域资源使用的非排他性,同时在社会生产实践中也呈现出一定的竞争性[①],古村镇旅游经营企业在接受经营契约的同时不可避免地承担古村镇集体所有下的公共领域保护责任问题。

9.1.1 公共资源的保护

古村镇公共资源是指社区共有、共用的公共建筑物,包括桥、廊、亭、祠堂、牌坊等,这些公共资源的所有权归全体村民共同享有。企业通过与当地政府或村镇集体签订契约获得古村镇旅游经营权,并在契约规定的经营范围内对上述公共资源进行保护、修复和利用以此来创造利润,因此作为古村镇旅游景观的公共资源成为企业的主要盈利来源。

当地政府和村镇集体在将古村镇旅游经营权转让给企业的同时也将责任代理关系移植给了企业,企业在获得古村镇公共资源经营权时,契约中规定企业应进行遗产保护和适度旅游开发。例如,旅游企业会对遗产建筑进行修缮和改造,聘请专业的团队定期进行养护,国家也给予一定的政策优惠和补贴支持企业对遗产进行保护,企业可以通过申请项目资金,获得专项补助来对遗产进行修缮和维护,同时修缮不好也要承担相应的责任。如果企业在利用公共资源经营过程中,一味追求收益最大化的目标而忽视自身的保护责任,导致公共资源遭受不可逆的损失,不仅危害集体所有者的利益,也会让企业经营不可持续。

---

① 孟凯,李佳宾,陈险峰,等. 2018. 乡村旅游地发展过程中"公地悲剧"的演化与治理[J]. 旅游学刊, 33(8): 19-28.

9.1.2 公共空间的管护

公共空间不仅仅只是个地理空间的概念，更重要的是人们自由进入、广泛参与，并开展各种交流与互动活动。古村镇公共空间主要是指广场、街巷、公园等公共活动领域。在乡村公共空间中，村民不受约束自由出入，并能够进行各种社会交往活动[1]。一般来说，乡村公共空间包括两个方面：一是指社区内的村民可以自由进出并进行各种社会活动的公共场所；二是指社区内存在的一些组织和活动形式[2]，根据公共交往类型及其相应的承载场所，可将其划分为信仰性公共空间、生活性公共空间、娱乐性公共空间、生产性公共空间以及政治性公共空间[3]。在古村镇旅游景区中，公共空间遍布四处，从寺庙、戏台、集市、祠堂广场、麦场到水井旁、大树下、河溪边等，这些乡村公共空间如果得到有效利用，能够增进居民信任、缓解社会焦虑、达成文化共识、促进互惠合作，是维系熟人社会和乡村命运共同体的重要纽带。但企业如果缺乏保护意识将这部分空间过分开发或者他用，就会出现公共性流失和过度市场化[4]的问题，并导致集体记忆衰退，引发农村社会的价值危机、伦理危机和治理危机[5]，最终会将乡村文化逼向衰退的道路。

9.1.3 公共环境的维护

公共环境主要是指古村镇的生态环境、人文环境、卫生环境和安全环境。

古村镇在未进行大规模开发之前，在古村镇中生活的村民较少，生态环境一直处于平稳的状态，一旦旅游者在同一时间大量涌入古村镇景区，如果不规范游客行为或对客流量不加以限制，那么当地的生态环境很可能受到威胁，而生态又是乡村旅游地吸引力和可持续发展的重要保障，生态环境的破坏在一定程度上会制约古村镇旅游的发展。

进入古村镇旅游景区的游客基本都有不同的生活背景，拥有不同的生活习惯和传统风俗，如果与当地的习俗文化产生冲突难免会引起争执，也会对古村镇别具特色的历史人文造成无法挽回的冲击，对当地的人文环境造成破坏。

卫生环境和安全环境是古村镇旅游景区形象的直接体现，不仅关系到旅游者

---

[1] 张诚. 2019. 乡村振兴视域下乡村公共空间的多元价值[J]. 农林经济管理学报，（1）：120-126.
[2] 曹海林. 2004. 村落公共空间与村庄秩序基础的生成——兼论改革前后乡村社会秩序的演变轨迹[J]. 人文杂志，（6）：164-168.
[3] 张良. 2013. 乡村公共空间的衰败与重建——兼论乡村社会整合[J]. 学习与实践，（10）：91-100.
[4] 张诚，刘祖云. 2018. 失落与再造：后乡土社会乡村公共空间的构建[J]. 学习与实践，（4）：108-115.
[5] 董磊明. 2010. 村庄公共空间的萎缩与拓展[J]. 江苏行政学院学报，（5）：51-57.

的体验感，也跟居民与商户在村镇内的生活生产密切相关。企业一方面为了本身旅游经营的需要，另一方面也受托于村镇社区的要求，必须聘请专业的环保、安保团队等对社区环境进行维护管理，保证景区内部有序运营。

企业在景区环境维护的具体实施过程中会产生契约之外的额外成本，如村镇居民和外来商户参与餐饮及住宿经营增多造成的生活污染治理成本过高问题。因此，企业在投资开发景区内参观游览点和景区服务设施之外，必须通过日常的环境维护，来维持良好的景区运营状态才能从中获得收益，收益中又有一部分投资到景区的维护中，以期形成一个良性的循环。当地居民也是社区环境责任的承担者，企业在承担责任的同时，也替当地居民分担了环境维护的责任，为他们解决了实际的生活需求，在一定程度上也承担了公共责任。

9.1.4 公共文化的守护

公共文化是为满足社会的共同需要而形成的文化形态，强调的是以社会全体公众为服务对象，目标是人人参与文化、人人享受文化、人人创造文化。乡村公共文化则是由村民共同建设起来的文化体系，突出乡村特色的文化传统，满足村民特殊的文化需求。

在古村镇遗产旅游的发展过程中，因遗产保护和旅游开发的需要，大量原住民搬离古村镇导致村镇居民空心化，各种各样的外来文化进入乡村，对传统文化造成一定程度的冲击，村民文化认同感逐渐丧失。同时，企业在发展过程中缺乏对文化原真性的保护，乡村文化资源朝着无序性和商业化的方向发展，致使古村镇传统文化资源遭到不可逆的破坏。

古村镇蕴含的公共文化是村民人际交往、文化生产和文化传承的重要载体，对于促进新老居民在生产生活中形成共同的生活方式、价值观念、信仰和特色文化有重要影响，并且还发挥着在地人群交往沟通、休闲娱乐、宣传教化、心灵慰藉和柔性治理等作用。为此企业要自觉增强对公共文化的保护意识，避免外来文化的过分侵占与改造，肩负起乡村公共文化体系的守护责任，创新公共文化产品，从而推动遗产文化旅游可持续发展。

9.1.5 公共服务的供给

公共服务一般是指由政府或者社区提供的公共物品和服务，既包括了道路交通、厕所环卫、水电通信等基础设施，也包括了教育、文化、卫生、体育等公共事业服务，一方面满足社区居民生产生活等基本需要，另一方面能够服务于外来游客与商户在地需求。它们属于政府或者村镇集体提供的公共服务产品，具有较强的社会公益性，甚至是对某些弱势群体的福利，具有不可排他性、免费或低收费使用特征。

在古村镇旅游发展前期，一些村民参与旅游地的积极性不高，他们依旧向往原有的生活状态，无法接受商业气息扰乱自己正常的居住环境，也没有能力在景区的发展中寻找到自己能够获利的渠道，因此他们选择生活搬离，或者进城或者就近安置；也有一部分村民能够在旅游发展中找到自己生计机会，选择留在村镇经营。但随着景区扩张与社区重组，需要为留在新老社区的新老居民提供普遍性的公共服务，同时也要为在古村镇逗留的游客提供相应的景区公共服务，在政府供给与企业供给的分工承担中存在一些无法界定清晰的公共领域，企业在古村镇整体经营中面临着这些公共服务的额外供给成本，还包括为社会公众提供的一些社会福利性责任，包括疫情期间给医务人员的免费游活动、对特殊人群的优惠旅游活动等，这些都是企业要承担的社会责任。

9.2 企业在公共责任上的代理行为倾向

一般来说，企业在经营过程中倾向于追求更高的投资回报率，对有可能增加成本或减少收益的公共领域保护责任，特别是一些契约外的关联责任或共有责任存在一定推托或回避倾向。随着外部企业不断介入经营，古村镇在公共资源、公共空间、公共环境、公共文化与公共服务等公共领域上的责权利关系不断复杂化，如果不能清楚界定企业在公共领域保护责任的代理行为，那么很可能会导致资源利用过度或者保护不力、环境恶化、文化退化等一系列道德风险问题。

9.2.1 企业在公共领域保护上的责任代理

古村镇遗产旅游经营的过程，实质上也是古村镇遗产资源所有者（按法律上是村镇集体组织）将古村镇遗产资源或委托专业经营方经营或租赁给第三方投资经营或引入合作方一起投资经营的过程。按照我国法律等制度安排，古村镇旅游发展所需要依赖的公共资源保护、公共空间管护、公共环境维护、公共文化守护、公共服务供给更多属于一种社会公共责任，当地政府或者村镇集体作为古村镇社区的所有者代表、社会公共事业的承担者和社会性公共服务的提供者，都是上述公共领域责任的第一承担者。

但是由于古村镇社区与景区一体化发展，景区游客服务与社区居民服务存在共用之处，很难进行区分，上述五个公共领域的保护责任在旅游景区经营中很难割裂出来，在现实中或多或少都与企业经营相关，所以一般由当地政府或者村镇社区集体组织（所有者代表）通过经营权出让捆绑或者其他经营管理合作协议，委托古村镇旅游经营企业一并在经营过程行使保护责任，由此构成了古村镇旅游经营企业的公共责任代理关系。

企业与古村镇所有者（当地政府和村镇集体）签订旅游经营契约的同时，也形成了关于古村镇公共领域保护的责任代理关系。从客观角度来看，古村镇旅游经营企业由于资源占用程度与自身经营能力的不同形成了四种经营模式，每种经营模式中企业占用的资源不同、投资与盈利的取向不同，因此企业在上述公共领域保护上的责任代理程度也不相同。

一般来说，企业占用的资源越多（以国有企业和集体企业为代表），景区服务经营倾向越高，对公共资源保护、公共空间管护、公共环境维护的责任也就越大。反之，企业占用的资源越少（以民营企业居多），商业性开发与经营倾向越高，对公共资源保护、公共空间管护、公共环境维护的责任也就越小。在公共文化守护与公共服务供给上景区服务模式和复合经营模式的责任相对较大，物业经营模式与商业开发模式相对偏弱。由此形成了不同经营模式下企业对公共领域的责任代理关系，具体如表9.1所示。

表9.1 不同经营模式下企业对公共领域保护的责任代理程度

经营模式	公共资源保护	公共空间管护	公共环境维护	公共文化守护	公共服务供给
景区服务模式	强	强	强	强	强
物业经营模式	一般	一般	一般	弱	弱
商业开发模式	弱	弱	弱	弱	弱
复合经营模式	一般	一般	一般	强	强

9.2.2 企业在公共领域保护上的责任行为倾向

签订经营契约后，企业在承担古村镇公共领域保护责任的过程中，信息的不对称性和行动内容的不对称性往往导致道德风险问题。企业在旅游经营中倾向于营利性领域投入，易做出对古村镇公共领域保护不足或责任履行不够的行为，而当地政府或村镇集体作为委托方可能无法及时地观察到企业代理人的行动，使得企业的行为无法得到纠正，造成最终结果低于委托方预期的局面，进而损害社区居民与公众利益，造成低于委托方预期的局面，进而损害社区居民与公众利益。从企业角度而言，如果委托方无法全方位对其行为进行监控和管理，缺少了约束或激励手段，企业往往会在不影响盈利状况下对公共领域保护的投入倾向于最低水平,这就产生了道德风险问题。如果企业违反约定在公共领域保护上的失责行为很频繁,也会导致委托方对企业在古村镇的经营行为产生信任危机。

同时,由于古村镇公共领域的保护除了经营契约之外,还有部分是在道德的"软"约束下要求企业主动承担的,但是在现实条件下,由于企业的性质、经营周期、盈利模式上存在差异,加上有可能遇到委托方扶持不力、居民支持不足、商户配合不够等阻碍性因素,企业在落实具体保护责任行为过程中往往会做出不同的选择。

例如,关于古村镇道路修缮问题,从景区长期发展的角度来看,道路是要承载一定数量的游客、居民以及商业生活需要的,道路质量、舒适度和便捷性能够直接影响游客的体验感和居民的日常生活。从保护规划的角度看,铺设道路的颜色、材质要和整体建筑风格风貌统一,如果求新求异,会失去细节之中的古风古韵。然而,不同的企业会因面临的现实条件不同做出不同的选择。对于追求长期经营效益、景区经营效益、实力与能力较好的企业来说,在决策时更倾向于将资金投入到景区基础设施建设中,修建质量上乘且美观的老式石板路,虽然花费更多但在保持景观协调的同时能够提升旅游者的体验感;而对于追求短期经营效益、商业经营效益、实力与能力较弱的企业来说,更倾向于将资金投入资产与商业经营中,在资金有限的情况下对基础设施等方面的投入往往选择用低成本的方式解决,在缺乏委托方有效监管以及政策扶持,且在企业不影响经营的情况下会选择更低的投入方式,达到让游客和居民通行的目的即可。

9.2.3 影响企业公共责任行为选择的主要因素

综合来看,企业因为经营契约的要求而行使公共领域的保护责任,但一方面因为自身的企业性质、经营周期、盈利模式、自身能力等因素影响责任行为的承担,另一方面会因为委托方监管、政策扶持、居民支持、商户配合等因素影响具体责任行为的落实,从而让企业在公共领域保护上的责任行为呈现出主动承担和不完全承担两种倾向,具体如表 9.2 所示。

表 9.2 影响企业在公共领域保护上的责任行为倾向的主要因素

主要因素		主动承担 (责任行为倾向强)	不完全承担 (责任行为倾向弱)
企业自身因素	国有企业	√	
	集体企业	√	
	民营企业		√
	混合制企业	√	

续表

主要因素			主动承担 （责任行为倾向强）	不完全承担 （责任行为倾向弱）
企业自身因素	经营周期	长期经营	√	
		短期经营		√
	盈利模式	偏景区性经营	√	
		偏商业性经营		√
	企业能力	实力与能力强	√	
		实力与能力弱		√
外部因素	委托方监管	有效监管	√	
		监管不力		√
	政策扶持	扶持力度大	√	
		扶持力度小		√
	居民支持	支持度高	√	
		支持度低		√
	商户配合	配合度高	√	
		配合度低		√

1. 企业组建方式对企业公共责任行为的影响

根据第 8 章介绍，因股东属性和盈利诉求有异，不同组建方式的企业有着不同的经营使命。①国有企业作为政府下属资产公司，更能够承担一些社会公共责任，在经营过程中注重满足社会大众的利益需求，重视自身对社会、文化和生态环境的责任，企业使命要求其主动承担影响公众福祉的公共责任；②集体企业更多是村民参与和经营，注重集体利益的维护和社区生活环境的保护，重视经济利益和生态环境的责任承担，从村镇集体共同发展的角度会较为积极地承担利于企业发展的公共责任；③民营企业在投资经营过程中对利润的需求较大，为了维持自身发展将经济利益放在首位，而对公共责任的承担更多体现在与经济利益相关方面，一般不会主动承担公共责任带来的经济成本；④混合所有制企业注重自身全方位发展，既重视利润的追求，也重视声誉和社会影响力的积累，有实力和能力平衡好经济角色与社会责任角色，一般会主动承担自身应负的公共责任。因此，企业组建方式的不同会影响企业公共责任的承担。

2. 产权关系界定的明晰程度对企业公共责任行为的影响

根据第 4 章介绍，除了民居属于村民私人财产之外，古村镇整体空间、环境、文化和服务设施是村民集体所有，属于村民共建共享的一部分。这样的特性决定了古村镇在旅游经营中存在公共产权与私人产权并存的情况，产权形态的混合一定程度上也使得企业在经营过程中的责权界定更具挑战性。产权关系如果能够进行明确的划分和界定，并且委托方在签订经营契约中规定清楚各利益主体对公共领域保护的权利和责任，那么企业在进行旅游经营时能够注重收益和投入的关系，承担起应负的公共责任；如果产权关系不能够明晰，企业和所有者之间很可能存在责任界定不清或互相推诿或共同忽视的现象，不同的利益主体各持己见，最后造成公地悲剧或反公地悲剧的结果。因此，产权界定的明晰程度影响着企业公共责任的承担程度。

3. 利益分配及其带来的居民和商户支持对企业公共责任行为的影响

随着外来资本的不断介入，古村镇旅游经营中的利益相关者逐渐增多，也使得公共领域的使用者、影响者、受益者更加复杂化。企业获取经营权后，在投资经营中往往更注重自身的利益分配，追求收益的最大化，容易忽视居民和商户的利益需求。居民作为古村镇的核心利益相关者，如果预期得不到满足、诉求得不到回应，那么他们就会通过消极途径获得权益或者制造障碍，出现诸如霸占公共领域、阻碍企业经营的现象；商户也是如此，比较在意能够影响其直接收益的领域。如果企业能够构建有效的利益分配与合作模式，平衡好与居民和商户的权责利关系，那么他们在利益得到满足后也会支持并主动参与公共领域保护，进而影响到企业承担公共责任。因此，古村镇旅游经营利益分配的合理程度会影响到居民和商户支持程度，进而影响到企业公共责任的承担。

9.3 企业公共责任的代理优化与激励约束策略

信息经济学研究表明，代理关系普遍存在道德风险，而道德风险的解决则主要依赖于设计合适、有效的激励约束机制。委托人与代理人之间的信息不对称、合约的不完全性等问题的存在，导致代理人存在行为偏差，委托人需要设计一套激励约束机制以激发代理人在实现委托人利益诉求的积极性、主动性和创造性，同时规范企业的行为，使得企业朝着委托人期望的目标发展，实现委托人的利益诉求。面对很多企业不能主动承担社会责任的情况，有必要采取一系列激励与约束机制对各个行为主体的行为进行引导，激励措施的完善以及约束条件的拓宽，倒逼企业做出更好的行为选择，承担更多的公共责任。

9.3.1 企业在公共领域保护上的责任代理模型

1. 模型的基本假设

假设1：所有的投入与效益均可用货币来衡量。

假设2：古村镇旅游经营企业（代理人）在经营过程中存在经济效益和环境效益。

假设企业经营古村镇旅游经济效益生产函数为 $y=ax+bx+\varepsilon$。其中，y 是企业获取的经济收入；x 是企业在公共领域保护上的努力程度；a 是古村镇旅游市场发展为企业带来的边际收益；b 是社会为企业带来的边际收益；ε 是一个随机变量；$a\in R, b>0$。

环境效益生产函数为 $Y=\lambda x+\varepsilon$。其中，Y 是环境效益；λ 是古村镇公共领域保护投入带来的边际环境收益，即增加一个单位保护投入时古村镇旅游环境效益可改善 λ 个单位（$\lambda>0$）。古村镇旅游环境效益改善体现在对公共领域保护行为上，ε 是一个服从正态分布的随机变量。

假设3：企业在公共责任上的努力成本函数为 $c(x)=\frac{1}{2}cx^2, c>0$。其中，$c$ 是成本系数，c 越大，企业进行一单位努力所花费的成本越大。它与企业在古村镇公共领域努力的能力呈负相关，企业能力越强，单位成本越小。

假设4：企业是风险规避的，而古村镇当地政府或村镇集体组织是风险中性的，古村镇旅游经营委托人对企业代理人的激励政策分为两个部分：一部分是委托人对企业的产权激励（税收优惠、财政补偿、剩余价值索取权、优先续约权），产权激励对企业的奖励程度为 $k\alpha, 0<k<1$。其中，k 是古村镇委托人对企业的重视程度，这部分产权激励与企业的努力程度无关。另一部分是激励补贴，是指企业在古村镇公共责任上的努力水平 Y 超出了古村镇委托人在契约中对企业所要求的公共责任的努力标准 α 的超额奖励，假设奖惩因子为 $\beta（0<\beta<1)$ 反映了企业对古村镇公共责任努力的风险分担。

因此，古村镇委托人与企业代理人在旅游经营前定的契约为

$$\begin{aligned} S(Y) &= k\alpha+\beta(Y-\alpha) \\ &= k\alpha+\beta(\lambda x+\varepsilon-\alpha) \\ &= \beta(\lambda x+\varepsilon)+(k-\beta)\alpha \end{aligned} \quad (9.1)$$

2. 企业的最优行为选择

企业有两类收入和一类支出，一类收入是古村镇委托人给予企业的产权激励所产生的收入 $S(Y)$，另一类收入是其在古村镇旅游经营中所获得的经济效益；支出是企业对古村镇公共领域保护上的努力成本 $C(x)$，故其货币收入为

$$w = S(Y) + y - C(x) \tag{9.2}$$
$$= \beta(\lambda x + \varepsilon) + (k - \beta)\alpha + ax + bx + \varepsilon - \frac{1}{2}cx^2$$

企业具有风险规避性，拉特绝对风险规避量；e 是绝对风险规避量；w 是实际货币收入，企业面临的风险成本为

$$\frac{1}{2}\rho \text{Var}(Y) = \frac{1}{2}\rho\beta^2\sigma^2$$

故企业的确定性收入为

$$CE = (\beta\lambda + a + b)x + (k - \beta)\alpha - \frac{1}{2}cx^2 - \frac{1}{2}\rho\beta^2\sigma^2$$

企业的目标为最大化利润 CE：$\max CE$

$$\text{s.t.} \quad CE \geq \bar{u}$$

其中，$\bar{u}$ 是企业在古村镇公共领域保护上努力的机会成本；其一阶条件为 $\frac{\partial CE}{\partial x} = 0$。即

$$(\beta\lambda + a + b) - cx = 0 \Rightarrow x = \frac{\beta\lambda + a + b}{c}$$

所以，一旦给定 (α, β)，企业的激励相容约束为 $x = \frac{\beta\lambda + a + b}{c}$，即在达到利润最大化条件下，企业的努力程度为 $x = \frac{\beta\lambda + a + b}{c}$。

3. 古村镇委托人的最优行为

古村镇委托人为风险中性，故其期望效用等于期望收入：

$$E(U(Y - S(Y))) = E(Y - S(Y))$$
$$= E\{\lambda x + \varepsilon - [\beta(\lambda x + \varepsilon) + (k - \beta)\alpha]\} \tag{9.3}$$
$$= (1 - \beta)\lambda x - (k - \beta)\alpha$$

其中，U 是上述效用；$E(U)$ 是期望效用。

委托人的问题是选择 (α, β)，解下列优化问题：

$$\max E(Y - S(Y)) = (1 - \beta)\lambda x - (k - \beta)\alpha$$

s.t. $\begin{cases} (\beta\lambda + a)x + (k - \beta)\alpha - \frac{1}{2}bx^2 - \frac{1}{2}\rho\beta^2\sigma^2 \geq \bar{u} \\ x = \frac{\beta\lambda + a + b}{c} \end{cases}$

为了简写方便，令

$$E(Y - S(Y)) = Z$$

那么上述方程针对 β 求导的最大化一阶条件为 $\frac{\partial Z}{\partial \beta} = 0 \Rightarrow \beta = \frac{\lambda^2}{\lambda^2 + b\rho\sigma^2}$。

至此，可以得出激励相容约束下的古村镇委托人与企业代理人的最优行为：

$$\begin{cases} \beta = \frac{\lambda^2}{\lambda^2 + b\rho\sigma^2} \\ x = \frac{\beta\lambda + a + b}{c} \end{cases}$$

上述条件意味着，企业必须承担一定的风险，企业承担的风险 β 取决于风险规避度 ρ、随机变量的方差 σ^2、努力成本系数 b 以及环境效益产出系数 λ。极端情况下，如果企业是风险中性[$\rho = 0$ 时，最优激励合同要求企业承担完全的风险（$\beta = 1$）]。另外，承担风险大小 β 与风险规避度 ρ、随机变量的方差 σ^2 呈负相关，与环境效益产出系数 λ 呈正相关。

由于 b、ρ 和 σ^2 都是外生变量，由古村镇委托人和企业代理人控制，故可以令 $e = b\rho\sigma^2$，令 e 分别等于 1、5、10，来观察 β 与 λ 的关系（图 9.1）。

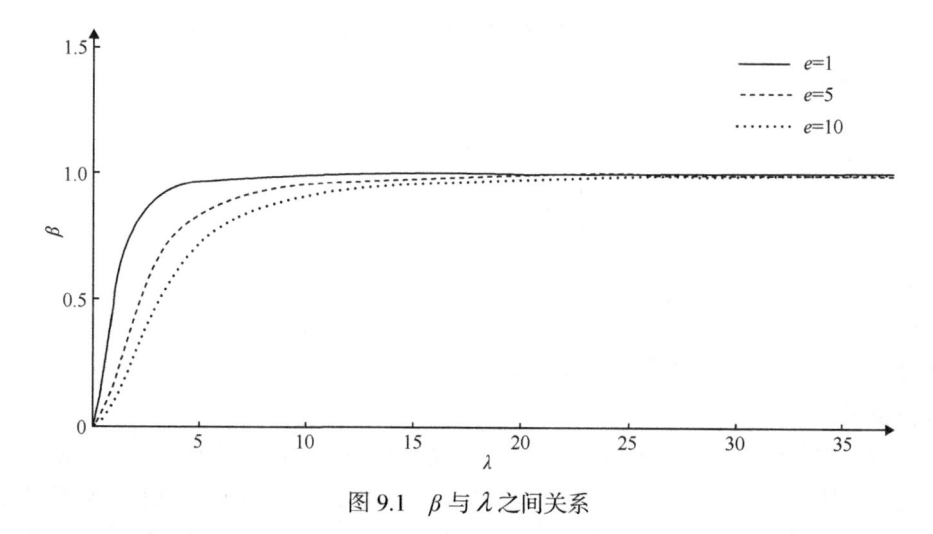

图 9.1　β 与 λ 之间关系

可以看出，随着企业承担公共责任的环境效应的增大，委托人对企业代理人的边际激励起初增加得较快，曲线陡峭，稍后开始趋于平缓，进一步通过对

$\beta=\lambda^2/(\lambda^2+b\rho\sigma^2)$ 进行二次求导测算拐点，即意味着委托人的激励作用最有效。从经济意义上看，古村镇委托人可以根据企业在古村镇公共责任上努力的环境效益产出效益系数的大小，确定自己对企业的激励程度，已达到古村镇旅游经营效率的最优化。

随着 e 的增加，曲线的凸度在减缓，当 e 趋于无穷时，β 趋于零。对于古村镇公共领域保护努力成本小、风险规避度小、不对称信息小的企业，古村镇委托人应增大激励力度，激励企业更高的风险承担，这样有利于提高企业经营效率。

作为企业代理人来讲，由于其最优努力水平为 $x=(\beta\lambda+a+b)/c$ ，由于 λ/c 是企业的环境效益投入产出系数，所以企业的最优努力水平与古村镇委托人的风险补偿成正比，风险补偿越大，企业对环境保护的努力程度越大，λ/c 是曲线的斜率，即边际效益为 $(a+b)/c$。

由此可见，企业在古村镇公共领域保护上的努力取决于旅游市场和社会对企业效益的激励作用与公共领域保护成本的比值。所以，社会应当鼓励企业保护古村镇公共领域的行为，通过建立清晰的权责利分配机制、完善的旅游市场运行机制，以此激励和约束企业更努力与规范地介入古村镇旅游经营。

9.3.2 对企业公共责任行为的激励策略

（1）产权激励。按照产权经济学的观点，产权包含一系列的权利，如所有权、使用权、占用权、收益权和处置权，其中收益权是产权具有激励约束作用的基础。在收益的激励下，企业公共责任行为会得到正向激励。产权激励需要有明晰的产权关系和健全的产权制度，但在目前的古村镇旅游经营中不具备这样的制度条件。古村镇资源产权存在混杂情况，有些是国有，有些是集体所有，还有一些是居民私有。复杂的产权关系牵动了多方利益相关者，使得旅游经营的负外部性激化。所以，必须要对企业介入古村镇旅游经营的产权制度进行创新以达到产权激励的目的。产权对于外部资本来说是很重要的存在，也是企业介入经营、扎根经营的首要条件，产权激励主要通过产权合约、产权转让等形式将古村镇资源与企业资产在更深层面上进行捆绑，是一种长期激励的有效形式。但是古村镇所涉及的产权问题非常复杂，也存在很多权属不清的问题，能够支配的产权稀少且价值极高。

（2）税收优惠与政策扶持。古村镇一般地处偏僻，经济比较落后，旅游开发前期投入比较大，而且多为公共领域保护投入。因此，一方面可以有针对性地设置企业所得税减免、土地使用权减免、公共投入税收减免等多种税收优惠来吸引企业投入，这相当于为企业提供旅游开发补偿，以降低企业经营风险。另一方面针对性设置一些文化遗产保护、环境治理、公共文化、景区公共服务等方面的财政补贴项目，以鼓励企业加大公共投入以获取上述项目扶持与奖励，通过政府财政对古村镇公共领域投入的政策性扶持减轻企业在公共领域保护上的投入成本，从而更有利于企业合理地构建良性的古村镇遗产保护与旅游经营模式。

（3）剩余价值索取权激励。剩余价值索取权激励主要指企业可以在经营契约期满后享有对古村镇保护与旅游开发剩余价值进行索取的权利。只有当企业采用长远眼光进行公共领域保护与旅游投资经营才能在最后获得更多的景区剩余价值。这需要企业在旅游经营过程中将长期和短期行为做有效衡量，自行调整投资经营行为，以获得更大的剩余价值。

（4）优先续约权。企业对古村镇旅游经营权有合约期限，过短的合约期限必然会导致企业行为的短期化，而过长的合约期限不利于资源的优化配置，也增加了企业经营的不确定性。设定合理的合约期限并给予其优先续约权有利于激励企业提高其经营绩效，并致力于古村镇公共领域保护以求旅游资源的保值增值。

9.3.3 对企业公共责任行为的约束策略

代理约束是指代理关系、契约以及相关制度的完善，需要进一步界定企业公共责任代理关系及其监管和约束机制。古村镇旅游经营契约在实践中或多或少存在一些漏洞，导致企业经营行为缺少监管，特别是在公共责任代理关系上界定不清楚，不确定性成本大，实现方式、激励效果缺乏一定的监管，责任代理机制中存在黑洞，值得关注。

一是进一步完善法律法规的强制性要求，做好制度监管。对古村镇公共资源保护、公共空间管理、公共文化传承等都需要进一步纳入国家相关制度建设中，对公共资源、公共环境的破坏性行为都需要在相关法律法规中予以惩罚，对一些乡村基础性公共服务也需要在相关法律法规中明确投入与维护主体职责，从而将古村镇公共领域保护的义务、责任通过可依据的法律条文加以界定。现有法律法规在公共领域部分权责界定还不太不明确、法律效力有限（地方性法规居多）、不同地区存在差异，需要进一步加强制度研究与设计，让企业及其相关主体在公共领域保护行为上有法可依、有法必依。

通过法律制度的硬性约束，从根本上规定企业应要承担的责任和义务，明晰企业在经营过程中的权责界限。社会责任的承担要求企业有强烈的责任感，主动承担社会赋予的责任，而面对强大的利益诱惑，很少有企业能够牺牲自身利益来维护公共利益。硬性约束相较于软性约束在规范企业的行为上更具有强制力，可以限制企业在经营过程中的主观因素，引导它们将社会责任作为自身不可避免的义务。

二是进一步加强政府规制，做好行政监督。针对古村镇旅游经营行为对公共领域保护的冲击，政府可以通过其公共权力制订一些规则对企业经营活动进行限制与调控。政府规制是对市场与企业行为的管制，包括价格管制、进入与退出管制、融资管制、质量管制、信息管制以及针对外部经济性的社会管制。按照古村镇遗产保护与旅游开发的特点，政府应该对企业经营行为有动态的、全程的管制，以保证企业不偏离保护性开发的轨道。在行政监督方面，政府相关部门要对企业投资建设及经营行为进行严格的评估与审批，以确保其不损害社区公共利益，同时对环境资源的承载力不造成过度破坏。行政监督可以预防并纠正企业的行为，在不良结果发生前对企业的价值选择进行引导，减少不良行为产生的后果，对旅游地的环境和经济发展起到一定的保护作用。同时，通过行政监督，可以对企业过度开发行为或不作为而造成的资源与环境破坏行为实行严厉的经济惩罚。

三是进一步加强规划约束，做好公众监督。这种规划约束体现在政府与企业的契约精神上，企业的投资运营往往建立在与政府签订的合同基础上，同时政府和企业应该在合同签订时就对古村镇遗产保护与科学开发有相应的规划。这样的规划应该是政府主导下对企业、社区、居民、商户、游客各方权益的最佳安排，是对古村镇遗产旅游资源的最优配置，是对古村镇遗产文化旅游价值的最大挖掘。通过规划的编制、公示和公众的监督执行，让各方都了解和认同整个遗产保护和旅游发展的蓝图、计划，从而让企业在按规划进行投资经营时，也确保其在遗产资源保护和其他公共领域上的投入，确保公众能够对企业是否按规划进行投资经营和保护进行监督。公众监督是发挥古村镇旅游经营相关利益群体民主参与的重要途径，同时也是约束企业行为的有效方式。社会公众的监督无论是对发现和纠正问题，还是对问题的整改，都具有重要作用，因此要提高社区居民、商户参与旅游规划与管理的程度，建立合理有效的监督体系，从社会道德层面提升企业的社会责任承担意识。

9.4　对企业社会责任承担的进一步思考

企业社会契约理论认为，企业和社会之间存在着某种社会契约，即企业与社会各种利益群体之间有一系列自愿同意并相互受益的社会契约，履行与这些利益群体的契约义务是企业的责任。这就要求企业从整个社会出发考虑自身运营对社会的影响及社会对企业行为的期望与要求，要求企业对各种社会问题负有责任。换言之，古村镇旅游经营企业和古村镇所在地方政府、社区居民、其他商户、游客消费者之间存在着一系列自愿同意的社会契约，且各个利益相关者都能够从中受益，履行这些合同条约是企业的责任。但是在经济利益导向情况下，企业在履行上述社会责任时，考虑到增加成本或减少收益的压力，往往都会选择逃避责任（这是一般倾向）。当然，不同组建方式的企业选择的经营方式不同，面对的现实情况不同，对于社会责任的承担有着不同的价值观念与选择倾向。

首先，古村镇旅游经营的盈利行为与公共领域的保护行为是一个事物的两面，它们互相支撑也互相抵消，既有冲突性，也有一致性，很难分割。公共领域的保护一方面增加了企业成本，另一方面也会促进企业盈利（取决于公共领域保护与企业经营盈利之间的关联性），而企业只有盈利才能更加重视对公共领域的保护，从而形成一个比较良性的互动机制。所以在古村镇旅游经营中，企业在接受经营契约的同时，也必须接受公共领域的保护责任，无论是从法律制度上，还是从契约义务中，都必须予以明确，建立公共领域保护与企业经营盈利之间的强关联性，这也是企业应该承担的社会责任。在这一原则上，无论是国有企业、集体企业，还是民营企业、混合企业，都是一样的责任担当与制度要求。

其次，公共领域的保护（投入）与企业价值的创造之间的强弱关联是决定企业公共责任行为选择的主要因素，关联越强，企业公共责任的努力越大。古村镇资源所有者是公共领域保护的第一责任人，也是旅游经营的直接委托方。所有作为所有者代表的村镇集体企业（在不考虑其能力差异的情况下）在旅游经营过程中对公共领域保护的责任是最大的，也是最应该和最愿意在公共领域保护上进行投入的，这种投入能够直接跟企业的资产收益以及古村镇旅游的价值创造相关（公共领域的保护投入与企业的价值创造有着强关联性）。对于其他性质的企业，国有企业、混合企业在这方面的关联性也比较强，在公共责任行为上具有一定的主动性，同时因为资金实力较强，经营契约比较稳定，经营周期较长，经营能力与盈利能力都较强，加上面临较大的社会公众压力和政府监督压力，在成本约束不强的情况下都会保障公共领域保护上的正常投入。民营企业在这方面的关联性较弱，加上受到经营周期、经营能力、不确定成本的限制，所以一般在公共责任承担上倾向逃避或者减少成本投入。

最后，以企业重组为主的内部化策略和以服务外包为主的外部化策略是解决当前古村镇旅游经营企业公共责任代理风险的重要途径。一方面，当古村镇遗产资源越高，遗产保护责任越大，遗产旅游经营企业在公共领域保护的投入越大时，就会要求遗产旅游经营企业进行国有化或集体化重组，通过资源整合、资产归并、企业改制进一步加强公共领域保护与遗产旅游经营之间的关联性，建立国有或集体性资产公司来统一权责利关系，从而从根本上解决古村镇旅游经营权剥离带来的公共责任逃避风险，这是一种内部化方式。另一方面，可以通过服务外包、景区托管、项目招商、合作投资经营等方式建立比较清晰的合作与代理关系，解决经营能力或资金投入不足等问题，同时加强契约管理、特许经营等制度建设，建立比较有效的激励约束机制，以明确企业公共责任的承担要求，减少企业不确定性成本付出，规避其中可能产生的道德风险，这是一种外部化的方式。由此，未来古村镇旅游经营企业也演变成为国家或集体所有的资产经营公司与不同专业服务企业所组成的集团化公司。

第10章　古村镇遗产旅游经营过程中外来商户的行为选择

10.1　外来商户进入古村镇商业经营探讨

10.1.1　外来商户的界定与主要特征

1. 外来商户的界定

外来商户是指区别于本地原住民商户的外来商业经营主体。这种群体划分主要依据于村镇集体组织成员身份或者当地户籍，特别是指非本村镇集体成员或者非当地户籍的经营者。古村镇外来商户是在我国农村集体经济制度下诞生的一类特殊经营主体，他们严格来说是指不属于某一农村集体经济组织成员或当地户籍，但是在该农村地区从事旅游生产经营活动的自然人、法人和其他组织。这背后涉及与旅游活动有关的人口迁移活动，因而外来商户的产生本质上是一种旅游移民现象。

根据动机的不同，旅游移民可以划分为生产型旅游移民和消费型旅游移民（图10.1）。其中，生产型旅游移民是指旅游地以外的劳工迁入旅游地定居并在旅游行业从业超过一定期限的移民，而消费型旅游移民指的是由于以往旅游经历和出于休闲动机，在旅游地购买房产进行长时间定期、不定期居住的移民[①]。外来商户的产生是生产型旅游移民的一个类型，生产型旅游移民根据其在旅游地从事的生产活动层级不同可以划分为低技能劳工移民、管理层劳工移民和旅游小企业主移民，其中旅游小企业主移民和外来商户的概念含义比较契合。消费型旅游移民随着时间的推移，希望通过开店的方式维持长久的居留和相对自由的生活状态，从就转化成了外来商户。因而外来商户主要是由生产型旅游移民中的旅游小企业主移民和消费型旅游移民中选择在地经营方式的群体组成。

[①] 杨钊，陆林. 2008. 旅游移民研究体系及方法初探[J]. 地理研究，27（4）：949-962.

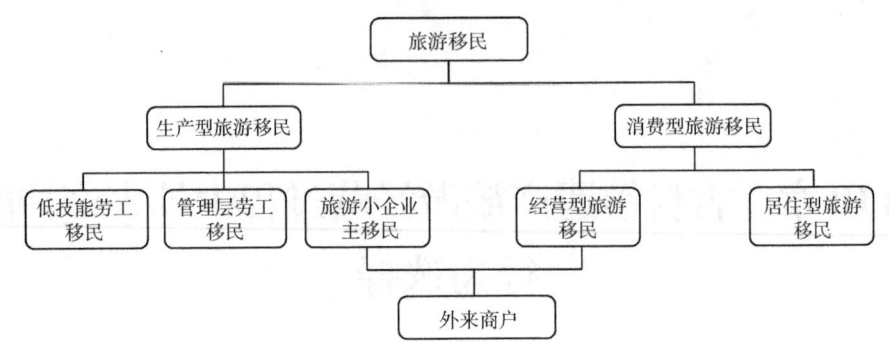

```
                    旅游移民
          ┌───────────┴───────────┐
     生产型旅游移民              消费型旅游移民
   ┌──────┼──────┐          ┌──────┴──────┐
 低技能   管理层   旅游小企业    经营型旅游      居住型旅游
 劳工     劳工     主移民        移民            移民
 移民     移民
                  └──────┬──────┘
                      外来商户
```

图 10.1　外来商户和旅游移民的关系

2. 外来商户的主要特征

根据对外来商户的划分依据和来源构成，古村镇旅游地外来商户具备以下特征。

（1）户籍身份特征。外来商户所居住并经营的地方是非户籍所在地，即存在人户分离特征，他们不属于古村镇所属的农村集体经济组织但在该村镇从事旅游商业经营活动，外来商户经营业态比较丰富，涉及餐饮、住宿、文创手工、文化演艺、酒吧等方面。

（2）居住时间特征。外来商户一般在古村镇经营和居住时间都比较长，根据不同的经营业态，特别是受到房屋租赁期、经营周期的影响，外来商户大多在一年以上，甚至有些商户长期居住呈现出定居特征。当然，受旅游季节性和市场波动影响，部分商户也呈现出一定的流动性。例如，宏村除定居此处的外来经营户以外，一些商户选择在每年4~10月的旅游旺季前往，在淡季的时候返回原居住地或者外出游玩。

（3）经营优势特征。外来商户相对于本地居民来说，一般具有更强的资金、技术、经验等优势，从事的商业层级比较高，以专业性和较高准入门槛为特点，被模仿的难度大，保持着一定的竞争优势。在新技术应用方面，外来商户经营中环保性、数字化应用比例比较高。比如，在店铺软装上使用一些新型绿色环保材料、智能化家居电器等，在店铺营销上积极运用在线旅行社（online travel agency，OTA）渠道，尝试使用多样化的手段吸引和留住顾客。

（4）经营资源获取和使用约束。古村镇房地资源的产权约束导致外来商户无法通过正常交易手段拥有房地所有权，只能通过租赁、合作等方式获取古村镇各类房地资源的使用权或经营权，没有处置权、抵押权等，租赁周期有限，改造、装修与使用约束比较大，对外来商户经营存在物业上的先天性限制，产权激励不足。

（5）投资经营方式。由于古村镇所在农村资源的产权关系是固定的，集体经济组织拥有土地所有权，农户拥有土地承包经营权和资格权，以及宅基地上的房屋所有权。外来经营者需要通过流转、租赁、合作等方式拥有土地和房屋使用权。因此，外来商户进入古村镇从事商业经营一般分为租赁经营和股份合作经营两种方式，具体如表10.1所示。

表 10.1 外来商户的投资经营方式

经营方式	参与主体		合作方式
租赁经营	出租方	村集体	村集体通过"返租倒包"方式集中流转土地并招商引资，外来商户从村集体处通过转包、租赁等方式获得土地使用权，从事生产经营
		农户	外来商户在村集体的监管下直接向农户租赁土地、房屋，从事生产经营
股份合作经营	合作方	村集体	村集体以集体资源折算为股份方式与外来商户组建股份合作制新企业，独立开展生产经营活动
		农民专业合作社	部分村民以房屋、土地经营权等资产组建专业合作社，合作社与外来经营者组建股份合作制新企业，独立开展生产经营活动

10.1.2 外来商户进入古村镇旅游地的主要过程与特点

随着实践发展，外来商户进入古村镇旅游地呈现一定的演变过程，主要包括初始介入阶段、大规模介入阶段、选择性介入阶段三个过程。同时，在不同过程中，外来商户在古村镇旅游地的经营也表现出不同特点（表10.2）。

表 10.2 外来商户进入古村镇的主要过程与经营特点

阶段划分	对应的旅游发展阶段	外来商户来源与进入方式	商业经营特点
初始介入阶段	景区观光旅游阶段	本地居民外地亲友或者邻近地区商户 自我认识与自主进入，进入门槛很低	零散式进入 向当地居民直接租赁或合作经营 小规模投资经营为主，包括小商铺、手工纪念品店、小吃餐饮店
大规模介入阶段	商业开发与经营阶段	社会企业与普遍商户 招商引资或者自行进入，进入的门槛有所提高	数量式增长 自行租赁经营为主，村镇或企业有所引导 中小企业投资经营为主，从事住宿、餐饮、手工艺品、演艺、酒吧等中低端业态，同质化竞争严重
选择性介入阶段	旅游目的地发展阶段	品牌商户与专业服务商 政府扶持、鼓励进入，进入门槛进一步提高	商业竞争相对饱和 村镇或企业统一招商与合作经营为主 品牌或专业服务商投资经营为主，从事精品民宿、文创商业等中高端、精细化服务产品

1. 初始介入阶段

古村镇观光旅游发展初期，主要依托保存完好的古建筑、古民居景观进行简单修复并将其包装为景点景区，以此吸引游客前往参观游览，此时古村镇旅游以政府支持、集体经营和管理为主，旅游市场推广不足，游客接待有限，旅游方式简单，逗留时间比较短。

（1）由于古村镇旅游知名度还不是很高，这个阶段介入的外来商户一般都是本地居民的亲戚、朋友或者是隔壁村镇对古村镇有一定了解的商户，经过亲朋好友的介绍、传播或者是周围生活圈的发现，认识到古村镇旅游商业机会，选择进入经营。

（2）相比于仍以传统生产为主导的当地居民，该阶段吸引到的村镇亲友商户或者附近居民商户都有一定的商业头脑、技能和丰富的从商经验，以利润追求为目标，实力和专业等因素要求不是那么高。

（3）该阶段的外来商户一般是和当地居民有一定的社会关系，以合作经营的方式共同经营，对古村镇比较熟悉，也易于融入并长期居住。

（4）该阶段门票经济比较突出，接待规模比较小，游客停留时间短且基本不过夜，外来商户经营业态以小商铺、手工纪念品、小吃餐饮为主，店铺规模比较小。

2. 大规模介入阶段

古村镇遗产旅游高速发展中期，在政府的推动下外部企业介入遗产旅游经营，景点景区投资建设日益完善，旅游知名度不断提高，游客接待量不断增多，旅游体验与度假需求逐渐强烈，旅游商业价值逐渐被社会认知，外来商户呈现大规模进入特征。

（1）古村镇旅游景区步入专业经营，景区经营企业为了更好地满足游客在地旅游需求，开始积极盘活各类闲置资源，进行商业开发与招商经营，吸引了一批外来商户进入，而一些敏锐的社会商家也认识到古村镇旅游商机，主动寻求各种方法介入经营。

（2）该阶段由于游客增长速度比较快，商业需求旺盛但得不到满足，迫切需要更多中小微商家提供多样性的产品服务，此时进入门槛比较低，商户数量上呈现爆发式增长的特征。相比于初始介入阶段，居民的商业经营意识也逐渐增强，除了自己参与经营外，也开始接受并乐于和外来商家合作，以房屋租赁或者合作经营方式居多。

（3）该阶段游客逗留时间和过夜欲望逐渐增强，因而在这一阶段住宿业态大量发展，一些原来没有的特色餐饮、文创手工、文化演艺、酒吧也逐渐出现。

（4）外来商户以其在资金实力、知识技能和投资经验上的比较优势，参与上述新兴旅游服务业态经营，渐渐充实了古村镇内的商业业态，也引领了本地商户的发展。但也带来了古村镇旅游产品同质化竞争问题，数量过多的商户使得古村镇商业化现象严重，低价不正当竞争常有出现，反而降低了古村镇的游客体验质量。

3. 选择性介入阶段

古村镇遗产旅游经营后期，企业从景区经营转向旅游目的地发展阶段，游客深度体验与度假需求成为主流，伴随着游客需求的升级，过去规模化、同质化、粗放型的商业服务模式越来越难以跟上市场需要，古村镇旅游经营被逼进入了高质量发展阶段，商业供给结构亟须调整优化，招商选商要求越高，对外来商户的进入门槛也越高。

（1）随着我国休闲度假需求的日渐旺盛，古村镇遗产旅游地成为文化体验和美好生活的主要实践地，旅游者的消费层级不断提高，原先一些大众低端商业由于产能过剩、竞争力下降开始被淘汰。同时由于在大规模介入阶段商户数量已经达到了相对饱和的状态，商业进入的成本逐渐升高，外来商户的进入门槛也随之增加。

（2）古村镇旅游经营企业为了追求更大的价值，也在整合资源进行古村镇旅游更新，通过招商选资，希望吸引更有特色、有品牌、有档次的外来商户进驻，推动古村镇商业供给结构优化调整。为此，政府或者景区经营企业在招商中出台相应的鼓励扶持政策，不断吸引外来品牌商户加入，也鼓励有条件的既有商户进行改造升级。

（3）该阶段外来商户成为商业更新的主力军，大大提高了古村镇旅游消费层级，推动了古村镇旅游经营模式的优化，古村镇观光、体验、休闲、度假、文化、艺术、娱乐、商务等功能复合化发展趋势明显，提高了游客过夜率、复游率与消费水平。

10.1.3 外来商户进入对古村镇旅游发展的影响

外来商户作为非集体经济组织成员，利用古村镇各类资源从事旅游生产经营，与古村镇集体经济组织成员产生了各种各样的经济关系，并在旅游经营与居住过程中产生了更深层次的社会文化互动，进而对乡村经济、社会、文化发展产生了深刻的影响。

1. 对经济发展的影响

外来商户往往被认为具有很大的资金和技术优势，其原有的销售网络、营销能力和管理经验对于其在古村镇投资经营具有重要作用，在促进当地旅游业发展的同时也在一定程度上创造了就业机会[1]，拉动了当地经济的发展水平。在外来商户经营业态不断丰富的过程中，旅游商业价值被挖掘、被创造，对于古村镇"去门票"化经营起到促进作用。外来商户贡献的租金，提高了古村镇资源价值预期，使得古村镇旅游经营企业对于门票的依赖作用减弱，让企业有条件考虑降低门票费用甚至取消门票，以吸引更多的游客逗留更长的时间，从而为商户创造更大的客流量与消费，形成"景区收费降低—游客消费增多—商户经营收益增加—企业租金收益增加—降低景区收费"这样一个良好的循环局面。

当然，外来商户的介入也会对古村镇经济发展造成负面影响，由于旅游波动性以及外来商户经营的变动性，原有小农经济在转变为商业服务经济过程中，增加了产业发展的风险。同时，古村镇旅游发展和商业价值的扩张，提高了本地居民的生活成本和经济压力，而外来商户是旅游经营收益的主要获得者，其获得的大部分利益都有可能转移到古村镇之外进行消费和投资，这对于本地居民来说是一种收益漏损[2]。

2. 对社会关系和生活方式的影响

在古村镇旅游发展的过程中，外来商户的进入改变了古村镇传统的生产方式与生产关系，一方面外来商户租赁本地居民的资源进行旅游商业经营，与居民形成了租赁关系，居民获得了租金收入，以此改变了生活空间和收入方式；另一方面本地居民也在适应外来商户成长的过程中加入旅游创业活动或者服务活动，成为本地商户或旅游从业人员，使得本地居民的生计方式发生改变。此外，外来商户在古村镇从事生产经营活动的过程中，知识将会发生不断地转移和共享，对于居民不断学习掌握先进的旅游生产经验和管理办法起到促进作用[3]，从而在自身经营与服务中，能够提供更符合旅游者需求的产品与服务。特别是，本地商户和外来商户之间的同行互动，可以为双方提供更多的价值认同与成长机会。但是知识转移作为一种个体间的互动交换行为，其发生建立在双方可以进行有效沟通的基础上，现实情况中可能会受到人际信任等因素的影响而导致知识转移不能有效

---

[1] 黄郁成，顾晓和，郭安禧. 2004. 农村社区旅游开发模式的比较研究[J]. 南昌大学学报（人文社会科学版），(6)：55-60.

[2] 徐林强，童逸璇. 2018. 各类资本投资乡村旅游的浙江实践[J]. 旅游学刊，33（7）：7-8.

[3] Szulanski G. 1996. Exploring internal stickiness：Impediments to the transfer of best practice within the firm[J]. Strategic Management Journal，17（S2）：27-43.

发生[1]。总之，外来商户和本地居民之间的利益交互、知识转移和社会互动行为干扰了古村镇社会关系的形成，也改变了传统的社区生活空间与生活方式，从而对古村镇社会发展产生了深远的影响。

3. 对古村镇文化变迁的影响

外来商户的进入与成长一方面加强了古村镇与外界文化的交流与融合，另一方面也使得乡村原生态文化产生了变迁。一般来说，外来商户带来了外界异质文化或者市场主流文化，与本地文化在相互接触、碰撞和互动的过程中会产生文化涵化，它是两种或两种以上的不同文化在接触过程中，经过互动、识别、接纳与交换或选择，促使文化相似性不断增加的过程与结果[2]。由于部分外来商户属于季节性移民或者两地栖息，在日常经营地和家庭居住地之间发生经常性的往返活动，或者在旅游旺季的时候到古村镇开展一段时间的经营活动，再返回自己的惯常生活地，人口的流动不可避免地促进了不同地域文化的交流和融合。对于乡村原生态文化的态度，不同的外来商户会采取不同的态度，外来小微商户、生活方式型商户和受先进经营理念影响的外来商户会更加重视对乡村本土文化的保护与传承，而利润或生意型外来商户则与当地文化互动较弱，主要依据市场需求进行文化创新[3]。

10.2 外来商户投资动机与经营决策影响分析

10.2.1 外来商户的投资动机划分

动机是构成人类大部分行为的基础[4]，在心理学上，动机或动机作用是指引起个体活动，维持已引起的活动，并使该活动朝向某一目标的内在历程[5]。当然这只是对动机功能的阐述，并非对动机本身含义的界定，根据动机的英文原意，

---

[1] 周玲强，周波. 2018. 社会资本、知识转移与社区居民旅游支持态度：基于三个乡村社区样本的实证研究[J]. 浙江大学学报（人文社会科学版），48（2）：19-32.

[2] 杨兮，张凤太，吴红梅. 2015. 旅游小企业的社会文化影响研究——以青岩古镇为例[J]. 贵州商业高等专科学校学报，28（1）：45-48.

[3] 罗秋菊，冯敏妍，蔡颖颖. 2018. 旅游发展背景下民居客栈的空间生产——以大理双廊为例[J]. 地理科学，38（6）：927-934.

[4] Weiner B. 1985. An attributional theory of achievement motivation and emotion[J]. Psychological Review, 92(4): 548-573.

[5] 张春兴. 1998. 教育心理学[M]. 杭州：浙江教育出版社.

大部分学者比较接受这样的定义：动机是激发和维持个体进行活动，并导致该活动朝向某一目标的心理倾向或动力。

投资动机是指投资主体进行投资活动所要达到的目的。按投资动机的层次，可分为：①投资的直接动机，指通过投资要达到的直接目的，一般以赚取利润为目的。②投资的间接动机，指投资的最终目的，一般存在多元化的诉求。

1. 投资动机类型的划分依据

（1）期望理论。1964年，美国心理学家维克托·弗洛姆提出期望理论。弗洛姆认为，人总是渴求满足某些需要并试图达到一定的目标。在未达成这个目标的情况下，表现为一种期望，它会对个人动机产生相应的影响，成为激发力量。据此，弗洛姆提出了著名的期望理论公式：$M=\sum V \times E$。其中，M表示激励水平，代表激发个体内部潜力的强度；E表示期望值，是个体感到通过一定程度的努力而达到工作绩效目标的可能性；V表示目标效价，指个体对可能得到的报酬能够满足其个人目标（主导需要）的价值评价。从期望理论的视角来考察，古村镇外来商户的投资动力源于对自身需求以及发展目标的价值判断。以投资民宿为例，当外来商户认为投资民宿对自身需求的满足和发展目标具有很高的价值，而且经营好一家民宿难度较低，容易取得成功时，他们就会增强自我内驱力，激发投资经营民宿的热情，从而采取一定的措施来进行更好的民宿投资管理。

（2）成就动机理论。1938年，Murray提出了人格的中心是由20种需求所构成，其中最重要的是成就需要，指的是个人希望将工作尽力做得完善的一种内在欲望和倾向，这种需要使人表现出以下的行为：追求较高的目标、完成困难的任务、勇于竞争并超越别人[1]。后来研究成就动机理论最著名的学者是麦克利兰（McClelland）和阿特金森（Atkinson）。麦克利兰提出了著名的三需要理论，认为人有三种重要的需要：①成就需要——追求优越感的驱动力，或者在某种标准下追求成就感、寻求成功的欲望；②权力需要——希望掌控别人，促使别人顺从自己意志的欲望；③亲和需要——寻求与别人建立友善且亲近的人际关系的欲望。

（3）自我效能理论。1977年，班杜拉（Bandura）从社会学习的观点出发，提出了自我效能理论，用以解释在特殊情景下动机产生的原因。班杜拉将自我效能理解为人们对其完成某个特定行为或完成产生某种结果所需行为的能力信念的一种相当具体的预期，此后又延伸指人们对发挥其控制影响其生活的事件的能力信念。自我效能也不是一种纯粹的能力判断，而是指个体对自己能否完成某个任务或活动的能力的信心，或主体对自我在某个方面的能力的感受、知觉和把握，

---

[1] Murray H A. 1938. Explorations in Personality[M]. New York: Oxford University Press.

其最终结果就构成了一种自我信念[①]。当自我效能感较高时，对完成某一件事的信心和期待就会更高，也就更有参与的动机与动力。王玉帅在对 17 位创业者进行访谈的基础上，采用因素分析法、相关分析法以及回归分析等方法验证了自我效能感与创业动机的正相关关系，自我效能感越高，创业动机就越强烈[②]。金逸采用情境模拟的调查问卷获取了个体投资者的投资决策数据，并通过标准量表收集了被调查者的自我效能，证实了自我效能感影响投资者的投资决策[③]。因此，外来商户对自己能否成功经营民宿的自我效能会影响投资动机的强度，当认为自己能经营好民宿，成功的可能性较高时，投资的动机就越强，反之，投资的动机就越弱。

2. 外来商户投资动机的划分——以民宿投资为例

根据笔者研究团队对 13 位民宿外来商户的投资动机进行访谈，每个人的访谈时间都在 30 分钟以上，包括劳岭村 7 位、仙潭村 6 位，对他们投资的全过程进行了调研。访谈主要围绕 3 个部分：①外来商户的个人基本情况以及目前的经营状况；②对民宿进行投资的目的；③在做出投资决策过程中，考虑的主要方面，受到哪些因素的影响。其中赚钱是大部分受访者都有的投资动机，只有 3 位受访者表示自己不在乎赚不赚钱，9 位有赚钱投资动机的受访者大部分表示，赚钱只是次要的，既然做生意了就不想要亏钱，表明赚钱并不是他们的主要动机。除了赚钱的动机之外，转变自己的工作、想要过一种简单悠闲的生活、换一种生活方式也是相对比较普遍的投资动机。

进一步结合访谈资料，通过 SPSS 对民宿外来商户投资动机观测变量进行因子分析，采取主成分萃取法来提取公因子，最终得到了以下四种动机。

（1）自我实现动机：是指外来商户想要通过投资经营民宿来发挥自己的能力、实现自己的理想或抱负，如增强自己的声誉、提高自己的社会地位等。民宿外来商户在自我实现方面的动机主要表现在自我层面的实现，包括招待伙伴以及自己的声誉等，而在进一步实现社会层面动机的意愿较小，尤其是在推进整个地区的发展方面。

（2）情怀动机：是指外来商户出于自身的某种情感、爱好、心愿，不以成功为目标，不以功利的得失为标准来评判的一种动机，如单纯只是喜欢民宿的建筑、设计，或者以此来怀念曾经的生活等。

（3）改变生活动机：是指外来商户希望通过到异地投资经营民宿来改变原来

[①] 郭本禹，姜飞月. 2008. 自我效能理论及其应用[M]. 上海：上海教育出版社：37-38.

[②] 王玉帅. 2008. 创业动机及其影响因素分析[D]. 南昌大学博士学位论文.

[③] 金逸. 2012. 个体投资者面对澄清公告时的投资决策行为研究[D]. 复旦大学硕士学位论文.

的生活状态，这种生活状态可以是外部环境引起的，也可以是内部心理因素引起的，如生活方式、人际关系、生活环境等。

（4）经济动机：是指外来商户出于各种与经济相关或者与经济生活相关的原因想去投资经营民宿的意愿，如想要通过经营民宿获取利润并由此改变自己的生活品质，或者由于各种原因想要换一份工作等。从整体来看，出于经济动机去投资民宿的外来商户相对较少，或者对于大部分的外来商户来说，经营民宿所带来的各种经济上的收益不是吸引他们进行投资的主要原因，甚至是极其次要的原因。但是同样地，只要是投资往往伴随着利润与风险，没有一个经营者会想要赔本，因此外来商户投资民宿时一般也会考虑经济问题。

3. 外来商户的类型划分

根据以上对投资动机的划分，针对外来商户投资动机的强弱，可以将移居古村镇从事旅游经营的外来商户划分为以下三种类型。

1）追求生活——生活方式型商户

对迁入地工作和环境的喜爱，是众多旅游劳工移民离开原居住地在新地方从事生产就业的主要动因[1]。随着城市发展的节奏加快，生活压力增加、交通拥堵、空气质量下降等一系列问题，部分人们开始选择迁移到气候宜人的地方生活，这种群体在生态环境优美、旅游资源丰富的古村镇旅游地更容易产生。这种生活方式型旅游小企业主在古村镇选择经营的目的是满足其独特的生活需求和价值观，而不是在生计的压力下被迫选择[2]，其忽视利润最大化的经营目标，更加注重自己的感受和生活品质的提升[3]，改变原有的生活状态、转变生活方式以及改变人际动机是其三种重要的情感动机[4]。

2）追求生意——利润导向型商户

以利润为中心的经济动机是大部分经营者的首要动机。利润导向型商户符合传统的生意模式，以利润最大化为经营目标，追逐利润的获取和积累，而对于自身的情感诉求有所忽视。持此动机的外来商户选择古村镇进行投资经营主要是看重投资的环境、市场前景与可能的投资回报，看重其中可能带来较高投资利润率的商机。

---

[1] Rodriguez V, Fernandez-mayoralas G, Rojo F. 1998. European retirees on the Costa del Sol: a cross-national comparison[J]. International Journal of Population Geography: IJPG, 4（2）: 183-200.

[2] Russell R, Faulkner B. 2004. Entrepreneurship, chaos and the tourism area life cycle[J]. Annals of Tourism Research, 31（3）: 556-579.

[3] 陈蕾, 杨钊. 2014. 生活方式型旅游小企业的特征及研究启示[J]. 旅游学刊, 29（8）: 80-88.

[4] 吴文智, 崔春雨. 2021. 乡村民宿外来经营者投资动机探析——以浙江省莫干山地区为例[J]. 上海农村经济,（1）: 39-42.

3）生意和生活兼顾型商户

这是一种介于生活方式型和利润导向型之间的商户群体，他们对于古村镇的喜爱程度不是那么高，对于利润追求的动机也不是很明显，他们向往在生活和生意之间寻找到一种自己满意的生活状态。或者说其表现出一种多目标性，生活和生意指标均对他们非常重要[1]。

10.2.2 外来商户投资经营的约束分析

1. 房地资源获取问题

外来商户要么向村镇集体或企业租赁集体流转收储的土地和物业资源，要么向村民直接租赁或者与村民私下交易一次性买断方式获取民居物业及其宅基地使用权。根据《中华人民共和国民法典》第二百六十一条，农民集体所有的不动产和动产，属于本集体成员集体所有；第三百六十二条规定，宅基地使用权人依法对集体所有的土地享有占有和使用的权利，有权依法利用该土地建造住宅及其附属设施。由于外来商户不具有古村镇集体经济组织成员身份，不能通过户籍参与分配的方式获得房屋使用权，因而外来商户只能采用和村民交易的方式获得物业，在这个过程中由于法律制度的不健全和不完善，容易出现民事纠纷和冲突，大大提升了外来商户的投资经营风险，降低了物业资产的权益激励效果，极大地约束了外来商户的持续经营行为。

首先，《中华人民共和国民法典》第三百九十九条规定，宅基地、自留地、自留山等集体所有土地的使用权不得抵押，但是法律规定可以抵押的除外。由此可见，宅基地的资产性物权属性得不到承认，这无疑限制了基于宅基地为主的外来商户的融资渠道。如果物业本身是公有的话，存在一定年限之后到期的行为，外来商户考虑到经营期限的约束问题，可能会降低其投资改造的欲望，使其维持在一个"得过且过"的经营水平。其次，如果物业本身是村民私有的话，那么外来商户不可避免地面临抵押融资困难、农民毁约、纠纷等问题。如果外来商户通过和居民达成私下协议，居民将房屋"卖"给外来商户，这可以被认定为外来商户获得房屋的无限期使用权，但是买卖行为是不合法的。根据合同主体的不同，在适用法律认定宅基地上房屋转让合同效力时也会得出不同的结论，其中同集体经济成员之间和不同集体经济组织成员之间在合乎我国相关的规章制度下，原则上

---

[1] 吴琳，吴文智，牛嘉仪，等. 2020. 生意还是生活？——乡村民宿创客的创业动机与创业绩效感知研究[J]. 旅游学刊，35（8）：105-116.

合同有效，但是村民向城镇居民转让宅基地上的房屋是不受法律所保护的[①]。

另外，和村民之间的房屋租赁交易也受村民个人道德素养的影响，倘若外来商户的经营状况非常好，收益比较可观，村民可能和外来商户之间发生利益纠纷，如撕毁合同要求涨房租的现象；若外来商户在租约未到期的情况下国家发生土地征收行为，即国家为了公共利益的需要强制将农村集体土地收归国有并给予一定经济补偿的法律制度[②]，由于在这一过程中征收对象具有广泛性，征收手段具有强制性，无法保障外来商户的合法利益所得。

2. 经营许可问题

外来商户进入古村镇从事各类旅游业态经营活动时，一般需要按照商业场所、商业经营要求进行审查批准，但对于古村镇哪些地方适合开办餐饮、客栈、民宿等商业空间以及之前的民居物业被商业化使用上没有明确的管理规定，导致出现了很多现实中难以解决的经营许可与安全管理问题。例如，建筑质量审核上，古民居与农民自有房屋往往没有正规施工单位，作为商业用户进行审批时，房屋建筑质量与安全难以核定。在消防安全审核中，古民居与农民自有房屋基本不符合安全通道、逃生道的要求，许多村镇道路狭小，消防车辆也难以进入。公安部门核准时，民宿经营项目若没有得到消防部门批准，就不能获得公安局颁发的《特种行业许可证》，民宿经营还需要接入公安部门治安管理信息系统，配备一定的安保管理措施。环保部门对于外来商户经营活动所产生的污染与垃圾处理也会有一定的限制和要求。由此可见，当前对于外来商户的经营许可存在诸多政策瓶颈，一家正规店铺的开办需要经历重重关卡，实属不易。

3. 改造利用问题

外来商户在利用民居物业进行商业经营中，必然按照自身的经营理念、经验与喜好，对物业进行改造或改建，以符合商业经营的标准需要。由于古村镇民居物业多属于具有历史、艺术、科学价值的古居民，古民居的所有者和使用者必须遵守国家有关法律法规，那么外来商户在进行改造商用时就会受到相关部门的管制和限制。比如，《安徽省皖南古民居保护条例》中规定，在古民居文物保护单位的建设控制地带内进行工程建设，不得破坏文物保护单位的历史风貌；工程设计方案应当根据文物保护单位的级别，经相应的文物行政管理部门同意后，报城乡建设规划部门批准；在古民居建筑较多的村落新建、拆建、改建建筑物，须经县

---

① 王琴娥. 2019. 论宅基地上房屋买卖合同的效力[J]. 法制博览，（32）：119-120.
② 郭凌，黄国庆，王志章. 2009. 乡村旅游用地问题研究[J]. 湖南农业大学学报（社会科学版），10（3）：13-19.

（市、区）人民政府文物行政管理部门同意后，方可办理审批手续。外来商户的改建方案审批需要经过一定的时间流程，即使审批成功之后在施工的同时也会受到当地村镇集体和文物保护部门的监督，在和当地环境风貌保持一致的基础上进行小范围的内部改造的要求可能会限制外来商户投资方案的实施，反过来外来商户在改造利用的实践过程中，往往存在着过度扩改建等倾向，造成了很多违章建筑或者破坏性改造等问题。

以宏村民宿客栈为例，在开发的早期，具有古徽州文化特色的民居建筑受到外来商户的青睐，以古色古香、原汁原味打造徽州特色生活场景，但是在发展后期，受制于古民居建筑格局、建筑材料所带来的隔音差、潮湿容易生霉、透气性不好等问题造成了游客住宿体验感的下降。因而在后期，外来商户对于建筑的原始性特点要求降低，选择在外观上保持古徽州特色，但在内部打造现代化的舒适住宿空间，或者抛开古建筑整改的限制，选择新建筑的房屋进行改造。

10.2.3 外来商户投资决策影响因素和作用机制

在投资动机驱动下，外来商户在古村镇遗产旅游经营中的投资决策受到自身因素和古村镇环境因素的双重影响，其投资强度、投资周期及投资领域也会有所不同（图10.2）。

1. 自身因素

（1）财务资金。外来商户个人和家庭经济能力是决定其在古村镇以什么样的规模、经营何种业态，以及可以持续经营多久的重要基础，直接关系到是否可以持续经营。如果资金比较少，那么可能就会选择小规模投入的简单业态，如商铺、小餐厅等。具有较强资金实力的外来商户考虑更多新兴的、风险高、收益大的行业，在物业装修和产品供给方面提升等级甚至起到示范引领作用，保持较强的竞争力，提高应对风险的能力，如果投入收益比较良好，则更有可能进行连锁扩张，实现持续经营，循环投资收益的良好目标。

（2）知识水平。知识水平是决定个人生产力水平的重要先决条件，与本地商户相比，外来商户的受教育水平普遍较高，且具有丰富的从业经验，他们的学识眼界和行业经验对投资方向、企业成长和创新升级起到了很好的把控作用。对于不同的外来商户来说，其接受的知识学习背景不同，在一定程度上反映了其能否将所学用于实际，知识水平较高的外来商户，一般会选择更具创新式的业态进行投资，而一些较低知识水平的外来商户，比较容易选择追随性投资，或者从事比较大众且低水平的投资活动。

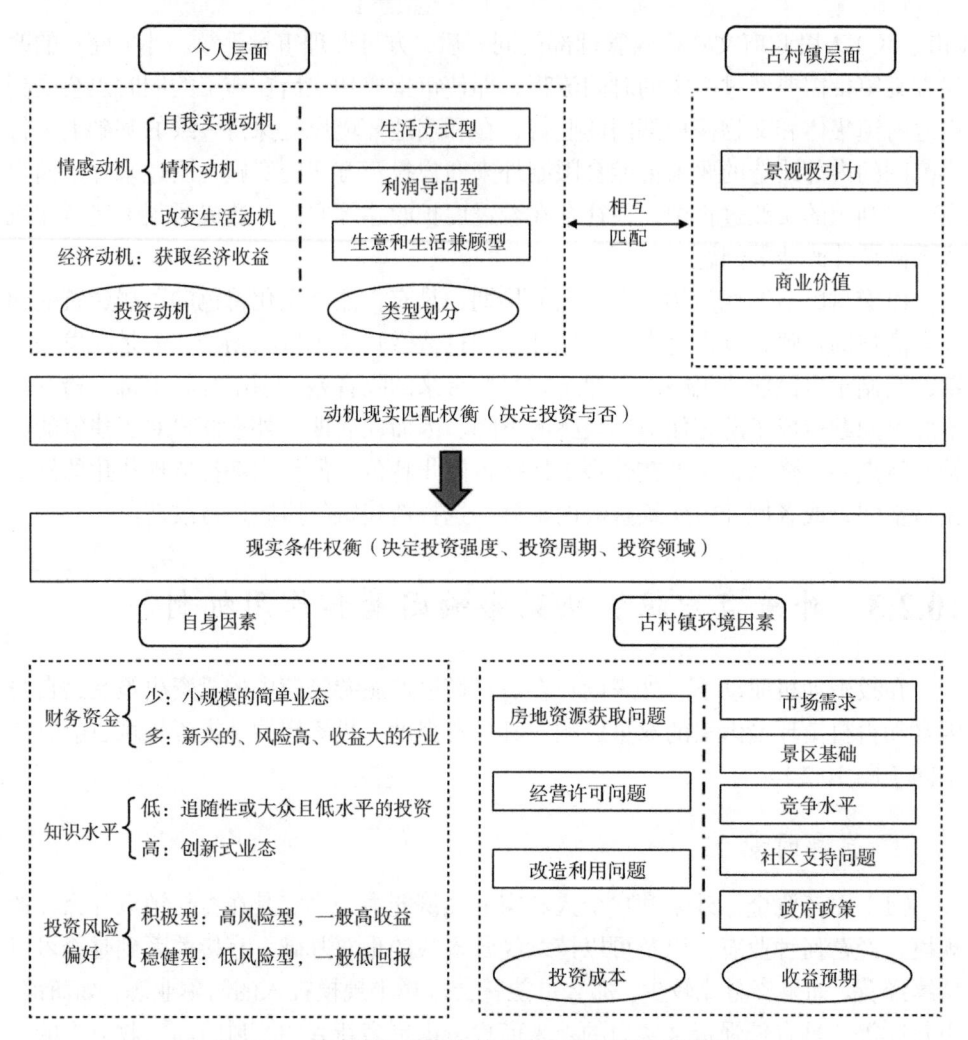

图 10.2　外来商户投资决策过程与影响因素对应关系

（3）投资风险偏好。投资风险偏好决定了外来商户在古村镇的投资方向和投资规模。由于投资是一种不确定的行为，是一种在未来何种时间是否会取得多少收益的风险评估，这种评估具有预知性和易受环境变化影响的不确定性，因而投资的风险性是一种客观存在。只有当所投资的方向及规模的风险程度与出资者的投资风险偏好匹配时，投资行为才能得以真正实现[①]。对于积极型的外来商户来说，其更容易选择高风险类型的项目投资经营来获取可能的高收益，而稳健型的外来商户则会更加偏向于选择低风险项目投资，但在增加稳定性的同时其往往也只能获得较低的投资回报。

---

① 谢志华，粟立钟. 2015. 出资者的投资偏好：风险与投向[J]. 财务与会计，（6）：66-69.

2. 古村镇环境因素

（1）市场需求。古村镇旅游市场经历了一个从小规模、不稳定、简单的观光旅游阶段到大规模、高增长、普适性的大众旅游休闲阶段，再到适度规模、稳定的、优质性的深度体验旅游度假阶段，这是一个市场需求不断升级的过程，倒逼着古村镇外来商户也要跟随需求变化而不断更新、创新发展，甚至通过商户迭代实现产品迭代，所以不同发展阶段的古村镇市场需求是决定外来商户投资的重要依据。

（2）景区基础。古村镇旅游景区建设是商业竞争的底层基石。古村镇是否具备完善的基础设施和公共服务体系，决定了遗产旅游是不是可以适应规模化接待需求，以及高品级的景观建筑、美好的村容村貌能否满足基础的观光游览需求，都构成了古村镇遗产旅游景区竞争力的重要组成要素，景区接待水平在一定程度上影响着外来商户的投资成效。

（3）竞争水平。古村镇旅游地的餐饮、住宿、纪念品、娱乐等既有商业的类别与市场饱和状况，特别是一些同质化严重的业态，不可避免地存在商户之间的竞争，某一业态竞争关系的强弱和有序程度是外来商户决定是否投资的重要考量因素。如果一种业态现有的商户数量已经达到饱和，产品的差异化程度不大，那么外来商户在选择同类型的业态投资时需要付出更大的创新成本，可能会选择退出或者改投其他还有可进入空间的低竞争性投资项目。竞争有序程度体现在市场体系的统一开放、竞争有序，针对垄断、不正当竞争行为是否有很好的处理方法和应对机制，反映出外来商户的投资利益是否可以得到保障，竞争有序程度代表着良好的市场环境，更受到外来商户的青睐。

（4）社区支持问题。社区居民对于旅游业的态度在很大程度上影响了古村镇旅游业持续发展的稳定性[①]，直接关系到旅游经营的有序度和游客的旅游体验。古村镇社区作为本地居民的原始居住地，已经形成了其固有的生活模式和氛围，外来商户进入投资经营是一种介入其领地的行为，需要征得本地居民的同意才有可能持续经营，避免社区矛盾的上演。例如，选择在古村镇投资酒吧，会不会打扰到周边居民的正常生活，需要进行社区影响评估和环境影响评估，要有共情的思维站在社区的角度考量，以取得社区的支持。

（5）政府政策。政府在古村镇旅游发展过程中承担着主导者、规范者和协调者的重要角色。外来商户在进行投资考量时，首先是政府有没有出台比较完善的古村镇相关规章制度，古村镇旅游发展有法可依、有章可循是确保经营环境有序

---

① Lee T H. 2013. Influence analysis of community resident support for sustainable tourism development[J]. Tourism Management, 34: 37-46.

的制度保障。其次是政府对于外来资本是否出台一些招商扶持政策，良好的招商条件也是吸引外来商户投资和持续经营的有效手段。最后就是上述政策的执行力度，政府政策有没有按照文件要求实施，实施的效率和政府的公信力是外来商户对未来持续经营信心的重要保障。

10.3 外来商户在地持续经营研究

10.3.1 关于持续经营的原因探讨

一是存在未回收的投入成本。任何一项经营活动在实际投入运营前，都需要先投入一定的金钱、时间、人力、物力资源，这些都属于投资前期成本，同时外来商户进入古村镇时，一般都会与村集体或者村民签订一定时间期限的物业租赁合同，这个时间一般短的三五年，长的甚至有十年、二十年。那么在租期时限未到和前期投入成本未完全回收的情况下，外来商户一般选择持续经营以获取经济效益。

二是存在较好的旅游收益预期。经营状况比较好的外来商户快速完成了成本回收并开始积累一定的再投入资金，在古村镇旅游市场利好的激励下，外来商户对未来经营保持比较好的预期，认为持续投资或扩大经营可以获得可预期的收益。那么在对旅游市场看好和本身资金积累的情况下，外来商户往往会在目前的经营基础上开启新一轮投资和改造升级。

三是建立了积极的情感归属。10.2 节已经提到，对迁入地工作和环境的喜爱，是众多旅游劳工移民离开原居住地在新地方就业的主要动因，对比原来生活环境的压力和质量，外来商户表达出更喜欢古村镇优美而舒适的生活环境的倾向，同时和本地居民进行积极的情感沟通加速了其在本地的社会融入过程。在生活环境和人文交往两个方面建立的积极情感归属加深了外来商户在地长居的生活想法，对于其持续经营行为也有正向的积极作用。

10.3.2 外来商户持续经营的路径

外来商户在古村镇投资经营过程中，一些商户因为经营不善退出，另一些企业通过持续挖掘内外资源潜力获得较好的经营绩效，展现出扩张经营态势，在量的增长和质的改善过程中不断优化[①]。通过团队调研分析，外来商户持续经营主要有以下几种路径。

1. 学习与创新升级

外来商户在进入初期，由于对古村镇本地资源了解不是很清楚，部分外来商户会先对本地原有商户的经营特点进行分析，在借鉴模仿的基础上根据自我的知识水平和资源能力进行自主创新。例如，北京某外来商户在进入宏村前期，针对宏村内的民宿业态进行了为期一个月的考察，观察宏村客房的种类情况，分析OTA平台上哪些客房的预订量比较高，预订量比较高的民宿是什么风格特点等，最终确定了自己进入宏村经营民宿的地理位置、装修风格特点、房间划分等。在经营后期，该企业利用自己丰富的职场经验，创新性地进行装修升级，赢得了游客的好评和信赖。

2. 扩张经营与规模效益

外来商户通过扩大原有产品的生产和销售，向与原产品有关的方向扩展或者扩展新的市场和客户类别，并通过企业内部的组织和交易方式将不同经营阶段联结起来，以实现交易内部化，从而以横向一体化、纵向一体化和多元化的方式实现企业成长[②]。例如，宏村某客栈是一家以原有古建筑格局打造古色古香风格类型的民宿，因为经营效益比较好，该民宿经营者又在宏村边界位置开了一家民宿，为了迎合不同旅游者需求，风格是以现代化为主，外部保持和宏村徽派建筑风格一致，但是内部格局改造较大。

3. 品牌加盟与合作经营

品牌加盟就是经营者通过缴纳一定的加盟费，利用加盟总部的品牌、形象和技术支持，在商业市场上招揽顾客消费[③]。例如，宏村内部的蜜雪冰城、甜啦啦、正新鸡排餐饮店等。对于外来商户来说，选择加盟品牌，可以有效降低创业风险，获得系统性的管理训练和营业帮助，增加成功的可能性。由于品牌已经在市场上收获一定的可信度，品牌背后反映出来的良好商品品质和优质服务是消费者可信

[①] 郭强，尹寿兵，刘云霞，等. 2019. 初始资源、社会资本对旅游小企业成长的影响研究——以宏村为例[J]. 旅游学刊，34（12）：36-47.

[②] Phillips P, Louvieris P. 2005. Performance measurement systems in tourism, hospitality, and leisure small medium-sized enterprises: a balanced scorecard perspective [J]. Journal of Travel Research, 44（2）：201-11.

[③] 尹寿兵，郭强，刘云霞. 2018. 旅游小企业成长路径及其驱动机制——以世界文化遗产地宏村为例[J]. 地理研究，37（12）：2503-2516.

赖的基础。

合作经营就是企业通过灵活多样的形式联合起来，资源共享，风险共担，克服和解决依靠单个企业资源与能力无法克服的困难，实现企业成长的目标[①]。例如，以宏村柒零柒陆为主的几家民宿，虽然每家民宿的房间数量不同且分散在宏村内部的不同地方，但是通过合作抱团经营的方式，可以保证在一家订单量满额的情况下依旧可以在预约页面继续预订，将客源分享到其他抱团经营的民宿，提升市场占有份额，增强团体的竞争力。

10.3.3 外来商户在地持续经营的激励与保障

1. 激励策略

（1）破解政策瓶颈，推动商户准入制度创新。根据前面对外来商户投资经营约束分析，外来商户在进入门槛与许可经营环节遇到一些政策瓶颈，现行法律法规有可能存在无法适用之处，加大了审批难度，耗费较长时间。为此，必须根据古民居的特殊情境，鼓励政策创新，采用灵活方式破解在商业经营方面的政策瓶颈，加强对外来商户经营项目评估，对于高品质的经营项目，协调解决项目用地用房合法化问题，探索部门协同办公一站式审批方式，建立旅游、农业、公安、工商、卫生等多部门联合审批机制，为外来商户前期投资经营和中后期扩大经营创造适度宽松的市场准入环境。

（2）加强政策引导，促进本地与外地商户共生。共生是指旅游地本地与外地商户出于对整个市场经营的预期目标追求而采取经营协同与合作的一种共同发展现象，通过共生能够产生剩余，达到"1+1>2"的效果，表现在共生单元竞争力的增强上[②]。对于古村镇遗产旅游发展来说，通过商业规划引导、准入门槛与相关扶持政策来激励本地商户和外来商户根据自身的优势，分别提供不同层次和种类的旅游产品，通过经营分工、互补性资源共享能够满足不同旅游市场的差异化需求，共同营造古村镇良好的旅游商业氛围，实现共生共赢。

（3）促进知识转移，加强商户沟通和学习机会。搭建商户沟通与学习服务平台，定期组织本地和外来商户学习培训活动，对商户进行培训是引导其投资动机的有效方式，让商户了解过度投资和不理智投资会给自己和当地旅游业带来的危害，从而引导他们进行合理投资与创新升级、协作，维护当地商业发展的平衡。

---

① 杭言勇. 2009. 浙江省中小企业国际化过程中"抱团"策略的实证分析[J]. 国际商务（对外经济贸易大学学报），（3）：48-51.

② 钟俊. 2001. 共生：旅游发展的新思路[J]. 重庆师专学报，20（3）：17-19.

同时通过学习提高商户的经营理念、意识与服务技能、水平，促进客户关系管理，加强品牌建设，提高整体商户经营水平。

2. 保障方式

（1）规范物业交易机制，保障外来商户权益。对于外来商户来说，现有的法律、政策制度的限制，以及不规范、不合法的物业获取方式可能存在，同时物业产权的不完整性、使用中的不稳定性成为约束其投资经营行为的主要因素。特别是由于村民反悔、不合理涨租要求产生的协议纠纷经常发生，加大了外来商户的投资风险，外来商户权益无法得到保障。因此，在未来古村镇旅游招商经营中，应当探索建立合理、合法、规范的村镇房地资源交易市场与交易机制，通过资源流转、收储与统一招商、竞拍等方式，减少外来商户和村民私下交易风险，发挥好村镇集体在交易过程中的所有者角色与作用，增强物业交易的权威性和可靠度，消除外来商户租赁和投资经营的后顾之忧。

（2）加强旅游规划控制，保障外来商户预期。加强古村镇旅游规划引导和控制，可以更好地调控商户预期，从而为外来商户持续经营提供最好的保障。外来商户在投资经营中，对于古村镇旅游未来发展前景、规划蓝图十分看重，这是形成外来商户投资预期的主要依据。未来古村镇旅游发展定位、发展蓝图、发展环境决定了古村镇旅游商业投资的前景与价值，无论是生活导向还是生意导向的外来商户，都会关心古村镇未来是否会实现更高质量发展，由此来决定是否会在古村镇持续经营。因此，古村镇要进行科学规划，加强规划宣贯与引导，提高规划落地与执行力度，从而加强外来商户持续经营的预期。

10.4 外来商户在地社会行为倾向研究

10.4.1 外来商户在地社会行为倾向

1. 社会交往倾向

外来商户在古村镇旅游地社会交往中，受到自身经济社会属性和乡村非正式制度的双重约束，展现出独特的行为倾向。以租赁经营为主的旅游小企业和个体户是古村镇旅游服务的基层单位，与当地居民的联系和互动较为密切。外来商户在古村镇旅游发展初期容易与当地居民产生冲突，而在成熟期则会向友好、合作转变，使得农村社会交往体现出由注重利益向情感与利益并重转变[①]。在文化比较独特的地区，如少数民族文化氛围浓重的古村镇地方，外来个体户在房东的引领下进行社会交往，通过经济服务关系和有限宗教活动来维持及拓展与当地社区关系，但会因宗教和文化隔阂呈现出"貌合神离"的形态[②]。外来商户为了实现社区融入和持续经营需要维系与居民良好的关系，却常常因外来性而与居民产生隔阂，需要双方共同努力来形成良好的合作和交往氛围，可充分利用熟人社会中人情、面子等乡土习俗，以及中介、担保人等关系纽带来营造良好的社会关系[③]。

2. 社会责任倾向

外来商户在古村镇旅游经营活动中主动承担部分社会责任，如通过资金筹措来支持乡村生态保护和公益事业发展[④]。但存在社会责任承担不完整的问题，如学者发现丹霞山旅游小微企业承担社会责任处于无意识状态下，以经济责任为基础，承担慈善责任较突出，承担法律责任较被动，道德责任承担不明显[⑤]。同时，外来商户的社会责任与社会交往存在关联性，外来旅游小企业主道德驱动的社会责任行为能够创造出更密切的社区关系[⑥]。由于古村镇旅游对环境的依赖度较高，外来商户的环境责任是其社会责任中的重要维度。对外来商户环境责任的研究发现，部分外来商户较高的生态文明意识对于当地居民具有示范和带动作用。生活方式动机驱动的外来商户受乡村环境吸引较大，相较于经济动机驱动的外来商户在环境责任方面具有更好的表现[⑦]。对于环境责任水平较低的外来商户，杨学儒和李浩铭认为可通过提高商户的社区参与及环境关心程度来提高其环境责任水平[⑧]。

3. 参与社区治理倾向

外来商户对基层乡村社会治理存在正负两个方面的行为倾向：正面包括引领

---

① 李星群，文军. 2013. 社会关系视角下乡村微型旅游企业发展研究[J]. 农村经济，（2）：75-79.
② 陈锋，杨云渊. 2017. 少数民族社区外来经营者的社会融合研究——以旅游发展背景下的Q村为例[J]. 广西大学学报（哲学社会科学版），39（5）：105-111.
③ 陈靖. 2018. 新型农业经营主体如何"嵌入"乡土社会——关联营造的视角[J]. 西北农林科技大学学报（社会科学版），18（5）：18-24.
④ 周永广，姜佳将，王晓平. 2009. 基于社区主导的乡村旅游内生式开发模式研究[J]. 旅游科学，23（4）：36-41.
⑤ 徐仕彦. 2016. 遗产地旅游小微企业社会责任影响机制研究[D]. 暨南大学硕士学位论文.
⑥ 文彤，张庆芳. 2018. 利己?利他?社会责任视角下乡村社区旅游精英再认识[J]. 思想战线，44（6）：161-168.
⑦ 崔芳芳，徐红罡. 2012. 西递旅游劳工移民迁移动因研究[J]. 资源开发与市场，28（10）：908-912，916.
⑧ 杨学儒，李浩铭. 2019. 乡村旅游企业社区参与和环境行为——粤皖两省家庭农家乐创业者的实证研究[J]. 南开管理评论，22（1）：76-86.

村民积极参与村庄治理、支持和改善乡村社区治理、参与乡村共建共治共享，形成基层社会治理新格局。负面则在于加剧族群冲突、影响部分村民的认同感和归属感。因此需要建立古村镇旅游多元治理机制来驱动外来商户以正面的行为倾向参与乡村社会治理。比如，陕西袁家村通过引导外来商户学习和传播当地文化促进了袁家村共同治理格局的形成[1]，可见乡村基层组织应积极发挥吸纳外来商户参与社会治理的作用。

10.4.2 外来商户社会融合与居民化问题

1. 社会融入过程

社会融合是个体与个体之间、不同群体之间或者不同文化之间相互配合、相互适应的过程[2]。外来商户作为旅游生产型移民群体，缺乏对当地文化的了解和长时间熏陶，不同的文化背景使其在当地生产生活的过程中存在一定的生理性排斥、感知性冲击甚至自我认同矛盾[3]。外来商户融入地方社会是一个动态性过程，对商户个体发展和地方社会发展都具有重要意义。本章认为外来商户的地方融入是外来商户在当地经营生活中，受地理人文因素和个体认知发展的影响，不断缩小与当地主流社会群体之间差异的过程。根据笔者研究团队在宏村地区的实地调研，归纳得出外来商户在融入古村镇社会过程中，可以分为审视、实践、协调、依恋四个阶段。

首先是审视阶段，主要是外来商户在进入前，对于古村镇地区的经济发展水平、环境发展质量、商业竞争机会进行考量，这个考量可以是根据自己现有的人脉资源和先前经验进行分析，也可以是自身的短期实地考察。在初步考量的基础上，外来商户和古村镇建立起浅层次联系，这是后来深入融合的基础。

其次是实践阶段，即外来商户实际进入到古村镇开始经营活动，在这个过程中外来商户在已有的商业氛围下充分利用自己的资本和管理经验，完成商铺从无到有、从小到大的过程，实现了一定的经济收入目标，完成了在经济层面的融入。然而由于刚进入古村镇，外来商户和本地居民原有的文化差异与价值观念方面可能会产生一定的冲突，这都是正常的表现。

再次是协调阶段，随着外来商户经营活动的稳定开展，其关注的中心从原本的商业经营转移到生活参与上，除了感受本地民俗风情的文化活动外，也积极参

---

[1] 刘欢, 张健. 2018. 乡村旅游发展中的基层社会治理[J]. 学理论, (4): 94-96.
[2] 任远, 邬民乐. 2006. 城市流动人口的社会融合: 文献述评[J]. 人口研究, 30 (3): 87-94.
[3] 李志鹏, 白凯, 王晓娜. 2021. 拉萨八廓街旅游劳工移民地方融入研究[J]. 人文地理, 36 (3): 175-184.

与到古村镇的建设上来，承担一定的社会责任和环境责任，在这些活动的参与过程中，外来商户增加了对古村镇文化的深入感知和与本地居民的情感联系，其在承担责任的过程中也彰显了自己的积极形象，因而会大大缓和上一阶段因冲突而产生的对立情绪。

最后是依恋阶段，就是外来商户在深入了解本地文化的基础上，其与古村镇发展建立起了积极的情感联系，愿意主动传播与发展当地的文化，乐于维护和谐的社区氛围，产生了长时间甚至永久定居古村镇的想法，达到了外来商户在古村镇融合的最高层次。

2. 外来商户居民化融合维度

（1）环境融合，反映旅游移民对古村镇社会环境、工作环境、居住环境的满意程度。由于外来商户原来的生活环境和古村镇的生活环境之间存在差异，能否适应当地的环境差异，成为其能否融入古村镇的基础。比如，原来在城市生活的商户，进入宏村后，当地古色古香的带有历史气息的建筑结构、布局和城市生活场景形成巨大反差，原来大落地窗式的结构变成了徽州古建筑的小窗、天井等，比较潮湿多雨的气候环境能否接受等。所以，自身身体状况与当地自然景观、气候的适应情况是外来商户能否融入的基础。

（2）经济融合，反映旅游移民对当前自身经济收入、经济地位、职业前景的感知情况。经济融合水平往往在多数城市流动人口社会融合研究中表现出较高水平，被认为是移民社会融合的基础，而卢松团队（2015年）在宏村调研发现，在宏村内部的旅游移民群体中，经济融合水平最低，心理融合水平最高[1]，主要是因为外来商户作为高层级的旅游移民主体，其原来所从事的大多为较高端的劳动岗位，但是在宏村景区受旅游淡旺季和旅游市场竞争的影响，其相对于原来所从事的工作获得的薪资水平并没有很高地提升或者改变，因而对经济融合水平程度较低。

（3）身份融合，主要是指旅游移民对自己充当"本地人"的认同程度[2]。身份的变化与地方息息相关，身份的归属和理解存在的意义正是基于对地方的认同[3]，主要是通过内外部力量的交互作用得以构建，是一种对于旧的破坏和新的再创造过程。对于中国社会结构来说，就像石头丢在水面上产生一圈圈推出去的

---

[1] 卢松，张业臣，王琳琳. 2017. 古村落旅游移民社会融合结构及其影响因素研究——以世界文化遗产宏村为例[J]. 人文地理，32（4）：138-145.

[2] 何豫皖，徐龙梅，杨钊. 2017. 自然观光地旅游劳工移民社会融合结构及其影响因素分析——以九寨沟为例[J]. 安徽农业大学学报（社会科学版），26（6）：72-79.

[3] Harner J. 2001. Place identity and copper mining in Sonora, Mexico[J]. Annals of the Association of American Geographers, 91（4）：660-680.

波纹一样,每个人都处于自己圈子的中心和他人圈子的波纹中,在发生联系的过程中形成了彼此交往的社会网络①。外来商户在古村镇生活经营的过程中,应该勇于突破自身的同质交友圈,积极和异质群体交流形成情感和资源的有效互动,从而加速在身份上的认同感形成。

(4)文化融合,反映旅游移民对当地传统文化的接纳程度及其长期定居的意愿。由于长期生活背景的不同,外来商户和本地居民之间形成了不同的文化结构,在进行沟通交流的过程中,可能会存在以下两种结果:第一种是两方各自坚持自己原有的文化认知,不受对方的影响,在沟通出现矛盾的情况下不再试图说服对方,保持自己的原始认知;第二种可能就是发生文化涵化的现象,不同文化在接触过程中实现互动、识别、接纳与交换或选择,从而使文化相似性不断增加,实现了文化冲突再到文化协调,这是一种积极的文化融合表现。

3. 外来商户社会融合的影响因素

(1)环境水平。随着古村镇旅游发展,整个古村镇的基础设施建设得到完善,景观绿化不断提高,水系治理取得成效,外来商户享受到了古村镇旅游发展带来的环境提升效益。但纷至沓来的游客也可能对环境造成破坏,如垃圾增多、噪声污染、生活空间拥挤等,这些不良的环境体验可能会增加外来商户的负面情绪,增加其利益导向而降低其情感水平。

(2)经营前景。经营前景主要是指外来商户对于自己经营状况的未来判断,如果商户有一个较好的预判,那么就会增加其积极融合的可能性,因为古村镇作为商户长期经营的环境载体,有必要去维护其良好发展,那么在这样积极行为的过程中,商户对古村镇的了解加深,社会融合提高。如果外来商户对经营前景是一种消极判断的话,他就会陷入一个被动的状态,将自身隔离在古村镇以外,得过且过或者撒手不管走人的想法会阻碍社会融入进程。

(3)情感交流。人属于社会性动物,对于与他人的交往具有心理上的渴望和需求,那么能否和本地居民建立良好的沟通对于外来商户心理状态方面具有很大影响力。如果可以建立积极的情感纽带,自身感受到一种被需要的情感,那么会增强商户在社区内的认同感,加速社会融入过程。如果属于一种孤立的独来独往状态,或者和周边人产生过冲突,内心的芥蒂对于其本身的心理健康发展也产生了不良影响,地方的负面情感就会降低商户在身份和文化维度的融合效果。

---

① 费孝通. 2013. 乡土中国(经典珍藏版)[M]. 上海:上海人民出版社:52-55.

10.4.3 在地社会行为对持续经营的影响

上述外来商户在地社会行为和持续经营状态之间是相互关联、相互影响的。

首先，积极的在地社会行为有助于持续经营。外来商户在地社会行为主要包括社会交往、社会责任和参与社区治理三个方面，在积极的在地社会行为不断深入过程中，商户居民化的程度也在不断加深。例如，在社会交往阶段，外来商户可能和本地居民之间建立积极的情感交流，发生"结婚生子"的人生阶段转变；在社会责任和参与社区治理阶段，外来商户对于古村镇的发展有了更深入的了解，实现了从"外来人"到"主人翁"的身份转变，在这种情况下，古村镇可能成为外来商户心中的"第二故乡"，产生的情感联结会促进其在本地更长时间的居住生活，相应的经营状态也会继续维持下去。

其次，持续经营也在强化良性的社会行为。在持续经营的过程中，虽然一开始外来商户实行一些良性的社会行为，主要是源于更好地进行商业经营这样一个"利己动机"，但是在这样一个过程中，其对于古村镇商业经营潜移默化地起到了一定的示范作用，造成了一种无意识的社会良性互动。随着外来商户取得了良好的经济效益，在事业蒸蒸日上的同时，原来的利己动机会逐渐转变为一种主动行为。外来商户通常具有较高的知识水平，会对自己所掌握的社会优势资源进行有机整合和提取，满足更多数人的普遍利益，因为持续经营增强的身份认知使得其在道德善意层面的表达增强，对社区居民提供技术援助和经济支持的意愿与承诺也在增强，形成了外来商户和社区居民的良好互动场面。

第11章 古村镇遗产旅游经营过程中社区居民的行为选择

11.1 古村镇社区居民的特征与类型划分

古村镇旅游发展初期以景点、景区经营为主，旅游者来访规模较少，部分居民参与小规模暂时性商业经营活动，随着社会资本介入景区经营，游客数量开始快速增长，旅游商业需求随之增加，不仅吸引了外来商户介入投资，也吸引了当地居民参与商业经营，为当地居民提供了大量的就业机会，当地居民对传统生产活动的依赖性逐渐降低，而与旅游相关的生产活动正逐步成为居民生活的重要依赖[①]。旅游商业经营带来的物业价值增长，使得居民纷纷出租物业或自持经营，收入的增加和对现代生活的向往让居民生活不断搬离古村镇，造成了古村镇景区过度商业化和生活空心化等问题，丧失了古村镇的原真性，给古村镇旅游可持续发展造成了较大负面影响。为此，在古村镇旅游经营过程中，必须重视社区居民在其中的类型差异以及不同类型居民的生计变迁。

11.1.1 古村镇原住民与社区居民的概念特征

1. 概念辨析

1）原住民的概念

原住民通常是指最早栖息在某一区域的居民，与这些居民相比，后来则被称为移民。原住民分为两种情形：一是从有人在此居住以来，这一群体就生活在这里，这里就是这一群体的出生地、栖息地；二是某一群体最早不是诞生在这里，因为各种原因在很久以前就迁徙至此，而且来的时候这里属蛮荒之地，不曾有人居住过。原住民一词在英语中的使用最早是在 17 世纪，其英文的形容词 "indigenous" 来源于拉丁语，意思是"土生土长的"（native）或"在……范围内

[①] 李子明，路幸福，邓洪波，等. 2014. 旅游发展对泸沽湖地区居民生产生活方式的影响研究[J]. 资源开发与市场, 30 (6): 740-744.

出生"（born within）。根据其英文释义，任何特定的民族、族群或社区，鉴于他们视其一特殊的地区或地方为其传统的部落领地，他们都可以被称为原住民[①]。到20世纪末，原住民一词逐渐发展成为一个法律范畴。

2）社区居民的概念

社区居民是指居住在某一社区范围内，具有稳定社会交往关系的人群。他们因长期聚居在同一个地方而逐渐形成了比较稳定的内部交往关系，因共居地而拥有共同的归属感，他们是社区构成的第一要素，是社区经济生活、政治生活、精神文化生活等的创造者，是社区生产、生活资料和自然环境的使用者，是社区社会关系的承担者。他们由于生产生活交往形成了一定范围内的社会关系。社区居民最基本的群体形式是家庭、邻里。家庭是以婚姻和血缘关系为纽带的一种社会群体，而邻里则是以居住地为纽带形成的一种社会群体[②]。

2. 家庭特征

社区居民一般具有强烈的家庭特征。家庭是社区最基本的组成单位，是以血缘关系为纽带联系起来的微观主体，也是居民赖以生存的最基本组织，具有生产、生活、福利等多重功能，这些功能的发挥与劳动力资源、生产资料的配置密不可分。劳动力是家庭可以自主调整使用的最基础资源，具有数量少、受教育程度和年龄差异大、就业年龄延后、劳动年限延长等特点。不同的劳动力配置方式与家庭收入息息相关，对家庭劳动力资源利用的充分性、有效性、协同性不同，造成了家庭劳动收入的差异[③]。马克思根据财产对生产的不同作用，将其分为生产资料和生活资料[④]，生产资料是生产力中物的要素，包括劳动资料和劳动对象，其中最重要的就是劳动资料中的劳动工具，如耕地、生产设备、牲畜、林木等；而生活资料即用来满足人们物质和文化生活需要的那部分产品[⑤]，如宅基地、粮食等。

3. 生产与生活方式

古村镇居民的生产方式可以分为两类，一是农业生产方式，二是非农业生产方式。农业生产方式是指居民种植粮食作物、经济作物和饲料作物等来满足自身

---

① 汪诗明. 2015. 种族问题研究中三个基本概念的界定与阐释[J]. 安徽史学，（1）：108-114.
② 于燕燕. 2003. 社区和社区建设（一）：社区的由来及要素[J]. 人口与计划生育，（7）：47-48.
③ 陈艺琼. 2016. 农户家庭劳动力资源多部门配置的增收效应分析[J]. 农村经济，（7）：124-129.
④ 张清勇，刘守英. 2021. 宅基地的生产资料属性及其政策意义——兼论宅基地制度变迁的过程和逻辑[J]. 中国农村经济，（8）：2-23.
⑤ 胡震. 2019. 农村宅基地产权法律表达的70年变迁（1949—2019）[J]. 中国农业大学学报（社会科学版），36（6）：66-74.

基本使用需要并获取经济收益；非农业生产方式则是指居民开始从事除传统的农业生产之外的行业，如工业、商业、建筑业等。随着古村镇旅游发展，采用非农业生产方式的居民数量比重逐年增加。

生活方式是一个较为宽泛的概念，大致可以划分为居住方式、消费方式、社会交往方式和文化生活方式。大部分古村镇居民的居住以院落为主，院落占地面积较大且在村落之间的布局不够紧凑，居民消费支出主要集中在饮食方面，随着经济发展和生活条件的改善，教育、医疗和文化等中高端的消费需求逐渐增加，并朝着多元化方向发展[①]；社区居民都是熟悉的亲朋好友，邻里交往密切且具有浓厚的人情味，同时社群生活方式都比较地域化，大多数的社会交往活动集中在社区内部（表11.1）。

表 11.1 居民生产与生活方式的构成

项目	具体指标
生产方式	农业生产方式、非农业生产方式
生活方式	居住方式、消费方式、社会交往方式、文化生活方式

11.1.2 古村镇社区居民类型划分——基于旅游经营初始资源视角

根据古村镇旅游经济发展的特点，社区居民生产经营的条件已经从传统的农耕经济转向商业服务经济，需要有物业资源作为支撑，以人力资源作为动力，物业资源是从事旅游服务经营的基础资源，人力资源则是关键，是旅游发展所依赖的战略资源[②]。在物业资源方面，以宅基地为主的集体建设用地是发展旅游的基础。我国农村地区土地属于国家或集体所有，按《中华人民共和国土地管理法》规定"国有土地和农民集体所有的土地，可以依法确定给单位或者个人使用"[③]，农民享有宅基地使用权和收益权，同时拥有宅基地上的房屋所有权。在人力资源方面，目前古村镇所在农村地区仍以农户为最小的生产经营单元，呈现出明显的家庭联产承包责任制特征。当地农户的人力资源配置主要受到家庭决策的影响，在旅游发展之前家庭成员外出务工较多，旅游发展之后返乡农民工也在增多，家

---

① 李凤婷, 郝建新, 辛丽峰. 2019. 乡村振兴背景下农村生产生活方式的变迁预期研究[J]. 理论观察, (1): 87-89.

② 王徽. 2020. 乡村民俗旅游发展中的人力资源条件研究——以浙江省宁波市鄞州区蜃蛟村为例[J]. 农村经济与科技, 31 (13): 103-105.

③ 任耘. 2018. 乡村振兴战略下乡村旅游用地法律问题探究[J]. 西南交通大学学报（社会科学版），19 (6): 121-127.

庭劳动力也在不断变动中。

1. 农村居民生产行为的影响因素

农户也是理性经济人,往往会基于家庭资源禀赋尽可能地对家庭劳动力进行最优配置,以使家庭效用最大化。居民对生产行为的选择过程实际上是成本与收益之间的权衡过程,主要受到家庭禀赋和结构制约的影响[1]。家庭禀赋并非指家庭单一成员的资源状况,而是家庭所拥有的能够被所有成员利用的资源之和,包含家庭社会资本、人力资本、经济资本和自然资本[2]。结构制约则主要包括家庭居住安排和家庭结构两个部分(表 11.2)。一般来说,丰富的社会资本、经济资本和人力资本促进劳动力选择非农就业,其中人力资本因素最为关键,家庭学生数与劳动力占比正向影响着劳动力资源的非农配置,劳动力实际照料压力越小的家庭其劳动力越倾向于配置到非农部门[1]。

表 11.2 居民生产行为影响因素

影响因素	因素细分	具体指标
家庭禀赋	社会资本	社会规范、互惠信任、人际关系网络等
	人力资本	家庭成员年龄、受教育程度、健康状况、技能培训等
	经济资本	农户住房类型、住房面积和住房使用年限
	自然资本	农户拥有或可长期使用的土地
结构制约	家庭居住安排	居住模式、居住距离
	家庭结构	孩童数、老人数、非健康人员数等

2. 社区居民参与旅游经营的影响因素

古村镇社区居民参与旅游经营是为了提高自身或家庭成员收入,提高家庭生活质量。在家庭禀赋方面,房地资源与古村镇旅游经营具有天然的耦合性,但居民对于集体土地仅享有使用权和收益权,并无所有权,在农村宅基地"三权分置"的背景下,衍生出农民房屋的财产权和使用权,虽然宅基地所有权归集体所有,但房屋属于农户的自有财产,房屋所有权、使用权归属于居民,在旅游景区经营中,居民配合与否直接关系到古民居景点质量的好坏和旅游者的满意程度[3]。其

---

[1] 张永丽,郭世慧. 2019. 农户家庭禀赋、结构制约与劳动力资源配置[J]. 华南农业大学学报(社会科学版),18(3):67-78.

[2] 石智雷,杨云彦. 2012. 家庭禀赋、家庭决策与农村迁移劳动力回流[J]. 社会学研,27(3):157-181,245.

[3] 黄芳. 2002. 传统民居旅游开发中居民参与问题思考[J]. 旅游学刊,17(5):54-57.

中，居民所拥有的房屋面积、可改造程度、与核心旅游吸引物之间的距离、游客可到达性不尽相同，农户所拥有房屋面积越大，可改造程度越高，区位交通条件越好，越倾向于参与旅游商业经营。同时，在人力资源方面，古村镇居民是当地旅游发展的核心力量，居民参与旅游经营既是当地旅游可持续发展的需要，也是提高居民收入和家庭生活质量的需要[①]，然而每个家庭的家庭结构（孩童数、老人数、非健康人员数等）和人力资本（家庭成员年龄、受教育程度、健康状况、技能培训等）不同，家庭成员数量越多，受照顾成员越少，受教育程度越高，越倾向于参与古村镇旅游商业经营。

3. 基于旅游经营初始资源状态的居民类型划分

古村镇旅游发展带来了越来越多的游客消费需求，不仅为当地居民也为外来商户提供了各种创业、就业机会，其中商业经营是应对需求的第一选择，也是旅游就业收入和租金收入的前提条件。由于古村镇社区居民在房屋物业资源和家庭劳动资源方面的初始状态不同，居民参与旅游经营或者选择旅游就业、出租房屋等倾向也会不同。根据前面对农村居民生产行为及其参与旅游经营的影响因素分析，本节将影响古村镇社区居民生产经营行为选择的主要影响因素划分为居民的家庭劳动能力与房屋资源两个维度，根据这两个维度我们将居民划分为以下四种类型，如图11.1所示。

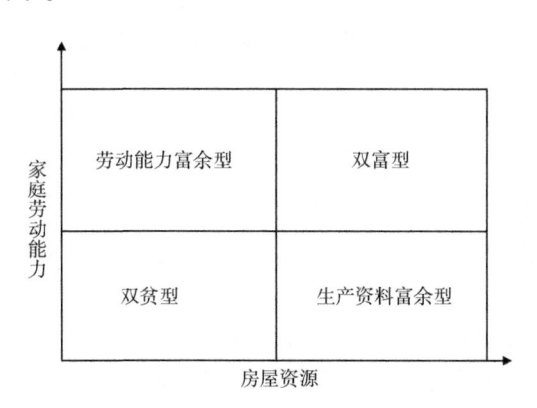

图11.1 古村镇旅游社区居民初始资源类型划分

注：劳动能力富余型为家庭劳动能力较强，房屋资源相对较少；双富型为家庭劳动能力较强，房屋资源较多；生产资料富余型为家庭劳动能力较弱，房屋资源相对较多；双贫型为家庭劳动能力较弱，房屋资源相对较少。

[①] 保继刚，孙九霞. 2003. 旅游规划的社区参与研究——以阳朔遇龙河风景旅游区为例[J]. 规划师，(7)：32-38.

11.1.3 古村镇遗产旅游给社区居民带来的影响差异

古村镇遗产旅游发展带动了旅游商业繁荣，多种多样的旅游产品服务吸引了大量游客，延长了游客的逗留时间，刺激了游客的消费意愿，产生了更多样化、更深层次、更高水平的体验需求，旅游需求反作用于旅游生产，旅游生产的转型升级又进一步推动古村镇旅游发展，产生新一轮的旅游商业繁荣，由此形成一个良性循环。在这个过程中，古村镇商业布局更加合理，商业结构也得到了优化，商业集聚、专业分工趋势明显，从而旅游商户及其从业人口规模不断扩大，需要利用更多的民居物业资源（导致物业价值与租金收入不断提高），可以提供更多的就业岗位（导致劳动力价值与工资收入不断提高）。因此，当地居民参与旅游经营或者旅游就业的机会增多，持有房地资源等价值和租金收入也在不断提高，总体上提高了当地居民的收入水平。同时，与大量外地游客、外来商户的接触拓宽了当地居民的视野，外来文化和丰富多样的商品交流、生活交流使得当地居民的消费需求，特别是对居住空间、居住条件等生活提升性消费，朝着更高层次和多元化方向发展。

1. 对居民参与旅游经营和就业的影响差异

旅游服务业属于一个劳动密集型产业，人力资源需求是第一位的，为当地居民就业以及从事商业经营提供了更多的机会。在古村镇旅游发展之前，由于传统农业的衰落，很多村民选择外出务工，但由于思想、文化、能力素质较低，常常受到学历和技能的限制，因此务工收入有限且职业稳定性、成长性差；在旅游业发展之后，由于旅游就业收入也在不断提高，很多人又会返回家乡从事旅游经营或服务工作，其中民宿客栈、餐饮和旅游零售是居民参与的主要业态，有条件的村民开始经营农家乐餐饮、民宿客栈，加大特色农产品种植，销售旅游零售商品等，获得经营性收入；没有条件的村民也可以通过房屋物业出租、本地务工等其他方式获得租金收入和务工收入。在这个过程中，不同的初始资源状态影响着居民参与旅游经营和就业选择。一般来说，旅游商业经营者中外来商户占有一定比例，而且这一比例随着旅游发展的成熟而有所提高，当地居民商户会在这个过程不断退出（由于经营性收入增长比不过租金性收入或者务工性收入增长），退而求其次选择物业出租或者务工。另外，古村镇旅游业的发展吸纳了大量的本地劳动力，导致与传统产业争夺劳动力而大大伤害传统产业，同时旅游是一种季节性的活动，可能会造成季节性失业问题，包括由疫情等造成短时性急速衰退，这些都会造成当地居民生产经营与收入风险。

2. 对居民生活方式与质量的影响差异

旅游开发是一把"双刃剑",一方面推动了古村镇基础设施的完善、商业环境的改善和农村居民致富进程,提高了居民收入、土地与房屋价值;另一方面也同样增加了生产经营资料的成本,降低了村镇内部生活环境的质量,不断提高了居民的生活成本。所以旅游发展对居民生产生活的正负影响存在互相依存、相对抵消的关系。一是旅游发展给社区居民提供了大量的收入机会,当地居民的生产方式由原来的以务农为主逐渐变成了以从事旅游相关业务为主,务农为辅[1],居民非农收入比重有所提高,居民纯收入增加,经济条件得到改善,但不同群体在旅游业发展中的受益程度有所不同[2]。二是旅游商业发展造成了商业空间挤占生活空间的问题,居民在各种条件的引导下进行生活搬离,景区外部新建和改建的农村住宅日益增多,住房条件、生活设施和公共服务不断提高与完善,社区生活环境得到全面改善,居民生活条件逐渐提高,家庭关系更加和睦。三是经过旅游商业的洗礼,居民素质的提高、基础设施和相关公共服务设施的完善也大大提高了社区生活的可靠性与安全性。四是与大量外来旅游者、外来商户的接触扩大了居民的社交圈,居民交往方式由原来的血缘交流为主逐渐变成业缘交流为主,与旅游者、外来商户之间互惠互利的关系使得社区居民的社会关系更加融洽,休闲娱乐方式也越发多样化。总体来看,古村镇遗产旅游发展在经济条件、生活条件、家庭关系、社区安全、休闲娱乐等方面上提升了大部分社区居民的生活质量[3],但值得注意的是,由于居民初始资源条件不同,参与旅游经营与就业的程度不同,生活搬离的程度不同,旅游发展对部分居民的生活质量影响程度也参差不齐。

11.2 古村镇遗产旅游经营过程中社区居民行为的分化演变

在古村镇旅游发展的不同阶段,不同初始资源状态的当地居民在参与生产经营、就业与居住、生活方式的选择是不同的,呈现出一定的阶段性分化特征。同

---

[1] 马瑞,郑冬婷. 2019. 旅游发展对居民生活质量的影响[J]. 广西民族师范学院学报, 36(1): 75-78.

[2] 郭英之,姜静娴,李雷,等. 2007. 旅游发展对中国旅游成熟目的地居民生活质量影响的感知研究[J]. 旅游科学, 99(2): 23-28.

[3] 郭安禧,郭英之,王红兵,等. 2020. 旅游地居民生活质量量表开发与实证检验[J]. 地域研究与开发, 39(1): 100-106.

时居民在旅游生产参与和生活搬离的双向过程中，其资源条件也在动态转变，不断影响着其行为决策。古村镇旅游经营不同阶段四类居民行为倾向分析表如表11.3 所示。

表 11.3 古村镇旅游经营不同阶段四类居民行为倾向分析表

居民类型	景点景区经营阶段	商业经营阶段	旅游目的地经营阶段
双贫型	摆摊售卖较低水平的商品，获取临时性收入	从事低端经营或服务	从事低端劳动、出租房屋资源并搬离
劳动能力富余型		务工、承包房屋资源	从事低端商业经营和景区商业服务
生产资料富余型	提供餐饮住宿服务，获取经营性收入	出租富余房屋资源	出租景区房屋资源，放弃商业经营，购买外围房屋资源居住
双富型		寻求规模或业态扩展	出租生产资料、经营客栈，居住经营一体化

11.2.1 景点景区经营阶段居民行为的初次分化

景区景点经营阶段，以古村镇景点景区参观游览为主，游客以自发式、零散性进入，产生了基础性的商业需求，首先诱使当地有条件、有意识的居民开始从事商业服务，这些居民拥有资源优势（如房屋靠近景区出入口和主要游览通道上），通过较低的成本（对自持房屋的使用成本低、自身劳动力的机会成本也比较低）投入来获取收益，部分有房屋、资金、劳动力的居民开始自发进行商业经营。

其中，生产资料富余型和双富型居民开始利用自身房屋资源优势为游客提供餐饮和住宿服务，赚取经营性收入，成为古村镇第一代旅游商户。劳动能力富余型居民与双贫型居民则选择摆摊，售卖较低水平的商品，以获得临时性收入。这一时期参与旅游业的居民比例很低，以家庭式、个体户、兼业型经营服务为主，大多是比较简单地利用自身的初始资源优势，技术、知识含量较低，对旅游业的认知较为肤浅。该阶段这些原住民商业经营与服务满足了游客的初级需求，也推动了古村镇旅游业的发展，但参与商业经营的居民大多是"居营一体"（居住与营业场所一体化），其他居民的居住与生活方式并未改变。

11.2.2 商业经营阶段居民行为的二次分化

随着古村镇旅游发展进入了商业经营阶段，游客数量激增，餐饮、住宿、购物、娱乐等需求迅速增加，旅游接待从偶发行为变为常态化行为，旅游服务市场前景不断看好，吸引了大量外来商户与本地居民商户，商业服务供给进入了快车道。

其中，生产资料富余型居民与双富型居民纷纷开始对自有房屋加以商业化改造，如增加床位以适应游客的需求①，改进接待设施以满足游客现代化的生活需求等，同时又保持一定的乡土性②。前一时期有条件提供食宿服务的村民获得了一定的资本与经验积累，开始寻求更高的收益，其中双富型居民会选择进行规模扩展或者业态拓展，而生产资料富余型居民由于受到家庭劳动能力的限制，倾向于将富余部分的房屋资源出租给外来商户经营。劳动能力富余型居民会选择务工或承包他人的房屋资源进行经营；而双贫型居民主要从事低端经营或服务，收益较少，仅能维持其经营现状和水平，这部分原住民很容易陷入低收益、低端产品的恶性循环中，成为传统村落旅游推进的阻碍。

这一阶段居民的技术、知识含量提高，不断认识和优化自身在古村镇生产经营与生活方式的选择，以追求收入与生活质量的双提升。随着景区商业化程度不断加深，外来资本和游客的大批量进入，使得古村镇商业空间开始挤占生活空间，商业化经营导致生活环境被破坏、生活成本攀升等问题日益凸显，加上收入的普遍提高激发了居民对现代化生活的普遍追求，古村镇内部商业化的驱使和大部分居民对居住环境、生活条件改善需要，使得当地有条件的居民开始主动或被动搬离古村镇，选择在村镇外围地区新社区或者城镇区生活，其中部分搬离出来的居民还在古村镇从事经营服务，一方面造成了景区生活空心化、过度商业化问题，另一方面也造成了社区居民生活现代化、社区文化庸俗化等衍生问题。

11.2.3 旅游目的地经营阶段居民行为的再次分化

到了旅游目的地经营阶段，古村镇旅游景区内部商业空间饱和，企业开始往外投资开发周边资源，进一步扩大商业经营与旅游服务空间，从而改变了原来仅以核心景观吸引旅游者的景区经营模式，将景区的旅游空间与外围的休闲度假、商业生活空间融合一起，优化整个古村镇旅游地的公共服务设施布局，优化旅游地商业结构与集聚空间，从而形成了以古村镇景区为中心的旅游目的地发展格局，形成了全域旅游和综合经济发展的良好局面。

---

① Macleod D V L. 2004. Tourism, Globalisation and Cultural Change: an Island Community Perspective [M]. Bristol: Channel View Publications: 38.
② 乔花芳，曾菊新，李伯华. 2010. 乡村旅游发展的村镇空间结构效应——以武汉市石榴红村为例[J]. 地域研究与开发，29（3）：101-105.

该阶段古村镇完成了从传统农业村镇到旅游服务村镇的转型，常住人口由流出转变到流入，外来人口不断涌入参与古村镇旅游经营服务，居民生产经营与生活行为进一步分化。例如，自京黟旅游公司接管经营以来，宏村村民人均年收入每年呈 10%的上升趋势，门票分红占纯收入比从早期的不足 5%上升到 20%，村民物业租金收入与工资收入也在不断提高。村民对古村镇的保护意识得到了提高，对于旅游开发呈支持态度，文化认同感和文化自豪感不断在潜移默化中增加并且涌现出自发保护村落的意识[①]。同时，古村镇景区旅游边界也在不断向外延伸，游客在景区外围住宿与消费的需求也在不断提高，旅游目的地发展规划与模式都已成熟，外围社区生活功能与商业服务逐步得到居民的认同与追捧，大部分居民的资源状态都在不断发生改变，对生产经营与生活的成本收益更加敏感。

其中，双贫型居民一般通过低端务农务工和景区分红获利，虽然房屋资源较少但也在不断增值，于是他们开始选择出租物业获取更好的收益，并选择生活搬离，在景区外围社区争取更好的生活条件，但还继续从事低端劳动；生产资料富余型居民继续选择出租景区房屋资源，放弃商业经营（租金收入高于预期自我经营收入），利用前期收入积累购买外围房屋资产，获取景区分红和租金收入，选择更加休闲的生活方式，生活水平与质量普遍比较高；劳动能力富余型居民在前期收入积累后，可能会选择将过剩的人力资源投入到商业经营中从事低端商业经营（非物业依赖性、劳动力密集性或低利润业态，与外来商户经营形成错位），同时剩余人力继续选择景区商业服务工作，获取家庭多元化收入，因为生产经营在景区内部为主，所以生活搬离程度不高；而双富型居民的行为分化选择较多，一般会选择出租生产资料或留在惯常居住地经营客栈，积累一定资本后扩大生产，居住经营一体化较多。总体来看，随着古村镇旅游发展，居民生活质量越来越高，整体呈现出休闲和谐的生活状态。

11.3 古村镇社区居民生产与生活行为的选择

11.3.1 不同初始资源条件下社区居民生产行为的选择

根据居民参与旅游经营的资源维度分析，影响居民生产经营行为选择的主要

[①] 黄超伟. 2021. 旅游驱动下传统村落形态演进特征及调控策略研究[D]. 安徽建筑大学硕士学位论文.

因素有家庭劳动能力和房屋资源两个维度，居民生产行为的主要有：在地务农、外出务工、在地务工、在地经营（创业）、出租房屋五种。对于生产行为的选择主要基于各种生产行为方式的成本与收益比较，以及各种生产行为之间的成本收益率的比较。当地居民生产行为分化的选择是居民在家庭效益最大化原则下对自身参与旅游业的成本收益权衡之后做出的最优决策。因而本章认为影响居民生产行为选择的主要因素是家庭初始劳动能力、房屋资源，以及不同生产方式的生产成本和收益水平。

　　古村镇社区居民在旅游发展之前的生产方式是在地务农、在地经商、外出务工。古村镇旅游开发后吸引游客进入参观游览，这时家庭劳动能力相对较强的农户开始分出一部分成员从事小商贩等旅游商品经营，如为旅游者提供一些当地土特产品、手工艺品、旅游纪念品、小吃饮料等；生产资料富余型居民和双富型居民则开始利用房屋物业优势，除了商铺经营之外，还经营农家乐餐饮或简易客栈，为旅游者提供暂时性的饮食和住宿服务。随着旅游开发进程的深入，大量游客和外来商户开始进入，产生了大量的就业机会，外出务工的居民开始回流，转而在古村镇内旅游务工或从事商业经营，生产资料富余型居民由于劳动能力较弱，接待游客达到一定数量时便会产生服务质量差等，无法维持农家乐的正常运营，当租金大于经营收益时便会选择出租房屋资源，双富型居民则选择继续经营，积累资本与经验，并择机扩大经营，如经营客栈等。在此过程中，外来商户的进入给当地居民经营带来了一定压力，同时也会对当地居民商业经营产生示范带动的作用，作用大小取决于外来商户的数量和经营业态、收益状况，当居民发现某种业态经营收益偏高时，就会纷纷转行投入。

　　当游客继续增加，整个社会对旅游的接待服务水平要求提升，游客的需求日益多样化，现有商户或者新入商户都面临产品创新与升级的问题，居民商户进行产品创新与升级时依然基于对成本和收益的比较。如果创新升级的成本过高，而收益低于物业和劳动力的机会收益（同样物业出租给外来商户的租金收入加上同样劳动力的机会收益），即当居民商户无法承受这部分提升成本，或者发现增加这部分成本无法带来更高的收益时，就不会选择进行产品升级。如果商户创新升级带来的成本收益比高于原有的成本收益比，即当居民商户发现增加这部分成本可以带来较高的收益时，就会选择进行产品升级以满足游客更高需求，从而创造更多的收益。而当古村镇内部出现单个或者少数几家商户进行产品升级，游客会集中在这几家消费，其他没有进行产品升级的商户便会面临两种选择，一种是提升产品继续经营，另一种就是出租房屋资源，退出市场。其具体影响过程见图11.2。

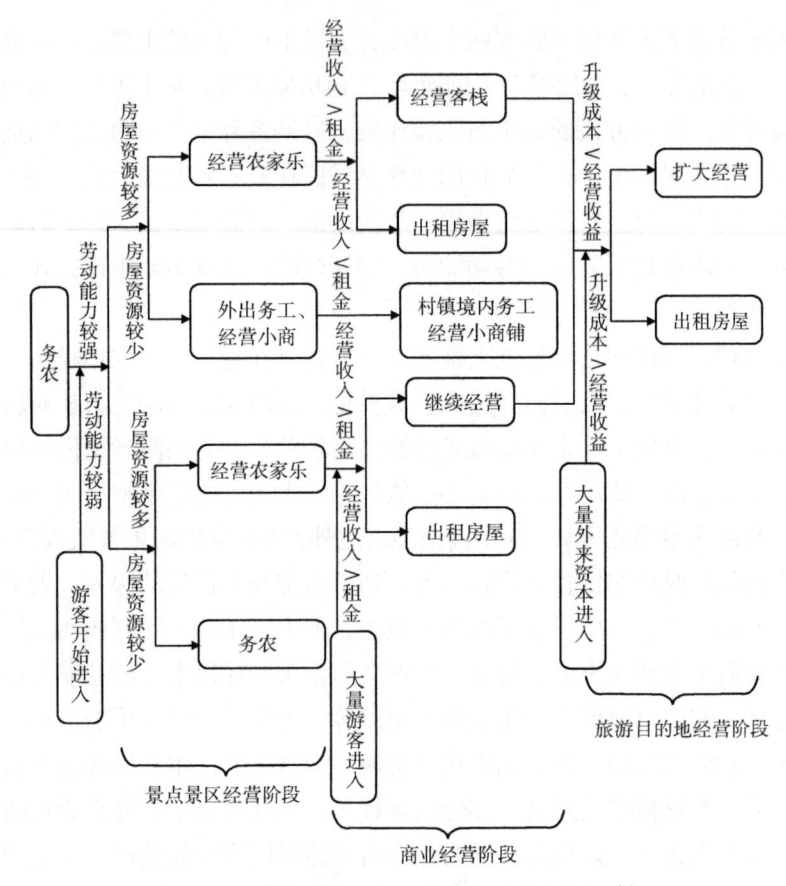

图 11.2　古村镇社区居民生产行为的选择机制

11.3.2　生产方式叠加影响下社区居民生活行为的选择

根据居民日常生活的空间变化，随着古村镇旅游业的发展，原住民在居住与生活方式上的选择主要有两类：一是留守，即在村镇原有房屋、原有熟悉的空间一直生活；二是搬离，即搬迁至村镇外围社区生活或者直接搬至外地生活，选择了新的生活场景。对于生活方式的选择也是基于各种生活方式的成本与效益的比较，虽然这种生活方式的成本与效益比较有主观性、复杂性，既受到居民的生活观念、文化习俗与习惯的影响，同时也会受到旅游活动与商业、基础设施配套与社区服务等外部环境的影响。

一般来说，古村镇旅游发展之后，不断凸显的商业价值提高了古村镇内的居住机会成本，而景区内部相对较高的物价水平也增加古村镇内部生活成本，加上不断涌入的游客及其带来的嘈杂环境，无形中降低了生活质量，驱使部分未参与经营的居民产生了出租、出售房屋换到村镇外围居住空间进行生活的想法。同时，村镇外围居住空间及改造要求相对宽松、居住成本相对较低、现代化生活条件不断提高等因素，也吸引着居民前往置业、居住，带动了外围空间的商业开发价值。在这样的"推—拉"因素影响下，古村镇中的劳动能力富余型居民、双富型居民首先有条件，也有动力选择搬迁至村镇外围社区进行居住，除了居家经营的居民之外，其他搬离的居民一边在村镇内部从事经营服务工作，另一边在外围社区生活。

随着古村镇景区商业价值的不断增长，生活压力和商业竞争压力也在不断增长，原先留守生活的双贫型居民在各种收入增长下也开始有条件搬离古村镇至外围社区生活；同时留守经营的生产资料富余型居民也因为自身经营能力限制，越来越多地选择出租物业退出经营，选择在外围社区置业生活与经营。此时留守古村镇的居民主要是居家经营型商户，以生产资料富余型和双富型居民商户为主，他们占据了较多的低成本物业资源同时又具有一定的经营能力（如家庭二代接续经营），同时该类居民大多也会在外投资置业，具有两边生活特征。

总体来看，古村镇当地居民这种生活搬离具有一定的必然性，随着旅游经济的发展，古村镇内部商业的繁荣，会进一步驱使居民生活搬离，带动了外围社区的发展与繁荣，同时也会造成古村镇景区生活空心化问题，但随着一些生活方式型商户的介入，居家经营业态不断丰富，新的景区度假生活方式也在形成，也会诞生出一批新居民（图 11.3）。

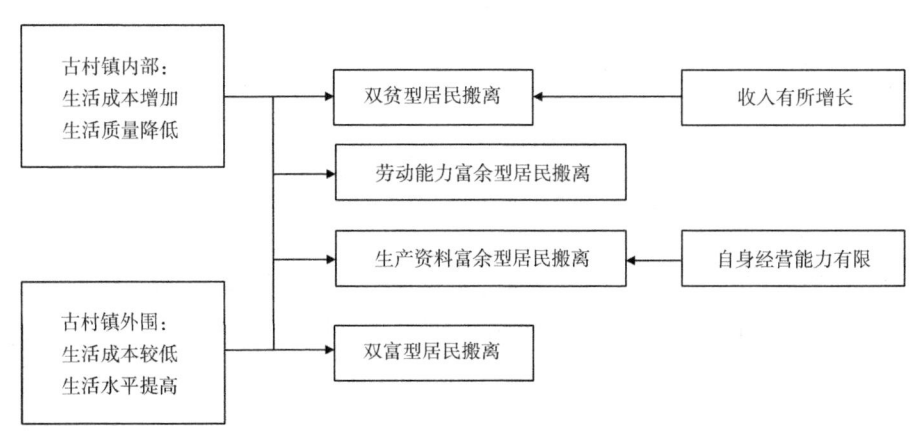

图 11.3　古村镇社区居民生活行为选择机制

11.3.3 社区居民参与旅游生产经营的倾向与影响

1. 居民参与旅游生产经营的倾向

在古村镇旅游发展初期，居民参与旅游生产经营的目的是获得经济收益，提高个人和家庭的生活质量，但随着居民思想认知水平的提高，居民参与旅游生产活动正在从单纯的经济活动演变成为一项复杂的社会经济活动[1]。居民生产经营行为倾向主要受到居民感知的影响，包括环境感知、自我感知和机会感知[2]。其中环境感知包括对古村镇旅游景区环境感知、未来规划与政策环境感知、未来旅游市场环境感知三个方面，自我感知包括对家庭经营能力认知和个人风险偏好认知两个维度；机会感知包括商业经营致富机会和就业机会两个维度。机会感知既是环境感知（外部）和自我感知（内部）的因变量，又是居民参与意愿的自变量。居民对上述维度的感知影响着居民参与生产经营的倾向。

通过前文对居民生产经营行为分化过程分析，可以将居民参与生产经营的行为倾向划分为扩大经营、维持经营和退出经营三类（图11.4）。一般来说，社区居民生产经营行为倾向是居民对生产经营成本与收益做出的理性选择，当居民在生产经营过程中获取的收益大于成本，资本不断积累，环境感知和自我感知均较好的前提下，他们就会开始关注潜在的致富机会，利用现有资源扩大经营规模，当环境感知和自我感知中有一个方面不太乐观时，居民多会选择维持经营现状，而当两个方面感知状况均不良好时，居民则倾向于退出商业经营。

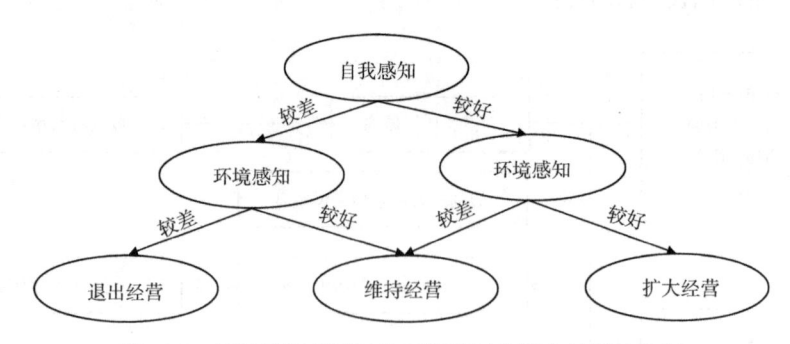

图11.4 居民感知对居民生产经营行为倾向的影响机制

---

[1] Tosun C. 2000. Limits to community participation in the tourism development process in developing counteies[J]. TourismManagement, 21（6）：613-633.

[2] 周震宇，景晶，李纯. 2021. 旅游振兴乡村中居民感知与参与意愿的影响路径研究[J]. 农村经济与科技，32（19）：114-118.

2. 居民参与旅游生产经营可能导致的问题

1）不负责任经营与环境污染

居民由于环境意识、先进技术运用比较差，在经济利润的诱导下，往往存在过度经营、不负责任经营的倾向，容易造成环境污染。例如，居民商户在为游客提供住宿、餐饮等服务过程中，按照传统生活方式与习惯进行清洗、排气、排污，加重了水系水环境的自净压力，同时造成了空气污染等问题。由于水系水环境属于公地资源，居民在生活搬离或有备选生活空间的情况下，对维护古村镇环境的个人努力或者责任心不足，这种不负责任的心理会不自觉地降低居民商户的减污行为，影响居民在环保新技术等方面的成本投入。古村镇生态环境一旦遭到污染，生态系统破坏后短期内很难恢复，因此必须重视居民生产经营的环保意识，必须秉持以环境保护为前提的生产经营理念。

2）同质化竞争与过度商业化

居民由于占据资源优势，在旅游快速上升时期需求大于供给，赚快钱的投机心理往往让居民选择投入少、回报快、低技术含量的产品业态，模仿经营、倒卖现象严重，缺少创新意识，存在盲目利用资源，低水平经营，同质化竞争现象严重，容易造成资源破坏与浪费。例如，宏村景区许多商铺售卖的木艺、雕刻等旅游商品都是流水线上的产物；村内大多米酒为进购倒卖商品，自制米酒商铺数量极少；批量化生产的仿古衣装、统一批发进货的小吃小食使宏村原本的手工文化日渐消亡[1]。居民商户如此低质、低端、低水平经营，让文化村落过度商业开发、急功近利的弊端逐渐凸显[2]，导致宏村的旅游市场商业气息过于浓厚[3]，人人皆商的局面不仅使得古朴民风难以寻觅，真实的传统生活场景也荡然无存[4]，进而造成了景区空心化问题，极大地影响着村落文化体验与旅游吸引力。

3）过度利用与破坏性建设

居民对古民居古建筑的价值认知不足，文化保护意识薄弱，古民居修缮能力不足。因此在利用古民居进行商业经营过程中，居民更强调现代生活的舒适性要求，更接受潮流文化，在建筑改造与内部装修中，按照酒吧、奶茶店、网红客栈、KTV等现代化消费场所的方式，往往存在过度利用与过于现代化装饰倾向，反而

---

[1] 冀凤全，金丽. 2018. 徽州传统聚落文化生活景观保护研究——以宏村为例[J]. 安徽建筑大学学报，26(3): 72-77.

[2] 姚建伟. 2021. 历史文化村落保护与发展研究：现状、问题与对策——以浙江丽水为例[J]. 丽水学院学报，43（3）: 64-69.

[3] 王丹. 2013. 国内古村镇旅游社会文化影响研究综述[J]. 金融经济，（24）: 133-135.

[4] 郭强，尹寿兵，刘云霞，等. 2019. 旅游小企业成长特征及其影响因素——以宏村为例[J]. 热带地理，39（5）: 759-769.

丧失了当地文化特色，与整体环境不相协调，造成了不可逆的破坏性建设问题。

11.4 关于古村镇未来社区生产生活的进一步探讨

1. 正视当地居民生产与生活行为的选择倾向

古村镇遗产旅游经营活动的开展，势必影响到当地居民的生产经营与就业选择，进而又影响到居住与生活方式的选择，在这个过程中，居民参与旅游商业经营、实现在地务工就业、留守或搬离古村镇老社区、选择外围新社区生活等行为都是居民在不同生产生活方式选择上的成本收益比较结果，体现了居民对古村镇整个发展环境变化的适应过程。

居民生产生活方式的选择结果，一方面满足了古村镇旅游景区商业经营与开发的需要，满足了企业与外来商户的经营诉求，进而满足了游客在地休闲度假的深层次体验需求，比较好地发挥出了古村镇旅游的价值，让居民也从中获得更大的收入；另一方面如果不加控制和引导的话，将会导致古村镇老社区出现生活空心化问题，也会呈现出过度商业化的趋势，破坏了古村镇生活文化的原真性吸引力，降低了旅游体验感，影响到古村镇旅游生命力。

2. 规划引导古村镇旅游新老社区的健康发展

古村镇旅游发展加速了当地居民与外来人口的流动，推动了整个社区功能重组，古村镇社区功能也逐渐从单一的生活功能变成兼具生活与旅游的复合型功能[1]，整个社区空间逐渐变成了居民日常生活空间与游客消费空间的结合体，进而产生了不同功能的社区空间，加重了新老社区空间的重组与协调发展矛盾，古村镇旅游社区空间亟待整合。

居民的退出与外来人口的进入，深远地影响着古村镇新老社区的发展。新社区如何更好地适应居民新生活，如何承接未来旅游商业的转移，如何配合大景区建设成为古村镇必不可少的高质量生活区、配套服务区，甚至成为能够吸引外来人口入住的度假社区。老社区更新如何更好地体现古村镇的历史文化风貌，如何适应未来旅游度假生活的新方式，如何在大景区建设中发挥好核心吸引与高端引领作用，从而带动好整个古村镇旅游目的地的发展。因此，要尊重居民与外来人口的选择，要做好大景区与旅游目的地规划，平衡好古村镇新老社区的发展功能，

---

[1] 李小永，赵振斌，李佳乐，等. 2021. 居民视角下民族社区旅游化的空间演变过程及特征——以肇兴侗寨为例[J]. 资源科学，43（5）：1051-1064.

促进新老社区的融合，实现新老社区一体化发展，助推古村镇旅游目的地建设，从而在扩大游客旅游边界、居民生活边界、商户服务边界的过程中，打造更具生命力、更有吸引力、更符合居民需要的古村镇未来社区。

3. 引导构建古村镇旅游社会生产生活新关系

居民和企业、外来商户共同影响着古村镇旅游社区的变化，促进了老社区更新、新社区建设，推动着古村镇旅游大社区命运共同体的形成，反过来社区重组后的新老社区居住环境也会固化居民的生产与生活方式[1]，进而催生了一种新型社区生产与生活关系。

首先，随着古村镇社区资源在集体所有化发展趋势下进行优化配置，资源变资产、村民变股民、房主变房东，让当地居民脱房不脱村、离村不离业。同时引入外部资本、外来商户协同当地居民精英力量实现更高质量的旅游生产，创造更高的价值，从而让居民分享到更多的旅游发展红利。由此形成了各方合作集体做大蛋糕，居民与企业、外来商户一起分享更大收益的新型生产关系，居民与外来商户不再是简单的房东租客关系，集体与企业也不是简单的委托代理关系，大家形成了一种新的利益共同体。

其次，随着时间的推移，古村镇社区居民人口结构也在变化，除了最初的原住民以外，还有定居于此的外来商户和其他外来人口，"农二代"会逐渐取代"农一代"成为家庭发展的担纲者[2]，这部分人经历了学习教育，积累了城市生活经验，带着先进的生活理念重新投身于古村镇旅游发展活动中，使得古村镇社区的生活功能逐渐复兴。同时，舒适的、友好的社区环境让当地居民与外来游客、外来商户、外界人员的社会交往频率明显增加，扩大了当地居民的社会交往圈，居民社交从近距离交流到当下远距离的社会交往，从以前的地缘交往、血缘交往发展为业缘交往和志趣交往，交往发生的频率也逐步增多[3]。这种健康的社区生活方式与生活关系让居民生活的幸福感提高，反过来居民会不断强化这种生活方式与生活关系，进而增强了对外来游客、外来商户、外来新居民的吸引力，他们的加入与居民互动将会给古村镇旅游可持续发展注入源源不断的能量。

---

[1] 邓悦. 2016. 新型农村社区居住环境与居民生产生活方式的研究——以幸福田园社区和惠民社区为例[J]. 农村经济与科技，27（23）：44-46.

[2] 黄丽芬. 2021. 农二代阶层分化的表现、特点与社会基础[J]. 中国青年研究，（3）：68-75.

[3] 李子明，路幸福，邓洪波，等. 2014. 旅游发展对泸沽湖地区居民生产生活方式的影响研究[J]. 资源开发与市场，30（6）：740-744.

第 12 章 古村镇遗产旅游经营中集体组织的选择

12.1 古村镇所处的农村制度情境：集体组织的探讨

12.1.1 中国特色的农村制度情境

1. 农村基本经营制度

千百年来，中国土地制度一直决定着农村经济社会的发展，而农村土地制度的核心是农村土地产权制度，合理的产权制度对农村土地集体所有制的有效实现和农村土地资源的合理配置有重大作用[1]。中华人民共和国成立以来，我们在土地制度道路上不断探寻，从实行农民土地私有制到推行农村土地集体所有制，最终于 1978 年确立了农村土地家庭联产承包责任制并沿用至今。我国农村现行的制度是统分结合的集体所有制与承包经营责任制。

集体所有制是指部分劳动者共同占有生产资料的所有制形式，它是一种公有制形式，其特点是生产资料属于集体经济成员共同所有，共同进行多元化的生产经营活动，成员根据他对集体经济的贡献来分配经营成果。其中，农村集体成员资格认定标准不一，目前主要有两种途径：一是乡规民约、村民自治章程等村民自治规范甚至村民会议决定或者村委会决定；二是通过地方规章或者其他地方规范性文件。

承包经营责任制是指中国全民所有制企业经济体制改革中采取的一种生产经营责任制形式。其基本原则是包死基数，确保上交，超收多留，欠收自补。农民可以对土地自主管理、自我经营，国家和集体经济组织代表全体劳动人民占有全民的土地，行使占有、使用、收益和处分等权利。随着中国市场经济的发展，大量农民流出农业从事非农活动，农村内部开始分化，农业技术和农机装备的更新

---

[1] 吴光芸，万洋. 2019. 中国农村土地流转政策变迁的制度逻辑——基于历史制度主义的分析[J]. 青海社会科学，（1）：86-94.

使得规模经济成为可能,加上行政力量的推动,"家庭农场"应运而生,它是"种养大户"的升级版,是以家庭成员为主要劳动力,从事农业规模化、集约化、商品化生产经营,并以农业收入为家庭主要收入来源的新型农业经营主体,它的出现推动了农业商品化的进程。

为优化土地资源配置,顺应农民流转农地的意愿,促进适度规模经营发展,国家分别于2016年和2018年正式提出承包土地与宅基地的"三权分置"。"三权分置"是指形成所有权、承包权、经营权三权分置,经营权流转的格局,集体土地所有权可以依法转让,承包方对承包地拥有占有、使用、收益、流转及承包经营权抵押和担保权能,可以转包所承包的土地、将承包合同的权利和义务转让给第三者,也可以用农村土地承包经营权向金融机构抵押融资,但规定流转过程中不得改变土地用途。这一政策将农民对土地的"经营权"从"承包经营权"中分离出来,实现了"经营权"的可流转,是继家庭联产承包责任制后农村改革又一重大制度创新。这些政策有力地促进了农村地区生产资源的利用效率。

2. 农村社区管理

目前,中国正处在新型城镇化、城乡一体化建设的关键时期,中国农村社区管理创新要以新型城镇化发展为前提,维护农民利益,保障农民需求,发挥基层党组织、基层政府、村民自治管理的优势。中国实施新型城镇化、统筹城乡一体化发展的目的是改变当前农村经济社会发展中的弱势地位,提升农村的公共服务及公共产品的质量,提高农民的生活水平及社会保障水平。但由于乡镇政府的行政管理和农村社区居民的自治管理权责利分布不明确,社区管理机制在实际运行过程中产生了诸多问题。

基层自治管理是当今世界的发展趋势,当前中国农村社区自治管理制度已经基本成熟,中国农村从传统上看是一个熟人社会,基于农村固有的文化、规则、乡缘、地缘优势,通过一种自我管理能够较好地将熟人社会资本运用到自治中来,有利于化解社区内部矛盾,从而更好地引导农民适应新型城镇化发展中的生活方式与价值观念的转变,有利于增加农村社区的归属感。因此,要继续强化和发挥农村社区自治管理的经验与方式,发挥好农村各种自治团体(如农业合作社、理事会等)的作用,将乡镇政府职能推到次要地位,主要负责农村社区发展的统筹规划,合理布局农村社区发展方式与计划,结合城乡一体化发展要求,负责提供好公共产品与公共服务,给予农村社区一定的政策、资金、技术支持,同时由基层党组织对社区管理进行全过程的监督、引导。

在这种模式下,农村社区居民自治是主导,中国原有的村民自治制度可继续存在,但可以淡化其固有的政治、经济职能,通过各种民主选举、组织农民自组织等方式让村民自治制度发展成为社区居民自治组织制度。形成以保障农民利益与需求为核心要义，农村社区自治管理主导，乡镇政府行政管理辅助，基层党组织领导与监督的"四位一体"的新型农村社区管理模式[①]。

3. 农村建设投入

当前，各级政府在新农村建设、美丽乡村建设、乡村振兴过程中不断加大财政投入力度，财政支农资金稳定增长机制正在逐步建立，"以城带乡、以工促农"的局面加快形成，国家与农民之间的传统利益分配格局在转变，各级政府的财政部门主要围绕农业和农村经济发展、农村社会事业进步和农民生产生活条件改善，从三个方面加大公共财政投入。

一是壮大农村集体经济，这是农村经济的重要组成部分，发展壮大农村集体经济是发挥农村集体所有制优势，实现产业兴旺、生态宜居、乡风文明、治理有效、生活富裕的重要条件，也是农村生产力发展的长远要求。

二是加强农民教育培训与创业扶持，助力农民增收，农民是投入的主体，农民投入能力的大小，直接影响着增收的幅度，也决定着农村建设能否保持长久的生命力。通过加大教育培训与创业孵化等方面的财政投入，教育出具有创新意识和较强劳动技能的新型农民，全面提高农民生产的效率与效益，这是乡村振兴的关键。

三是加强农村基础设施和公共服务设施的投入和建设，全面改善农村生产与生活条件，促进农村社会事业进步，将农村基础设施、公共设施建设投入转化为集体所有的空间、场馆与设施，增加了集体性资源与资产，也为旅游服务利用提供了空间与条件。

12.1.2 村委会和村镇公共管理与公共服务

1. 村委会

村委会是村民自我管理、自我教育、自我服务的基层群众性自治组织，对下主要负责办理本村的公共事务和公益事业，调解民间纠纷，协助维护社会治安；对上主要负责向政府反馈村民的意见、要求和提出建议。同时村委会下设村民小组，按照便于村民自治的原则，一般按自然村设立村民小组，接受村委会统一管理。根据法律规定，村委会在村民自治组织体系中没有决策权，属于执行机构，但由于村级事务繁多，很多事务需要迅速做出决策，因此和其他自治组织相比，

---

① 梁淑华. 2015. 3 种典型农村社区管理模式对比研究[J]. 世界农业，（1）：41-47.

在日常村务决策中逐渐占据主要地位。

2. 村镇公共事务管理与公共服务

《中华人民共和国村民委员会组织法》规定：村民委员会是村民自我管理、自我教育、自我服务的基层群众性自治组织，实行民主选举、民主决策、民主管理、民主监督。这一规定表明，村委会是由村民选举产生的自治性的群众基层组织[1]，它的基本职能可以概括为以下几个方面。

（1）公共管理职能，即管理村庄公共事务、维持公共秩序，为农村社区居民提供公共服务产品，管理本村的公共事务和公益事业、组织实施本村的建设规划，兴修水利、道路等基础设施，指导村民建设住宅，依法调解民间纠纷，协助维护本村的社会治安，村委会在这一方面的职能涵盖面广。

（2）协助行政职能，协助基层政府（乡、民族乡、镇）展开工作，在基层政府的指导和帮助之下，依据法律规定协助基层政府完成审批宅基地、开具村民相关证明、宣传和落实国家政策等职能，向政府反映村民的意见、要求并提出建议，向村民会议或者村民代表会议报告工作并接受评议，执行村民会议或者村民代表会议的决议、议定等。

（3）经营管理职能，即管理本村属于村农民集体所有的土地和其他财产，尊重村集体经济组织依法独立进行经济活动的自主权，维护当前农村基本经营制度，保障集体经济组织和村民、承包经营户、联户或者合伙经营的合法权利和利益，承担本村农业生产服务和协调工作，促进农业生产和农村经济的发展。

3. 村委会的运行方式

村委会作为基层群众性自治组织，连接着乡镇政府与村民，按照相关法律规定，"村民委员会协助乡、民族乡、镇的人民政府开展工作"，同时"村民委员会依照法律规定，管理本村属于村农民集体所有的土地和其他财产，引导村民合理利用自然资源，保护和改善生态环境"。因此，一方面，村委会是乡镇政权在农村的深入和延续，是乡镇政府在广大农村的代理人，受托于乡镇政府，要对其负责；另一方面，村委会作为基层群众性自治组织，其自身存在的合法性来源于村民的授权和信任，所以村委会从根本上说又是广大村民或村民小组的代理人[2]。

---

[1] 石磊. 2013. 试析农村集体经济视角下的村民委员会职能[J]. 当代世界与社会主义，（5）：151-155.
[2] 梁健. 2021. 乡村治理现代化语境下的村委会审视：定位、困境及角色[J]. 山东行政学院学报，（1）：61-67.

12.1.3 农村集体经济组织与村镇集体资源/资产管理

1. 农村集体经济组织的概念

农村集体经济组织产生于 20 世纪 50 年代初的农业合作化运动,它原先是为实行社会主义公有制改造,在自然村范围内,更多是在一个生产队范围内,由农民自愿联合,将各自所有的生产资料投入集体所有,由集体组织农业生产经营,农民进行集体劳动,是各尽所能、按劳分配的农业社会主义经济组织。它以村、村民小组为主要形式,通过组织集体成员参加生产活动,并利用集体组织拥有的生产资料从事营利性活动来为集体谋求利益。其内在特点体现在以下四个方面[①]。

第一,集体的产权制度主要是集体所有制,组织以土地作为生产资料,在生产、供销的领域形成合作模式,生产资料最终为集体所有。

第二,组织成员的身份是自然生成的,组织成员跟自身土地的承包关系和户籍关系有着很大的关联,内部的成员关系都是确定的,不受任何的外部力量所干扰。

第三,组织整体呈现自治和商定的模式,组织建立在成员自愿共同承担风险的基础上,组织是一个独立的市场个体,自主经营,自负盈亏,政府对组织行为不能直接干预。

第四,组织具备复合功能,组织成员之间并不是简单的经济关系,还有复杂的关系网,既要承担生产领域的风险,也要发挥集体的社会功能,培养村民的素养道德。

2. 农村集体经济组织的产生形式

改革开放以后,农村集体经济组织也逐步进行改革,生产大队改成了行政村,设立村委会,生产队一般改成自然村,设置村民小组,由行政村统一管理各自然村。由于各地在农村集体经济组织改革过程中采取的政策不同,有的地方以自然村作为一个集体经济组织,而大部分地方由村委会代行农村集体经济组织的职责。农村集体经济组织同村委会一样都是法律规定的村民自治基层组织,都可以称为村集体组织。

3. 农村集体经济组织的运行方式

正确认识农村集体经济组织的角色功能,能够进一步清晰地了解农村产权制度

---

① 田亭亭. 2021. 农村集体产权制度改革中农民权益保护问题研究[D]. 山东大学硕士学位论文.

改革和村民自治组织的职能,农村集体经济组织主要有三项基本职能[①](图12.1)。

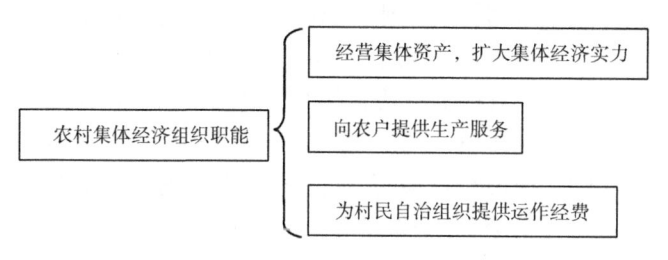

图 12.1　农村集体经济组织的职能构成

（1）经营集体资产,扩大集体经济实力。集体资产经营是农村集体经济组织的首要功能,其目的在于维持集体经济实力。如何确保集体经济壮大一直是农村集体经济组织相关研究的中心话题之一,这一功能的实现取决于集体经济组织经营的方式和效率,而当前农村的产权制度改革和股份制改革便是优化集体资产经营、壮大集体经济实力的最新尝试。

（2）向农户提供生产服务。这一职能侧重于为农户分散经营提供生产性服务,以提高农户自主经营的能力,它实现取决于集体经济组织提供生产服务的能力。《中华人民共和国农业法》明确要求农村集体经济组织应当在家庭承包经营的基础上,依法管理集体资产,为其成员提供生产、技术、信息等服务。从1985年《中共中央 国务院关于进一步活跃农村经济的十项政策》到2009年的《中共中央 国务院关于加大统筹城乡发展力度进一步夯实农业农村发展基础的若干意见》,至少有7个中央的相关政策、决定或意见明确要求农村集体经济组织承担生产服务职能。

（3）为村民自治组织提供运作经费。村民自治组织是农村村民自我管理、自我教育、自我服务的基层群众性自治组织,自取消农业税以后,农村"三提五统"等资金筹措方式也随之取消,村民自治组织已经没有独立的经济来源,农村集体经济组织的经济收益成为村民自治组织运作的资金来源。

12.1.4　村集体组织的发展

随着城乡关系和农村居民生产生活方式的变化,农村集体经济组织逐渐出现并发展壮大,村委会的经济职能逐渐弱化,两者之间的权责利划分更加明确。

随着农村土地改革工作的展开,我国开展农村承包地确权登记颁证工作,确定了对土地承包经营权的物权保护,坚持把依法维护农民权益作为出发点和落脚

---

① 武玉坤,黄文勇. 2011. 转型社会中农村集体经济组织角色功能研究——以东莞为例[J]. 安徽农业科学,39(20):12495-12498, 12501.

点,坚持农村土地农民集体所有制不动摇,坚持家庭承包经营基础性地位不动摇,扎实推进第二轮土地承包到期后再延长 30 年工作,保持农村土地承包关系稳定并长久不变,让农民吃上长效"定心丸"。同时,推动农村产权制度改革,集体所有权、农户承包权、土地经营权的有效实现形式更加丰富,让农村土地资源得到进一步优化配置。村集体组织(村委会与农村集体经济组织的统称)一方面强调集体经济的发展,另一方面积极培育新型农业经营主体,鼓励和支持广大小农户联合经营,集体经济与个体私营经济要合作发展,发挥好农村资源优势,走上一二三产融合发展之路,从而不断解放和发展农村生产力,提高农民的收入和生活水平。

为此,要界定好农村集体经济组织与村委会的关系,发挥好农村集体组织的作用。其中农村集体经济组织作为以土地等集体所有资产为纽带,由集体经济组织成员所组成的"经济性"组织,要承担好土地流转、承包、资源开发、资本积累、资产增值等一系列集体资产经营、管理、服务等经济事务。村委会作为村集体经济组织的管理者,领导和支持农村集体经济组织依法管理集体财产和维护其成员的权益,做好群众自治管理和公共服务,为农村集体经济组织开展其职能做好充分保障,相关费用逐步由财政予以支持。农村集体经济组织应当主要负责集体经济的运营和管理,以明确的股份合作代替模糊的集体所有,将原属于集体所有的土地等资产以股份的形式量化给组织内部成员,并按股向成员分红,提升集体经济内在的发展能力,同时也提高组织成员的财产性收入[①]。

12.2 集体组织参与旅游经营的过程与权责利界定

12.2.1 集体组织参与遗产旅游经营的过程

我国古村镇遗产旅游经营大致经历了四个阶段,即景点经营阶段、景区经营阶段、商业经营阶段和目的地经营阶段。村集体作为古村镇资源所有者、社区管理者、公共服务者以及集体资产经营者、集体经济主导者,与古村镇遗产旅游经营存在方方面面的联系,在不同的经营阶段,集体组织的权力觉醒或诉求不同、集体组织的能力不同,扮演的角色也不同,但总体来看集体组织参与程度越来越高,发挥的作用也越来越多。本节我们主要以安徽黟县宏村为例,对遗产旅游经营不同阶段中村集体的角色和职能进行探讨,根据遗产旅游经营的阶段划分,我们将村集体参与遗产旅游经营的过程也划分为四个阶段。

---

① 于雅璁,王崇敏. 2020. 农村集体经济组织:发展历程、检视与未来展望[J]. 农村经济,(3):10-18.

1. 初步参与和权力朦胧阶段

古村镇旅游发展初期，以景观、景点参观游览为主，原有的景观建筑风貌和原始的村镇环境就满足了观光游客的需求，加上简单的游客服务设施与导游讲解，构成了第一代景区产品，以门票收费为主，管理与收入模式单一，基本上以当地政府成立类似事业单位的经营机构或者村集体组建村办企业来负责景点、景区管理与经营，以少量的政府财政或集体筹资投入为主，旅游发展缓慢，部分村民自发参与提供简单的购物、餐饮服务，整个社区保持着传统生产与生活功能。该阶段村集体或受政府鼓动，或受村内少数领头人的影响，在初步参与遗产旅游的服务过程中，承担着村集体资产管理、村庄旅游环境维护工作，村集体实力与能力都有限，对古村镇资源所有权、管理权认识朦胧，村集体自治管理与公共服务职能仍在转型中。

2. 被动参与和权益觉醒阶段

古村镇旅游发展中期，政府开始大力招商，引入了外部资本推动古村镇遗产旅游开发与经营，借助外部雄厚的资金与先进的市场经营能力，迅速带动了古村镇旅游的快速发展。以宏村为例，经过对政府经营、集体经营模式的多阶段探索后，最终确定了将宏村经营权外包给中坤集团经营，吸引外来企业投资开发宏村旅游资源。该阶段以政府主导、企业投资经营为主，除了个别古村镇成立村办旅游企业自己经营管理景区之外，村集体一般都是被动参与，在政府协调下将古村镇遗产旅游经营权出让给企业，由企业负责保护投资、景区建设、市场推广、收费经营、游客管理等，村集体配合政府和企业做好社区管理与公共服务工作，规范村民经营行为，协调企业与村民矛盾等。此时，村集体作为社区管理者、公共资源所有者的权益开始觉醒，或直接参与经营，或争取较多的经营收益分成，开始认识到村集体经济发展的必要性和参与旅游业发展的利益诉求。

3. 主动参与和能力提升阶段

随着古村镇遗产旅游发展进入成熟期，景区商业化经营的氛围和水平不断提高，本地居民和外来商户都纷纷参与到旅游商业经营中，企业也开始主动进行商业开发，从单一的景区服务开始走向文化旅游商业新空间的建设，旅游景区服务边界被打破，旅游经济向外围扩张，村集体组织的参与意识强烈，村集体经济组织的能力也在不断提升，主动与外部企业合作，以争取村集体经济利益最大化。这一阶段村集体参与遗产旅游经营的方式包括：一是进一步整合集体资源资产，发挥集体企业的经营优势，加强市场合作做好物业经营，做大做强集体经济；二是配合政府与企业，以集体资源入股，参与古村镇旅游综合开发与经营，获取股权收益分工；三是配合企业旅游开发经营，争取政府专项资金，推动古村镇内外基础设施建设与公共服务配套，提高整个古村镇资源价值，获取资源升值收益。

4. 当家作主和发展壮大阶段

随着古村镇遗产旅游发展进入了旅游目的地经济发展阶段，古村镇旅游景区与周边社区发展呈现一体化趋势，企业和外来商户都在不断调整经营策略，古村镇周边地区旅游开发也成为热潮，当地政府按照大景区（全域旅游）建设思路，开始统筹古村镇旅游目的地的经济社会协同发展，优化旅游生产与生活功能布局，加强旅游社区规划与建设、管理，推动社会企业转向旅游项目开发，鼓励国有企业或集体企业以控股、参股方式接手遗产旅游景区经营管理，确保遗产资源保护与景区服务质量。在这个过程中，古村镇内外空间集体与农民所有资源不断被流转、收储与出让，村镇集体经济组织借机得以壮大，资源收储与开发能力不断增强，景区管理与服务能力也在不断提升，村集体在古村镇遗产旅游经营中的主体地位也在不断被认识、被强调、被确立，外部企业以新的方式参与旅游项目开发与经营，集体组织则开始回归主场，立足于旅游社区公共管理与公共服务职能，推动景区社区管理一体化、服务一体化、设施建设一体化，将古村镇社区的旅游空间和生活空间有机融合。

12.2.2 古村镇遗产旅游经营中的"集体"困惑

村集体组织一方面承担着社区公共管理与公共服务职能，提高社区居民生活环境与生活条件；另一方面又承担着集体经济发展的职责，确保集体资产的保值增值，推动居民增收与村镇经济发展。但在古村镇遗产旅游经营过程中，随着集体组织参与旅游开发与经营活动、旅游社区管理的程度不断深入，一些潜在问题也逐渐浮现。

1. 村集体的权利困惑

相关法律规定了农村农民集体所有的资源，包括国家所有由农民集体使用的资源，都由村集体经济组织或村委会代表行使所有权。农村集体经济组织主要实行家庭承包经营为基础、统分结合的双层经营体制。但目前法律未对这一组织的形态、责任形态和法律关系等进行清晰界定。国家政策规定农村所有的土地资产由农村集体经济组织管理，但在多数农村一般都是由村委会代行集体经济组织职能直接管理农业资产。因此，在古村镇遗产旅游经营权上，虽然村委会与农村集体经济组织是两种不同的组织，但是由于历史原因，我国农村大部分地区并未明确区分村委会与农村集体经济组织,村委会代行村集体经济组织职能成为常态[1],村委会实际主导古村镇遗产旅游经营转让事宜,可能会导致村集体所有权虚置,从而影响集体经济组织运行与集体经济发展。

2. 村集体的责任困惑

在古村镇遗产旅游经营的过程中,需要依靠社区人力、物力以及资金来支持村镇环境与公共设施建设,需要村集体组织来做好景区内部居民社会管理工作。虽然企业主导整个景区建设、管理与经营事务,但村集体组织作为社区空间的所有者,负有责任进行社区环境管维与公共设施建设,为社区居民提供公共管理与公共服务的职责,在这个过程中如何与企业进行责任划分,如何发挥村集体本身的职能,与企业合作促进景区社区一体化建设与管理,成为比较重要的命题。但在这个过程中存在分工不明、投入不明、责任不明等问题,也是村集体在遗产旅游参与过程中履行责任的一个难题。同时村集体在上述投入一方面依靠上级政府专项资金支持,另一方面依靠村集体经济发展来分担责任,而集体财务管理、集体经济投资监管历来是农村工作的重点和难点[2],实践过程中可能导致村委会对集体经济组织职能的侵夺,不当监督导致二者职能的混淆,集体经济组织难以承担自己的责任,发挥应有职能。

3. 村集体的利益困惑

村集体作为古村镇资源所有者和社区责任承担者(有一定的投入),对遗产资源保护、景区基础设施与公共设施建设、环境保护与社区公共事务管理均有投入。但由于古村镇旅游经营的利益主体呈现多元化特征,农村集体经济组织的利益客体也呈现出广泛性和多样性的特征,利益客体的界定比较困难,同时农村社区不同利益主体之间存在着错综复杂的关系,从而给协调农村集体经济组织利益带来了一定的困难[3]。从而导致在遗产旅游经营的利益分配中,集体利益往往被低估或者被企业、政府侵占,这是造成村集体利益困惑的主要原因。

4. 村集体的能力困惑

古村镇遗产旅游经营过程中,村集体经济组织依法具有自主经营管理权,但在实践中其组织形态存在一定的缺陷,市场化运营条件与法人资质并不完整,

---

[1] 邢千红. 2021. 浅论村委会与农村集体经济组织职能差异[J]. 新农业,(10):25.
[2] 刘素梅,商颖军,郭晔. 2021. 农村集体财务管理的现状与对策[J]. 农家参谋,(15):93-94.
[3] 吴雄. 2018. 从"见物"到"见人":农村集体经济组织利益协调初探[J]. 四川师范大学学报(社会科学版),45(1):89-97.

在实际经营管理过程中的监督机制、经济运行成果及组织成员权利亟待完善、指引和保护，避免产生"利益集团化"、内外部寻租及集体组织整体疲软等问题[①]。集体组织在参与古村镇遗产旅游经营中的能力有强有弱，受制于村委会领导观念、经营带头人的能力、村民支持、集体氛围等多种因素的影响，也受到当前集体企业发展面临的一些普遍性问题的制约，如果集体组织能力发挥不当，反而阻碍了古村镇遗产保护与旅游经营。

12.2.3 集体组织在遗产旅游经营中的权责利界定

1. 集体组织的所有权界定

1）古村镇社区公共空间所有者与管理者

农村集体组织作为古村镇社区空间的所有者和管理者，承担了经济、政治、文化和治理等方面的功能，主要为组织成员、社区其他成员和各类人才等对象服务，提供与集体资产的经营管理及社区居民的生产生活相关的生产服务、生活服务和公共服务[②]。

2）古村镇集体所有资源、资产的管理者

《中华人民共和国民法典》规定：农民集体所有的不动产和动产，属于本集体成员集体所有；城镇集体所有的不动产和动产，依照法律、行政法规的规定由本集体享有占有、使用、收益和处分的权利。农村集体经济组织或者村民委员会、村民小组应当依照法律、行政法规以及章程、村规民约向本集体成员公布集体财产的状况。集体成员有权查阅、复制相关资料。《中华人民共和国乡村振兴促进法》也肯定了农村集体组织管理集体资产、合理开发集体资源的作用，明确了其代行主体的地位。此外，《中共中央关于农业和农村工作若干重大问题的决定》《中共中央国务院关于加大统筹城乡发展力度进一步夯实农业农村发展基础的若干意见》《中华人民共和国农业法》等均要求集体壮大经济实力，实现集体经济的保值增值，而这一目标的实现则依赖于村集体经济组织对集体资产进行统筹管理。

3）古村镇遗产旅游景区的所有者与管理者

村集体组织有权对农民集体所有的土地、公共空间、生产资料等进行经营管理，古村镇遗产旅游景区作为主要依托集体所有的景观资源和公共空间、公共环

---

① 张春玲，陈璐. 2021. 浅析农村集体经济组织的发展困境及立法方向[J]. 中国集体经济，(33)：14-15.

② 仝志辉，陈淑龙. 2018. 改革开放40年来农村集体经济的变迁和未来发展[J]. 中国农业大学学报（社会科学版），35（6）：15-23.

境、公共文化所构成的社区型旅游区，意味着村集体组织对古村镇遗产旅游景区拥有所有权、管理权，可以依法将古村镇遗产旅游经营权外包，也可以通过成立股份制有限公司的方法与外部资本合作经营，在企业经营过程中，集体组织依然发挥其管理者职能，管理景区社区公共设施、环境卫生等公共事务并协助企业进行社区居民管理。

2. 集体组织的责任及其分担

1）所有者的责任

古村镇遗产旅游开发经营过程中，村集体组织作为旅游景区的所有者，其责任主要有三个方面：一是保障集体成员权益；二是为旅游社区提供公共服务，包括承担生产服务职能，以提高农户自主经营能力；三是协调利益相关者之间的矛盾，特别是在古村镇旅游开发过程中，拥有所有权的村集体可以很好地协商企业与居民、外来商户与居民之间在景区经营与商业经营上的矛盾。特别是，集体组织要维护好古村镇遗产旅游经营秩序，包括旅游开发经营影响到居民的日常生活、侵犯居民的合法权益问题，以及居民在游客当中拉客、宰客、欺客、骗客等扰乱市场行为问题[1]，都需要集体组织协调。

2）责任的承担方式

第一，村集体经济组织通过整合优势资源和社会资本，合理利用集体资源与资产，推动市场化经营，促进旅游产业升级和社区经济综合发展，由此增加农民生产收入与财产性收入，保障农民的财产权。落实国家政策，保障居民的决策权、选举权和被选举权；将集体资产经营状况，收益状况公开化、透明化来保障居民的监督权和知情权。

第二，村集体组织有义务提供公共管理服务（如治安）、公共资源维护（如水电等公共设施）和公共产品（如信息服务、厕所等）[2]，为社区旅游与生活提供公共服务。

第三，村集体组织要积极建立古村镇遗产旅游经营中的多方协商机制，围绕旅游开发经营中的矛盾问题，保障好土地承包权人、经营权人和房屋所有权者在旅游开发过程中的权益，同时也保障好企业与外来商户的契约权益。

3. 村集体的收益与集体经济发展

1）遗产旅游经营的集体收益体现

《中华人民共和国乡村振兴促进法》明确了农村集体经济组织作为集体经济发

---

[1] 邓彦芬. 2020. 山西原生态古村镇开发中的法律保护[J]. 农村经济与科技，31（8）：331-333.
[2] 翁静雨. 2014. 集体经济组织职能研究[J]. 现代妇女（下旬），（6）：141.

展主体的地位，这意味着集体经济组织本身是最典型的集体所有制经济形式，其发展首先是组织自身的发展。古村镇遗产旅游经营有利于促进集体经济发展，提高集体收益：一是提高了集体资源与资产的价值；二是通过经营收益分成补偿提高了集体收益；三是带给当地社区更多的就业机会与商业经营机会，提高了集体成员就业性收入与经营性收入；四是进一步完善了社区公共设施和旅游设施，增加了集体资产存量。

2）集体经济的壮大与发展

农村集体经济是我国农村经济的重要组成部分，壮大农村集体经济是强农业、美农村、富农民的重要举措，是实现共同富裕、实施乡村振兴战略的重要保证。要在古村镇旅游发展壮大和发展集体经济，首先是要对内整合资源与优化配置，农村集体经济组织具有资源共有和利益共享的基本特征，使其有条件凝聚集体成员的价值认同和集体依赖性，强化内部耕地、林地、水面、生态和旅游等资源的优化配置与合作开发，实现个体决策向集体合作、共同参与转变，提升集体资源与资产经营增量效益。其次是对外拓展增强市场要素合作，突破长期封闭的发展状态，通过景区或物业租赁、股份合作、联合经营等方式，积极引入外部资源推动古村镇遗产旅游开发与经营，以大景区建设、旅游目的地经济发展为愿景，突破小景区、小商业思维，不断扩大商业服务边界，提高整个村镇旅游产业价值，进而在做大"蛋糕"中提高分配份额以及获取最大的资产增值、土地增值收益。

12.3　集体组织参与古村镇遗产旅游经营的方式选择

12.3.1　集体组织参与遗产旅游经营的目标

按照集体组织的使命与集体经济发展的要求，集体组织参与遗产旅游经营的过程是利用古村镇集体所有资源，整合外部资源（与外部企业、商户合作）推动遗产旅游开发与经营，以最大化获取集体性经营收益、集体性分配收益、集体性资产增值收益的过程，最终目标是争取实现古村镇遗产旅游价值最大化（做大"蛋糕"），全面提高古村镇遗产旅游社区生产生活价值，提升古村镇旅游目的地发展的综合效应。其具体目标包括：一是集体参与旅游景区经营或者物业资产经营或者具体商业经营所带来的经营性收入增长；二是旅游景区经营权出让或参股合作带来的分配性收入增长；三是旅游景区内外集体资产由旅游商业整体发展带来的增值性收入增长。从而达到壮大集体经济、促进农民增收、实现共同富裕的总体要求。

12.3.2 集体组织参与遗产旅游经营的前提条件

根据第 6 章企业经营模式选择的因素分析,集体组织参与古村镇遗产旅游经营同样也受到集体可利用资产和集体经济组织能力两大方面的制约,由此决定了集体组织参与古村镇遗产旅游经营的最优方式,具体如下。

1. 集体可利用资产(集体资产条件)

集体可利用资产主要包括资源性资产和经营性资产[①]。

资源性资产是指有用途或价值但无法单独生产经营成为可消费性产品的物质与非物质资源。一般来说,集体组织是古村镇集体资源的所有者,除了居民所有的房屋资源外,其他的资源基本上属于集体所有,包括古村镇社区公共资源、公共空间和公共环境等。例如,风格独特的公共建筑、公共景观空间、特色民俗文化、园林绿地等生态环境空间等旅游资源。集体组织可以通过流转或租赁等方式从农民手中获取房屋与宅基地资源等土地资源的承包经营权,但需要一定的成本。

经营性资产是指能够在生产和流通过程中为消费者提供商品服务的资产,包括货币资金、生产用地、可用作商业的物业资产、服务设施设备等。

2. 集体经济组织的能力建设(集体经营能力)

农村集体经济组织经营能力包括景区经营能力、物业管理能力、商业经营能力、商业开发能力等,上述能力建设都要求有足够的人才储备和能力、资金实力和良好的市场经营经验等,在古村镇遗产旅游发展初期,农村人口流失严重,村集体经济组织人、财、物都缺乏,尤其是在经营人才与资金上,所以集体经营能力一直是集体经济组织的弱项,急需外来企业、外来商户、外来专业团队协助。

12.3.3 集体组织参与古村镇遗产旅游经营的方式选择

随着我国农村改革的深入和农村经济的发展变化,农村集体经济组织形式也在不断变化,新中国成立以来,我国农村集体经济组织大致经历了互助组、初级合作社、高级合作社、人民公社、生产队、现代合作社、股份合作制企业等集体经济组织形式。其中,现行的现代合作社主要包括土地合作社(资源整合)与

[①] 张瀚文,陈国生,赵晓军. 2014. 新农村建设背景下衡阳市村级集体经济发展的路径选择[J]. 云南地理环境研究, 26(1):61-66.

生产合作社（生产联合）。股份合作制企业主要包括农村集体企业改造和农村股份合作制企业[①]，前者是对原乡村集体企业进行清产核算和资产评估之后，将企业存量资产分别折算为农村集体股和职工基本股，使企业财产权属明晰化；后者则是一种将社区内集体净资产全部折股量化给社区全体成员，农民实行按股分红与按劳分配相结合的财产制度[②]，两者相互包含，经常难以区分。

根据当前现代农业发展特点和现代农村生产组织方式要求，现行的集体经济组织的经营方式比较多种多样，根据不同的生产领域可以选择不同的方式，主要有股份合作制、项目合作制、承包制和租赁制四种，特点分别如表12.1所示。

表 12.1 现行集体经济组织的经营方式对比分析

形式	特点
股份合作制	股东是集体成员，实行按劳分配和按资分配相结合
项目合作制	借助项目引进外部企业落户和资本投资
承包制	承包集体企业或集体土地进行经营，同时按照合约规定向集体缴纳一定的承包金
租赁制	在不改变财产所有权的前提下，把集体资产（如耕地、矿山等）按照一定条件，有期限地出租给承包者

集体经济组织在选择参与古村镇遗产旅游经营之前要对自身状况、古村镇状况、市场需求状况进行充分了解，因地制宜地选择参与方式才能促进自身发展壮大，实现集体组织经营的目标。为此，根据古村镇遗产旅游经营的特点与条件要求，结合集体经济组织可利用的资源条件和自身经营能力，可以将集体经济组织参与遗产旅游经营的方式划分如下。

1. 股份合作经营方式

如果集体组织可利用的旅游资产比较多，但自身经营能力比较弱，可以将资产入股，吸引外部优势资源一起组建股份制合作企业，由企业负责整个古村镇旅游综合开发经营，包括旅游景区、旅游商业开发与旅游项目经营等，获得最大的开发经营收益股权分红与资产增值收益。该方式下集体经济组织不具体参与企业经营活动，仅仅配合企业做好旅游社区管理与公共服务配套，话语权不足，政府与企业主导性更强。

---

① 冉郑洁. 2007. 新农村建设中的农村集体经济组织形式研究[D]. 西南交通大学硕士学位论文.
② 温铁军. 2005. 三农问题与世纪反思[M]. 上海：生活·读书·新知三联书店：341.

2. 集体自主经营方式

集体经济与集体企业经营能力比较强，在不借助外来力量的情况下集体经济组织以村民股份合作制形式组建集体企业，自主开发与经营古村镇遗产旅游。如果经营性资产占用比较多，可以采取类似袁家村的物业经营模式，重点打造旅游服务场景，吸引外来商户进入经营，获取最大化的物业租金收益和资产增值收益；如果经营性资产占用比较少，可以采取简单的景区服务模式，鼓励村民参与商业经营，同时以有限的经营性资产引导商业服务升级，获取景区旅游服务收益与景区资产增值。

3. 经营权外包方式

如果集体可利用资产比较少，自身经营能力比较弱，可以将旅游景区经营权承包给外部企业，获得经营收益分成或者景区租赁费用。该模式下，集体组织要承担很大的风险，如承包企业经营不善的次生问题，同时承包后集体组织在旅游发展中的作用受到限制，与承包企业的矛盾点增多，在景区社区公共设施建设与公共服务等方面责权利不清，缺乏景区商业经营控制，不利于集体经济的发展。

综上所述，集体经济组织参与古村镇遗产旅游经营的方式选择及其角色、作用、效益及风险如图12.2所示。不管是哪种模式，集体组织所承担的社区公共管理与公共服务职能都没有改变，只是随着社区重组与扩张而面临更大的挑战；但集体经济组织的收益渠道、收益大小与资产存量增值效应、资产增量等是不同的。

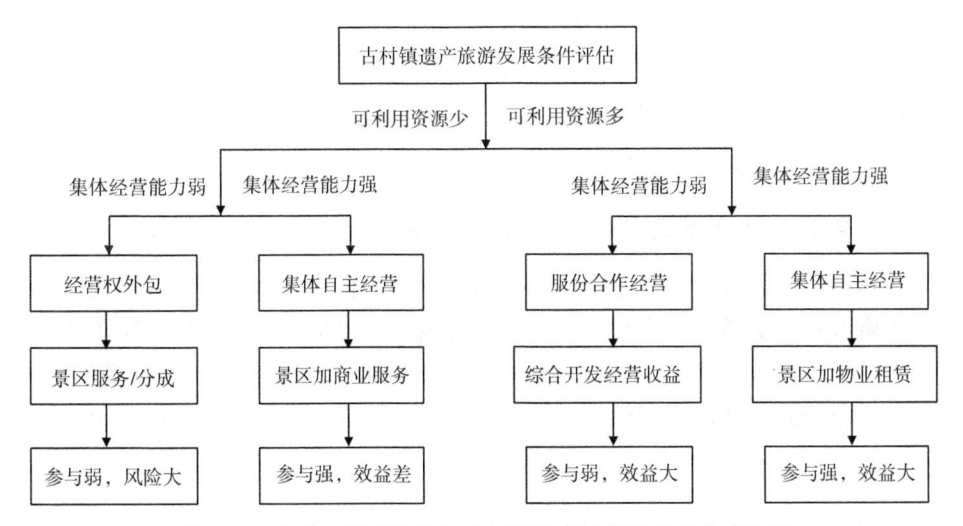

图12.2 集体经济组织参与古村镇遗产旅游经营的方式选择

12.4　关于古村镇遗产旅游经营集体作用的进一步探讨

自党的十九大报告提出乡村振兴战略以来，国家围绕"产业兴旺、生态宜居、乡风文明、治理有效、生活富裕"的总要求[①]，对乡村建设与投入都达到前所未有的高度。古村镇作为乡村振兴中的重要阵地，在保护农业文化遗产和非物质文化遗产、传承和发展中华优秀传统文化等方面具有核心地位，是乡村旅游、乡村手工业、乡村文化产业发展的重要领地。集体经济组织的成长和壮大是实现乡村振兴的必由之路，各级人民政府应当引导和支持农村集体经济组织发挥依法管理集体资产、合理开发集体资源、服务集体成员等方面的作用，这也是古村镇遗产旅游发展与古村镇所在地区乡村振兴的重要途径与原则，是坚持农民主体地位、促进农民增收、繁荣乡村文化、营造美好生活环境、实现遗产旅游可持续发展、维护农民根本利益的重要保障。

1. 权利回归与集体所有化

随着村集体成员意识、集体资源产权意识的觉醒和农村集体经济组织的发展壮大，集体组织对古村镇资源的所有者权益要求会越来越明显，对古村镇遗产旅游的资产认识越来越清晰，对古村镇遗产保护与社区可持续发展负有越来越大的责任。因此，古村镇遗产要体现所有权回归，遗产旅游要体现社区回归，遗产旅游经营更要体现集体权利回归。古村镇遗产资源要确立集体所有、集体优先收储、集体决策使用的核心理念与机制，要加强集体收储与资产化转变能力，要建立循序渐进、合理、合法、长期收储机制，而不是私有化，更不能推到市场上一转让了事，如全权外包给外来商户进行经营，要真正地让古村镇归村归民归社会所有，要让古村镇在集体所有化中永远成为人类的精神家园和社会重要遗产，而不是成为某一企业或某一利益集团的私属领地或者赚钱乐园，这是中国农村制度带来的优势，也是中国社会发展的必然要求。

2. 集体化所有下的"三权分置"机制

集体所有并不等于集体经营，集体所有保障了古村镇遗产资源的产权归属，理顺了资源权属关系，为古村镇遗产旅游经营提供了最佳条件，但受制于集体经济组织的能力约束，跟国有资产治理一样，集体组织充当着集体资产管理的角色，但需要靠市场企业才能实现最佳经营效益，所以要建立古村镇遗产资源所有权、

[①] 习近平：决胜全面建成小康社会　夺取新时代中国特色社会主义伟大胜利——在中国共产党第十九次全国代表大会上的报告，http://www.gov.cn/zhuanti/2017-10/27/content_5234876.htm. [2017-10-27]。

管理权与经营权"三权分置"机制，所有权归集体组织，确保集体组织的所有人权益，组建与委托集体经济组织进行资产管理与经营；管理权归集体经济组织，负责古村镇资源与环境保护、基础设施与公共服务投入与管理，以确保古村镇整体与具体物业资产保值增值；经营权按照市场化最优选择或者特许经营权竞拍方式，交给国有企业、集体企业、民营企业或者混合所有制企业来竞争选择，由获取经营权企业选择最佳的经营模式进行开发经营，以确保古村镇遗产旅游经营效益最大化。只有经营效益最大化，才能让资产收益最大化，才能真正地保证所有人权益。

3. 集体资产化经营选择与集体经济的成长逻辑

对于集体组织来说，推进古村镇遗产旅游市场化经营的关键是推动资产化经营，将资源变资产、将资金变股金、将村民变股民，以获得最大的资产经营效益。为此，一是做好古村镇遗产旅游资源盘点工作，全面进行经营性资产、资源性资产的清产核资，摸清古村镇集体经济资产的家底，对经营性资产、非经营性资产进行分类统计。二是推动资产化入股，包括资源资产化（将古村镇内外集体土地、林地、水域和闲置的房屋、设施等资源的合法使用权量化入股），推动资金变股金（将各级各部门投入到古村镇遗产保护与环境整治、基础设施与公共设施建设等扶持类财政资金量化入股），推动农民变股民［鼓励农民自愿以土地承包经营权、林木所有权、住宅财产权（包括宅基地使用权）进行评估折价后投资入股］，从而壮大集体存量资产。三是加强集体资产经营，搭建古村镇旅游综合服务与管理平台（平台化运行），营造旅游投资经营环境，选择优化市场合作商，全面提高集体资产综合经营效益，促进存量资产增值，并不断做大资产增量。由此构成了古村镇遗产旅游发展中集体经济发展壮大的主要路径（图12.3）。

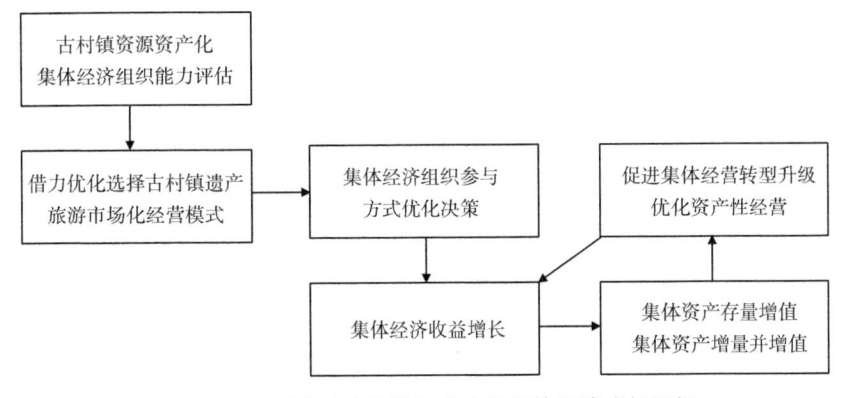

图12.3 古村镇遗产旅游经营中的集体经济成长逻辑

当然，在实施"集体所有化""三权分置""资产化经营"的同时要加强政府管制，只有政府支持才能推动集体所有化，只有政府许可才能推进市场化经营选择，只有政府主导才能实现从小社区到大社区、从小景区到大景区、从景区经营到旅游目的地经营的升级转变，产生更大的社会经济文化环境发展综合效益。所以古村镇遗产资源集体所有化是基础，"三权分置"下的市场化经营是核心，政府全程管制是保障。古村镇整个地区的协同发展归当地政府统筹规划与管理，所有旅游开发经营行为都接受当地政府监督管理。

第13章 政府对古村镇遗产旅游经营的管制研究

13.1 政府对古村镇遗产旅游经营的管制过程

自20世纪80年代以来，古村镇遗产旅游发展经历了若干阶段，从起初政府与社区主导景点景区经营，到外部资本介入景区整体经营，到内外商户介入商业聚落经营，再到专业旅游投资商介入旅游目的地项目经营，众多企业与商户在其中扮演着经营主角，引领着古村镇旅游景区与旅游目的地发展。与之相对应的，政府对古村镇遗产旅游经营从经营引导到招商引导到管理引导再到规划引导，经历了从引导性管制到放松性管制，再到加强性管制的过程。在政府管制的演变过程中，各阶段政府管制的背景、目标和方式都是不同的。

13.1.1 引导性管制阶段

从20世纪80年代中后期到20世纪末，伴随着观光旅游到大众旅游发展，古村镇独特的文化景观与乡村环境吸引着游客前往参观游览，进入了观光景点景区开发阶段，各地政府对古村镇遗产旅游发展主要施行引导性管制。这一时期，古村镇遗产旅游以观光游览为主，古村镇被开发、打包成各类旅游景点景区；旅游开发的主体有当地政府（如宏村遗产旅游发展初期承志堂景点由黟县旅游局负责管理），也有古村镇社区（如西递遗产旅游发展初期由村集体开发）。该阶段以政府或社区引导性旅游开发为主，以景点或景区收费为主，外来资本还未介入投资，外来商户也没进入景区经营，古村镇内的商业活动主要由当地村民售卖土特产、提供简单食宿构成。这一时期，古村镇遗产旅游产品大多为文物展陈、景观游览，形式单一。在引导性管制阶段，政府管制的目标以古村镇遗产保护为主，主要是防止古建筑破坏、配套基础道路建设等，资金投入非常有限，尝试进行招商引资。

以宏村为例，宏村自1986年开始发展旅游业，最开始由黟县旅游局收购承志堂并派遣专员负责独立经营与监督管理，属于公办景点。1996年，宏村所在的际联镇政府接手宏村景区经营，为了规范景区经营管理，特别成立了宏村旅游开发公司，尝试开展一些景区运营工作，推进宏村旅游发展一段时间后，稍有起色。然而，当地村民逐渐意识到旅游带来的好处，动起了收回经营权的心思，在多次与际联镇政府进行沟通交涉后，1997年际联镇政府将景区以承包经营的方式交由宏村村委会负责，为此宏村村委会成立了黟县宏村旅游服务有限公司负责景区经营，聘请了一位返乡人员进行管理，此时政府已不再掌握经营权，将重心放在了日常管理事务上，景区经营由村办企业负责。但是由于宏村旅游景点单一，缺乏市场推广，游客量不大，效益并不突出。当地政府当时主要对入村重要道路进行翻修和建设，对宏村环境进行稍微整治，加强古村镇文化遗产保护。

13.1.2 放松性管制阶段

从20世纪末到21世纪初期，随着我国经济发展与人民收入水平的提高，大众旅游时代来临，地方政府发展旅游业带动当地经济发展的意愿强烈，古村镇遗产旅游发展也进入了快车道，迫切需要引入外部资本进行较大规模旅游开发，加快建设一批旅游接待服务设施，进一步丰富旅游商业服务供给，各地政府随之进入了放松性管制阶段。在引导性管制阶段政府和社区投入有限，景点景区建设投入不足，旅游服务设施水平低下，旅游服务形式单一，导致游客接待规模有限、停留时间短、消费水平低，古村镇旅游开发效益不高。因此，在经历前期经营困难之后，地方政府加强政策引导，积极引入外部资本投资古村镇遗产旅游经营，以实现大规模、高水平、专业化经营。同时，伴随景区投资开发，餐饮、住宿、购物等行业中小商户也大量涌入古村镇旅游景区，此时政府以招商引资、鼓励商业经营为主，优先保证景区服务供给。所以，这一阶段政府管制的目标主要是促进古村镇遗产旅游经营，鼓励外部资本参与古村镇旅游景区投资及经营，鼓励社会资本参与古村镇景区餐饮、住宿、购物等商业经营，同时鼓励社区居民参与旅游服务经营。同时以宏村为例，1998年黟县政府通过北京招商推介会，引入中坤集团投资开发宏村旅游，与中坤集团签署30年旅游经营权租赁合同，由其子公司京黟旅游公司全权负责宏村景区日常经营活动，政府主要负责前期基础设施建设以及遗产保护。由此宏村遗产旅游发展在资金投入、景区建设、团队管理、市场营销等方面都实现战略性突破，推动宏村旅游业快速走出困局，走向繁荣。同年，黟县颁布出台了相关管理办法，并成立申请世界遗产办公室，推进西递、宏村申遗工作，加强遗产保护助推旅游发展。期间，黟县政府和宏村镇政府对景区内外环境进行了整治，对一些重要的道路及其沿线景观、建筑外表进行修缮,对整个遗产地环境进行优化。2000年,宏村申遗成功。自此,宏村遗产旅游的良好前景吸引了众多的本地居民和外来商户在景区内开店经商。为了更好地引导旅游商品购物点经营,2008年,宏村镇政府在南湖旁边空间规划了一个有着 230 个摊位的手工艺市场,以此规范商摊经营。此外,由政府牵头,村委会组织成立了宏村乡村客栈联盟,商户之间通过平台相互交流与分享客源,以此鼓励并规范民宿商户经营。

13.1.3 加强性管制阶段

21 世纪初至今,游客对深度体验与休闲度假的需求越来越强烈,市场需求不断升级,倒逼旅游业发展进入了优质旅游时代,传统性业态、粗放式经营、门票经济发展方式逐步被新兴业态、精细化经营、旅游目的地经济发展方式取代,过去放松性管制阶段下古村镇旅游商业快速发展带来了巨大的经济效益,但也造成了同质化、过度商业化与原真性丧失、环境污染等一系列问题。反过来促使政府开始加强对古村镇遗产旅游经营的管制。这一时期,古村镇遗产旅游更加强调高质量发展,强调旅游目的地建设,强调如何满足人民对美好生活的向往。因此,政府在新时代加强管制的目标是加强规划与市场监管,实现古村镇文化旅游高质量发展,促进社会利益最大化,实现古村镇遗产旅游可持续发展。为此,各地政府都普遍加强古村镇旅游规划控制,加强法律法规建设,加大财政转移支付,进一步建设基础设施并完善公共服务的提供,同时加强对居民生产生活、商户经营行为的有效控制,对古村镇遗产旅游经营企业实施国有化重组或加强经营管控。

以宏村为例,近年来黟县政府出台了一系列政府文件和管理办法,不断规范古村镇遗产旅游的发展,涉及食品安全、古建筑修缮维护、民宿业发展等方面(表13.1)。为保护古村整体风貌,黟县政府开始对村内住宅与商业建筑进行了严格控制,在古民居修缮方面出台了严格的审批流程。笔者团队在调研中发现,对于涉及古建筑保护的居民商户装修需求,政府一直严格贯彻着原先对古民居修缮所设定的审批流程,"修缮的话,这块也有,我们这块得经过镇里审批,要经过村民报申请,村里再传向镇政府,因为我们是世界文化遗产,要世界遗产办,很多部门,九个部门,才能审批,环保、消防、派出所、联防队要参与进来"(商户访谈 01),并根据实际情况进行资金补贴,且在修缮过程中定期检查,"修的时候会审批,定期检查,镇里会派人"(居民访谈 01),以达到遗产保护的目的。同时提高商户经营门槛,加强商户经营行为规范管理,政府负责经营许可证等资格的审查以及对某些产品的价格界定合理的范围。

表 13.1　黟县政府近些年颁发的相关规范性文件

发布日期	标题	发文字号
2015年8月14日	黟县人民政府关于加强政府性资金引导促进重点产业发展的意见（试行）	黟政秘〔2015〕22号
2017年1月26日	关于印发黟县旅游管理相对集中行政处罚权暂行办法的通知	政办〔2017〕5号
2017年4月13日	关于印发黟县西递宏村遗产核心保护区房屋维护修缮管理暂行办法的通知	黟政〔2017〕26号
2019年3月4日	黟县人民政府办公室关于印发促进黟县民宿业健康发展的实施办法（试行）的通知	政办〔2019〕3号
2019年3月22日	关于印发黟县写生、研学学生集体聚餐食品安全管理办法（试行）的通知	政办〔2019〕6号
2019年11月12日	关于印发黟县促进服务业发展专项资金奖励办法（2021年修订版）的通知	
2021年6月8日	黟县"五黑"农业特色产业扶持政策（2020年修订版）	政办〔2021〕5号
2020年7月22日	黟县人民政府办公室关于印发黟县农村宅基地审批管理实施方案（试行）的通知	政办〔2020〕7号

此外，当地政府通过争取上级专项资金、设立文物保护基金等方式，累计投入文化遗产保护资金达到数亿元，强化政府在公共资源与公共环境上的主导角色。为了更好地促进宏村旅游目的地建设，加强对宏村遗产旅游与景区内外环境的管控，2017年政府下属黟县徽黄旅游发展（集团）有限公司开始尝试控制宏村旅游经营权，2019年2月正式开始进入京黟旅游公司重组谈判，黟县徽黄旅游发展（集团）有限公司经过1年多的协商、债权方沟通和谈判，财务审计、法律尽调、价值评估、风险评估，2020年6月30日，黟县徽黄旅游发展（集团）有限公司以股权重组的方式正式控股京黟旅游公司，代表政府重新掌握了宏村遗产旅游经营的主导权。

综上所述，针对古村镇遗产旅游发展的阶段要求及其产生的一系列问题，政府对古村镇遗产旅游经营也经历了不同的阶段，各阶段管制目标与重点内容如图13.1所示。

```
观光旅游景区发展阶段 → 引导性管制阶段 → 古村镇遗产保护
```

门票经济、形式单一
规模小、消费低、短停留

防止古建筑破坏，配套基础道路建设；资金投入非常有限，尝试进行招商引资

```
商业化休闲与度假阶段 → 放松性管制阶段 → 鼓励各方参与，促进古村镇遗产旅游经营
```

同质化、过度商业化
原真性丧失、环境污染等

鼓励外部资本参与景区投资与经营；鼓励社会资本参与餐饮、住宿等商业经营；鼓励社区居民参与旅游服务经营

```
文化体验与美好生活阶段 → 加强性管制阶段 → 加强规划与市场监管，实现高质量发展及社会利益最大化
```

加强规划控制、法律法规建设、财政转移支付；建设基础设施并完善公共服务；对居民、商户行为进行有效控制；实施国有化重组或加强经营管控

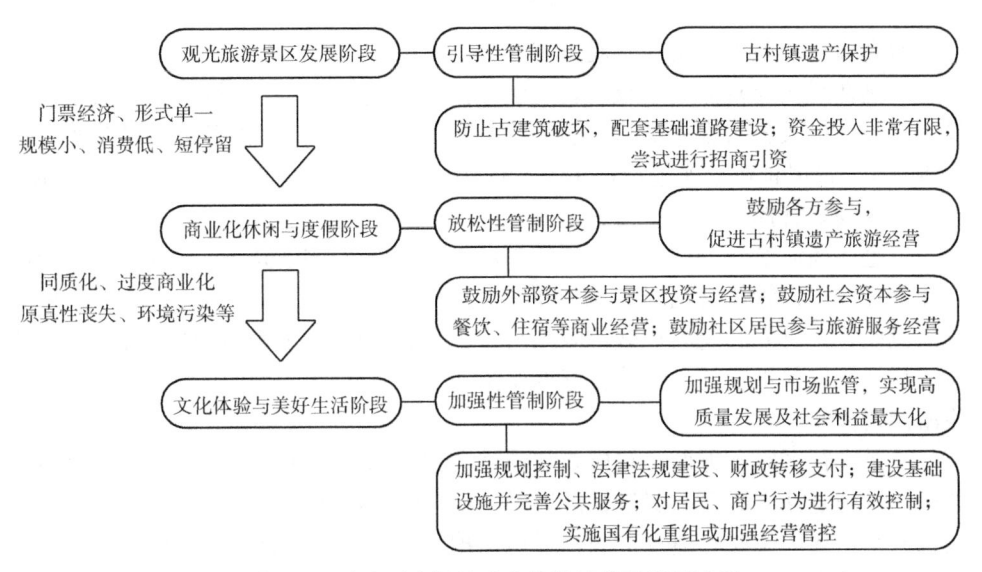

图 13.1 政府对古村镇遗产旅游经营的管制过程

13.2 政府管制的目标凝聚与能力演进

13.2.1 政府管制的目标凝聚

1. 总体目标：社会总体利益的提升与可持续发展

古村镇遗产旅游经营不仅仅是一种旅游经济活动，更是一种社会公共管理与公益事业。从引导性管制阶段的保护，到放松性管制阶段的开发，再到加强性管制阶段的持续发展，政府对古村镇遗产旅游经营管制的总体目标不断地进行调整与完善。政府一方面要促成旅游企业实施可持续发展经营战略、商户合法有序地开展经营活动，另一方面又要有效保障包括游客在内的社会公众利益和社区居民的利益，做好遗产保护与旅游可持续发展。因此，政府管制围绕总体目标——社会总体利益的提升和古村镇遗产旅游的可持续发展，在不断改进中实现帕累托最优，以期更好地促进旅游目的地经济社会文化生态高质量发展。

2. 具体目标：在提高社会总体利益中实现相关主体利益的平衡增长

政府需要发挥引导、协调、扶持和约束等公共管理职能，将古村镇遗产旅游发展的利益相关者的责任、权利、利益界定清晰。通过政府管制，通过科学规划、政策设计、管理体制、经营机制和利益分配，充分挖掘企业、商户、居民的利益平衡点，从而整合各个主体力量，共同做大古村镇遗产旅游价值，推动古村镇遗

产旅游高质量发展中,实现共同富裕。

一是在景区经营方面,政府要立法保护古村镇遗产文化资源,加强景区公共设施投入,加大公共服务供给,引导旅游景区经营企业全面提升景区经营效率与管理水平,督促企业落实遗产保护与景区环境管维责任,加强景区门票收费管制,加强景区规划管控。

二是在商业经营方面,政府要加强商业经营许可制度建设、联合审批与行业自律管理,严格管控古民居交易与商业性利用中的修缮、改造行为,加强商户服务质量监管,研究制定商户减污政策与排污收费制度,引导旅游商户合法有序经营,加强环境保护责任,营造良好的旅游商业服务氛围,提供游客安全、舒适的旅游消费体验。

三是在社区服务方面,政府要加强社会性管制,加强旅游社区规划,引导新社区建设与老社区更新,促进社区居民生活分流与有序参与商业经营,制定相关政策鼓励引导居民参与遗产资源与环境保护,增加居民就业机会,增强社区居民在遗产旅游发展中的归属感、获得感和幸福感。

四是在旅游目的地建设方面,政府要加强景区内外旅游资源统筹管理,加大对景区周边土地管控,加强旅游目的地规划引导,制定招商引资政策统筹旅游项目选择,合理推动景区周边旅游商业开发行为,谨慎控制古村镇周围环境建设,加强区域旅游基础设施建设与公共服务设施投入,协调好遗产旅游目的地发展带来的大社区和大景区管理问题。

其中,政府在管制过程中与景区经营、商业经营主体和当地民居的关系如图 13.2 和图 13.3 所示[①]。

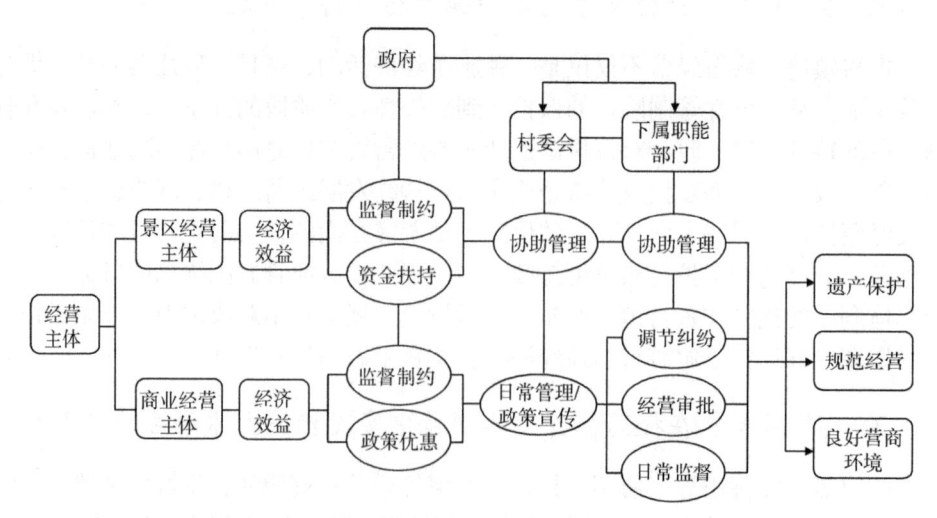

图 13.2 政府在管制过程中与景区、商业经营主体之间的关系梳理

---

① 刘丹. 2021. 古村镇遗产旅游经营的政府干预模式研究——以宏村西递为例[D]. 华东师范大学硕士学位论文.

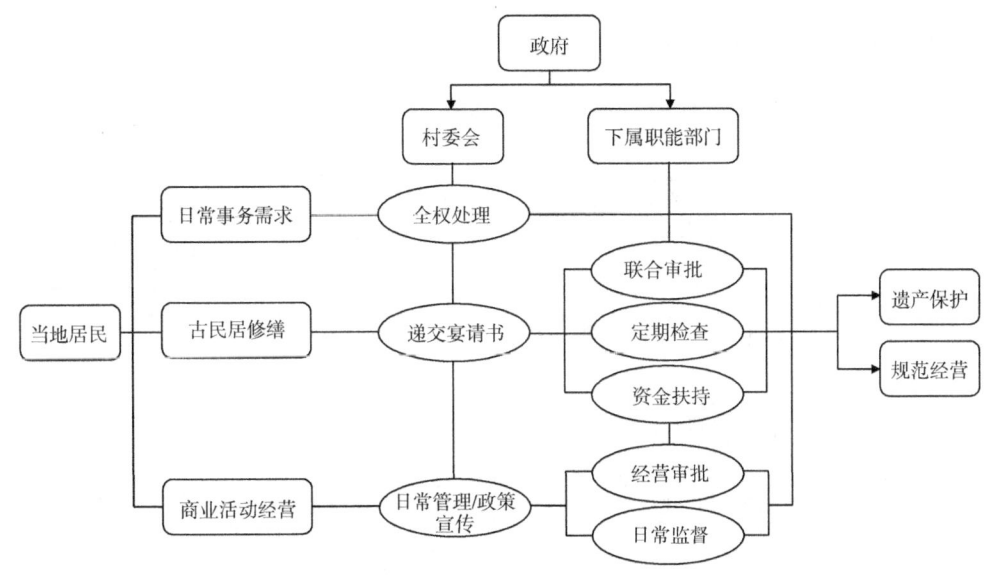

图 13.3 政府在管制过程中与当地居民之间的关系梳理

13.2.2 政府管制的组织建设与能力演进

1. 政府管制的组织建设

国家与省区市政府出台的相关法律法规、政策制度及相关财政资金的投入等最终都需要、依靠古村镇所在地方政府具体实施，而当地政府的组织建设与能力决定了政府管制的效率与效果。古村镇遗产旅游政府管制的组织建设是在遗产旅游发展过程中不断完善的，一般是由县级政府主导组建，包括县政府下属部门、乡镇政府在内的管制组织体系，也包括村委会和地方国有企业在内的政府外部组织。以黟县西递、宏村古村落遗产旅游管制组织建设为例，可以看到整个组织体系的构成（图13.4）。

一是在县级政府组织层面，由黟县人民政府领导西递、宏村世界文化遗产的保护工作，负责制订古村落保护规划与计划，并组织实施。①县政府设立文化遗产保护基金，对古民居的保护与维修给予适当补助。②相关县级部门对古村镇遗产旅游经营进行监督管理，包括文物、规划、消防、建设、土地管理、公安等部门（各个部门主要职责如表13.2所示）。③由县政府有关职能部门、镇政府和旅游企业、村委会组成黟县西递、宏村世界文化遗产保护管理委员会（具体职责如表13.3所示），由县政府主要负责人担任管委会主任，负责西递、宏村世界文化遗产保护管理工作，协调遗产保护管理工作中的重大事项。因为古村镇遗产旅游涉及的政府部门和利益主体众多，管理委员会可以有效协调处理各个政府部门以及各个利益主体之间的矛盾。

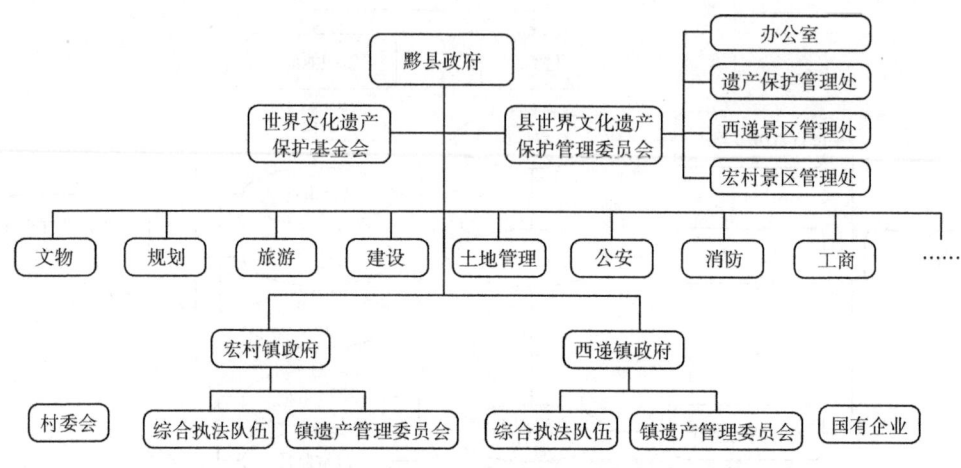

图 13.4 黟县西递、宏村古村镇遗产旅游政府管制组织结构体系

表 13.2 古村镇遗产保护和管理中县级政府部门的职责权限

县级政府部门	职责权限
文物部门	负责对区域内古建筑保护利用实施监督管理 古民居改作其他用途或变更所有者、使用者，须经县文物部门批准 古建筑施工资质，须经县文物行政主管部门批准
规划部门	古村落内建设、维修等需报县规划领导小组
消防部门	西递、宏村古村落内必须按照消防部门规定，安装消防设施
建设部门	建设用地规划许可；建设工程规划许可；古建筑施工资质管理
土地管理部门	建设时办理用地手续；国有土地或集体土地使用权证
公安部门	暂住人口和常住人口登记治理；打击买卖古民居文物的非法行为

资料来源：根据《关于印发黟县西递、宏村世界文化遗产保护管理办法实施细则（暂行）的通知》整理

表 13.3 黟县西递、宏村世界遗产管理委员会下设部门及其职责范围

部门	职责范围
办公室	为委员会的日常办事机构 执行委员会的决议，负责资源的档案建立和管理、财务统计、行政接待、后勤服务等工作
遗产保护管理处	负责编制遗产地的总体规划和详细规划，遗产区外新区开发规划，并监督实施 依法对全县旅游资源及地面、地下文物进行保护管理 对遗产地的古民居、古祠堂、房屋拆建和新建及新区建设方案进行审核把关

续表

部门	职责范围
西递景区管理处、宏村景区管理处	负责本区域内遗产资源的保护管理 古民居、古祠堂修缮,居民住房拆建方案的勘察、设计和审核上报 组织实施新区开发规划 负责景区内精神文明建设。旅游购物市场的设定、摊点管理;旅游市场、旅游秩序及社会治安的综合治理工作

资料来源:根据《关于印发黟县西递、宏村世界文化遗产保护管理办法实施细则(暂行)的通知》整理

二是在镇政府组织层面,西递、宏村两地镇政府将古村落保护任务纳入行政领导责任制,负责古村落的保护与管理工作。①镇政府成立集规划、文物、土地、旅游等管理职能于一体的综合性管理机构,即镇遗产管理委员会,如宏村镇和西递镇分别设立了镇遗产管理委员会。②镇政府设立综合性执法队伍,执法队伍受县各职能部门委托负责对本区域内的房屋、建筑、文物、土地、消防、环卫等管理工作实施监督。

三是对于村委会而言,村委会虽然不属于政府内部组织,但是作为古村落集体组织代表,是集体资源所有者和居民利益代表,是政府管制可以借助的基层组织力量。村委会一方面向当地居民和商户传达政府相关政策,另一方面协助政府部门落实相关公共服务与管理事务,如协助公安部门进行人口管理等。

四是对于地方国有企业而言,地方国有企业能够代表政府直接控制古村镇遗产旅游经营相关事务,进而提高政府管制的效率和效益。例如,黟县徽黄旅游发展(集团)有限公司不仅经营和管理西递、宏村、屏山等古村落,还负责黟县全域旅游投资运营,包括县旅游资源整合开发、大景区建设提升、县域旅游品牌宣传推广、新型旅游业态引领投资、旅游公共产品供给以及旅游对外合作、融资平台搭建等任务。

2. 政府管制的能力演进

随着古村镇遗产旅游的发展,遗产旅游经营错综复杂,各个利益主体之间也常常会产生矛盾和冲突,政府需要根据遗产旅游经营变化不断完善自身的干预机制。伴随着法治建设不断完善、财政约束不断放宽、国有企业不断壮大,政府的管制能力也在不断地演进。

首先,当地政府的政策调控能力不断增强。在政府出台的有关古村镇的规范性文件中,规范的领域变得更加广泛,且规范内容更加具体。根据当下市场中存在的问题或者基于鼓励引导发展的目标,当地政府出台颁布了一系列针对性的管制性政策、法规,对相应领域进行具体性的指导与规范管理。以宏村、西递所在

的黟县为例，黟县政府近年来颁布出台的文件涵盖了食品安全、古建筑维护修缮、民宿业发展、宅基地审批等领域，对古村镇遗产旅游经营行为与环境实行了有效管制。

其次，央地财政转移与扶持资金不断增多。例如，黟县政府一方面积极争取国家文物保护资金、省政府专项保护资金，近年来获得历史文化名城名镇保护设施建设资金715万元、宏村古建筑消防系统建设专项资金3348万元、省世界遗产地保护专项资金285万元，用于基础设施建设、古建筑消防安全、古建筑维护修缮、环境污染治理等。另一方面，黟县每年从旅游企业门票收入中征收20%文物保护资金，加上县、镇、村三级投入和个人自筹资金，已经筹资数亿元投入古民居保护中。

最后，政府控制的地方国有企业大幅增强。以黟县徽黄旅游发展（集团）有限公司为例，其作为黟县旅游委员会下属事业单位于2008年成立，注册资本50万元，一开始只负责经营打鼓岭景区。经过不断发展和整合，到2020年，徽黄旅游发展（集团）有限公司已经是下辖9个全资子公司、2个控股公司的大型旅游企业，经营包括西递和宏村在内的多个景区景点，业务范围包括旅游景点开发经营、旅游配套设施建设经营和旅游咨询服务。

13.3 当前政府管制的重点领域与方式选择

13.3.1 旅游景区经营管制

1. 景区门票收费与门票经济管理

古村镇旅游景区经营既涉及公共资源、公共环境、公共空间的利用，也涉及古民居等私有建筑景观资源的利用，更涉及商户经营与服务吸引力的贡献，不可避免地导致景区门票收费的合理性问题（政府财政资金投入与公共服务投入如何体现社会公益性）、门票收入的分配问题（居民利益如何保障，分配比例的依据是什么）以及门票收费与商业经营的冲突问题（商户利益如何协调，如何收费才具有科学性），政府需要在景区门票收费的方式以及价格上进行管制，同时配合旅游目的地发展，研究如何突破门票经济的约束，政府也需要通过公共投入的方式，加强景区公共产品供给，以降低对景区门票的依赖。

2. 社区公共空间使用管理

古村镇内各类广场、街巷、绿地公园等公共空间往往归属集体所有，企业、居民与商户都可以使用，由此带来了公地悲剧问题。这些公共景观空间、游览空间、休闲空间、文化空间通过合理的利用都有助于延长游客的停留时间，促进游客与当地居民之间的交流，但也存在企业、居民和商户对公共空间的过度使用行为，对古村落的游览环境产生负面影响，加上投入管理责任主体不明确等问题产生公地悲剧现象。例如，宏村内的公共游览空间月沼，由于许多居民和商户在湖畔洗涤衣物、清洗器具而受到污染，湖畔空间也因村民晾晒衣服和干物而显得混杂。又如，宏村景区内的商户、村民将机动车或非机动车随意停放在公共区域内，破坏了整体旅游环境。因此，加强公共空间使用管理也是政府管制的内容之一。

3. 旅游公共服务设施投入与管维责权利界定

旅游公共服务设施是由企业投入还是政府或社区投入，作为准公共产品，在投入与维护的责权利上界定不清，导致一些旅游公共服务设施建设水平不高，后期管理维护不继，直接损害了社会公众利益。以宏村为例，截至2021年，除了主入口售票处设置有旅游厕所外，宏村内只有两个旅游厕所，且厕所内环境较恶劣。宏村内公共空间也缺乏桌椅、长凳等休憩设施，难以满足涌入村庄的大量游客与居民的休憩需求。当前，古村镇的旅游公共服务设施的投资建设资金来源比较多元，既有县、镇政府的专项资金，又有景区旅游公司的资金投入。这些旅游公共服务设施需要政府和企业协商好各自的责权利，需要政企共同参与建设与管理，政府要做好公共设施规划与土地合法性审批、供给，处理好这些公共资产的归属和处置问题、后期管维与投入问题，保持公共服务供给持续稳定。

4. 景区和社区基础设施投入与管维保障

旅游发展导致古村镇日常人口承载量过高，基础设施建设往往跟不上古村镇保护和旅游商业发展需要。以宏村为例，宏村道路设施虽比以前有了很大改善，但是达不到世界文化遗产地的设施保护要求，为满足商户助动车使用而破坏严重。同时宏村污水处理能力也存在不足，少数餐饮商户甚至直接将废水排入水圳，导致宏村水系的水质不断下降。此外，宏村村内电力线路老化严重，存在着较大的安全隐患。因此，如何在满足居民商户现代化生产生活的需要，又按照遗产地原真性保护的要求，改造提升好村镇内部道路系统、村镇污水处理和排水系统、电信管网设施等，需要政府加强古村镇基础设施专项资金投入，完善基础设施建设、管维引导机制，与社区、企业一起做好管理维护工作。

5. 景区和社区环境卫生管维机制创新

古村镇环境卫生的管理和维护也是遗产旅游发展过程中的一大突出问题。以宏村为例，村内非主游线垃圾箱配置不足，居民商户垃圾收集与分类管理不足、公共厕所配置不足，存在乱丢垃圾、小巷道无人清扫、厕所脏乱等情况；村委会和旅游公司各自成立了卫生清洁队伍，导致景区与社区环境卫生存在多头管理、日常清洁维护责任不清等问题。在景区与社区环境卫生方面，政府管制的重点在于协调好当地社区和景区之间的责任划分，加强联合供给、服务外包与权责利一体化引导。例如，西递的卫生管理就是由村委会和黄山市黟县西递旅游服务公司联合成立卫生保洁队伍，两者按比例共同承担卫生清洁费用。

13.3.2 民房与商业经营管制

1. 私有和文物危房维修管理

古村镇一些古民居日久失修，已经影响建筑安全和正常使用，成为急需修缮的危房。这些建筑往往破损较多，梁柱部分腐朽，局部屋顶出现坍塌，雨天渗漏严重，甚至出现墙体下沉、开裂的情况。以宏村为例，据统计，这类危房占到了文物总数的 7.4%。宏村古建筑中危房的存在，既有自然原因，也有人为原因。一是江南地区的风雨侵蚀加速了木结构建筑的朽坏；二是木制建筑中常常存在白蚁等生物危害；三是老建筑常年无人居住或是房屋产权存在纠纷，因而长期没有得到维护，导致古建筑出现了损毁。由于年代久远，有些古建筑形成了复杂的产权关系，两户乃至多户共同拥有一栋古建筑，有许多古建筑因为利益分配纠纷而关闭废弃。此外，古建筑的修缮维护需要有资质的专业队伍维修，修缮所需的资金量大而个人难以承担，这也是古建筑维修中的现实问题。因此，政府要加强古建筑修缮的申报审批、加大古建筑维修资金补助、加强房屋收储与出台房屋认领、管护政策等。

以宏村为例，《关于印发黟县西递、宏村世界文化遗产保护管理办法实施细则（暂行）的通知》明确规定："凡在保护区内、建设控制区域内申请重建、新建、修理和改、扩建房者（单位或个人）必须严格按照规定申请办理审批建设手续。"对于古建筑濒临倒塌而居民无力承担修缮费用的情况，政府可以提供适当的资金补助；对于多人共有产权的古民居，采取协商的方式进一步落实其保护责任；而对于由于人口流动而出售房屋的情况，村委会可利用文物保护基金，采用适当的方式协议收购其使用权，并加强管理和修缮。

2. 民房因生活或商业用途改造管理

古村镇许多民居，因为现代生活的需要或是商业经营的需要，存在着内外部改造的迫切要求，但也容易产生过度翻修、破坏文物、乱搭乱建等问题，造成与整体环境不协调，存在破坏性改建倾向。以宏村为例，宏村古建筑大多幽暗封闭，老房子内的居民希望改善采光、通风等居住条件，增加现代化的卫生间、阳光房等，而这容易造成结构与风貌破坏。此外，随着宏村旅游业的繁荣发展，许多老建筑被改造为民宿客栈，在建筑修缮过程中出现了违章加盖的现象。据调查，从2011年到2020年，宏村内33%的建筑进行了改建，其中3%的建筑存在违规加建的情况。因此，民房改造的审批、监管和检查也是政府管制的重点之一。

以宏村为例，2017年，黟县政府出台了《关于印发黟县西递宏村遗产核心保护区房屋维护修缮管理暂行办法的通知》，为遗产核心保护区房屋维护修缮确定了明确的申请和审批流程。具体来说，使用人提出维护修缮申请，报村委会初审；宏村镇政府对村委会上报的申请材料进行核查；接着，县遗产管理部门会同县规划管理部门深入实地进行勘察，商定是否同意修缮；若同意修缮，由乡镇人民政府或申请人编制设计方案；设计方案编制完成后，由乡镇人民政府先行审查，再报县遗产、规划管理部门进行审批；最后，审批意见会在村委会的公示栏上进行公示。政府对工程收取保证金，并在整个修缮过程中定期派人巡查，确保建设工程按照设计方案进行施工。

3. 民房资源交易管制

伴随着城市化的进程，古村镇内的人口不断流出，许多民房被出租或者出售。宏村主要旅游线路上的商业经营者宏村村民和外来商户各占一半左右，外来商户主要来自周边农村及黟县、黄山市城区，也有少部分为省外经商者，他们一般都是通过民房、商铺租赁方式经营，有些客栈民宿租赁时间比较长，存在外来人员私下购买、居民私下出售房屋情况，这些交易行为的合法性值得商榷，也容易产生一系列契约纠纷，居民违约情况屡见不鲜。因此，这需要政府出台相应的民房物业租赁、流转与收储管理制度，建立更好的农村房屋资源交易市场予以保障，这也是农村产权制度改革的难点。

以宏村为例，当前宏村古民居的出租需要经过相关政府部门审批，古民居的买卖交易则被明令禁止。《关于印发黟县西递、宏村世界文化遗产保护管理办法实施细则（暂行）的通知》第二十八条规定"古民居改作其他用途或变更所有者、使用者，须经县文物部门批准"，同时第二十九条明确"禁止私自进行古民居的买卖"。

4. 民房商业利用许可、审批与监管

古村镇内主要旅游线路两侧大部分民房都被改造成为购物店、餐饮店、特色体验点等，景区内还有一大部分的民居被改造成民宿客栈，同质化竞争与无序经营倾向不仅会加重景区过度商业化问题，而且还会造成环境破坏。据统计，宏村内的民宿类建筑最多，约占43%，然后是居住建筑约占22%，商业建筑占到14%左右，其中在古村镇的餐饮店和民宿会产生较多的污染（特别是基础设施配置不足区段），并可能对老建筑造成破坏。因此，这种民房商业化利用行为需要政府加强管制，一方面提高商业经营许可，提高经营门槛，另一方面要加强景区商业规划，控制业态布局，以便更好地与村镇基础设施布局相协调。

5. 商业经营者增污、减污与治污管理

随着遗产旅游的发展，古村镇游客接待量迅速增长，各种餐饮店与民宿客栈的数量也出现井喷，商业经营增污与村镇减污能力低下已经成为遗产旅游可持续发展面临的紧迫问题。以西递宏村为例，两村还没有独立完善的污水处理系统，日益增加的生活污水和旅游业产生的废水没有处理就排入水圳或渗入地下，景区内的水系因此受到严重污染，40多眼水井已无法使用，月沼和南湖的水质也日渐恶化。在污染治理和环境保护方面，政府管制的重点内容是加强污水处理系统和排污减污系统建设，制定各类商户减污政策，实施减污权责划分和减污费用分摊，建立绿色环保发展机制。

以宏村为例，《关于印发黟县西递、宏村世界文化遗产保护管理办法实施细则（暂行）的通知》中明确规定，宏村景区内的生产项目必须达到相应的排污标准，宾馆、饭店、餐厅等商户必须安装统一的除油烟设备和污水处理设施。在宏村，为了治理污水和解决油烟问题，由政府牵头、村委会组织成立的乡村客栈联盟已组织对民宿统一安装油烟隔离设备和污水处理设施。

13.3.3 社区增扩与外围空间开发管制

1. 原住民生活搬离、外来人口进入与社区增扩管理

古村镇居民因为居住机会成本与收益，以及老房子生活有诸多不便或是追求更好的生活条件，而选择搬出古村镇景区到现代化新社区居住。然而，这些居民的居住需求又受到当前农村一户一宅等宅基地政策的限制，受到景区外围土地价值不断上涨的影响，受到传统生活习俗的影响，而得不到很好地满足。同时，许多外来商户进入宏村古村镇从事餐饮、住宿、休闲、娱乐等商业经营活动，由此

产生了大量的常住或暂住人口。为此，政府必须通过科学规划来统筹古村镇内外旅游服务与生活商业空间布局，加强土地管控，引导村镇集体建设用地合理化利用，以更集约的方式满足当地居民与外来商户的美好生活需求，加强新老社区的管理与公共服务供给，做好常住人口和暂住人口管理。

2. 周边旅游项目开发与周边环境控制

古村镇旅游景区容量有限，大量的游客需求溢出到古村镇的周围区域，导致古村镇景区外围地区的商业店铺不断增多，旅游投资商在古村镇周围开发建设了旅游、休闲、度假和娱乐项目，在此过程中，如果缺乏规划引导和控制，可能会导致土地低效使用、资源浪费与服务无序、功能紊乱等问题，阻碍了旅游目的地建设与综合价值的提升，这也是政府加强旅游目的地治理的重要原因。以宏村为例，旅游业发展起来后，宏村旁的际村承担了一部分宏村游客的接待功能，企业在宏村周围建设了奇墅湖国际旅游度假村，开发了水墨宏村和宏村印象项目，打造了卢村、塔川等特色景区。这些旅游项目的开发建设缓解了宏村景区内部的压力，有助于完善遗产地的旅游配套服务，实现区域旅游发展的良性互动和提升。

为了维护古村镇赖以生存的环境，政府需要对古村镇进行分区规划和保护，控制古村镇周围的开发建设，保持周边发展和古村镇的协调。以宏村为例，宏村世界遗产保护范围由内到外被划分为保护区、建设控制区、环境协调区三个层次。对保护区内的村落格局、历史建筑、民俗文化等实施严格保护和管理；建设控制区作为缓冲区域，可以发展一些建设项目，但是必须与宏村的传统建筑风格相协调；环境协调区包括宏村周围的山体植被、村庄、水系和农田等，政府必须严格控制大型、存在污染或不良影响的项目。

3. 大社区与大旅游区协调发展与管理

随着古村镇遗产旅游的不断发展，古村镇同相邻村庄之间出现了交叉融合，与周围的景区景点也存在区域互动，由此产生了大社区和大旅游发展管理协调问题。以宏村为例，与宏村只有一河之隔的际村承接了宏村过剩的旅游接待压力，际村的餐饮、住宿、购物、娱乐等商业设施也因此大量增加。宏村村民到际村中居住，际村村民也到宏村景区内开店经营，因而两个村庄之间的边界已经变得模糊。但是，际村的旅游商业化也产生了两个村落发展过程中的协调管理问题，例如际村沿西溪河畔蔓延的现代化旅游接待设施与宏村的古村落景观十分不协调，破坏了宏村遗产地的整体观感。此外，宏村与周围的卢村、木坑竹海、塔川等景区也存在着区域联动、协调发展的管理问题。这都需要政府重新打破村镇传统边界，从旅游大景区与旅游目的地统筹管理的角度，进行行政区划调整，更好地促进古村镇遗产旅游地经济社会文化生态一体化发展，提高整个区域治理水平。通过上述分析，可进一步梳理出古村镇遗产旅游经营中政府管制的一般逻辑框架（如图13.5）。在古村镇遗产旅游经营中，政府管制的目标以古村镇遗产保护为主，从而使得政府管制的重点领域主要集中在旅游景区、民房与商业经营、社区增权与外围空间开发，同时在不同的领域中，政府经营管制的方式选择也会有所不同。

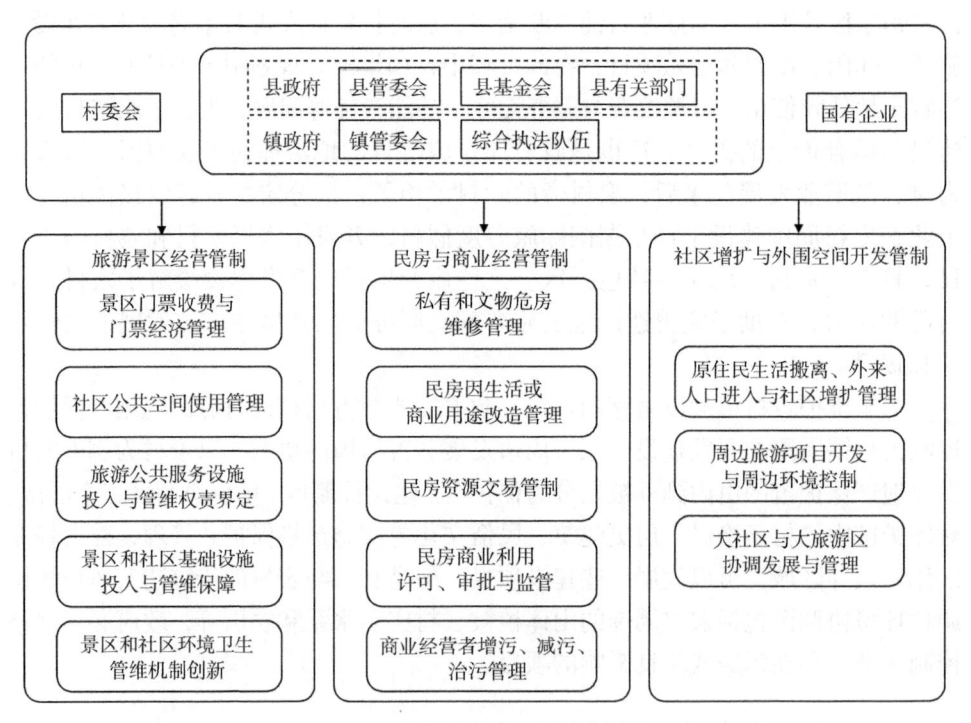

图 13.5　古村镇遗产旅游经营政府管制的一般逻辑框架（以黟县为例）

13.4　关于古村镇遗产旅游经营政府干预的进一步探讨

配合未来古村镇遗产旅游景区经营、商业经营和旅游目的地综合开发经营的趋势，政府应该承担什么样的角色，如何发挥更好的作用，值得我们进一步探讨。无论是依据国家现行政策，还是根据市场经营的实际规律，政府不仅要避免过多、过少或不当管制，还应在自己适合的领域做到精准管制，更要加强必要管制，将精力集中在自己适合的、擅长的且必须亲为之的领域，而将其他管理领域交由第三方组织或外部组织进行处理。

13.4.1 规范政府职能管理

一是政府必须加强规则制定，这是一种应对公共挑战的方式。通过制定政策、法规以及标准、规划的方式为相关主体确立行为准则，对相关主体形成引导与约束。比如，在古建筑保护方面，政府制定保护修缮规则，明确遗产保护要求，强化主体保护意识，并制定严格的修缮程序以形成强制约束。

二是政府要加强公共投入，作为公共利益代表，为人民谋福利是职责所在。政府必须在公共设施与公共服务上加强投入，一方面要加大财政转移，设立专项资金项目，另一方面也可以出台税费减免、产业资金扶持等政策鼓励市场主体提供。

三是政府要加强综合管理体制建设，可以通过组建联合管理与执法部门，一方面在市场监管上对市场经营主体行为偏差进行监督管理与行政处罚，推动经营许可联合审批和审查，维护市场秩序；另一方面在遗产保护上进行联合审批监管，联合文保、建设、土地等机构加强古建筑修缮审批、检查，形成更为有效的古民居遗产保护监管机制。

13.4.2 合理放权实现间接管理

政府下属国有企业、村镇集体组织（村委会及其下属集体企业）、行业协会等政府关联组织也是极其关键的力量之一，在遗产旅游经营中可以发挥很大的杠杆作用。政府要适当地下放权力给这些关联组织，借助这些组织力量实现间接管制。

一是不断壮大国有经济与集体经济组织力量，出台相关政策，引导国有企业、集体企业加强对古村镇遗产资源的收储，加强国有或集体资产经营与管理，破解古村镇资源权属关系矛盾与产权交易制度障碍；在此基础上引导搭建古村镇旅游综合开发服务平台，发挥好国有企业在景区服务、资产经营、招商引资与宣传营销等方面的优势。

二是强化村镇集体组织的社区管理与公共服务职能。充分发挥村镇基层组织在社区工作上的优势，借助集体经济的发展，配合推动新老社区建设，强化社区权益、社区责任与社区服务，以更好的方式来解决古村镇基础设施、公共服务与环境卫生等权责不清问题。

三是指导组建各类行业协会，加强古村镇旅游地各类商户经营自律管理，通过质量等级评定或者相关奖惩措施，引导提升商户服务质量，协助政府相关部门做好市场监管工作。

13.4.3 引导市场主体提升发展质量

古村镇遗产旅游经营的好坏,主要依靠景区管理公司和广大旅游商户的努力,所以景区与商业经营者的经营效率与效益是决定整个古村镇价值的关键所在。

一是在未来景区经营方面,政府要创新景区经营机制,规避之前整体租赁或者合作经营带来的权责利不清问题,利用国有或集体经济力量做好景区资源收储与资产管理,搭建景区资产公司平台,创新景区经营合作模式,采取服务外包方式,引入专业团队、专业机构负责景区管理,提高景区服务、物业招商、市场营销效益,提高景区服务与体验质量,延伸游客逗留时间,获取游客最大的消费效应。

二是在未来商业经营方面,政府要创新招商退商机制,规避之前市场自发性经营导致的同质化竞争等一系列问题,借助国有或集体资产公司收储与整合古村镇内外资源,利用政府关联招商平台,加强商业布局规划和招商政策设计,对外统一招商引商选商,加强优先业态与品牌商户的扶持,建立传统业态淘汰与不良商户的退出机制,改善营商环境,在推动古村镇旅游商业供给侧结构性调整的基础上,进一步优化资源配置,实现高质量发展。

综上所述,政府在行政管理体制改革的背景下,在财政支持和国有经济、集体经济不断壮大的新形势下,要进一步加强古村镇遗产旅游管理体制改革,在规范政府直接管理行为的基础上,更加鼓励政府间接管制行为,创新古村镇遗产旅游经营机制,通过招商退商推动古村镇旅游供给侧结构性调整,优化资源配置,鼓励与引导外部资本、外来商户与本地居民、村镇集体组织更好地参与到古村镇遗产旅游经营的不同领域与环节中,全面提高古村镇旅游景区服务水平、商业经营质量与旅游目的地综合开发价值(图 13.6)。

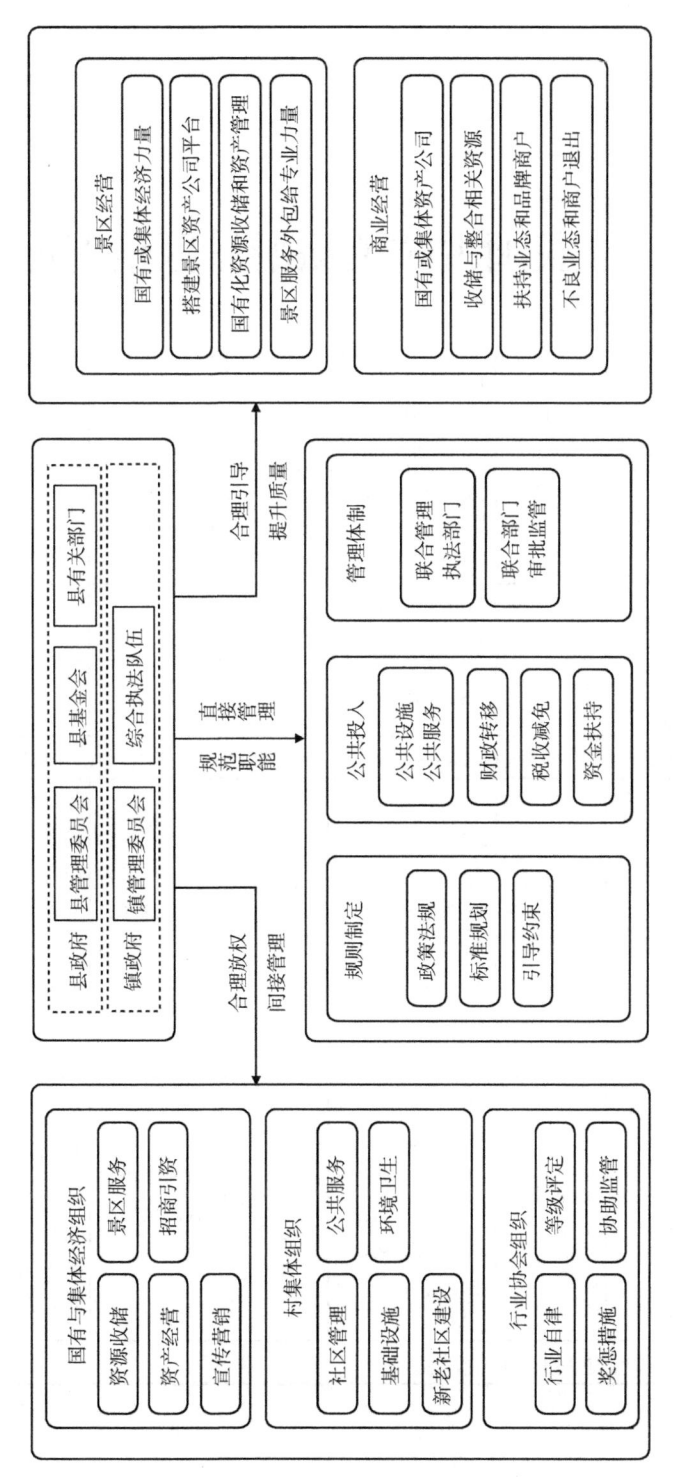

第 13 章　政府对古村镇遗产旅游经营的管制研究

图13.6　古村镇遗产旅游经营政府管制的优化路径（以黟县为例）

附录一 我国古村镇旅游景区情况汇总

省区市	等级及数量	名称	所属乡镇或所属村集体	开业时间、景区评定年份与所获荣誉	门票情况	经营主体	经营主体股份构成
天津	4A	杨柳青镇	天津市西青区杨柳青镇	2008年评为第四批中国历史文化名镇	半开放式	天津杨柳青古镇旅游管理有限公司	天津市柳祥旅游开发有限公司持股100%
河北	4A	闾里古镇	衡水市滨湖新区	2020年评为国家4A级旅游景区	半开放式		
		恋乡·太行水镇	保定市易县	2016年开业	全开放式		
	3A	河北暖泉古镇、河北太行邢襄古镇、河北邢台兴台古镇、河北邢台沙河市王硇村					
山西	4A	大阳古镇	晋城市泽州县	2018年开业 2019年评为国家4A级旅游景区 2008年评为第四批中国历史文化名镇	全封闭式成人票29.9元	山西大阳古镇旅游开发股份有限公司	北京仙游文化旅游集团有限公司持股61.23% 北京博雅方略投资管理有限公司持股25.44% 张志明个人持股13.33%
		娘子关古镇	阳泉市平定县	2020年评为国家4A级旅游景区 2013年评为中国第二批传统村落 2007年评为第三批中国历史文化名镇	全封闭式成人票27元	山西娘子关旅游发展有限公司	山西省旅游投资控股集团有限公司持股70% 山西第九关旅游资源开发有限公司持股30%
	3A	山西河阳商道古镇、山西良户古镇					

续表

省区市	等级及数量	名称	所属乡镇或所属村集体	开业时间、景区评定年份与所获荣誉	门票情况	经营主体	经营主体股份构成
吉林	4A	二道白河名镇	长白山管委会池北区	2014年开业 2019年评为国家4A级旅游景区	全开放式	长白山保护开发区池北通畅市政设施维护管理有限公司	吉林省长白山保护开发管理委员会池北区管委会财政局持股100%
	3A	吉林九台八台岭古驿村落景区					
黑龙江	4A	横道河子俄罗斯风情小镇	牡丹江市海林市	2015年评为国际4A级旅游景区 2007年批为第三批中国历史文化名镇	全开放式		
上海	4A	朱家角古镇	上海市青浦区朱家角镇	2004年评为国家4A级旅游景区 2007年评为第三批中国历史文化名镇	全开放式	上海朱家角古镇旅游发展有限公司	上海朱家角投资开发有限公司持股100%
		枫泾古镇	上海市金山区枫泾镇	2008年评为国家4A级旅游景区 2005年获批第二批中国历史文化名镇	全封闭式 成人票50元	上海枫泾古镇旅游发展有限公司	上海枫泾资产管理有限公司持股50% 上海枫泾镇城镇建设有限公司持股50%
		召稼楼古镇	上海市闵行区		全开放式	上海召稼楼古镇旅游资源管理有限公司	上海江晨投资管理发展有限公司持股100%
		南翔古镇景区	上海市嘉定区南翔镇	2010年评为第五批中国历史文化名镇	半开放式	上海南翔老街建设发展有限公司	上海嘉翔城镇建设投资有限公司持股100%
		七宝古镇	上海市闵行区七宝镇	2020年评为国家4A级旅游景区	全开放式	上海七宝古镇实业发展有限公司	上海七宝资产经营有限公司持股60% 上海七宝工业有限公司持股40%
	3A	上海南汇桃花村、上海金泽古镇、上海新场古镇、上海川沙古镇					

续表

省区市	等级及数量	名称	所属乡镇或所属村集体	开业时间、景区评定年份与所获荣誉	门票情况	经营主体	经营主体股份构成
江苏	5A	周庄古镇	昆山市周庄镇	1989年开放 2007年评为国家首批5A级景区 2003年评为第一批中国历史文化名镇	全封闭式 成人票100元	江苏水乡周庄旅游股份有限公司	昆山市周庄镇农村集体资产经营有限公司持股81.58% 昆山文商旅集团有限公司持股17.54% 昆山市周庄乡村投资发展集团有限公司持股0.88%
		同里古镇	苏州市吴江区同里镇	2010年评为国家5A级旅游景区 2003年评为第一批中国历史文化名镇	全封闭式 成人票100元	苏州同里国际旅游开发有限公司	吴江经济技术开发区管理委员会持股100%
	4A	甪直古镇	苏州市吴中区甪直镇	2001年评为国家4A级旅游景区 2003年评为第一批中国历史文化名镇	半开放式	苏州市甪直旅游发展有限公司	苏州甪直东方文化旅游发展有限公司持股100%
		木渎古镇	苏州市吴中区木渎镇	2008年评为国家4A级旅游景区 2005年评为第二批中国历史文化名镇	半开放式 成人票78元	苏州市木渎旅游发展实业有限公司	苏州市吴中区木渎镇集体资产经营公司持股40% 苏州市木渎文化旅游集团有限公司持股60%
		锦溪古镇	昆山市锦溪镇	2005年评为国家4A级旅游景区 2008年评为第四批中国历史文化名镇	全开放式	苏州水乡锦溪旅游发展有限公司	昆山市锦溪镇集体资产投资发展有限公司持股100%
		荡口古镇	无锡市锡山区鹅湖镇	2014年评为国家4A级旅游景区 2010年评为第五批中国历史文化名镇	全开放式	无锡荡口古镇旅游发展有限公司	无锡市锡山区文商旅发展有限公司持股100%

附录一 我国古村镇旅游景区情况汇总

续表

省区市	等级及数量	名称	所属乡镇或所属村集体	开业时间、景区评定年份与所获荣誉	门票情况	经营主体	经营主体股份构成
江苏	4A	窑湾古镇	徐州市新沂市窑湾镇	2012年评为国家4A级旅游景区	全封闭式 成人票80元	新沂骆马湖旅游发展有限公司	新沂市交通投资有限公司持股100%
		溱潼古镇	泰州市姜堰区溱潼镇	2011年评为国家4A级旅游景区 2005年评为第二批中国历史文化名镇	全封闭式 成人票40元	泰州市姜堰溱湖景区旅游发展有限公司	溱湖文化旅游集团有限公司持股99.98% 泰州市溱湖国际旅行社有限公司持股0.02%
		千灯古镇	昆山市千灯镇	2008年评为国家4A级旅游景区 2007年评为第三批中国历史文化名镇	全封闭式 成人票60元	昆山市千灯镇旅游发展有限公司	昆山金千灯文旅发展有限公司持股65.1531% 昆山市千灯镇建设管理所持股18.73% 昆山市千灯镇文化体育站(中共昆山市千灯镇委员会党校)持股16.12%
		震泽古镇	苏州市吴江区	2014年评为国家4A级旅游景区	全封闭式 成人票70元	吴江市震泽旅游文化发展有限公司	吴江市震泽镇投资发展有限公司持股68.4186% 苏州市吴江片区新型城镇化建设发展有限公司持股15.9049% 吴江市震泽镇房产开发公司持股15.6764%
		蒋巷村	常熟市支塘镇	2011年评为国家4A级旅游景区	全封闭式 成人票40元	江苏常盛旅游发展有限公司	常熟市支塘镇蒋巷村村民委员会持股94.9% 江苏常盛集团有限公司持股5.1%
		黎里古镇	苏州市吴江区	2018年评为国家4A级旅游景区 2014年评为第六批中国历史文化名镇	半开放式	苏州市黎里文化旅游发展有限公司	吴江汾湖古镇保护开发有限公司持股100%

续表

省区市	等级及数量	名称	所属乡镇或所属村集体	开业时间、景区评定年份与所获荣誉	门票情况	经营主体	经营主体股份构成
江苏	4A	沙溪古镇	苏州市太仓市	2015年评为国家4A级旅游景区 2005年评为第二批中国历史文化名镇	全封闭式成人票30元	太仓市沙溪镇古镇旅游开发有限公司	太仓市沙溪镇招商服务中心持股75% 太仓市文化旅游发展集团有限公司持股25%
		安丰古镇	东台市安丰镇	2018年评为国家4A级旅游景区 2007年评为第三批中国历史文化名镇	半开放式	东台市安丰古镇文化旅游发展有限公司	东台市安丰镇乡镇企业集体资产经营公司持股100%
		黄桥古镇	泰州市泰兴市黄桥镇	2005年评为第二批中国历史文化名镇	全封闭式成人票60元	江苏黄桥文化旅游发展有限公司	泰兴市江桥投资建设发展有限公司持股50% 江苏金桥建设有限公司持股50%
		邵伯古镇	扬州市江都区邵伯镇	2019年评为国家4A级景区 2008年评为第四批中国历史文化名镇	全开放式	扬州邵伯湖文化旅游开发有限公司	扬州市江都区国有资本投资运营集团有限公司持股71.43% 中国农发重点建设基金有限公司持股28.57%
	3A	江苏江阴长泾古镇文化旅游区、江苏邳州市土山古镇景区、江苏兴化沙沟古镇、江苏高邮界首古镇、江苏海门余东古镇景区					
浙江	5A	嘉兴市桐乡市乌镇古镇旅游区	嘉兴市桐乡市	东栅2001年开放,西栅2006年开放 2010年被评为5A级景区镇 2003年被评为第一批中国历史文化名镇	全封闭式 东栅成人票110元 西栅成人票150元 联票成人票190元	乌镇旅游股份有限公司	中青旅控股股份有限公司持股66% 桐乡市乌镇古镇旅游投资有限公司持股34%
		南浔古镇	湖州市南浔镇	2015年被评为5A级景区镇 2005年被评为第二批中国历史文化名镇	全封闭式成人票100元	浙江南浔古镇旅游发展有限公司	湖州南浔旅游投资发展集团有限公司持股77.78% 国开发展基金有限公司持股22.22%

附录一　我国古村镇旅游景区情况汇总

续表

省区市	等级及数量	名称	所属乡镇或所属村集体	开业时间、景区评定年份与所获荣誉	门票情况	经营主体	经营主体股份构成
浙江	5A	西塘古镇	嘉兴市嘉善县西塘镇	2017年被评为5A级景区镇 2003年被评为第一批中国历史文化名镇	全封闭式 成人票日游95元 成人票夜游60元	浙江西塘旅游文化发展有限公司	嘉善县国有资产投资集团有限公司持股57.17% 浙江西塘实业有限公司持股42.83%
		廿八都古镇	衢州市江山市枫岭路1号	2017年被评为5A级景区镇 2014年被评为第三批中国传统村落 2007年被评为第三批中国历史文化名镇	全封闭式 成人票65元	江山市旅游发展有限公司	江山市农旅投资集团有限公司持股100%
	4A	诸葛八卦村	金华市兰溪市	2005年被评为国家4A级旅游景区 2013年被评为第二批中国传统村落	全封闭式 成人票90元	兰溪市诸葛旅游发展有限公司	兰溪市诸葛镇诸葛村经济合作社持股90.00% 诸葛坤亨持股4.00% 诸葛胜军持股2.00% 诸葛品林持股2.00% 叶发松持股2.00%
		余村	湖州市安吉县天荒坪镇	2018年被评为国家4A级旅游景区	全开放式	安吉余村城乡建设发展有限公司	安吉绿金开发建设有限公司持股100.00%
		下姜村	杭州市淳安县	2020年被评为国家4A级旅游景区	全开放式	淳安千岛湖下姜景区管理有限公司	淳安县枫树岭镇下姜村股份经济合作社持股100.00%
		嵩溪村	金华市浦江县白马镇	2014年被评为第六批历史文化名村	全开放式	浦江嵩溪古村旅游发展有限公司	浦江县白马镇畜牧兽医站持股100.00%
		深澳村 荻浦村 环溪村 徐畈村 青源村	富春江南岸天子岗北江南古村落	2014年被评为国家4A级旅游景区 深澳村第三批历史文化名村	全开放式	桐庐县江南镇古村落旅游开发有限公司	桐庐县文化旅游投资集团有限公司持股51.00% 桐庐县江南镇综合服务中心持股49.00%

续表

省区市	等级及数量	名称	所属乡镇或所属村集体	开业时间、景区评定年份与所获荣誉	门票情况	经营主体	经营主体股份构成
浙江	3A	玉环东沙渔村、磐安县乌石村、慈溪市方家河头古村、遂昌高坪新村、德清五四村、芹川古村、松阳象溪一村、杭州·江南慢村、奉化岩头古村、庆元月山村、南田镇武阳村、宁海许家山历史文化名村、松阳李坑村、芝堰村、金华寺平古村、霞山古村、遂昌独山村等					
安徽	5A	西递村	黄山市黟县	2011年被评为国家5A级景区 2012年被评为第一批中国传统村落	全封闭式成人票94元	黟县徽黄西递旅游开发有限公司	黟县徽黄旅游发展（集团）有限公司持股100%
		宏村	黄山市黟县	2011年被评为国家5A级景区 2003年被评为第一批中国历史文化名村	全封闭式成人票104元	黟县徽黄京黟旅游发展有限公司	黟县徽黄旅游发展（集团）有限公司持股51.00% 北京洛桑文化有限公司持股49.00%
		三河古镇	合肥市肥西县	2015年被评为5A级景区镇 2007年被评为第三批中国历史文化名镇	全开放式	肥西县三河镇旅游文化有限公司	肥西县三河镇政府持股100%
		呈坎村	安徽省黄山市徽州区（古徽州文化旅游区）	2014年被评为国家5A级旅游景区 2012年被评为第一批中国传统村落 呈坎村2008年被评为第四批中国历史文化名村 唐模村2007年被评为第三批中国历史文化名村	全封闭式成人票102元	黄山市徽州呈坎八卦村旅游有限公司	方顺来持股95.00% 方秋霞持股5.00%
		唐模村			全封闭式成人票65元	黄山市徽州唐模旅游发展有限公司	安徽省旅游集团有限责任公司持股94.00% 安徽安兴发展有限责任公司持股6.00%
		龙川村	宣城市绩溪县瀛洲镇	2012年被评为国家5A级旅游景区 2014年入选第六批中国历史文化名村	全封闭式成人票75元	安徽航佳龙川旅游开发有限公司	姚航持股82.00% 安徽航佳控股集团有限公司持股18.00%

续表

省区市	等级及数量	名称	所属乡镇或所属村集体	开业时间、景区评定年份与所获荣誉	门票情况	经营主体	经营主体股份构成
安徽	4A	小岗村	滁州市凤阳县	2009年被评为国家4A级旅游景区	全封闭式成人票50元	凤阳县小岗村旅游开发有限公司	凤阳县国有资产经营公司持股33.33% 安徽凤阳小岗村现代农业有限公司持股33.33% 凤阳县小溪河镇小岗村村民居委会持股33.33%
		雄村	黄山市歙县	2009年被评为国家4A级旅游景区	全封闭式成人票80元		
		南屏景区	安徽省黟县	2008年被评为国家4A级旅游景区	全封闭式成人票38元	黟县徽黄京黟旅游发展有限公司	黟县徽黄旅游发展(集团)有限公司持股51.00% 北京洛桑文化有限公司持股49.00%
		渔梁古镇	安徽省黄山市	2005年入选第二批中国历史文化名镇	全封闭式成人票30元	歙县旅游发展有限公司	黄山市歙州农文旅发展集团有限公司持股100%
		杏花村	安徽省池州市	2009年被评为国家4A级旅游景区	全封闭式成人票88元	池州杏花园文化旅游发展有限公司	安徽杏花村集团有限公司持股68.94% 池州金桥投资集团有限公司持股31.06%
		江村	皖南山区旌德县白地镇	2005年被评为国家4A级旅游景区 2005年被评为第二批中国历史文化名村	全封闭式成人票60元	安徽省旌德县江村旅游有限责任公司	余春明持股53.5280% 余超彪持股8.4155% 张怀城持股7.9592% 胡建飞持股7.9592% 汪红时持股6.4659% 江靖华持股4.8662% 蔡季平持股3.2330% 江惠东持股3.1417% 郑小平持股1.6134% 江利平持股1.6134% 江楚明持股1.2044%

续表

省区市	等级及数量	名称	所属乡镇或所属村集体	开业时间、景区评定年份与所获荣誉	门票情况	经营主体	经营主体股份构成
安徽	4A	查济村	宣城市泾县	2014年被评为国家4A级旅游景区 2008年被评为第五批中国历史文化名村	全封闭式成人票80元	安徽省旅游集团泾县旅游发展有限公司查济景区分公司	安徽省旅游集团有限责任公司持股100.00%
		黄田村	宣城市泾县榔桥镇	2016年被评为国家4A级旅游景区 2014年被评为第六批中国历史文化名村	全封闭式成人票50元		
		太极湖村	宣城市绩溪县伏岭镇	2009年被评为国家4A级旅游景区	全封闭式成人票60元	湖北武当太极湖旅游发展集团有限公司	湖北武当太极湖文化投资有限公司持股100.00%
	3A	许村、洪家疃村、尚村、杏花村、三百村、七彩和村、蔡家畈古村落等					
福建	5A	云水谣古镇	漳州市南靖县璞山村	2011年被评为5A级景区镇	成人票：90元优待票；（学生/教师）：45元	广东云水谣生态旅游有限公司	缙和（广东）实业有限公司持股100%
	4A	桂峰村	三明市尤溪县	2018年被评为国家4A级旅游景区 2012年被评为第一批中国传统村落 2007年被评为第三批中国历史文化名村	全封闭式成人票20元	福建九月文旅集团有限公司	蔡宜君持股50.15% 赵榕持股25.50% 余双兴持股15.00% 福州高新区飞镜文旅发展合伙企业（有限合伙）持股9.35%
		和平镇	南平市邵武市	2014年被评为国家4A级旅游景区 2005年被评为第二批中国历史文化名镇	全开放式	福建和平古镇旅游文化发展有限公司	邵武市和平小城镇建设综合开发有限公司持股100.00%
		培田村	福建省龙岩市连城县西部	2012年被评为国家4A级旅游景区 2005年被评为第二批中国历史文化名村	全封闭式成人票50元	连城县培田景区旅游发展有限公司	连城县冠豸山国家级风景名胜区管理委员会持股100.00%

续表

省区市	等级及数量	名称	所属乡镇或所属村集体	开业时间、景区评定年份与所获荣誉	门票情况	经营主体	经营主体股份构成
福建	3A	廉村、竹贯古村、湖头村、石圳村等					
江西	5A	江湾景区	上饶市婺源县	2013年被评为5A级景区镇 2012年被评为第一批中国传统村落	全封闭式成人票60元	江西婺源旅游股份有限公司	江西三清山旅游集团有限公司持股34.25% 婺源县旅游发展有限公司持股27% 江西婺源大鄣山实业有限公司持股20.19% 婺源县胜达旅游投资有限公司持股10.61% 上饶市勇春旅游投资有限公司持股7.96%
江西	4A	水南村 京台村 罗田村	南昌市安义县	2018年被评为国家4A级旅游景区 2008年获批第四批中国历史文化名村	全封闭式成人票80元	江西安义古村群旅游运营有限公司	江西镖行天下文化旅游有限公司持股51.00% 江西安义古村群旅游开发有限公司持股49.00%
江西	4A	雅溪古村	赣州市全南县	2018年被评为国家4A级旅游景区 2016年被评为第四批中国传统村落	全开放式	全南虔景旅游开发有限公司	全南县旅游发展投资集团有限公司持股100%
江西	4A	思溪延村	上饶市婺源县	2013年被评为第二批中国传统村落 2014年被评为第六批中国历史文化名村	全封闭式成人票55元	江西婺源旅游股份有限公司	江西三清山旅游集团有限公司持股34.25% 婺源县旅游发展有限公司持股27.00% 江西婺源大鄣山实业有限公司持股20.19% 婺源县胜达旅游投资有限公司持股10.61% 上饶市勇春旅游投资有限公司持股7.96%

续表

省区市	等级及数量	名称	所属乡镇或所属村集体	开业时间、景区评定年份与所获荣誉	门票情况	经营主体	经营主体股份构成
江西	4A	源头古村	上饶市婺源县赋春镇	2018年被评为国家4A级旅游景区	全封闭式成人票30元	婺源县润福源农家乐旅游开发有限公司	胡林生持股21.50% 冯园仙持股20.50% 夏长华持股15.00% 陈火生持股14.33% 游永兴持股7.17% 余伟东持股7.17% 王河瑞持股7.17% 朱梅芳持股7.17%
		钓源古村	吉安市吉州区	2015年被评为国家4A级旅游景区 2012年被评为第一批中国传统村落 2010年被评为第五批中国历史文化名村	全封闭式成人票40元	吉安市兴桥旅游发展有限公司	吉安市吉州区兴桥镇水务站持股98.80% 吉安市吉州区政务信息网管理中心持股0.825% 吉安市吉州区兴桥镇钓源村民委员会持股0.3750%
		陂下古村	吉安市青原区	2014年被评为国家4A级旅游景区 2008年被评为第四批中国历史文化名村	全开放式		
		燕坊古村	吉安市吉水县	2016年被评为国家4A级旅游景区 2012年被评为第一批中国传统村落 2007年被评为第三批中国历史文化名村	全封闭式成人票40元	江西燕坊文化旅游有限公司	邓孝凡持股40.00% 李小冬持股35.00% 翁晓勤持股20.00% 陈练持股5.00%
		流坑古村	抚州市乐安县	2016年被评为国家4A级旅游景区 2012年被评为第一批中国传统村落 2003年被评为第一批中国历史文化名村	全封闭式成人票60元	江西千古流坑旅游开发有限公司	江西齐马文化艺术交流中心有限公司持股60.00% 乐安县轩志种植专业合作社持股20.00% 江西董氏麒麟望日旅游开发有限公司持股20.00%

续表

省区市	等级及数量	名称	所属乡镇或所属村集体	开业时间、景区评定年份与所获荣誉	门票情况	经营主体	经营主体股份构成
江西	4A	金溪竹桥古村	抚州市金溪县	2018年被评为国家4A级旅游景区 2012年被评为第一批中国传统村落 2010年被评为第五批中国历史文化名村	全开放式	江西坤宏古域旅游管理有限公司	江西省坤宏文化发展有限公司持股100%
		渼陂古村	吉安市青原区	2005年获批第二批中国历史文化名村	全封闭式 成人票60元	江西美碑文化旅游发展有限公司	江西赣州通文旅产业发展有限公司持股100%
		汪口村	婺源县江湾镇	2013年被评为国家4A级旅游景区 2007年被评为第三批中国历史文化名村	半开放式 成人票60元	婺源县汪口旅游服务中心	
		篁岭村	婺源县江湾镇	2014年被评为国家4A级旅游景区	全封闭式 成人票140元	婺源篁岭文旅股份有限公司	江西婺源大鄣山实业有限公司持股31.3333% 詹晓莺持股21.3333% 中青旅红奇(横琴)旅游产业投资基金(有限合伙)持股20.0000% 吴向阳持股12.3889% 吴通明持股10.0000% 汪万斌持股4.9444%
	3A	鄢溪古村、横坑湖村、浒湾古镇等					
山东	4A	竹泉村	临沂市沂南县铜井镇竹泉村	2010年被评为国家4A级旅游景区 2016年被评为第四批中国传统村落	全封闭式 成人票98元	山东龙腾竹泉旅游发展集团有限公司	青岛龙腾竹泉控股集团有限公司持股58.33% 韩建军持股25.00% 赵娟持股16.67%
	3A	玉皇庙古村落、西纸坊·黄河古村、李家疃村、井塘古村、朱村、初家村等					

续表

省区市	等级及数量	名称	所属乡镇或所属村集体	开业时间、景区评定年份与所获荣誉	门票情况	经营主体	经营主体股份构成
河南	4A	赊店古镇	南阳市社旗县	2012年被评为国家4A级旅游景区 2007年被评为第三批中国历史文化名镇	全开放式	社旗县赊店古镇文化旅游投资运营有限公司	社旗县赊店商埠文化产业示范区管理委员会持股100%
		南街村	漯河市临颍县	2014年被评为国家4A级旅游景区	全封闭式 成人票55元	河南省南街村(集团)有限公司旅游开发公司	河南省南街村(集团)有限公司下设公司持股100%
		朱仙镇	开封市祥符区	2018年被评为国家4A级旅游景区 2016年被评为第四批中国传统村落	全开放式	朱仙镇文化旅游股份有限公司	河南开心一方置地集团有限公司持股90.00% 沈芳连持股10.00%
	3A	新茶村、卫坡古村、倒盏村、西河古村、花石村、大浪口古镇、云台古镇等					
湖南	4A	靖港古镇	长沙市望城区	2011年被评为国家4A级旅游景区	全封闭式 成人票74元	长沙市望城区靖港古镇开发有限公司	长沙市望城区文化旅游投资发展有限公司持股100%
		益阳山乡巨变第一村	益阳市赫山区	2011年被评为国家4A级旅游景区	全开放式	湖南清溪文化旅游发展集团有限公司	益阳高新技术产业开发区管理委员会持股100%
		芙蓉镇	湘西土家族苗族自治州永顺县	2012年被评为国家4A级旅游景区	全封闭式 成人票60元	湖南山水芙蓉镇旅游产业发展有限公司	永顺土司文化旅游发展集团有限公司持股100%
	3A	上甘棠古村、腊元村、阳雀坡古村落、阳山古村、高椅古村、荆坪古村、金山古村、油溪桥村等					
广东	5A	开平碉楼与村落	广东省开平市	2020年被评为国家5A级旅游景区	全封闭式 成人票50元	广东开平碉楼旅游发展有限公司	北京信聿投资中心(有限合伙)持股85.00% 开平文旅企业管理有限公司持股15.00%

续表

省区市	等级及数量	名称	所属乡镇或所属村集体	开业时间、景区评定年份与所获荣誉	门票情况	经营主体	经营主体股份构成
广东	4A	百侯古镇	广东省梅州市大埔县	2015年被评为国家4A级旅游景区 2010年被评为第五批中国历史文化名镇	全封闭式 成人票40元	梅州百侯名镇旅游开发公司	大埔县百侯镇财政所持股100%
		沙湾镇	广州市番禺区镇北村	2017被评为国家4A级旅游景区 2005年被评为第二批中国历史文化名镇	全封闭式 成人票30元	乐山市沙湾区沙湾镇文化旅游服务中心	
		南社村	莞城区茶山镇	2016被评为国家4A级旅游景区 2005年被评为第二批中国历史文化名村	全封闭式 成人票30元		
		塘尾村	东莞市石排镇	2016被评为国家4A级旅游景区 2008年被评为第三批中国历史文化名村	全开放式	东莞市石排镇塘尾古村落管理有限公司	东莞市石排镇塘尾股份经济联合社持股95.00% 李煜华持股5.00%
	3A	红山村、瑯头古村、石塘古村、红梨村、永梅蒙峒古村、万洞古村、梨槎古村等					
广西	4A	黄姚古镇	贺州市昭平县	2009年被评为国家4A级旅游景区 2007年被评为第三批"中国历史文化名镇"	全封闭式 成人票70元	广西贺州黄姚古镇投资有限公司	广西贺州市旅游实业集团有限公司持股100%
	3A	钦州市灵山县佛子村大芦村、玉州区城北街道办事处高山村、瑶族自治县朝东镇秀水村、江南区江西镇扬美村、白沙镇旧县村、狮潭镇江头村、瑶族自治县朝东镇福溪村、兴安县漠川村榜上村、灌阳县文市镇月岭村					
重庆	4A	合川涞滩古镇	重庆市合川区涞滩镇	2015年评为国家4A级旅游景区 2003年评为第一批中国历史文化名镇	半开放式 古镇内二佛寺等景点单独收费	重庆市合川旅游发展有限公司	国有企业重庆市合川城市建设投资(集团)有限公司持股100%

续表

省区市	等级及数量	名称	所属乡镇或所属村集体	开业时间、景区评定年份与所获荣誉	门票情况	经营主体	经营主体股份构成
重庆	4A	龚滩古镇	重庆市西阳土家族苗族自治县龚滩镇	2010年评为国家4A级旅游景区 2019年评为第七批中国历史文化名镇	全封闭式 成人票15元；儿童/军人/老人/学生票8元	西阳县龚滩旅游开发有限公司	重庆市山水画廊旅游开发股份有限公司持股100%
		西阳龙潭古镇景区	重庆市西阳土家族苗族自治县龙潭镇	2012年评为国家4A级旅游景区 2004年评为第二批中国历史文化名镇	全开放式	西阳县龙潭古镇旅游开发投资有限责任公司	西阳县桃花源旅游投资（集团）有限公司持股100%
		荣昌万灵古镇	重庆市荣昌区万灵镇	2014年评为国家4A级旅游景区 2010年评为第五批中国历史文化名镇	全开放式	重庆市荣昌区万灵山置业有限公司	重庆荣昌双创股权投资基金合伙企业（有限合伙）持股95% 重庆市万灵山旅游开发集团有限公司持股5%
		巴南丰盛古镇	重庆市巴南区丰盛镇	2014年5月开街试运营 2016年评为国家4A级旅游景区 2008年评为第四批中国历史文化名镇	全开放式	重庆巴南丰盛古镇景区管委会	
		江津中山古镇	重庆市江津市中山镇	2020年评为国家4A级旅游景区 2005年评为第二批中国历史文化名镇	全开放式	江津区中山镇三合社区	
		石柱西沱古镇景区	重庆市石柱土家族自治县	2020年评为国家4A级旅游景区 2003年评为第一批中国历史文化名镇	全开放式	重庆西界沱古镇文化旅游开发有限公司	重庆石柱农旅融合发展集团有限公司持股100%

续表

省区市	等级及数量	名称	所属乡镇或所属村集体	开业时间、景区评定年份与所获荣誉	门票情况	经营主体	经营主体股份构成
重庆	4A	潼南双江古镇景区	重庆市潼南县双江镇	2018年评为国家4A级旅游景区 2003年评为第一批中国历史文化名镇	全开放式	重庆市潼南区旅游开发(集团)有限公司	重庆市潼南区国有资产监督管理委员会持股100%
	3A	渝北龙兴古镇景区、永川松溉古镇、江津塘河古镇					
四川	4A	邛崃市平乐古镇	成都市邛崃市平乐镇	2018年评为国家4A级旅游景区 2005年评为第二批中国历史文化名镇	全开放式	成都文旅邛州文化产业开发有限责任公司	成都天府旅游产业投资集团有限责任公司持股60% 成都市邛州文化旅游投资开发有限公司持股40%
		洛带古镇	成都市龙泉驿区洛带镇	2008年6月3日因512地震重新开街 2006年评为国家4A级旅游景区 2008年评为第四批中国历史文化名镇	全开放式		
		成都市新场古镇旅游景区	成都市新场镇	2012年评为国家4A级旅游景区 2008年评为第四批中国历史文化名镇	全开放式	大邑县新场镇事业管理服务中心	
		元通古镇旅游景区	崇州市元通镇	2015年评为国家4A级旅游景区 2018年评为第七批中国历史文化名镇	全开放式	崇州古镇景区管理局	
		仙市古镇	自贡市仙市镇	2018年评为国家4A级旅游景区 2007年评为第三批中国历史文化名镇	全开放式		

续表

省区市	等级及数量	名称	所属乡镇或所属村集体	开业时间、景区评定年份与所获荣誉	门票情况	经营主体	经营主体股份构成
四川	4A	尧坝古镇旅游景区	泸州市合江县尧坝镇	2017年评为国家4A级旅游景区 2007年评为第二批中国历史文化名镇	全开放式	泸州荔枝红农业投资经营有限公司	合江县江北新城投资开发建设有限公司持股100%
		泸州市太平古镇景区	古蔺县太平镇	2012年评为国家4A级旅游景区 2007年评为第三批中国历史文化名镇	全开放式	古蔺县旅游局产业发展服务中心	
		罗泉古镇	内江市资中县罗泉镇	2021年评为国家4A级旅游景区 2008年评为第四批中国历史文化名镇	全开放式	资中县兴旅文化旅游投资有限责任公司	资中县兴资投资开发集团有限责任公司持股100%
		眉山市洪雅县柳江古镇旅游景区	眉山市洪雅县柳江镇	2015年评为国家4A级旅游景区 2019年评为第七批中国历史文化名镇	全开放式	洪雅锦绣柳江旅游文化发展有限公司	四川玉屏山旅游资源开发有限公司持股100%
		宜宾横江古镇景区	宜宾市叙州区横江镇	2019年评为国家4A级旅游景区 2014年评为第六批中国历史文化名镇	全开放式	宜宾昌旅文化旅游产业发展有限公司	宜宾金农建设投资集团有限责任公司持股100%
		雅安市上里古镇景区	雅安市雨城区上里镇	2013年评为国家4A级旅游景区 2019年评为第七批中国历史文化名镇	全开放式		
		巴中市白衣古镇旅游景区	巴中市平昌县白衣镇	2018年评为国家4A级旅游景区 2014年评为第五批中国历史文化名镇	全开放式	平昌县白衣古镇市政公用工程有限公司	平昌县国有资产管理局持股100%

续表

省区市	等级及数量	名称	所属乡镇或所属村集体	开业时间、景区评定年份与所获荣誉	门票情况	经营主体	经营主体股份构成
贵州	5A	贵阳市花溪区青岩古镇景区	贵阳市花溪区青岩镇	2010年评为国家5A级旅游景区 2005年评为第二批中国历史文化名镇	全封闭式 门票10元 成人套票（青岩古镇街区、古镇城墙、周恩来之父曾居地、状元故居、龙泉寺、赵工专祠、慈云寺）60元 贵州市民套票20元	贵阳青岩古镇景区管理有限公司	贵阳市旅游文化产业投资集团有限公司持股60% 贵阳花溪旅游文化投资开发经营有限公司持股40%
云南	4A	腾冲和顺景区	保山市腾冲市和顺镇	2006年评为国家4A级旅游景区 2007年评为第三批中国历史文化名镇	全封闭式 成人门票55元	云南柏联和顺旅游文化发展有限公司	柏联集团有限公司持股99% 昆明井云商贸有限责任公司持股1%
		楚雄姚安光禄古镇	姚安县光禄镇	2017年评为国家4A级旅游景区 2019年评为第七批中国历史文化名镇	全开放式	云南融和旅游开发有限责任公司	
		大理剑川石宝山·沙溪古镇旅游区	剑川县沙溪镇	2012年评为国家4A级旅游景区 2007年评为第三批中国历史文化名镇	全开放式	剑川奥云文化旅游发展有限公司	云南奥园文化旅游发展有限公司持股70% 剑川县旅游投资开发经营有限责任公司持股30%
	3A	禄丰黑井古镇景区					
陕西	4A	旬阳县蜀河古镇景区	安康市旬阳县蜀河镇	2021年评为国家4A级旅游景区 2014年评为第五批中国历史文化名镇	全开放式	旬阳市蜀河古镇文化旅游产业开发有限公司	旬阳市蜀河镇社会保障服务站持股100%

续表

省区市	等级及数量	名称	所属乡镇或所属村集体	开业时间、景区评定年份与所获荣誉	门票情况	经营主体	经营主体股份构成
陕西	4A	青木川古镇	汉中市宁强县青木川镇	2014年评为国家4A级旅游景区 2010年评为第四批中国历史文化名镇	全封闭式成人票60元	陕西省青木川古镇旅游开发有限公司	陕西羌州控股集团有限公司持股100%
		陈炉古镇景区	铜川市印台区陈炉镇	2021年评为国家4A级旅游景区 2008年评为第四批中国历史文化名镇	全开放式	铜川市陈炉古镇景区管理委员会	
		韩城市党家村景区	渭南市韩城市西庄镇党家村	2016年评为国家4A级旅游景区 2003年评为第一批中国历史文化名镇 2012年评为第一批中国传统村落	全封闭式成人票50元	党家村景区管委会	
		袁家村关中印象体验地	咸阳市礼泉县烟霞镇袁家村	2015年9月1日袁家村回民街开街 2016年评为国家4A级旅游景区 2013年评为第二批中国传统村落	全开放式	陕西关中印象旅游有限公司	陕西省咸阳市礼泉县烟霞镇袁家村村民委员会持股100%
甘肃	4A	兰州市青城古镇景区	兰州市青城镇	2015年评为国家4A级旅游景区 2005年评为第二批中国历史文化名镇	全封闭式成人票30元	兰州黄河风情线大景区管理委员会	法定代表人高文阳

注：数据根据各景区官网、携程、飞猪以及企查查信息整理，统计时间截至2021年10月1日

附录二 我国古村镇相关法律法规制度汇总

序号		标题	制定机关	法律性质	公布日期
国家级	1	中华人民共和国非物质文化遗产法	全国人民代表大会常务委员会	法律	[2011-02-25]
	2	中华人民共和国文物保护法（2017年修正本）	全国人民代表大会常务委员会	法律	[2017-11-04]
	3	历史文化名城名镇名村保护条例（2017修订）	国务院	行政法规	[2017-10-07]
	4	中华人民共和国文物保护法实施条例（2017年修订本）	国务院	行政法规	[2017-10-07]
传统村落类	5	江西省传统村落保护条例	江西省人民代表大会常务委员会	地方性法规	[2016-09-22]
	6	信阳市传统村落保护条例	信阳市人民代表大会常务委员会	地方性法规	[2016-10-20]
	7	福建省历史文化名城名镇名村和传统村落保护条例	福建省人民代表大会常务委员会	地方性法规	[2017-03-31]
	8	贵州省传统村落保护和发展条例	贵州省人民代表大会常务委员会	地方性法规	[2017-08-03]
	9	达州市传统村落保护与利用条例	达州市人民代表大会常务委员会	地方性法规	[2017-12-04]
	10	恭城瑶族自治县传统村落保护条例	恭城瑶族自治县人民代表大会	地方性法规	[2018-08-09]
	11	台州市传统村落保护和利用条例	台州市人民代表大会常务委员会	地方性法规	[2018-12-14]
	12	湘西土家族苗族自治州传统村落保护条例	湘西土家族苗族自治州人民代表大会常务委员会	地方性法规	[2019-04-08]
	13	玉林市传统村落保护条例	玉林市人民代表大会常务委员会	地方性法规	[2019-04-16]
	14	金华市传统村落保护条例	金华市人民代表大会常务委员会	地方性法规	[2019-06-14]
	15	靖州苗族侗族自治县传统村落保护条例	靖州苗族侗族自治县人民代表大会常务委员会	地方性法规	[2019-06-28]
	16	丽水市传统村落保护条例	丽水市人民代表大会常务委员会	地方性法规	[2019-08-19]

续表

序号		标题	制定机关	法律性质	公布日期
传统村落类	17	木垒哈萨克自治县传统村落保护条例	木垒哈萨克自治县人民代表大会	地方性法规	[2019-10-01]
	18	富川瑶族自治县传统村落保护条例	富川瑶族自治县人民代表大会	地方性法规	[2019-10-10]
	19	恩施土家族苗族自治州传统村落和民族村寨保护条例	恩施土家族苗族自治州人大常务委员会	地方性法规	[2019-12-02]
	20	怀化市传统村落保护条例	怀化市人民代表大会常务委员会	地方性法规	[2019-12-05]
	21	柳州市传统村落保护条例	柳州市人民代表大会常务委员会	地方性法规	[2020-04-13]
	22	云南省镇沅彝族哈尼族拉祜族自治县传统村落保护条例	镇沅彝族哈尼族拉祜族自治县人民代表大会常务委员会	地方性法规	[2020-08-06]
	23	四川省传统村落保护条例	四川省人民代表大会常务委员会	地方性法规	[2020-11-26]
	24	宣城市传统村落保护条例	宣城市人民代表大会常务委员会	地方性法规	[2020-12-04]
	25	云南省江城哈尼族彝族自治县传统村落保护条例	江城哈尼族彝族自治县人民代表大会	地方性法规	[2021-05-31]
	26	钦州市传统村落保护与利用条例	钦州市人民代表大会常务委员会	地方性法规	[2021-06-08]
	27	邢台市传统村落保护条例	邢台市人民代表大会常务委员会	地方性法规	[2021-06-08]
历史文化名城名镇名村类	28	江苏省历史文化名城名镇保护条例	江苏省人民代表大会常务委员会	地方性法规	[2010-09-29]
	29	石柱土家族自治县西沱国家历史文化名镇保护条例	石柱土家族自治县人民代表大会	地方性法规	[2013-10-08]
	30	宁波市历史文化名城名镇名村保护条例	宁波市人民代表大会	地方性法规	[2015-06-12]
	31	福建省历史文化名城名镇名村和传统村落保护条例	福建省人民代表大会常务委员会	地方性法规	[2017-04-14]
	32	山西省历史文化名城名镇名村保护条例	山西省人民代表大会常务委员会	地方性法规	[2017-12-01]
	33	湘西土家族苗族自治州浦市历史文化名镇保护管理条例	湘西土家族苗族自治州人大常务委员会	地方性法规	[2017-12-12]
	34	重庆市历史文化名城名镇名村保护条例	重庆市人民代表大会常务委员会	地方性法规	[2018-07-26]
	35	湘西土家族苗族自治州边城历史文化名镇保护条例	湘西土家族苗族自治州人大常务委员会	地方性法规	[2018-10-15]

续表

序号		标题	制定机关	法律性质	公布日期
历史文化名城名镇名村类	36	泰州市历史文化名城名镇保护条例	泰州市人民代表大会常务委员会	地方性法规	[2018-12-04]
	37	永州市历史文化名城名镇名村保护条例	永州市人民代表大会常务委员会	地方性法规	[2018-12-12]
	38	郴州市历史文化名城名镇名村保护条例	郴州市人民代表大会常务委员会	地方性法规	[2018-12-20]
	39	山东省历史文化名城名镇名村保护条例	山东省人民代表大会常务委员会	地方性法规	[2019-11-29]
	40	浙江省历史文化名城名镇名村保护条例	浙江省人民代表大会常务委员会	地方性法规	[2020-09-24]
	41	聊城市历史文化名城名镇名村保护条例	聊城市人民代表大会常务委员会	地方性法规	[2020-09-29]
	42	三亚市历史文化名镇名村保护条例	三亚市人民代表大会常务委员会	地方性法规	[2021-05-06]
古民居、古建筑、历史建筑类	43	苏州市古建筑保护条例	苏州市人民代表大会常务委员会	地方性法规	[2022-10-12]
	44	安徽省皖南古民居保护条例	安徽省人民代表大会常务委员会	地方性法规	[2011-12-28]
	45	长春市历史文化街区和历史建筑保护条例	长春市人民代表大会常务委员会	地方性法规	[2012-11-28]
	46	武汉市历史文化风貌街区和优秀历史建筑保护条例	武汉市人民代表大会常务委员会	地方性法规	[2012-12-09]
	47	杭州市历史文化街区和历史建筑保护条例	杭州市人民代表大会常务委员会	地方性法规	[2013-04-09]
	48	苏州市古村落保护条例	苏州市人民代表大会常务委员会	地方性法规	[2013-12-02]
	49	佛山市历史文化街区和历史建筑保护条例	佛山市人民代表大会常务委员会	地方性法规	[2016-01-22]
	50	咸宁市古民居保护条例	咸宁市人民代表大会常务委员会	地方性法规	[2016-12-28]
	51	湘潭市历史建筑和历史文化街区保护条例	湘潭市人民代表大会常务委员会	地方性法规	[2017-12-21]
	52	黄山市徽州古建筑保护条例	黄山市人民代表大会常务委员会	地方性法规	[2017-12-25]
	53	成都市历史建筑和历史文化街区保护条例	成都市人民代表大会常务委员会	地方性法规	[2018-10-11]
	54	上饶市历史建筑保护条例	上饶市人民代表大会常务委员会	地方性法规	[2019-04-26]
	55	九江市历史建筑保护条例	九江市人民代表大会常务委员会	地方性法规	[2019-08-15]

续表

	序号	标题	制定机关	法律性质	公布日期
古民居、古建筑、历史建筑类	56	拉萨市古村落保护条例（2019修正）	拉萨市人民代表大会常务委员会	地方性法规	[2019-11-30]
	57	绵阳市历史建筑和历史文化街区保护条例	绵阳市人民代表大会常务委员会	地方性法规	[2020-04-02]
	58	随州市历史文化街区和历史建筑保护条例	随州市人民代表大会常务委员会	地方性法规	[2020-06-16]
	59	郑州市嵩山历史建筑群保护管理条例（2020修正）	郑州市人民代表大会常务委员会	地方性法规	[2020-08-05]
	60	江门市历史文化街区和历史建筑保护条例	江门市人民代表大会常务委员会	地方性法规	[2020-11-02]
	61	湛江市历史建筑保护条例（2021修正）	湛江市人民代表大会常务委员会	地方性法规	[2021-09-30]
	62	池州市古建筑保护条例	池州市人民代表大会常务委员会	地方性法规	[2021-10-20]

注：数据来源于国家法律法规数据库（https://flk.npc.gov.cn/index.html）；统计时间截至2022年1月

附录三　宏村历史文化与旅游发展考证

1985年，任中共中央宣传部干部局人事处处长的黄怒波，作为首批赴安徽省徽州地区中央讲师团的团长，带领由中共中央办公厅、中共中央宣传部系统派员组成的讲师团，提前来徽州参与筹建行知职业专科学校。黄怒波兼任中文专业的班主任，教授大学语文课程，与黄山结下了不解之缘。

1986年宏村旅游开发之初，以县旅游局下属的黟县旅行社为主对外经营。

1996年6月，按照政企分开的原则，县政府要求县旅游部门退出经营，旅游经营权移交际联镇（现在的宏村镇）。原来投资维修的承志堂参观点作为股份，与镇政府共同组建宏村旅游开发公司，同时镇政府成立宏村旅游管理委员会自行管理经营。

1997年1月8日至1998年1月8日，宏村以"承包经营"方式经营旅游景区一年，村委会成立黟县宏村旅游服务有限公司。

1997年8月，安徽省在北京召开投资贸易洽谈会，目的是招揽国内外企业家来安徽投资兴业，并与黄怒波达成黟县考察之约，为后来其在黟县的投资埋下伏笔。

1997年9月6日，中国市长协会副秘书长黄怒波，中共中央文献研究室秘书长郑德兴，中共黟县县委书记、县长程迎峰，黟县人民政府常务副县长杨震，在黟县碧阳山庄（后改为中城山庄），就中国市长协会中坤集团与黟县人民政府共同组建黄山市京黟旅游公司进行洽谈，大家一致同意共同组建并就相关事宜达成一致。

1997年9月13日，中国市长协会副秘书长、中坤集团董事长黄怒波、总裁焦青与中共黟县县委书记、县长程迎峰同志就共同组建黄山市京黟旅游公司举行了第二轮会谈。调整租赁期为30年（1998年1月1日起），确定了各个景区的收益分配原则以及碧阳山庄租赁的有关事项。

1997年9月26日，京黟旅游公司注册成立。

1997年9月27日，中坤集团与黟县人民政府签订合作协议书，集团拥有对黟县境内宏村风景区、南屏风景区以及关麓"八大家"风景区的独家开发、经营、管理权，统辖黄山市中城山庄、中城旅行社等机构。

1997年11月3日，京黟旅游公司与际联镇（宏村镇前身）政府签订《宏村旅游项目合作协议书》。

1997年12月25日，京黟旅游公司与黟县旅游局办理承志堂物品移交手续。

1998年8月6日，京黟旅游公司上海分公司成立。

1998年8月18日，京黟旅游公司与县建设环境保护局签订编制宏村保护规划的协议、测绘费、规划设计费、基础设施及古建筑维修扩充设计费及评审费共计20万元，由京黟旅游公司支付。

1999年5月19日，联合国教育、科学及文化组织委派的国际古迹遗址理事会专家大河直躬博士对宏村、西递申报世界遗产进行实地考察，高度评价了两村的历史人文价值，并就进一步改善提出建议。

2000年11月30日，宏村被联合国教育、科学及文化组织正式列入世界文化遗产名录。

2001年，宏村评为第五批全国重点文物保护单位和安徽省爱国主义教育基地。

2001年11月2日，黟县人民政府与中坤集团协商洽谈宏村景区门票分成问题，修改原来承包基数17万元、每年递增5%的条款，重新达成黟县获得门票收入的33%，公司获得67%的协议，并于2001年12月18日正式签订协议。

2001年12月21日，中坤集团与黟县人民政府签订意向书，投资开发宏村景区二期项目"奇墅湖国际旅游度假村"。

2003年2月21日，京黟旅游公司与东方红水库管理处签订《东方红水库（奇墅湖）租赁、转让开发协议书》。2007年3月31日在此协议基础上签订补充协议，租赁水库的整体使用权20年，2027年3月31日到期。

2003年，中坤集团决定无偿捐资修建梓路寺（佛教文化遗迹、唐代名刹），将其纳入奇墅湖国际旅游度假村开发整体规划。

2003年7月，宏村景区被评为国家4A级旅游景区。

2003年，宏村被评为第一批中国历史文化名村。

2004年5月18日，黄山宏村奇墅湖国际旅游度假村举行奠基庆典。

2004年9月30日，京黟旅游公司与黟县教育局签订宏村中、小学的资产转让协议。

2005年7月19日，宏村中、小学办理移交手续。

2008年10月18日，省建设厅、省文物局在中城山庄召开会议、对西递、宏村有关建设性项目进行评审，京黟旅游公司《宏村"乐彼园"概念性建筑方案》在会上获得肯定，项目主要内容包括对原地处深山的黟县柯村乡翠林村发现的具有极高价值的清代民居"秀才第"整体搬迁到宏村和恢复重建原处于宏村小学所在地块的徽派园林建筑群两大部分。

2009年，宏村获首批"全国生态文化村"荣誉称号。

2010年8月28日，黄山奇墅仙境中坤国际大酒店正式对外试营业。

2011年5月，宏村景区被评为国家5A级旅游景区。

2011年11月8日，宏村乐彼园项目"宽和堂"上梁大吉。

2012年7月31日，大型山水实景表演剧《宏村·阿菊》首演，以古徽州文化为主线，以高空特技、高台跳水、时尚跑酷、水上摩托等新奇表演以及电影特技、水火特效场景、3D立体成像技术等现代科技手段，艺术再现了徽州女人贤惠、勤劳以及忠贞如一、保护家园的新形象。

2014年，《宏村·阿菊》被评为安徽省民营艺术院团"十大名剧"和安徽省"五个一工程"奖。

2015年6月24日，中坤集团在宏村成立"宏村文史展览室"。

2016年，水利部公布宏村——奇墅湖水利风景区入选第十六批国家级水利风景区。

2018年4月，宏村景区停车场完成智能化升级改造。

2018年10月，宏村景区正式开启西大门。

2019年1月10日"黟县旅游品牌西递宏村"号高铁专列在上海火车站举行了揭幕首发仪式，成为杭黄高铁线上黟县旅游的"流动名片"。

2019年9月17日，由人民日报社指导、《国家人文历史》杂志社与人民文旅主办、高德地图承办的"大国之旅"景区评选活动结果，在高德地图第三届十一全民出行节发布会上正式揭晓。宏村景区荣获"最宜自驾游景区""最受欢迎国风景区"两个单项奖。

2020年6月，京黟旅游公司进行重组，其中黟县政府控股51%，中坤集团控股49%，负责运营。

2021年3月21日，《万里走单骑》皖南期摄制组在宏村景区开机拍摄。

2021年5月11日，以镜头为笔，记录"皖"美色彩，尽展风光无限，"美好安徽dou起来"。由安徽省文化和旅游厅举办的2021（首届）安徽文旅线上推广大会在蚌埠举办，安徽宏村荣获"2020安徽文旅十大网红打卡地"。

2021年5月14日，文化和旅游部、中共中央宣传部、中央党史和文献研究院、国家发展和改革委员会联合发布"建党百年红色旅游百条精品线路"，西递、宏村入选"古徽州·新农村"体验脱贫成就、助力乡村振兴主题线路。

2021年9月26日，《民宿里的中国》第二季摄制组在宏村景区取景拍摄。

备注：以上根据《宏村：世界文化遗产之路》（ISBN：9787520716994）书籍相关内容、黟县徽黄京黟旅游发展有限公司官方网站（http://www.hongcun.com.cn/default.asp）以及相关新闻报道整理，统计时间截至2022年1月。

中国古村镇遗产旅游经营的道路选择

宏村旅游发展阶段

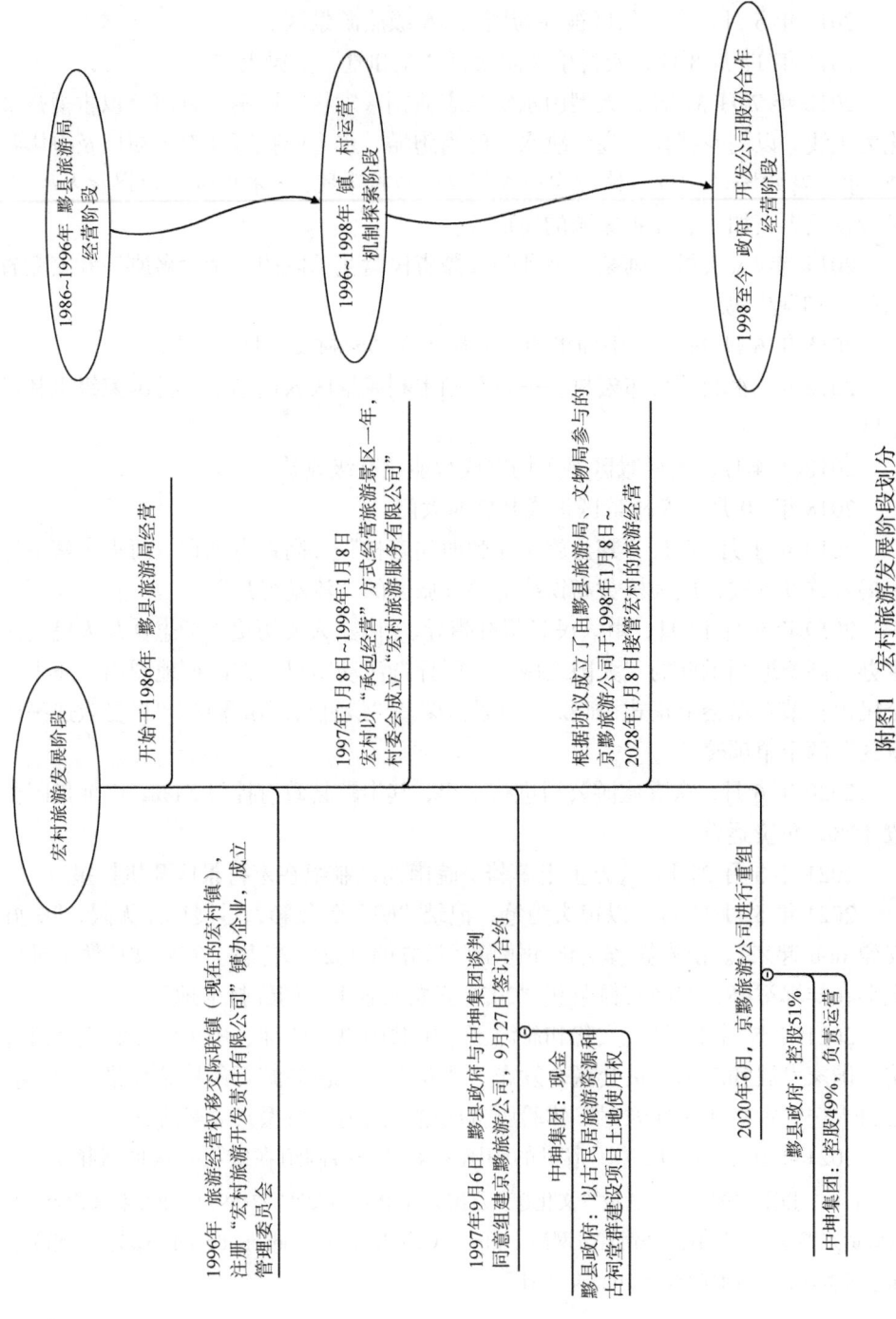

- 1986~1996年 黟县旅游局经营阶段
  - 开始于1986年 黟县旅游局经营
  - 1996年 旅游经营权移交际联镇（现在的宏村镇），注册"宏村旅游开发有限责任公司"镇办企业，成立管理委员会

- 1996-1998年 镇、村运营机制探索阶段
  - 1997年1月8日~1998年1月8日 宏村以"承包经营"方式经营宏村旅游景区一年，村委会成立"宏村旅游服务有限公司"

- 1998至今 政府、开发公司股份合作经营阶段
  - 根据协议成立了由黟县旅游局、文物局参与的京黟旅游公司于1998年1月8日~2028年1月8日接管宏村的旅游经营
  - 1997年9月6日 黟县政府与中坤集团谈判同意组建京黟旅游公司，9月27日签订合约
    - 中坤集团：现金
    - 黟县政府：以古民居旅游资源和古祠堂群建设项目土地使用权
  - 2020年6月，京黟旅游公司进行重组
    - 黟县政府：控股51%
    - 中坤集团：控股49%，负责运营

附图1 宏村旅游发展阶段划分

附录三 宏村历史文化与旅游发展考证 ·295·

附图 2 宏村月沼

附图 3 宏村南湖

后　记

我出生于古徽州府治所在地歙县，在古老的村落里长大，承载童年记忆的家乡就有四个自然村被评为了中国传统村落（第四批1个，第五批3个），家乡所在的霞坑镇共有12个中国传统村落，歙县是中国传统村落数量最多的县（五批中共有148个村落获批），生于斯、长于斯，自然就与古村镇研究结下了不解之缘。

记得20年前我刚到华东师范大学旅游学系攻读硕士时，在本科毕业论文《徽州古民居旅游资源保护与开发》（指导老师是安徽大学章尚正教授，特此感谢他引我入门）的基础上，在2002年第6期《旅游学刊》上发表了人生中的第一篇正式学术论文《旅游地的保护和开发——安徽古村落（宏村、西递）实证分析》，之后被人大复印资料《旅游管理》2003年第2期）转载，又被翻译成英文入选 Chinese Tourism Research Annual 2005（《中国旅游研究年刊·2005》），从此埋下了学术种子，受此激励不仅走上了学术研究之路，也让自己一直在这个领域耕耘不断。

2003年我在硕士生导师庄志民教授的启发与指导下，又在《旅游学刊》上联合发表了《体验经济时代下旅游产品的设计与创新——以古村落旅游产品体验化开发为例》一文，是对古村镇旅游产品开发的创新性思考，该文在2017年获得旅游学刊建刊20周年"十大高被引论文"奖（中国知网上被引721次），这也是自己在古村镇旅游研究上的代表作。由此陆续发表了一系列关于古村镇旅游相关成果，代表性文章包括《我国公共景区政府规制历程及其问题研究》（《旅游学刊》，2007年）、《近十年来古村镇旅游研究进展》（《经济地理》，2010年，感谢合作者赵磊博士）、《利益协同下的古村落旅游可持续发展指标体系研究》（《农业经济》，2011年）、《古村镇旅游门票收费模式及其影响因素》（《旅游学刊》，2013年，感谢合作者张利平硕士）、《民营资本介入古村镇旅游开发的历程与问题研究》（《旅游论坛》，2014年，感谢合作者李吉来硕士）、《利益驱动下的村落式农家乐集群经营模式研究——以苏州明月湾古村落为例》（《农业经济问题》，2015年，感谢合作者张薇硕士）、"Determinants of tourism ticket pricing for ancient villages and towns: case studies from Jiangsu, Zhejiang, Shanghai and Anhui provinces"（*Tourism Management*, 2017）、The resilient bond with Zhujiajiao: (Re)making community in a chinese tourism town（*Sociological Research Online*，2019年，感谢合作者曹思旸博士）等。其中，以博士论文为基础修改出版的《我国公共景区政府规制研究》

（旅游教育出版社，2008年）也是对包括古村镇在内的公共资源依托型景区保护与旅游开发中的政府角色与干预行为做了系统性的研究（在此也特别感谢博士生导师何建民教授的指点与一直对我从事这方面研究的鼓励支持）。上述研究都为此书稿提供了前期认识与研究基础。

这部书稿经历了太长时间的谋划、调研与修改。2007年有幸参加中国社会科学院宋瑞博士主持的国家社会科学基金项目"古村镇旅游开发与利益相关者互动机制研究"（07CJY049），跟随考察了周庄、同里、宏村、西递等古镇古村，做了很多的访谈与调研，开启了古村镇旅游研究的二次思考，其中古村镇旅游开发中的外来企业引起了我的特别关注（在此感谢宋瑞博士、金准博士）；随后以此为切入点，在2011年申请获批了国家社会科学基金青年项目"民营资本介入古村镇遗产保护与旅游开发的风险、机制与政策研究"（11CGL111），开始了对古村镇旅游发展中外来力量的研究，随后多次组织研究团队前往皖南古村落群、婺源古村落群、环太湖古镇群落调研（感谢研究团队的邱扶东博士、姜晨博士），这个课题研究的一系列成果成为这部书稿的原始基础。主持的教育部人文社会科学研究项目"公共景区产权管理及其制度改革研究——基于政府有效规制的视角"（09YJC790090）、"外来经营者投资乡村民宿的风险与制度保障研究"（19YJA630088）也为本书研究提供了相关视角。之后作为主要合作者参与了国家社会科学基金规划项目"传统村落文化遗产保护与旅游发展共赢机制研究"（14BGL083，要特别感谢项目主持人邱扶东教授的长久支持，一起结伴从事古村镇研究至今，相得益彰）、国家自然科学基金课题"旅游发展下的古村落社会生态系统演进机制研究"（4177010884，感谢项目主持人孔翔教授对我研究的指导与支持），上述课题也为本书研究提供了一些调研基础，特别是对贵州省朗德苗寨、千户苗寨、青岩古镇等多地长达两周时间的考察，收集了上千份问卷，进一步认识到了当地居民与外来商户的问题。

背负着这份研究，也借助华东师范大学旅游规划与发展研究中心的一些社会服务项目机会（在此特别感谢中心主任冯学钢教授、院长对我的指导，从硕士到博士再回到母校工作都得到冯老师的认可与支持，让我做他的主要助手从事了很多项目研究工作），先后走访了川西古镇群落（参与安仁古镇、平乐古镇规划工作）、山西晋中大院群落（参与前期申遗工作）、湖南岳阳张谷英村（在此感谢中国景观村落联盟发起人张安蒙女士，让我有机会参与中国古村落保护和发展专业委员会工作）、皖南古村镇群落（参与徽州区呈坎古村落规划、芜湖县西河古镇策划、祁门县中国祁红故里景观带规划中相关传统村落调研、歙县旅游总体规划中相关古村镇调研、旌德全域旅游规划中相关古村落调研等工作，在此感谢相关领导的支持）、苏州市古村镇群落（在吴中区挂职工作期间参与太湖旅游区创建工作，后来又参与木渎古镇规划工作，一并感谢这期间帮助过我的当地古村镇领导）以及云南哈尼梯田、开平碉楼、陕西袁家村、上海朱家角等。十余年来走访了全国太多古村落、古镇，与当地政府和旅游投资企业相关人员一起交流很多，这是一种实践积累的过程，也是一个认识不断深化的过程，更是将研究与祖国大地相结合的过程，都为本书研究提供了鲜活的案例。

走访了上百个古村古镇，一直在思索古村镇的"柏拉图之问"：我是谁？我从哪里来？我要到哪里去？确实当我们抬升至哲学性的思索，站在上千年的历史发展过程中来看我们一个个村镇的缘起、蝶变、消亡或者再现，会发现：这是一个不断活着的小社会、承载着十余代人的活法、被不断地需求着也在被不断地抛弃中，进进出出的人们在这样的空间里赓续着生活，一代人演绎着一代村镇的生活，有了生活才有了文化、才有了一切。

而今传承至我们这一代人，也应该有这一代的"活法"！这一代中的古村镇，多了旅游，也多了一些外来力量，所以也多了很多"活法"的可能性，以经营为中心，系统性地思考，源于实践高于实践，最终成就了这本书稿。

感谢之前参与本书相关课题研究的各位硕士同学（李吉来、张薇、张利平、成岑、闫海艳、马怡冰、吴天一、倪海燕、朱毓文、杨青、戴玉习、陈嫣然、丁秋建、刘丹、王汝安、孔妮、孙聪林），也感谢这半年多来参与本次书稿资料整理和部分专题研究的在读硕士同学（乔萌、方光悦、李梦莲、李卓允、李慧如），特别感谢科研助理岳菊硕士，她协助我整理本书部分内容与统稿工作，付出了很大努力！再次感谢一直支持我研究的师友们，感谢一直协助我工作的团队伙伴，感谢一直陪伴我的家人！

滴水穿石，越久越深！古村镇的旅游与生活在继续，我们的研究也在继续，扎根于斯，寄情于斯，期望自己的研究能够为家乡的古村落提供更好的"活法"，让我们大家的"乡愁"得以延续，让我们后代们都有自己的精神家园，让我们不忘初心！

吴文智

2022年12月26日于华东师范大学丽娃河畔